普通高等学校"十四五"规划行政管理专业新形态精品教材
南昌大学行政管理国家级一流专业建设点示范教材

编 委 会

主 任

尹利民

副主任

袁小平　黎欠水

委 员 （以姓氏拼音为序）

韩 艺　　江国平　　罗文剑　　聂平平

唐 兵　　文卫勇　　许祥云　　周庆智

南昌大学"十四五"双一流建设专项基金资助成果

管理心理学

———————— 曾南权 林 琼 主 编
郭婉然 郭浩然 副主编

M
ANAGEMENT PSYCHOLOGY

华中科技大学出版社
http://press.hust.edu.cn
中国·武汉

内 容 简 介

本书共九章,内容包括管理心理学概论、社会知觉与管理、个性心理与管理、社会态度与管理、激励理论与管理、心理健康与情绪管理、群体心理与管理、领导与管理、组织心理与管理。内容框架沿着管理心理学传统的个体心理、群体心理、领导和组织心理三个层次体系进行构建。本书在参考了各位同行专家、学者研究成果的基础上,尽力反映了一些学界前沿研究成果,如第一章第四节关于中国传统文化与管理心理学的发展、第七章第四节关于多团队系统理论、第八章第二节关于破坏性领导理论的内容。同时,本书通过二维码补充了大量课程配套资源,如相关的视频、测评量表、每章课后练习题等。

图书在版编目(CIP)数据

管理心理学/曾南权,林琼主编.—武汉:华中科技大学出版社,2023.1
ISBN 978-7-5680-8964-7

Ⅰ.① 管… Ⅱ.① 曾… ② 林… Ⅲ.① 管理心理学 Ⅳ.① C93-051

中国版本图书馆 CIP 数据核字(2023)第 004451 号

管理心理学
Guanli Xinlixue

曾南权 林 琼 主编

策划编辑:周晓方 宋 焱
责任编辑:江旭玉
装帧设计:廖亚萍
责任校对:张汇娟
责任监印:周治超
出版发行:华中科技大学出版社(中国·武汉)　　电话:(027)81321913
　　　　　武汉市东湖新技术开发区华工科技园　　邮编:430223
录　　排:华中科技大学出版社美编室
印　　刷:武汉市籍缘印刷厂
开　　本:787mm×1092mm　1/16
印　　张:21.25　插页:2
字　　数:478 千字
版　　次:2023 年 1 月第 1 版第 1 次印刷
定　　价:59.90 元

总　序

　　当前,全球化、信息化、市场化构成了现代社会的主基调,它们不仅促进了生产力的快速发展,而且带动了一系列社会变革。可以说,变化才是这个时代永恒的主题。无论在经济、社会还是政治等领域,协同、合作、共享、共同体等成为关键词,而这些又与"治理"紧密联系在一起。从传统的"管理"过渡到现代的"治理",这表明治理主体与客体的权力观念、利益关系及身份地位等都发生了不同程度的改变,而这种改变正是推动社会现代性发展的基本力量。

　　在迈向现代社会的进程中,政府的力量是不可或缺的,或者说,现代国家的政府正在以某种方式介入或承担着广泛的公共服务职能,为现代社会的转型提供动力。因此,从这个意义上说,一个高效服务型的政府是现代社会的重要标志。正基于此,我们提出要构建国家治理体系和治理能力的现代化,建设高效的服务型政府,以加快我国向现代社会转型。构建国家治理体系和治理能力现代化的时代需求,不仅推动了公共管理学科重心转移,而且也带来了公共管理专业结构的变化。现代经济学、社会学、政治学、心理学和法学等学科理论的相互交叉和借鉴成为现代学科发展的主流,新文科概念的出现加速了学科间相互跨界,以更好地服务于社会经济发展的需要。显然,公共管理作为一门应用性很强的学科,也应该广开门路,以开放包容的姿态,从其他学科吸收更多的营养,带动本学科的快速发展。可喜的是,近些年,我国公共管理学科不断从心理学、法学、经济学等学科中汲取资源,形成学科交叉,从而使公共管理学科呈现出蓬勃发展的态势,这不仅缩小了我国公共管理学科与国际公共管理学科的差距,而且提升了其社会服务能力,为我国国家治理体系和治理能力现代化建设提供了智力支持。

　　党的十八大报告指出,要推动高等教育的内涵式发展。那么,如何来推动高等教育的内涵式发展?在笔者看来,除了遵循教育发展、知识发展和人的发展的基本规律外,就是要重视学科的建设和发展,而学科建设的根本目的是培养高水平人才。显然,在学科建设的环节中,课程建设不可或缺,换言之,学科建设的层次需要通过高水平的教材建设来实现。因此,国内外著名高校都非常重视通过高质量、高水平的教材建设来推动课程建设,进而提高学科建设水平,最终实现高水平人才培养的目标。

1887年,伍德罗·威尔逊发表的《行政学之研究》标志着公共行政学的诞生。公共管理学经历了传统的公共行政、行为公共行政、新公共行政和现代公共行政几个重要的发展阶段,后又发展到公共管理、新公共管理和公共服务的阶段,至今已有百余年的历史。在中国,公共管理仍然是一门新兴学科,仍然处在从国外引进、借鉴和消化理论的阶段,公共管理学科的本土化还没有完成。为此,中国人民大学出版社引进了多种公共管理的经典教材,将"经典教材"系列、"公共管理实务"系列、"政府治理与改革"系列、"学术前沿"系列、"案例"系列和"学术经典"系列全方位引入中国。同时,该社还积极推进公共管理学科教材的本土化,组织国内著名的公共管理学者编写教材,积极向各大高校推送,这些举措对推进公共管理学科的发展起到了很重要的作用。

尽管如此,公共管理学科还处在不断发展的过程中,我国也正在进行大规模的政府机构改革,如"放管服"的改革、"省直管县"的改革、行政管理体制的改革等,这些改革的最新成果应该反映在公共管理学科的教材中,而现有的教材并没有体现这一趋势,没有把最新的改革成果嵌入教材之中。为了弥补这一缺憾,我们与华中科技大学出版社合作,组织编写了这套教材。与已有的公共管理类教材相比,本系列教材具有以下几个特点。

第一,前沿性。系列教材注重将最新的公共管理研究成果引入教材之中,反映公共管理最新的研究理论和学术主张,在内容上凸显其前沿性。比如,公共管理的前沿研究包括公共服务动机、公共服务的共同生产、绩效管理、数字政府、技术治理等领域,这些最新的研究内容在《公共组织理论》《绩效管理》等教材中得到系统的体现。

第二,时代性。立足于新时代的背景,瞄准乡村振兴等国家战略需求,将人才振兴、乡村规划、乡村建设行动等内容纳入系列教材,比如,《人力资源开发与管理》《乡村振兴与乡村规划十讲》《乡村振兴综合服务与社会实践十讲》等教材具有明显的时代性和战略需求导向。

第三,交叉性。公共管理学科越来越注重借鉴其他学科的资源来丰富本学科的内涵,因此,本系列教材除了涉及传统的公共管理外,还注意吸收其他学科资源,充实和丰富教材的内容。比如,与其他同类教材相比,《管理心理学》《乡村振兴与乡村规划十讲》《社会工作理论》等教材吸收了心理学、社会学、政治学等学科资源,具有明显的学科交叉性。

第四,数字化。本系列教材充分利用现代数字技术,把相关的知识点串联起来,每个章节都附带二维码链接,既方便学生学习和教师教学,又能使学生加深对知识点的理解,达到融会贯通的效果。

本系列教材是南昌大学行政管理国家级一流专业建设点示范教材的一部分,《乡村振兴综合服务与社会实践创新》等是省级一流课程的配套教材,由南昌大学公共管理学院与华中科技大学出版社共同组织策划,得到了华中科技大学出版社人文社科图书分社周晓方社长的大力支持。为保证教材的质量,编写本系列教材之初,成立了由该领域诸多学者组成的编辑委员会来具体组织实施。另外，本系列教材的出版得到了南昌大学"十四五"双一流建设专项经费的支持，借此，谨向所有为本系列教材出版付出艰辛努力和大力支持的单位和个人表达崇高的敬意和衷心的感谢！

丛书编委会

2021 年 11 月 8 日

前 ■ 言

　　编者从事"管理心理学"教学工作多年,一直有个心愿,就是编写一本管理心理学教材,如今在华中科技大学出版社的帮助下终于实现了。本书属于南昌大学公共政策与公共管理学院的套系书,主要目的是加强学院一流课程建设。本书的编写大概花费一年时间,由曾南权和林琼博士担任主编,郭婉然博士和吉林警察学院郭浩然担任副主编。具体编写工作分工如下:曾南权负责第一、五、七、九章,郭婉然博士负责第二、四、八章,林琼博士负责第三、六章,郭浩然负责全书案例和二维码资料的收集,以及每章课后练习题的编写。

　　全书内容框架体系仍然遵循传统的个体心理、群体心理、领导和组织心理三个层面构建。从目前的情况看,国内"管理心理学"课程的教材众多,在参考了学界同行专家相关教材和其他文献资料的基础上,本书内容希望能做到全面、系统、前沿。从目前的情况看,本书在反映前沿研究成果方面做了一些努力,如第一章第四节关于中国传统文化与管理心理学的发展、第七章第四节关于多团队系统理论、第八章第二节关于破坏性领导理论的内容。同时,本书增加了一些数字资源,包括视频资料、网络文章、相关测评方法以及每章课后练习题等,使整个教材内容体系更为完整、丰富。但从总体看,离原定编写目标还有很大距离,还需要以后不断修订、提升和完善,在使用过程中,也恳请广大同行专家和读者提出宝贵的意见。

　　在本书编写过程中,编者参考和引用了大量同行专家、相关网站视频制作者、网络文章作者以及其他相关研究者的视频和文献资料。在此,对以上所有同行专家、相关网站视频制作者、网络文章作者以及其他所有相关研究者表示最真挚的感谢,正是由于参考和引用了这些宝贵的资料,本书才得以出版。

《管理心理学》编写组
2022 年 10 月

目录 | c o n t e n t s

第一章

管理心理学概论

本章引例

通用电气公司的"情感"管理

通用电气公司总裁斯通努力培养全体职工的"大家庭感情"的企业文化,公司领导和职工都要对该企业特有的文化身体力行,爱厂如家。从公司的最高领导到各级领导都实行"门户开放"政策,欢迎企业职工随时进入他们的办公室反映情况,对于职工的来信或来访能负责、妥善地处理。公司的最高领导与全体职工每年至少举办一次生动活泼的"自由讨论会"。通用电气公司就像一个和睦、奋进的大家庭,从领导到普通职工,大家都直呼姓名,互相尊重,彼此信赖,人与人之间关系融洽、亲切。1990年2月,通用电气公司的机械工程师伯涅特在领工资时,发现少了30美元,这是他一次加班应得的加班费。为此,他找到顶头上司,但上司表示无能为力,于是他便给公司总裁斯通写信,信中提到:"我们总是碰到令人头痛的报酬问题。这已使一大批优秀人才感到失望了。"斯通立即责成公司最高管理部门妥善处理此事。3天之后,他们补发了伯涅特的工资,事情似乎已经结束了,但他们利用这件为职工补发工资的小事"大做文章":一是向伯涅特道歉;二是在这件事情的带动下,了解那些"优秀人才"待遇较低的问题,调整了工资政策,提高了机械工程师的加班费;三是向著名的《华尔街日报》披露这一事件的全过程,在美国企业界引起了不小的轰动。事情虽小,却能反映出通用电气公司的"大家庭"观念,反映了员工与公司之间的充分信任。

人际关系中常常也有马太效应的影子。一般情况下,关系亲密的人会更加亲密,关系疏远的人也会更加疏远。但美国通用电气公司总裁斯通却主张人际关系应保持适度的距离。现实生活中,国与国、人与人之间的关系演变例子一再证明"适度距离"理论不无道理。斯通对"适度距离"身体力行,率先示范。斯通自知与公司高层管理人员在工作上接触较多,因此他在工作之外的其他时间就有意和这些高层管理人员拉开距离,从不邀请高层管理人员到家做客,也从不接受他们的邀请。相反,对普通工人、出纳员和推销员,他有意亲近,微笑问候,甚至偶尔"家访"。1980年1月,斯通到美国旧金山一家医院的隔离病房探望一位女士,这位女士并非他的家人,而是加利福尼亚州销售员哈桑的妻子。哈桑知道这件事后感激不已,每天努力工作,以此感谢斯通的关怀,加利福尼亚州的销售业绩一度在全美各地区评比中名列前茅。正是这种适度距离的管理,使得通用电气公司事业蒸蒸日上。

通用电气公司在人事管理上进行了重大改革,改变了以往的人事调配的做法(人事调配即为由企业单方面评价职工的表现、水平和能力,然后为其指定工种和岗位)。现在,通用电气公司开创了由职工自行判断自己的品格和能力,选择自己希望工作的场所的做法,这种被称为"建言报告"的民主化人事管理方式引起了管理界人士的注意。专家们认为,"让棋子自己走"的这种"建言报告"式人事管理,比传统的人事管理更能收集到职工真实的意见和建议,更能发掘人才和合理用人,从而对公司发展和个人前途更加有利。此外,通用电气公司还别出心裁地要求每位雇员写一份"管理报告",从1983年起每周星期三由基层员工轮流当一天"厂长"。"一日厂长"9点上班,先听取各部门主管汇报,对全厂营运有了全盘了解后,再陪同厂长巡视部门和车间。"一日厂长"的意见都详细记载在工作日记上。各部门、车间的主管得依据其意见,随时改进自己的工作,并在干部会上提出改进后的成果报告,获得认可后方能结案。各部门、车间或员工送来的报告,须经"一日厂长"签批后再呈报厂长。厂长在裁决公文时,"一日厂长"可申诉自己的意见供其参考。

这项管理制度实施以来成效显著。第一年实施后,节约的生产成本就达200万美元,通用电气公司将节约额的提成部分作为员工们的奖金,全厂上下皆大欢喜。近年来,通用电气公司还"请"出了"莎士比亚"来协助人才管理,可谓独辟蹊径,别开生面。公司制定的经理晋升考试制度不同寻常。晋升考试命题来自莎士比亚作品中的一部,试卷则是写一篇我们常说的读后感而已。这是对企业高级管理人员的基本心理素质提出的要求。试想,若是一个人连一部世人皆知的文学作品中的人物心理都不了解,又怎样去了解公司内部成千上万的雇员呢?

通用电气公司采用的以上管理措施看似与生产毫无联系,却能达到良好的管理效果,这是值得我们深思与借鉴的。通用电气公司的经验表明,企业应树立以人为本的管理思想,重视感情管理。只有尊重、信任、依靠员工,有效地开发、利用员工的各项潜能,从而调动他们的主观能动性,才能使企业兴旺发达。

资料来源:晓华. 通用电气公司的"情感"管理[J]. 中国劳动,1998(07),内容有删改。

 **关联知识**

二维码 1-1

农民工认可生存现状

存在问题不容忽视

第一节　管理心理学的研究对象

一　管理心理学研究对象的界定

管理心理学起源于 20 世纪二三十年代美国心理学家对工人工作积极性影响因素的研究。其在国外心理学界被称为组织心理学，在工商管理界被称为组织行为学，是心理学领域的一个新兴的重要分支。管理心理学主要研究工作环境中个体、群体和组织三个层面的人的行为及其影响因素。它强调人的因素在管理环境中的重要作用。目前学界对管理心理学的定义表述不一，下面列举几个国内学界知名学者给出的定义。

俞文钊认为，管理心理学是研究组织中人的心理活动规律，用科学的方法改进管理工作，充分调动人的积极性的一门科学。[①]

程正方认为，管理心理学是研究管理活动中人的社会心理活动及行为规律，用科学的方法改进管理工作，充分调动人的积极性，提高管理效率与效益的科学。[②]

在国外，管理心理学也被称为工业与组织心理学，是指将心理学的方法、知识和原则运用于工作中的人的一门科学。美国工业与组织心理学会（SIOP）把工业与组织心理学学科的目标定义为，通过在所有各类提供产品和服务的组织中（包括制造业、商业、工会组织，以及公共机构等）开展各种心理学应用，促进人类福利。

从以上定义可以看出，管理心理学主要研究工作环境中人的心理和行为规律，其目的是改进管理工作，提高员工工作积极性。为了充分理解管理行为，它需要综合分析个体、群体和组织三个层面的人的行为及其影响因素，它强调人的因素在管理环境中的作用。它的研究对象不仅是工业企业，而且包括各类组织机构。

综上，我们可以把管理心理学定义为：管理心理学是研究工作环境中人的心理活动规律，并运用这些规律改进管理工作，以充分调动人的积极性，提高人的工作生活质量和组织管理效能的一门学科。

对这个定义的理解应包括以下几个要点。

第一，管理心理学包括个体、群体和组织三个层面的研究，既要研究个体的管理心理特征，也要分析群体乃至整个组织的行为，进而寻求有效管理的关键心理学条件与途径。

[①] 俞文钊. 管理心理学［M］. 3 版. 大连：东北财经大学出版社，2008.

[②] 程正方. 现代管理心理学［M］. 4 版. 北京：北京师范大学出版社，2006.

　　第二,管理心理学研究组织管理活动中的人。这里的组织从宏观上可以分为两个子系统:一个是技术系统,它探讨人机匹配问题,探讨如何更好地提高生产效率,属于工程心理学研究范畴;另一个是社会心理系统,它研究人与人之间的相互作用、相互关系,属于管理心理学研究范畴。

　　第三,管理心理学研究目的是改进和提高员工工作生活质量与组织管理效能。管理心理学的首要研究目的是提高组织管理效能。与此同时,管理心理学更强调以人为本,其认为员工不仅是"经济人",更是"社会人",需要满足员工更高层次的精神需求,改善其工作生活质量,提高其工作满意度,如此才能真正实现组织管理效能的可持续提升。

　　第四,管理心理学研究组织内的环境系统。管理心理学主要研究组织内环境系统对员工工作积极性的影响,具体包括个体环境因素、群体环境因素、组织环境因素和技术环境因素等。它相对来说较为忽视组织外部环境因素的影响作用。

二　管理心理学的内容体系

　　管理心理学一方面研究领导行为、管理决策、组织变革与发展、团队建设、沟通、激励和跨文化管理理论问题;另一方面,从个体差异的角度研究职务分析、人员选拔、培训、绩效评价和薪酬分配等理论和方法。[①] 管理心理学的内容体系主要包括个体心理与管理、群体心理与管理、组织心理与管理三大部分。这三个部分相互影响、相互制约,决定着组织管理效能。

1. 个体心理与管理

　　个体心理与管理主要研究组织管理情景中员工和管理者个体层面的一些心理影响因素及其在管理中的应用,主要包括认知、情绪情感、意志、态度、需求、个性等因素。重点研究五个方面的内容:① 社会知觉与管理;② 个性心理与管理;③ 社会态度与管理;④ 激励理论与管理;⑤ 心理健康与情绪管理。

2. 群体心理与管理

　　群体心理与管理的核心理论思路是群体动力学,即群体组合、协调、发展的动态机制,主要包括四个方面的内容:① 群体动态发展,包括群体发展阶段与群体互动、群体规范和群体凝聚力等;② 群体心理,包括从众、社会促进与抑制、群体惰化、去个体化、极端性转移和群体思维等;③ 团队管理,包括团队工作理论、高效团队特征、高效团队建设与管理途径等;④ 多团队系统理论,包括多团队理论的基本内涵、主要特征以及绩效研究等。

---

① 凌文辁,郑晓明,张治灿,等. 组织心理学的新进展[J]. 应用心理学,1997,3(1):11-18.

3. 组织心理与管理

组织层面的管理心理学分析属于整合性分析,主要包括:① 领导心理与管理;
② 组织结构与组织设计;③ 组织文化;④ 组织变革与发展战略管理。

三　管理心理学研究环境的变化

随着我国改革开放的日益深入,管理心理学研究所涉及的环境正在发生深刻变
化,这对管理心理学的研究思路和研究重点都提出了新的要求。

1. 员工背景和素质的深刻变化

这主要表现为员工工作价值观日益更新和多元化,性别、年龄(老龄化)、文化程度
(学历不断提高)等方面的因素出现了结构性变化,以及企业对员工工作技能要求的不
断提高等。另外,员工的工作期望、工作态度、职业选择标准和职业生涯的观念等,都
越来越得到强化,并越来越趋于个体化。这些变化使得我们需要对管理心理学研究所
涉及的个体水平变量及其相互关系,以及对管理人员的技能要求做出新的分析。

2. 管理者角色的转变

管理者通过各自的工作,主要获得两种结果:一是与本部门所提供的服务或产品
产量、质量和品种等有关的任务绩效(task performance);二是随着工作进程,与员工
综合能力、组织文化建设和组织潜力保持、发展程度有关的周边绩效(contextual
performance),即"人力资源可持续性"。近年来,由于战略管理思想与实践的发展,管
理者的角色越来越趋向于为周边绩效服务,注重较为长期的可持续高绩效。如此,工
作满意度、工作投入、组织承诺以及缺勤、离职和职业生涯发展等都成为管理者更为关
注的问题。人力资源可持续性目标,也成为管理者面临的重要挑战。

3. 组织管理体制及其管理功能的转换

随着我国改革开放的不断深入、经济全球化以及信息技术带来的影响,组织管理
体制发生了巨大变化。特别是随着多种所有制的转换、现代企业制度的建立以及信息
技术的使用,我国许多组织现已具有新型的组织体制、领导模式和跨文化条件下的管
理运作功能。其中,文化交融和相互依赖对于管理心理学的影响尤其显著。越来越多
的组织通过服务外包、精简机构、减员增效、人职匹配和职能转换等方式,不断优化管
理功能。同时,人们不断提出新的管理心理学概念,如学习型组织、虚拟组织、组织网
络等,这使得管理心理学理论与方法得到了迅速发展。

四　管理心理学的研究热点和发展趋势

管理心理学的研究热点和发展趋势可以归纳为以下几点。

1. 组织变革和发展

这是管理心理学研究的首要问题。20 世纪 80 年代之前,管理心理学研究比较集中于对个体理论的探讨。80 年代之后,伴随着经济全球化的潮流和经济结构的调整,文化因素成为研究热点。威廉·大内(William Ouchi,又译乌契)1981 年出版的《Z 理论》(*Theory Z*)揭开了组织文化研究的序幕。他从文化和民族性的宏观视角,深入组织内部去探讨组织成员的社会化、对组织的价值观及信念的认同和组织效率问题。几乎与此同时,汤姆·彼得斯(Thomas J. Peters)和罗伯特·沃特曼(Robert H. Waterman)于 1982 年出版了《追求卓越》(*In Search of Excellence*),特雷斯·迪尔(Terrence E. Deal)和麦肯锡咨询公司顾问阿伦·肯尼迪(Allan Kennedy)出版了《企业文化》(*Corporate Culture*),从而掀起了组织文化研究的热潮。[①] 同时,管理环境研究的复杂程度增加,促使研究的注意力全面转向整个组织层面,否则企业结构调整、管理者决策、员工适应、跨国公司管理中的组织文化建设、各种激励政策的制定等,均无法达到预期的管理目标。[②]

2. 领导行为研究

领导行为理论是研究领导者在领导过程中所采取的领导行为以及不同领导行为对员工的影响,以便找到最佳领导行为的理论。20 世纪 70 年代,受权变理论影响,在领导行为研究领域出现了豪斯(R. J. House)的通路-目标模型理论、弗鲁姆(V. H. Vroom)的领导-参与模型理论与卡曼(Karman)的生命周期理论。目前最有代表性的是弗雷德·菲德勒(Fred E. Fiedler)提出的认知资源利用理论,它强调决定领导成效的关键与其说是领导个人的智力和才能,不如说是使认知资源得到利用的条件。组织变革中的管理决策因素显得特别重要,因为组织结构调整总是在一定的风险情境下进行的。目前,从个体研究水平来看,领导行为研究比较注重在决策和判断中所采取的认知策略和判断决策问题;从组织水平来看,领导行为研究主要分析不同背景下的决策模式、权力结构和参与体制,并特别重视决策技能的开发和利用。[③]

---

① 阎戈. 管理心理学的历史沿革及其发展现状[J]. 郑州航空工业管理学院学报(社会科学版),2004,23(5):55-57.

② 时勘,卢嘉. 管理心理学的现状与发展趋势[J]. 应用心理学,2001(2):52-56.

③ 阎戈. 管理心理学的历史沿革及其发展现状[J]. 郑州航空工业管理学院学报(社会科学版),2004,23(5):55-57.

3. 强调对人力资源的系统开发

21世纪,技术创新已成为各国企业竞争取胜的关键。其中,具有高水平能力和素质的人力资源是重中之重。因此,管理心理学目前更加注重探索管理者决策、技术创新和员工适应中必须具备的素质,更加关注如何充分地利用和开发人力资源。科技的进步和管理复杂程度的提升对于员工素质提出了新的要求,使得人力资源管理成为研究的又一热点,呈现出由局部的、分散的研究转向整体的、系统的研究趋势。目前,有关胜任特征评价、个体对于组织的适应性和干预等人力资源管理问题的研究正朝着纵深方向发展。①

4. 研究领域不断拓展,更加关注国家目标

目前,各国政府出于自己在国际竞争中的国家安全和市场利益考虑,进行了有计划的管理决策的行为科学研究。可以认为,管理心理学研究更加关注国家目标。管理心理学新的研究热点包括跨国公司和国际合资公司的比较研究、科技投入的行为研究、失业指导研究、绿色发展研究等,这类研究均取得了可观的社会效益和经济效益。在研究领域方面,也突破了传统的框架,管理培训与发展、工作业绩评估、管理决策、组织气氛和组织文化以及跨文化的比较研究,已成为热门研究领域,并获得了有价值的研究成果。②

5. 本土化研究

管理心理学起源于美国,它的人性假设、相关概念和理论体系均来自以美国文化背景为主的西方发达国家,是对其工业化过程中以及后工业化时代遇到的各种问题所进行的研究。虽然我国也在发展市场经济,与西方发达国家有一些共通性,但也存在国家文化差异性。因此,我们必须加强管理心理学的本土化研究,构建出适合我国国情和文化的管理心理学理论体系。对于跨国企业,则要研究如何进行本土化管理,防止跨文化冲突,努力构建符合本土文化价值观的企业文化。

第二节　管理心理学的研究方法

管理心理学具有综合性,兼具人文社会科学和自然科学属性,它的研究受组织内外部多种因素的影响,研究时可以采用多种方法,同时也应遵循一些基本的研究原则。

---

① 时勘,卢嘉. 管理心理学的现状与发展趋势[J]. 应用心理学,2001(2):52-56.
② 时勘,卢嘉. 管理心理学的现状与发展趋势[J]. 应用心理学,2001(2):52-56.

一 遵循的基本原则

1. 客观性原则

心理学从哲学中独立出来,是由于德国心理学家冯特(Wilhelm Wundt)于 1879 年在莱比锡大学建立了第一个心理学实验室,采用实验研究方法,强调用自然科学一样的研究方法研究心理学,使其成为一门像自然科学一样的科学。同样,在进行管理心理学研究时,也要坚持客观的观察、严格的控制,使研究具有可重复性和严格的证明。

2. 发展性原则

人的心理是不断发展变化的,因此,在研究过程中,应采用纵向研究方法,依据时间的发展过程来考察研究对象,以确定引起某些特征变化的因素,建立某种因果关系,或采用横切面研究,在较短时间内或在同一时间中,对不同对象样本进行观察和测定,从而对各类对象做出总体分析。

3. 权变原则

权变观点认为,管理中不存在适用于所有情况的单一的最佳方法或方案,必须具体分析各种变化着的因素与条件,寻求影响有效管理行为的内外部关键条件。在全球化过程中,尤其要考虑文化差异因素,许多在国外管理情境下有效的管理理论和方法,在中国不一定有用,需要结合中国实际国情,研究中国组织管理心理的具体影响因素,或在跨文化管理情境中,研究和提出融合中外概念的"第三理论"。

4. 系统性原则

管理心理学运用开放系统的观点,从个体、群体和组织的各个层面的系统整合出发,分析人员、组织、环境之间的信息交换和相互影响,并特别注重各个管理子系统之间的协同作用。它把组织看作一个开放的社会技术系统,把管理心理过程看作组织内外社会因素与技术条件共同制约的结果。同时,在研究时,又采用分层次的方法,具体可分为宏观的组织层次、中观的群体层次和微观的个体层次。

5. 理论联系实际原则

首先,要对有关研究文献有足够的了解,这是研究的前提和基础;其次,要不断深入管理实践,收集资料,了解管理心理问题,提出并验证假设,做出结论;最后,任何管理心理学理论只有回到管理实践接受检验,才能不断得到修正、丰富和发展。

6. 定性和定量研究相结合原则

　　管理心理学研究范式可以分为质性研究和量化研究。从目前的情况看,量化研究仍占主导地位。量化研究是基于已有的理论基础,通过收集客观现象并将其通过数字的形式表示出来,进而分析现象、验证假设和解释结果的研究方法和过程。它强调研究结果可重复验证。目前管理心理学发展出了一些新的量化分析技术,如结构方程模型(structural equation model)、项目反应理论(item response theory)、元分析(meta-analysis)、事件历史分析(event history analysis)以及其他方法等,取代了传统的统计分析技术。[①] 但量化研究不能呈现事物的全貌和发展的全过程,无法获得对事物整体的认识。质性研究是在自然情境下发现事物的本质,可以做到了解客观现象的动态过程并据此建立相关理论,它在研究复杂心理现象和产生新的概念、新的理论方面展现出了潜力。目前质性研究传统正在回归到主流当中。管理心理学研究应把这两种研究方法结合起来,取长补短,既要重视客观实验与调查统计分析,也要重视人的主观内省和自陈,开展多重实证检验,相互印证,更好地把握管理活动中人的心理活动规律。

二　具体研究方法

1. 观察法

　　观察法分为自然观察法和参与观察法。自然观察法是指在自然情境中对行为进行科学的观察,不对自变量进行任何实验操纵和控制。其结论能应用到实际工作中,但难以判定,不可以重复验证。我国古代《吕氏春秋·论人》中提到,"凡论人,通则观其所礼,贵则观其所进,富则观其所养,听则观其所行,止则观其所好,习则观其所言,穷则观其所不受,贱则观其所不为",就具有自然观察法性质。参与观察法是指参与到组织管理活动中去观察行为。在观察时要注意不让被观察对象察觉。观察法的不足是要被动等待被观察者的心理或行为出现,观察的结果难以进行量化分析等。

2. 调查和测验法

　　调查和测验法是指采用面谈法、问卷法和心理测验等多种研究方法获取被试者对某事件、对象等的态度和感觉,或他们在特定情境中可能的行为表现,如员工满意度调查、士气调查、态度调查等。其优点是能给管理层和员工提供一个沟通的机会,这有助于提高员工士气,降低离职率。其不足是因为调查者告诉被调查者的行为与他们实际上的行为并不完全相符,因此,难以找到配合的被试者,不容易收集到足够的样本。调查和测验法的常用方式有访谈法和问卷法。

① 卢盛忠. 美国工业与组织心理学的现状与发展[J]. 应用心理学,1994(2):1-7.

（1）访谈法。这指的是按照事先拟好的访谈提纲就管理过程中某一问题向研究对象收集信息，研究他们的心理活动规律。该方法的不足之处是耗费财力、物力和人力，难以寻找和培训合格的访谈者，访谈者的年龄、种族、性别、一些细微特征等都会影响访谈效果。

（2）问卷法。有些问卷调查属于民意调查，如关于态度、士气的调查；有些问卷调查属于心理测量，如智力、性格和心理健康状况的测量等。问卷法要注意的是，编制的问卷要有较高的信度和效度，心理测量问卷的统计分析还需要与常模进行比较。其优点是在大样本中收集信息时非常方便，成本低，因为调查是匿名的，所以被调查者可能会更加自如、真实地做出反应，可以自己决定填写问卷的时间，回答时会更加仔细，表达的观点更可靠。其缺点是回答率只有 40％～50％，但增加追踪过程可以使问卷的回收率上升。同时，在开展问卷调查时，要在问卷上进行说明，介绍该调查的意义和重要性，也可以附上研究者的单位名称和联系方式，这能增加被调查者对研究者的信任程度。此外，向被调查者提供一些物质激励，可以提高问卷的回收率。还可以使用现代化的信息技术对员工态度进行调查，如通过电子邮件、内部局域网或互联网发放问卷，可以非常快速地收集数据。同时，可以把调查结果发布在组织的内部网上，使所有的员工都可以看到。但如果管理者并没有想清楚如何利用调查结果改善管理，员工会抱怨公司太频繁地进行这种无实际意义的调查。当员工认为他们的意见或者观点并没有被认真对待和采纳后，他们在调查的时候就不会再真实地表达自己的观点，甚至会拒绝参与调查。

3. 个案研究法

个案研究法也称案例分析法，是指通过系统观察或调查，对管理活动中有关个体、群体或组织事例进行全面、深入和详尽的考察、研究。个案研究比较重视研究结果对于样本所属总体的普遍意义。个案研究法会综合使用各种方法收集资料和数据。个案研究一般是描述性的，难以在短时间内做出变量之间的因果关系推断，容易受研究者主观因素的影响，难以重复。但是，个案研究在专业知识、经验积累和传承过程中，起着其他研究方法不可替代的作用。

4. 实验法

实验法可以分为实验室实验法和现场实验法。实验室实验法是在严格控制无关变量的情况下，研究一个或几个自变量（刺激变量）与因变量（行为反应）的关系。自变量（independent variable）是在实验研究中被操纵，以观察其变化对被试者行为变化的影响的变量。因变量（dependent variable）是被试者的反应或行为结果，受到自变量变化的影响。例如，在霍桑实验（Hawthorne Experiment）中的"照明实验"里，自变量是照明强度，因变量是工人在不同照明强度下的工作效率。实验时，实验组和控制组的被试者选择要尽可能保持一致。分组方法有两种：一种是随机分组，即把被试者随机地分配到实验组和控制组，以保证两组样本的一致性；另一种是配对分组，即把被试者按照某些关键特征进行匹配后对等地分配到实验组和控制组,以保证两组样本的一致性,如把被试者按照年龄、工作经验、智力水平和对上级的评价等因素进行分组。由于组织实际环境比实验室环境复杂得多,实验室得出的结论在现实中的推广会受到一定的影响。

目前,运用互联网和信息技术,人们发展出了虚拟实验室。与现实中的实验室研究或者现场研究相比,人们在虚拟实验室可以快速进行研究,成本也较低,包括对应聘者进行心理测验,进行员工态度调查,或者测试员工在不同情境下的行为反应等。其优点是可以从不同地方或者不同公司收集大样本的数据,可以模拟现实工作场景,以考察员工的行为反应等。其不足是由于被试者的行为是在调查者的监督下发生的,他们可能会故意做出迎合调查者的行为。

现场实验法又称自然实验法,是指在日常生活情境中,适当控制条件,研究自变量和因变量之间的关系。由于被试者处于自然状态,反映的心理活动比较真实。现场实验法的缺点是不容易控制环境条件。我国古代《吕氏春秋·论人》中提到的"六验法"即"喜之以验其守,乐之以验其僻,怒之以验其节,惧之以验其特,哀之以验其人,苦之以验其志",就具有自然实验法性质。

实验室实验法选择的被试者一般都是在校大学生,在实验室中也很难确定关键的边际条件,这使得人们对实验室研究的效度提出了疑问。因此,有人建议把以上两种实验方法相结合,采用"实验室—现场—实验室"或"现场—实验室—现场"的模式解决这个问题。[①]

第三节　西方管理心理学的发展历史

20世纪初,弗雷德里克·泰勒(Frederick Winslow Taylor)倡导的科学管理运动和雨果·闵斯特伯格(Hugo Munsterberg)开创的工业心理学是管理心理学的先驱,而真正推动管理心理学产生的是1927年由梅奥(George Elton Mayo)领导的霍桑实验。20世纪50年代中期,美国斯坦福大学教授、著名心理学家莱维特(H. J. Leavitt)首次以"管理心理学"命名出版了他的专著。而在他之前,所有研究心理学在工业企业中应用的著作都以"工业心理学"命名。20世纪60年代,管理心理学才真正成为一门独立的学科分支并被人们广泛地应用。

---

① 卢盛忠. 美国工业与组织心理学的现状与发展[J]. 应用心理学,1994(2):1-7.

一　管理心理学探索期（19 世纪 70 年代到 20 世纪 20 年代）

　　1879 年,威廉·冯特在德国莱比锡大学建立了世界上第一个心理学实验室,采用实验方法研究心理学,从而使心理学从哲学中独立出来。目前心理学分支学科有 100 多个。管理心理学的起源最早可以追溯到 20 世纪初的工业心理学,其创始人雨果·闵斯特伯格最早把科学心理学带进管理领域,并在 1913 年出版了著作《心理学与工业效率》(*Psychology and Industrial Efficiency*)。他的研究要点是了解人们的心理素质,在此基础上考虑把他们安置在最适合他们的岗位上,同时研究在什么心理条件下,能够从每个工人处得到最大的、最令人满意的产量。此外,他还研究如何使人们的情绪产生有利于工作的最大影响。这些研究成果被广泛运用于职业选择、劳动合理化以及改进工作方法、创造最佳工作条件等方面。

　　沃尔特·迪尔·斯科特(W. D. Scott)被称为"应用心理学之父",他是把心理学运用于提高职工工作积极性的倡导者。1911 年,他在《效率——提高工作绩效的 12 种途径》(*Increasing Human Efficiency in Business*)中提出了 12 种提高工作效率的途径。另外,他还把心理学应用于人员选拔与测评中。1916—1917 年,他与助手们共同开发出了选拔销售员的面试评分表和评价方法,第一次世界大战期间,他还协助开发了军官选拔的等级评价方法。[①]

　　莉莲·吉尔布雷斯(L. Gilbrath)首次扛起了管理心理学的大旗,1914 年,她出版了世界上第一本《管理心理学》(*Psychology of Management*)。她力图把早期的心理学概念运用到科学管理实践中去,关心工作中人的因素,强调在应用科学管理原理时,首先必须看到工人,并且了解他们的个性和需要。

　　以上研究在当时不仅促进了生产力增长,而且减少了工人同企业主之间的矛盾冲突。但是,由于泰勒制的兴起,以及研究面较窄等,这些研究在当时并未引起足够重视。

二　行为科学理论（20 世纪 30 年代到 50 年代）

　　行为科学产生于 20 世纪 30 年代到 50 年代,涉及心理学、社会学、政治学、人类学、管理学。行为科学研究范围广泛,既包括个体激励、满意,也涉及群体动力、领导行为,以及组织管理等一般问题。行为科学研究使管理思想出现重大转变,即从强调个体特征转移到注重群体动力过程,从而使管理心理学得到了长足的发展和完善。

---

　　① 吕云飞. 应用心理学之父——沃尔特·迪尔·斯科特述评[J]. 心理研究,2008(6):60-66.

（一）霍桑实验与人际关系学说

　　1924—1932 年，美国西方电气公司在霍桑工厂开展了一系列实验研究，包括照明实验、福利实验、群体实验、访谈实验。实验最初的目的是根据科学管理原理，探讨工作环境对劳动生产率的影响。但是在照明实验中，该公司发现实验结果与预期不一致，实验进行不下去了。从 1927 年起，以哈佛大学心理学家埃尔顿·梅奥教授为首的一批学者将实验工作接管下来，并继续进行。

　　◆◆ 关联知识

二维码 1-2
霍桑实验

　　梅奥对霍桑实验和访谈结果进行了总结，在 1933 年出版了《工业文明中的人类问题》（*The Human Problems of an Industrial Civilization*）一书，并提出了人际关系学说（interpersonal relation theory）。

　　梅奥认为，影响组织生产力的最重要因素是在工作中发展起来的人际关系，而不只是待遇和工作环境。这就是人际关系学说的主要论点，表现为以下几点。

　　第一，认为人是"社会人"，影响人的生产积极性的，除了物质利益等物质因素外，还有社会和心理因素。

　　第二，生产效率的上升和下降主要取决于员工的工作情绪，即员工的"士气"，而员工的"士气"则取决于企业内部的人际关系。

　　第三，企业中存在非正式组织。企业主在管理中要注意倾听和了解员工的意见，了解员工不合乎逻辑的行为，满足非正式组织的社会需要等。

　　人际关系学说认为组织员工既有物质需要，更有社会、心理方面的需求，这对注重效益和个体的科学管理理论提出了挑战，把管理的焦点从单纯改进效益转移到促进员工成长、加强团队关系和提升员工满意感等方面。管理者需要掌握一种综合管理技能，其中包括了解员工的情况。它需要管理者掌握进行咨询、激励、引导和信息交流的人际关系技能。霍桑实验可以说是管理心理学的开端。

 关联知识

二维码 1-3
新人际关系理论

（二）X 理论与 Y 理论

　　X 理论和 Y 理论是由道格拉斯·麦格雷戈（Douglas M. McGregor）1957 年在他所著的《企业的人性面》（*The Human Side of Enterprise*）一书中首次提出来的。

　　X 理论的基本观点如下：多数人天生是懒惰的，他们都会尽可能地逃避工作；多数人都没有雄心大志，不愿负责任，而心甘情愿受别人的指导；多数人的个人目标都是与组织的目标相矛盾的，必须用强制、惩罚的办法，才能迫使他们为实现组织目标而工作；多数人工作都是为了满足基本的生理需要和安全需要，因此，只有金钱和地位才能鼓励他们努力工作。

　　持 X 理论观点的管理者单纯从经济效益出发管理员工，注重激励、指导和控制员工的行为，矫正他们的行为以满足组织需要。他们认为员工面对组织需要时是被动和抵制的，需要加以说服、奖励或惩罚。麦格雷戈认为科学管理倾向于使用 X 理论。

　　Y 理论的基本观点如下：一般人都是勤奋的，如果环境条件有利，工作如同游戏或休息一样自然；控制和惩罚不是实现组织目标的唯一方法，人们在执行任务中能够进行自我指导和自我控制；在正常情况下，一般人不仅会接受责任，而且会主动承担责任；对目标的承诺与对成就的奖励密切相关，最显著的奖励是自我和自我实现需要的满足，它会使人们朝着组织目标而努力；人们都具有想象力和创造性，并能在现实中加以运用；在现代工业条件下，一般人的潜力只利用了一部分。

　　Y 理论与 X 理论是根本对立的。Y 理论告诉管理者，要尊重和相信员工，要帮助员工认识和开发自身的各种能力，帮助员工学会管理自己，要为他们提供工作和发展的条件和机会，想办法激励和调动员工的工作积极性，使人的智力、才能得到充分的发挥，而 X 理论则试图对员工加以控制，这是两种十分不同的管理思路。

　　此外，行为科学理论中还有勒温（Kurt Lewin）的群体动力学理论、巴纳德（Chester L. Barnard）的权威接受理论、马斯洛（A. H. Maslow）的需求层次理论、莫瑞诺（J. L. Morene）的社会测量理论等。

三　开放组织理论与战略管理理论（20 世纪 60 年代至今）

（一）权变思想与认知理论的影响

20 世纪 60 年代起，组织管理和管理心理学日益受到权变思想和认知理论的影响。权变理论认为，没有可以适用于任何情境的普遍管理理论、程序或规则。管理的有效性取决于所管理的情境特征。受权变思想的影响，组织管理和管理心理学理论开始把研究重点从寻求一般意义的管理规则，转移到探索特定理论的关键条件。在研究构思上，人们日益重视理论和关键因素的层次性。自 20 世纪 70 年代起，出现了一系列具有权变思想的新理论，尤其在领导理论领域。

同时，随着认知心理学的兴起和发展，信息加工思想也对管理心理学思想产生了重大影响，在社会认知、因果关系归因、激励理论、管理决策、组织设计和学习型组织等领域，学者们又提出了基于深层认知成分的理论模型。

（二）开放组织理论

20 世纪 70 年代初出现了开放组织理论，其把组织看作一个开放的社会技术系统。这个系统由若干相互联系的子系统构成，包括行政、生产、财务、市场、销售、人力资源等，并向外部环境开放。子系统应对环境变化的能力以及相互间的协同程度，决定了组织的整体功能。开放组织理论研究使管理心理学在 20 世纪 70 年代和 80 年代日益重视组织层面的问题，有力地推动了管理心理学的发展。

（三）战略管理理论

20 世纪 80 年代后期，随着经济全球化及组织变革的不断深入，组织管理越来越重视战略管理的思想。战略管理是有效设计、实施和评价跨职能管理决策的过程。它针对组织目标做出资源规划，制定使组织实现可持续发展的管理战略。它要求管理者从组织内外关键因素及其互动关系和时间发展阶段的整体、动态的观点出发，设计与确定管理举措和行动。

美国著名管理学家艾尔弗雷德 • D. 钱德勒（Alfred D. Chandler）的《战略与结构：美国工商企业成长的若干篇章》（*Strategy and Structure：Chapters in the History of the American Industrial Enterprise*）一书的出版，开了企业战略问题研究之先河。钱德勒分析了环境、战略和组织之间的相互关系，提出了"结构追随战略"的论点，他因此被认为是"环境—战略—组织"理论的第一位企业战略专家。战略管理理论中先后出现了 20 世纪 70 年代的"设计学派"和"计划学派"、80 年代的迈克尔 • 波特（Michael

E. Porter)的行业竞争结构分析理论、90 年代的普拉哈拉德(C. Prahalad)和加里·哈默(G. Hamel)的"核心能力学派"、大卫·柯林斯(David J. Collins)和塞西尔·蒙哥马利(Cynthia A. Motgomery)的企业资源观、90 年代后期的战略联盟理论以及詹姆斯·穆尔(James Moor)的商业生态系统理论等。战略管理理论的发展拓展和加强了管理心理学的组织心理研究思路,尤其在组织文化、跨文化管理、团队建设等方面形成了新领域。

从管理心理学研究的发展历史看,过去的研究往往侧重于微观的个体和职务变量,包括人员选拔、培训、离职率、士气、奖励制度和绩效评估等方面的问题,而现在的研究更侧重于社会和组织变量;过去往往只注意单一变量的分析,现在则更重视变量的综合、不同概念的整合以及不同变量的结合;过去较注重基层管理和人力资源管理问题,现在更注重高层管理的运作(如决策和战略规划)以及基层管理的因变量(生产率、效益等);此外,现在也更加注意与工作组织管理没有直接关系的一些问题,如职业发展、精神紧张以及工作与家庭关系等问题。[1]

第四节 中国传统文化与管理心理学的发展

中国传统文化中蕴含着丰富的管理心理学思想。有研究者对中国古代(从殷代到 1840 年)管理心理学思想体系进行了构想,把中国古代的管理心理学思想内容归纳为八种理论:人性论、激励心理论、人际关系论、选才心理论、用才心理论、领导心理素质论、决策心理论和经营心理论。[2] 还有研究者把中国古代的管理心理学思想概括为五大特色:以人为本、以德为先、以和为贵、中庸之道、无为而治。[3] 本节内容主要从选才用才心理、绩效考核心理、激励心理、个性心理、心理健康与治疗五个方面进行阐述。

一 选才用才心理

选才并非易事,正如诸葛亮在《将苑·知人性》中所说:"有温良而伪诈者,有外恭而内欺者,有外勇而内怯者,有尽力而不忠者。"为了更好地去伪存真、由表及里地做到知人知面而且能够知心,古人设计了很多制度和方法。

---

① 卢盛忠. 美国工业与组织心理学的现状与发展[J]. 应用心理学,1994(2):1-7.

② 赵国祥,张德宗. 中国古代管理心理学思想史纲[J]. 心理科学进展,1995(4):51-56.

③ 朱永新. 中华管理智慧:中国古代管理心理思想研究[M]. 苏州:苏州大学出版社,1999.

（一）选才心理

1. 基本原则

在中国古代文化中，古人在选拔人才方面始终强调遵循两条基本原则，即德才兼备和选贤任能。

1）德才兼备

"德才兼备"是指在选拔人才时，既要注重人的品质，又要注重人的才能，二者不可偏废。唐太宗曾说："为政之要，惟在得人，用非其才，必难致治。今所任用，必须以德行、学识为本。"①根据《清实录·圣祖实录》记载，康熙认为："国家用人，才优者固足任事。然秉姿诚厚者，亦于佐理有裨。……朕意必才德为佳。若止才优于德，终无补于治理耳。"品德与才能二者兼优，才有利于管理国事。当两者出现矛盾、不可兼得时，怎么办？古人也曾提出根据具体情况处理，如曹操的"治平尚德行，有事赏功能"②即其一。与曹操同时代的桓范也持类似见解，这在《三国志》中有记载："臣闻帝王用人，度世授才。争夺之时，以策略为先，分定之后，以忠义为首。"唐初魏征虽重用人之德，但他也说过："但乱世惟求其才，不顾其行；太平之时，必须才行俱兼，始可任用。"③从古人的论述和实践中，我们不难看出，"以德为本"和"唯才是举"是可以统一的，关键看所面临的形势和任务，要具体情况具体分析，做到因时而异、因事而异、因人而异。

2）选贤任能

所谓选贤任能，指的就是任人唯贤。韩非子认为要坚持"内举不避亲、外举不避仇"的用人原则，只要是贤才，不管亲疏远近，不管出身贵贱，都可以任用。墨子也主张"尚贤事能"，他在《墨子·尚贤上》中指出，"尚贤者，政之本也"。孟子也要求"尊贤使能"，他在《孟子·公孙丑上》中指出，"俊杰在位，则天下之士皆悦，而愿立于其朝矣"。

2. 选才方法

从两汉时期开始至明清，我国古代选拔人才主要经历了察举制、九品中正制和科举制。其中以科举制最为完备和细致，是我国隋唐以来所采取的主要的人才选拔制度。通过科举制度，各界知识分子可以不经荐举，自愿报名考试，经不同科目和不同级别的考试，由主管机构根据考试成绩，从中择优录取。其中科举名目、考试内容、考试程序、规则、考后录取及任用等一系列的程序和环节都有严格的规定。虽然人们对科举制度的评价褒贬不一，但它作为人才选拔制度的实质值得肯定。除此之外，古代政治家、思想家还有一些经验性的选才方法。

---

① ［唐］吴兢. 贞观政要［M］. 滕帅，李明，译注. 长沙：岳麓书社，2014.
② 夏传才. 曹操集注［M］. 郑州：中州古籍出版社，1986.
③ ［唐］吴兢. 贞观政要［M］. 滕帅，李明，译注. 长沙：岳麓书社，2014.

1)"九征"观人法

《庄子·杂篇·列御寇》中陈述了孔子所说的"九征"观人法:"故君子远使之而观其忠,近使之而观其敬,烦使之而观其能,卒然问焉而观其知,急与之期而观其信,委之以财而观其仁,告之以危而观其节,醉之以酒而观其则,杂之以处而观其色。九征至,不肖人得矣。"

"九征"观人法采用的方法类似现在的观察法:让人离开熟悉的地方,到远处任职,观察他们是否忠诚;近距离接触他们,观察他们是否恭敬;将复杂烦琐的事情交给他们,观察他们是否有能力;突然提问,观察他们的思考能力;交给他们紧急的任务,观察他们是否守信用;让他们管理财务事宜,观察他们是否清廉;将他们置于危急境地中,观察他们的节操;与他们一起饮酒,观察他们醉酒时的仪态;让异性与他们相处,观察他们对待女色的态度。通过观察人在上述九个方面的表现,可以任用的人也就能挑选出来了。

2)"八观六验"和"六戚四隐"

《吕氏春秋·论人》中提出了"内则用六戚四隐,外则用八观六验"两个考核人才的标准:"凡论人,通则观其所礼,贵则观其所进,富则观其所养,听则观其所行,止则观其所好,习则观其所言,穷则观其所不受,贱则观其所不为,喜之以验其守,乐之以验其僻,怒之以验其节,惧之以验其特,哀之以验其人,苦之以验其志,八观六验,此贤主之所以论人也。论人者,又必以六戚四隐。何谓六戚?父母兄弟妻子。何谓四隐?交友故旧邑里门郭。内则用六戚四隐,外则用八观六验,人之情伪贪鄙美恶无所失矣,譬之若逃雨,汗无之而非是,此圣王之所以知人也。"

"八观"属观察法,是指在一个人事业和人生顺利的时候,要看他尊敬和交往的是什么人;在一个人身处高位的时候,看他所赏识和推荐的是什么人;在一个人身处富贵的时候,看他养的是哪些门客;在听别人发表意见后,看他采纳什么内容以及是否言行一致;在一个人闲居无事的时候,看他的喜好是什么;在一个人成为领导的亲信后,观察他向领导提什么建议;在一个人贫苦时,看他不接受什么;在一个人身份卑贱时,看他不做什么事情。

"六验"则带有实验法的性质,是指在一个人在"得意"的时候,看他是否"忘形";在一个人快乐、面对诱惑的时候,看他的是否会玩物丧志;在一个人愤怒的时候,看他的自我控制和自我约束能力是否得当,是否会失去理智;在一个人恐惧的时候,看他是否意志坚定;在一个人哀伤的时候,察看他的为人,看他是否有仁慈之心;在一个人困难的时候,看他是否志向远大。

"六戚四隐"中六戚为父、母、兄、弟、妻、子,四隐为交友、故旧、邑里、门郭。这个标准指的是鉴定一个人的品质时,除了要有上述标准之外,还要听取近亲和好友对他所做的评价。这类似于现在的社会调查方法。"六戚四隐"代表了不同生活空间内对一个人最为熟悉的群体,他们所发表的看法和见解应该是客观、全面、公正的。

3)诸葛亮的"识才七法"

诸葛亮在《将苑》(又名《心书》)中提出了为将者需要具备的七项特质,并提出了识别方法，即识才七法："一曰，问之以是非而观其志；二曰，穷之以辞辩而观其变；三曰，咨之以计谋而观其识；四曰，告之以祸难而观其勇；五曰，醉之以酒而观其性；六曰，临之以利而观其廉；七曰，期之以事而观其信。"也就是说，通过访谈一个人对一些大是大非问题的态度和观点，了解他的信仰和志向；通过和一个人展开辩论，观察其应变能力；通过询问一个人的见解，了解其学识和视野；通过告诉一个人灾事、祸事等，观察他是否有勇气直面苦难和现实；通过使一个人醉酒，观察他酒后的行为举止，了解他的真实性情；用物质利益引诱一个人，观察他是否能保持廉洁；委托一个人办一些事，看他是否讲信用。

以上这些方法暗含了现代管理心理学中的观察法、实验法和社会调查法等方法，通过观察对方在各种极端情境下的心理、行为和情绪表现，以及通过对其周边关系密切人士进行访谈，就可以实现识别人才的目的。

4）选才中的偏向

刘邵在《人物志》中提出了选才中的"七缪"："一曰察誉，有偏颇之缪；二曰接物，有爱恶之惑；三曰度心，有大小之误；四曰品质，有早晚之疑；五曰变类，有同体之嫌；六曰论材，有申压之诡；七曰观奇，有二尤之失。"

也就是说，在选才过程中，人们往往会经历七种谬误：一是偏听、偏信传闻；二是待人接物被个人的好恶迷惑；三是揣度人的志向大小时出现误差；四是欣赏人物的才智时，只识早智而速成者，却不识晚智而晚成者；五是有只赏识与自己投缘的人的嫌疑；六是有以地位、财富论才能的诡辩；七是对"奇才"有"尤妙"（大智若愚）与"尤虚"（金玉其外而败絮其中）的判断失误。

唐代著名宰相陆贽在《论朝官阙员及刺史等改转伦序状》中认为，人才多寡和统治者的选人用人偏向有很大关系，"汉高禀大度，故其时多魁杰不羁之材。汉武好英风，故其时富瑰诡立名之士。汉宣精吏能，故其时萃循良核实之能。迨乎哀、平、桓、灵，昵比小人，疏远君子，故其时近习操国柄，嬖戚擅朝权"。

（二）用才心理

1. 用人不疑

"用人不疑"指的是当你怀疑这个人时，就不要任用他，一旦任用了他，就不要怀疑他。根据《说苑·尊贤》中的记载，管仲曾说："不知贤，害霸也；知而不用，害霸也；用而不任，害霸也；任而不信，害霸也；信而复使小人参之，害霸也。"这五个问题都是与用人政策有关的，它说明只有知人才能善任，也只有知人才能用人不疑，只有用而不疑，才能不使小人参与其中危害统治。千百年来，历代统治者为了维护其统治，将之视为用人的法宝。

2. 用人所长

《论语·微子》提到："无求备于一人。"这里说的是用人最忌讳求全责备。陆贽在用人方面也反对吹毛求疵、求全责备。他在《请许台省长官举荐属吏状》中说："人之才行，自昔罕全，苟有所长，必有所短。若录长补短，则天下无不用之人。责短舍长，则天下无不弃之士。"楚汉相争中，刘邦谋事不如张良，用兵不如韩信，治国不如萧何，但此三杰尽为其所用，因而刘邦得以夺取天下。刘邦的高明，就在于他能够知人善任和用人所长。

3. 能位相宜

能位相宜除了包括能力大小要和岗位相适应外，还包括能力类型要和岗位相适应。荀子认为："无德不贵，无能不官。"明代著名哲学家吕坤在其所著的《呻吟语》中指出了不同岗位的人要具备不同的能力："繁任要提纲挈领，宜综核之才；重任要审谋独断，宜镇静之才；急任要观变会通，宜明敏之才；密任要藏机相可，宜周慎之才；独任要担当执持，宜刚毅之才；兼任要任贤取善，宜博大之才；疑任要内明外朗，宜驾驭之才。"

4. 容错原则

陆贽在《论朝官阙员及刺史等改转伦序状》中反对"以一言忤犯，一事过差，遂从弃捐"，终身不用某人的错误做法，认为这是"嫉恶太甚之患也"，是造成当时唐代朝廷"乏才"的原因之一。在该文中，陆贽还指出，"贬降之辈，其中甚有可称者"，对于这些人也应该录用，何况有些是"或因连累左黜，或因遭谗忌外迁"的人，他因此提出了"弃瑕录用者，霸王之道；记过遗才者，衰乱之源"的观点。

二　绩效考核心理

绩效考核在中国古代被称为"考绩"，用于考核官吏的品德、才能、政绩，此法源远流长。《尚书·舜典》有记载："帝曰：'格！汝舜。询事考言，乃言底可绩，三载。汝陟帝位。'"意思是，"尧说，考核舜的办事能力和言行后，发现他诸事皆成，政绩优异，三载考绩已结束，根据舜的德行，舜可升帝位，可以接我的班了"。《管子》中提到："成器不课不用，不试不藏。"这里说的是管子主张人才如果不经过考核，就不能加以任用。总的来看，中国古代文化中已经形成了一套包括考核内容、过程和方法以及赏罚体系在内的较为完整的绩效考核体系。

（一）考核内容：以清廉为根本，对官员的品德、能力进行全方位考核

《周礼》中记载了"六廉"考核指标体系："一曰廉善，二曰廉能，三曰廉敬，四曰廉正，五曰廉法，六曰廉辨。""善"指做事尽职尽责，尽善尽美，在百姓之中享有赞誉；"能"指有能力，把任务完成；"敬"，警也，指不懈怠；"正"指行为正直；"法"指守法、依法而行，执法没有过失；"辨"指能够分辨是非、善恶、美丑，能没有任何疑虑地做出决断。

"六廉"考核指标体系把官员清廉的品格放在第一位,同时对"廉"的要求形成一个完整的体系,包括工作要干出怎样的效果(善、能),以怎样的态度干(敬、正),以及怎样干(法、辨),也就是对官员业绩、态度和行为等进行全方位考核。"六廉"这种完整的考核体系在要求官员必须廉洁正直的前提下,还要求官员有所作为,杜绝了以不贪为名而不作为的现象。

唐代对所有官吏的共同要求是"四善"。四善为"德义有闻、清慎明著、公平可称、恪勤匪懈"①。除此之外,南宋吕本中在《官箴》开篇讲道:"当官之法,唯有三事:曰清、曰慎、曰勤。""清、慎、勤"这三字的为官之道,被后人称为"千古不可易"。康熙皇帝曾御笔亲书这三个大字并刻石宣传,训示百官,以"清、慎、勤"考核官吏,而且把清廉放在首位。②

（二）考核过程和方法:"考课贵精""循名责实""参验"

这是唐代陆贽提出的绩效考核思想,即依据一定的标准对官员进行考核,加强吏治管理,以便高标准地培养官吏。为了全面地了解一个官吏的政治思想和工作能力,陆贽提出了一个完善的绩效考核指标体系,即所谓的"八计听吏治":一计"视户口丰耗以稽抚字";二计"视垦田盈缩以稽本末";三计"视赋役薄厚以稽廉冒";四计"视按籍烦简以稽听断";五计"视囚系盈虚以稽决滞";六计"视奸盗有无以稽禁御";七计"视选举众寡以稽风化";八计"视学校兴废以稽教导"。这个考核指标体系分别从户口、田亩、赋役、户籍、囚系、奸盗、选举、学校八个方面来考察地方官吏的吏治才能,比较全面地涵盖了地方官员的职责。这在安史之乱后地方吏治不伸的中唐,具有重要的现实意义。在考课方法方面,他强调不能注重言论,而要注重行动,不能看表面现象,而要看内在思想。"讷讷寡言者未必愚,喋喋利口者未必智,鄙朴忤逆者未必悖,承顺惬可者未必忠。"他主张"举措不可以不审,言行不可以不稽","所举必试之以事,所言必考之于成",防止考核中出现官吏徇私舞弊、弄虚作假、贪污懈怠的现象。③

《韩非子·奸劫弑臣》主张考核要"循名实而定是非,应参验而审言辞"。"参验"即"参伍之验","偶参伍之验,以责陈言之实",就是把各种情况进行排列、分类,加以比较、研究,进行分析、验证。韩非子认为,"无参验而必之者,愚也,弗能必而据之者,诬也"④,要求在"参验"的过程中采取客观的态度,要"虚心",要"言会众端",以综合天、地、人、物等各个方面的实际情况,进行全面的比较、考核,而不可偏听、偏信。为了判明是非和真假,最可靠的方法还是实践检验。韩非子比喻说,判断刀剑是否锋利,就要用刀剑去宰杀动物;要挑选合适的马匹,就要将马驾上车跑一趟。他还认为在考核中要"听其言而观其行"。

---

① 孔令纪. 中国历代官制[M]. 济南:齐鲁书社,1993.
② 聂菲璘. "廉":古人考核官吏的首要标准[N]. 学习时报,2021-05-21.
③ 新唐书·列传·卷八十二[EB/OL]. [2019-07-29]. https://www. pzlf. com/ctwh/xts/77945. html.
④ 张洪海. 陆贽的官员考核标准 2[EB/OL]. [2013-01-25]. http://theory. people. com. cn/n/2013/0125/c49163-20326342-2. html.

（三）考核结果：有课必有赏罚

历代王朝都将考核与官吏的赏罚激励联系起来。苏洵在《嘉佑集·上皇帝十事书》中说："夫有官必有课，有课必有赏罚。有官而无课，是无官也。有课而无赏罚，是无课也。"唐代的考课令规定："诸食禄之官，考在中上已上，每进一筹，加禄一季；中下已下，每退一等，夺禄一季。"根据张廷玉等撰写的《明史》，明太祖时期，根据考绩命令，"称职者升，平常者复职，不称职者降，贪污者付法司罪之，阘茸者免为民"。这样的考核制度促使官吏力争有所作为，做出政绩。因此，考课制度是古代实行人事管理的有效工具。

三　激励心理

中国古代有丰富的激励思想和方法，如战国时期的商鞅变法，实行选贤任能、奖励军功和耕织制度，使秦国变得强大起来。中国古代激励思想和方法可以大致归纳为如下几个方面。

（一）物质激励

古人很早就认识到物质激励的作用，有俗语曰"人为财死，鸟为食亡"。司马迁在《史记·货殖列传》中就写道："天下熙熙，皆为利来；天下攘攘，皆为利往。"三国时期，曹操对物质激励有很深刻的见解，他在《孙子兵法·作战篇》中注解说："军无财，士不来，军无赏，士不往。"管子并不主张无限制地满足个人的私利，而认为应该使个人的欲望有所节制，否则国家就不好治理。《管子·山至数》中提到，"万物轻则士偷幸"，意思是物价低，谋事易，则人就会苟且偷生。

（二）情感激励

我国古人很早就注意到人的情感需求，十分注重对人进行情感激励。军事家孙武要求将帅爱护士兵，他在《孙子兵法·地形篇》中指出："视卒如婴儿，故可以与之赴深溪；视卒如爱子，故可以与之俱死。"将帅关心士卒的冷暖和饥饱，体恤士卒的劳苦，士卒因此深受感动而甘心报效将帅，奋勇杀敌。《史记·孙子吴起列传》中说："母曰：'往年吴公吮其父，其父战死不旋踵，遂死于敌。吴公今又吮其子，妾不知其死所矣，是以哭之。'"这说的是，军事家吴起曾亲自为一名士兵吮吸毒疮脓液，这件事情传到了这名士兵母亲的耳中，她大哭起来。原来吴起曾经为这位士兵的父亲吮吸过毒疮脓液，他的父亲在作战的时候就非常英勇，结果战死沙场。现在吴起将军又为她的儿子吮吸毒疮脓液，这位母亲觉得她的儿子肯定又会不顾性命英勇作战，到时候死在哪里都不知道。从中可见领导对下属情感激励的威力。

（三）赏罚激励

古人非常看重赏罚，认为赏罚是国家和军队治理不可缺少、不可替代的重要手段。唐太宗李世民说："国家大事，惟赏与罚。"[①]赏罚的基本原则包括以下内容。

（1）信赏必罚。据《六韬·文韬·赏罚》记载，周文王曾就赏罚问题进行咨询，姜太公回答说："凡用赏者贵信，用罚者贵必。"也就是说，使用奖赏贵在讲信用，该赏的一定赏，该罚的绝不姑息，这讲出了赏罚的基本原则——信赏必罚。

（2）赏不逾时，罚不迁列。《司马法·天子之义》中指出："赏不逾时，欲民速得为善之利也，罚不迁列，欲民速睹为不善之害也。"这里说的是赏罚不拖延时日，以使民众迅速得到做好事的收益，使民众迅速看到做坏事的恶果，起到教育效果，使法纪严明。

（3）显罚明赏。《帝范·赏罚》中提到，唐太宗主张"显罚以威之，明赏以化之，威立则恶者惧，化行则善者劝"，只有赏罚公开，才能起到"奖罚一人，教育一片"的效果，同时还可以让群众监督赏罚是否公正。

（4）慎赏慎罚。《左传·襄公二十六年》中提到，"善为国者，赏不僭而刑不滥"，"赏僭，则惧及淫人；刑滥，则惧及善人"。《汉书》也提到，"赏及无功，无以劝善；罚及无罪，无以惩恶。唯赏与罚，不可不当"，认为赏和罚都是非常严肃的事情，必须审慎对待，做到赏不虚施，罚不妄加。《汉书》还提到赏罚的标准："赏一人而天下悦者，赏之；罚一人而天下惧者，罚之。"

（5）罚贵大，赏贵小。《六韬·龙韬·将威第二十二》中，太公曰："将以诛大为威，以赏小为明。"这就是主张以杀地位高的人来做典型，以奖赏地位低的人来体现明察，这样赏罚效果就会更明显。

（6）赏罚公平正直，不偏不私。《韩非子·主道》有言："诚有功，则虽疏贱必赏；诚有过，则虽近爱必诛。"

（7）恩威并施，赏罚结合。商鞅在《商君书·外内》中指出，"赏使之忘死，而威使之苦生"，即要想使人们勇敢参战，必须奖赏多、刑罚严，两者不可偏废。晋代傅玄在《傅子·治体》中说："治国有二柄，一曰赏，二曰罚。赏者，政之大德也；罚者，政之大威也。"他强调通过赏罚结合达到劝善抑恶的目的。

（四）危机激励

古人很早就意识到了人的安全需求，通过塑造危机氛围，去积极影响和激励将士。战争情况瞬息万变，需要有与之相适应的危机文化，"破釜沉舟""背水一战"就是其中著名的例子。《史记·淮阴侯列传》中写道，"信乃使万人先行，出，背水陈。……军皆殊死战，不可败"，"陷之死地而后生，置之亡地而后存"，韩信通过背水一战的策略，激励手下将士奋勇杀敌，最后大败赵军，打了一场大胜仗。

---

① ［唐］吴兢. 贞观政要［M］. 滕帅，李明，译注. 长沙：岳麓书社，2014.

（五）榜样激励

一方面,可以通过表扬先进、树立楷模去影响他人,如《左传·文公六年》中说,古之王者,"建圣哲","引之表仪",就是把表扬先进、树立楷模作为一种重要的手段,去激奋、引导广大臣民。《隋书》中记载,隋文帝对侍臣说:"我树房恭懿为吏楷,岂止为一州而已,当今天下模范之,卿等宜师学也。"另一方面,领导者自身要率先垂范。军事战争中,领导者的作用是极其重要的,他将影响部队的士气和氛围。《孙子兵法·始计篇》中说:"将者,智、信、仁、勇、严也。"要在战争中取得胜利,激励将士奋勇杀敌,领导者要自己先做出表率。孔子曰:"其身正,不令而行;其身不正,虽令不从。"这里强调的也是榜样的激励作用。

（六）因人而异进行激励

古人已经看到人的需求是一种综合性需求,呈现多样化、个性化、复杂化的特点,因此,古人提倡因人而异的激励方法。在《三略·上略》中,姜尚提出了一些原则:"危者,安之;惧者,欢之;叛者,还之;冤者,原之;诉者,察之;卑者,贵之;强者,抑之;敌者,残之;贪者,杀之;欲者,使之;畏者,隐之;谋者,近之;谗者,覆之;毁者,复之;反者,废之;横者,挫之;满者,损之;归者,招之;服者,活之;降者,脱之。"这些原则强调的就是因人而异地进行管理、激励。《诸葛亮集》中提到:"古之善将者,养人如养己子,有难,则以身先之;有功,则以身后之;伤者,泣而抚之;死者,哀而丧之;饥者,舍食而食之;寒者,解衣而衣之;智者,礼而录之;勇者,赏而劝之。将能如此,所向必捷矣。"这表达了以情感人,根据个体不同需要采取不同的举措,以达到调动人才积极性的思想。

（七）依据不同的需求层次进行激励

我国古人对人的需求层次性也有很深刻的见解。管仲在《管子·牧民》中说:"仓廪实则知礼节,衣食足则知荣辱。"这表明我国古代思想家比西方心理学家更早地认识到人的需求是有层次的,并强调低层次需求得到满足的重要性。王夫之认为:"盖凡声色、货利、权势、事功之可欲而我欲之者,皆谓之欲。"[1]在这里,王夫之把人的需求分为生理、物质、权力和功名四个层次。

（八）其他激励思想和方法

除了上文提及的一些激励思想和方法外,我国古代还有一些其他的激励思想和方法,如"罪己以收人心"的揽过激励法、"上下同欲者胜"的目标激励法等。古代很多激

---

[1]　王夫之. 船山全书·第十二册[M]. 船山全书编辑委员会,编校. 长沙:岳麓书社,1996.

励思想和方法现在得到了广泛的认可和推广,这些激励思想和方法的核心是"人和",例如《孟子》就强调"天时不如地利,地利不如人和"。人的因素是首要的,要重视人、关心人,满足人的不同需要,处理好人际关系。《孙膑兵法·月战》曰:"间于天地之间,莫贵于人。"这里强调对人才的重视是最基本也是最根本的激励和保障。[①]

与以上思想不同的是,道家反对激励。老子在《道德经》中提出:"不尚贤,使民不争;不贵难得之货,使民不为盗;不见可欲,使民心不乱。是以圣人之治,虚其心,实其腹,弱其志,强其骨;常使民无知无欲,使夫知者不敢为也。为无为,则无不治。"他反对对百姓进行榜样、名利、地位等级和物质等方面的激励,要求虚化、弱化百姓的各种欲望和动机,提倡"无为而治"。

四　个性心理

个性包括个性倾向性(需要、动机、兴趣、爱好、理想、信念、价值观)和个性心理特征(能力、气质和性格),其核心是气质和性格。孔子将人的性格从道德品质角度分为"君子"和"小人","君子坦荡荡,小人长戚戚"(见《论语·述而》),"君子喻于义,小人喻于利"(见《论语·里仁》)。孔子在《论语·雍也》中将人的智力分为"上智""中人"和"下愚",认为"唯上智与下愚不移","中人以上,可以语上也;中人以下,不可以语上也"。孔子在《论语·子路》中将人的气质分为"狂""狷"和"中行"三种,"不得中行而与之,必也狂狷乎!狂者近取,狷者有所不为也"。"狂"是指积极进取、敢作敢为;"狷"是指遇事拘谨、不敢作为;"中行"是介于"狂"和"狷"之间,合乎中庸之道。《黄帝内经》根据阴阳五行说,将人的气质分为太阳、少阳、太阴、少阴、阴阳和平五种类型。刘邵吸收了儒家、道家、法家、阴阳家等思想,重视考察人的性情。《人物志·九徵》中指出,"盖人物之本,出乎情性",这里的情是指情绪、情感,是后天形成的;同时指出,"禀阴阳以立性",这里的"性"类似现代心理学中所说的气质。刘邵把人的这种先天气质分为阴、阳、阴阳清和三大类。他在《人物志·九徵》中说:"故明白之士,达动之机,而暗于玄虑。玄虑之人,识静之原,而困于速捷。犹火日外照,不能内见;金水内映,不能外光。二者之义,盖阴阳之别也。"在这里,他指出了阴阳两种气质特征的差异,认为理想的气质类型是平淡中和,理想的性格特征是中庸。他在《人物志·体别》中说,"凡人之质量,中和最贵矣。中和之质必平淡无味,故能调成五材,变化应节","夫中庸之德,其质无名。故咸而不碱,淡而不醯,质而不缦,文而不缋,能威能怀,能辨能纳,变化无方,以达为节"。他以"中庸"为准则,将人的个性分为十二种,即"十二偏材",分别是强毅之人、柔顺之人、雄悍之人、惧慎之人、凌楷之人、辨博之人、弘普之人、狷介之人、休动之人、沉静之人、朴露之人和韬谲之人,并提出了相应的管理方法。

---

①　颜文垚,郑文力. 中国古代激励思想演变浅析[J]. 重庆科技学院学报(社会科学版),2008(4):94-95.

五 心理健康与治疗

中国传统心理治疗大都来自医家,如汉代华佗、金代张从正、元代朱丹溪等。他们早就发现,"善医者先医心,而后医其身"(见《青囊秘录》)。经过一代又一代人的探索,人们总结提炼出许多较为经典的治疗案例。中国古代医家的心理治疗主要遵循阴阳平衡与五行相生相克的原理,充分利用患者的内在心理资源来治疗心理疾病,形成了中国传统文化中特有的"七情互治"或"五情互治"的治疗理念与模式,来治疗常见的精神疾病,如抑郁症、失眠症、躁狂症、厌食症、恐惧症、惊惧症、疑病症、妄想症等。"五情互治"的治疗思想即为以喜治悲、以怒治思、以忧治怒、以思治恐、以恐治喜。据《儒门事亲》卷七《内伤形·不寐》记载,张从正[①]曾治疗过这样一个严重的失眠症案例:"一富家妇女,伤思虑过甚,二年不寐,无药可疗,其夫求戴人治之。戴人曰:两手脉惧缓,此脾受之也,脾主思故也。乃与其夫议,以怒而激之,多取其财,饮酒数日,不处一法而去。其人大怒汗出,是夜困眠,如此者八九日不寤,自是而食进,脉得其平。"这里的患者是一位富家女,因思虑过度而导致严重的失眠,已有两年夜不成寐。名医张从正问诊后断定,该富家女是因思伤脾而导致失眠。那么怎样解决伤脾的问题呢?从张从正的治疗过程看,他认为,该患者是因为心理疾患而导致的脾胃伤害,从而影响到睡眠,因此,只要心理疾患——过度思虑得到矫治,不再继续伤害脾胃,睡眠的问题就会迎刃而解。张从正治疗思虑过度的办法就是根据《黄帝内经》的思想"以怒制思",激发患者的愤怒情绪。在其丈夫的配合下,他采用两种措施激怒患者:一是向其索要高额医药费;二是当着患者的面,在患者家大吃大喝多日,连一个药方也不开,然后扬长而去。终于,患者大怒,出了一身汗,怒气一消,便觉身体困乏,竟连睡多日不醒,醒后食欲大增,病也痊愈了。[②]

中英文关键术语

管理心理学(psychology of management)

工业心理学(industrial psychology)

美国工业与组织心理学会(SIOP:Society for Industrial and Organizational Psychology)

自变量(independent variable)

因变量(dependent variable)

---

① 张从正(1156—1228年),字子和,号戴人,金代睢州考城县郜城乡(今河南省商丘市民权县王庄寨乡吴屯村)人,金代四大名医之首。

② 燕良轼,卞军凤,王涛. 中国古代医典中若干心理治疗案例解析[J]. 中国临床心理学志,2013,21(5):847-851,862.

倾向评分匹配(PSM:Propensity Score Matching)
霍桑实验(Hawthorne Experiment)
人际关系理论(interpersonal relation theory)

思考题

1. 界定管理心理学的研究对象。
2. 介绍管理心理学的几种常用的研究方法。
3. 介绍霍桑实验的基本内容。
4. 介绍人际关系理论的基本观点。
5. 介绍 X 理论和 Y 理论的基本观点。
6. 介绍我国古代管理心理学相关思想。

案例分析题

 一、阅读材料

惠普之道

惠普的政策和措施都是来自一种信念,就是相信员工会把本职工作干好,并且有所创造。惠普之道就是那种关怀和尊重每个人,并承认他们个人成就的传统。

以下两个事实令惠普公司无比自豪:一个事实是,在美国,惠普被人们称为"使硅谷诞生的公司";另一个事实是,1983 年英国女王伊丽莎白访问美国时,只提到参观一家公司,那就是位于加利福尼亚州斯坦福大学附近的惠普公司。是什么为惠普赢得了如此崇高的声望呢? 你如果以这个问题来请教任何一个惠普公司员工,他一定会毫不犹豫地回答:"是惠普之道。"惠普之道实际上就是惠普独特的企业文化,惠普之道早在惠普公司的创始人比尔·休利特(Bill Hewlett)和戴维·帕卡德(Dave Packard)创业时就已形成。而今,惠普公司已经发展成为世界著名的计算机、通信及测量用品生产厂商,一贯以卓越的质量和完善的技术支持处于国际领先地位,位居《财富》世界 500 强排行榜。在谈到惠普过去成功的经验和今后发展的支柱时,惠普仍然"搬"出自己始终信奉的惠普之道。根据惠普公司自己的解释,惠普企业价值、企业目标,以及高效的经营策略和管理方式这三方面的内容共同组成了惠普之道,而惠普企业价值及其对实现企业目标所做的承诺一起共同构成了公司的经营策略和管理方式。惠普之道是惠普参与全球竞争的制胜法宝。

一、尊重和信任

惠普公司对员工尊重和信任的最突出表现是灵活的上班时间。根据惠普公司的规定,员工可以很早来上班,也可以9点来上班,只要干完了规定的工时就可以离开。惠普创始人之一戴维·帕卡德评价道:"在我看来,灵活的工作时间是尊重人、信任人的精髓。它表明我们既看到了我们的职员个人生活很繁忙,同时也相信他们能够同其上司和工作伙伴一起制定一个既方便个人、又公道合理的时间表。"这样做是为了让员工能按自己的个人生活需要来调整工作时间,也表示了对员工的充分信任。

戴维·帕卡德还认为,容忍个人的不同需要是以人为本的惠普之道对员工尊重和信任的另一个要素。多年来,惠普也有一些人因为其他地方似乎有更大的机会而离去,但是惠普始终认为,只要他们没有为一家直接的竞争对手工作,只要他们有良好的工作表现,就欢迎他们回来,因为他们了解公司,不需要再培训,而且通常由于有了这种经历而有着更愉快、更好的动机。帕卡德还说,一些人离开惠普后,成功地创办了他们自己的公司,而且这样的例子有十几个,这些公司雇佣的员工超过了4万人。他和休利特两人并不因此而感到不快,相反,他们尊重这些人的创业精神,而且以一度和这些人一起愉快地工作过而高兴和自豪,还因为这些人在建立自己的公司时采用了许多和惠普之道相似的管理原则和做法而备感荣幸。

从内部提拔人员也是惠普对员工信任和尊重的一种表现。在刚刚进入计算机行业时,惠普曾经因为公司内部缺乏计算机专门人才而将目光转向公司外部。除此之外,惠普大部分时候还是喜欢从公司内部挑选人才,因为他们深信惠普公司能够培养出最优秀的经营者和管理者。于1999年7月卸任的惠普公司总裁路·普莱特(LEW PLATT)在某次接受采访时谈到了信任问题:我们对手下的工作人员非常信任,员工深受公司文化的熏陶,正是这种文化使惠普获得成功。休利特还有一种让高层管理人员学会尊重别人成果的方法:每年,他都会请经营单位的经理们就哪些公司部门增加了价值、哪些部门未能增加价值进行一次投票。他用这种方式来提醒员工,谦恭和贡献非常重要,即使是公司最高层也不例外。如果在其他公司,经理们不大可能对此赞同,更不用说去组织这样一个活动。

二、同甘共苦

惠普公司有这样一个用人政策:我们为你提供一份永久的工作,只要你表现良好,我们就雇佣你。早在19世纪40年代,休利特和帕卡德就决定,他们的公司不会"用人时就雇佣,不用人时就辞退"。这是一项很有胆识的决策。惠普公司履行不解雇一个人的承诺的保证措施之一,就是对员工不断进行培训,提高其适应环境和为公司做贡献的能力。惠普最初创立时,员工大多出自斯坦福大学的特曼实验室。公司和大学一直保持着密切的联系,这能保证惠普的产品和技术始终处于世界前列。1954 年,这种联系扩大成为惠普的"优秀人才合作计划"。惠普早已形成一套有效的培训制度(包括专业、技术、市场、管理等诸多方面,分为公共基础,员工及经理的初、高级课程)和鼓励创新人才机制。现在,惠普每年耗资数亿美元,用于员工在职培训,并支持员工的再教育。在公司并购的重大关头,惠普首先权衡的也是员工的利益。1950 年,有人出价 1000 万美元收购惠普公司,这个价格在当时颇为诱人,但遭到惠普的断然拒绝。对此,公司元老级员工卡维尔说:"依我看,这必然会使员工落入一群陌生人手中,而他们当然是以金钱私利为先了。"还有一次,惠普有意收购另一家工厂,后来几经考虑,终于放弃了。原因在于,那家工厂有华丽的主管套房,办公室和实验室都装有空调,但生产部门却没有安装,惠普主管表示:"惠普不会做这种事,因为我们还没有全部安装空调,如果在炎热的夏季只有办公室有空调,工作场所却没有,那才真是不可思议呢!"

　　惠普公司的这种重视人的传统源远流长,在这一过程中,惠普不断对其进行更新。公司的目标一再修订,每次都印发给每位员工,每次都重申公司的宗旨,而且宗旨中总是强调:组织成就是公司每个员工共同努力的结果,惠普会对有革新精神的人负责。这一点一直是驱使公司获得成功的动力。因此,惠普公司的员工有着极强的凝聚力。1979 年,某国际调查研究公司曾调查了惠普的 7966 名员工对公司的看法,该调查公司总裁史塔尼克致函惠普:"员工对惠普的看法很乐观,特别是他们的归属感和幸福感,他们心悦诚服地为惠普工作,并且认为这是他们最好的职业选择。这是对惠普之道最为中肯的褒奖,也是对惠普之道最好的注解。"

　　资料来源:向阳. 以为人本　惠普之道——惠普在中国的经营之道[J]. 中国高新区,2008(06),内容和题目有改动。

 二、讨论题

　　1. 何谓惠普之道?
　　2. 从 X 理论、Y 理论来看,惠普创始人信奉的人性理论是什么?
　　3. 谈谈惠普之道对我国企业管理的启示。

练习题

二维码 1-4
第一章课后
练习题及参考答案

第二章

社会知觉与管理

天津"飞鸽"自行车如何成为国际名牌

　　天津"飞鸽"自行车在国内享有盛誉,占据了国内自行车市场的半壁江山。但是"飞鸽"在开拓海外市场时却遇到了不小的压力,"飞鸽"自行车在外国人眼里不过是"阿司匹林车",因为骑上去就累得满头大汗,不少外国人调侃它能像阿司匹林一样治疗感冒。改变国外公众对"飞鸽"品牌的不良印象是"飞鸽"进入世界市场的关键。

　　1989年,"飞鸽"自行车厂得知布什总统将携夫人访华。众所周知,布什夫妇是自行车迷,于是"飞鸽"领导认为机会来了。"飞鸽"立即决定通过赠车表达中国人民对美国人民的友谊。他们选出造型美、重量轻、骑行方便的84、83型自行车送到钓鱼台国宾馆。当总理将两辆"飞鸽"自行车送给布什夫妇时,他们十分高兴,连声夸赞,还兴致勃勃地骑上车子,让众多记者拍照。对此,国内外有上百家报纸进行了报道。很快,"飞鸽"变成了"总统喜爱的车""国家元首级的礼品",在美国一时兴起了争买"布什""芭芭拉"型"飞鸽"自行车的热潮。正是布什夫妇为"飞鸽"自行车增加了知名度,使它打开了海外市场,"飞鸽"一举改变了不良的品牌形象。

　　名人本身并不能为企业创造太多价值,但是名人在公众中的无形影响力却是企业所期盼的。所以,企业的产品一旦给人形成了在某方面很好的印象,产生一个良好的社会知觉,那该产品在其他方面也会受益。

　　资料来源:晕轮效应案例,飞鸽自行车利用名人效应做宣[EB/OL]. [2016-08-02]. http://www. woniu8. com/xinlixue/20160802143538. html,内容有删改。

第一节　社会知觉概述

一　知觉的概念与特点

（一）知觉的概念

知觉（perception）是客观事物直接作用于感官并在人脑中产生的对这些事物整体的反映，简单地说，知觉是客观事物整体的反映。人们在日常生活中时刻都会接触到外界事物，这些事物作用于人的感觉器官，从而在人脑中形成各种感觉，大脑将得到的感觉信息进行组织和解释，反映出客观事物的整体形象及其联系，这就是知觉。在知觉的过程中，个别感觉被整合为客观事物的完整形象，因此，知觉必须以各种形式的感觉（视觉、听觉、嗅觉、味觉、触觉等）的存在为条件，并且与感觉同步进行，但知觉又不是感觉的简单相加，它在本质上是新的感性认识，其发生既依赖于人们过去的知识和经验，也依赖于人们的兴趣和情绪等。人们正是依靠过去的经验和当时的心境把感觉出的个别属性整合为整体形象，从而把当前的对象理解为某个确定的事物。因此，知觉会受到个体的性格、兴趣爱好、情绪体验、专业背景等各种因素的影响，知觉分为空间知觉、时间知觉、运动知觉、社会知觉。

（二）知觉的特点

1. 知觉的选择性

在环境中，纷繁多样的客观事物作用于人体，但是由于目的、需要、兴趣的差别以及注意范围的限制，我们总是有选择地以个别事物或少数事物为知觉对象，对知觉对象的知觉格外清晰，好似将其从其他事物中凸显出来而呈现在"前面"，其他事物则退到"后面"成为知觉的背景，因而人对知觉背景的知觉相对模糊。人在进行知觉时，这种能从知觉对象的背景中优先将其区分出来并给予清晰反映的特性，就叫作知觉的选择性。

知觉具有选择性的一个典型的例子是去书店买书。书店里陈列着各学科的图书，然而喜好文学的人往往只关注文学书籍，学理工出身的人可能会对专业领域的书籍感兴趣，从事医护职业的人比别人更容易注意到医药卫生方面的图书。人们在同样的购物环境中表现出来的这种个体差异就是知觉的选择性在发挥作用。当然,在知觉中,对象和背景并不是一成不变的,两者可以互相转换。当人们的需要、偏好等发生改变时,知觉对象的选择会随之变化。

2. 知觉的整体性

知觉的整体性是指人在对事物形成知觉时能把由许多部分或属性组成的对象作为具有一定结构的统一整体来反映的特性。这是知觉最显著的特点和区别于感觉的标志。对知觉的整体性,我们在生活中有不少体验。比如在倾听某个旋律时,我们通常是理解音乐,即感知它的整体结构,而不是专注于正在耳边响起的某个音符,因为听到的任何一个音符本身都不能单独成为我们理解音乐的基础,在听者的头脑中反映的必然是变化着的旋律的整个结构及其所含成分的相互联系。

3. 知觉的理解性

人们在感知客观对象时,能够根据以往的知识经验去解释当前对象,这就是知觉的理解性。许多资料证明,知觉主体感知的情况不是瞬时感觉的总和,它往往包含一些当时并未出现在视网膜上的细节,这些细节是人们通过过去的经验"看"到的。换言之,我们在知觉某个对象时,过去知觉的痕迹也活动起来了。知觉的理解性也被多个实验所证实。例如,在一个实验中,被试者戴上了装有棱镜的眼镜,这种棱镜能使其视网膜上的成像垂直倒转 $180°$。实验开始后,被试者陈述所看到的东西都是倒置的,但当遇到那些实际上不可能倒置的事物时,被试无一例外地说出了它们的正常方位。比如,未点燃的蜡烛被感知为倒置的,而点燃的蜡烛均被指出火焰是向上的。在这个实验中,感知系统要在矛盾的信息中做出选择,选择的结果取决于主体过去的知识经验。各人的经验和知识不同,因而在实际生活中人们对知觉对象的完整性和深刻性的理解程度也不同。例如,机械工程师在检查机器时,就要比普通工人看到的细节多。

4. 知觉的恒常性

知觉的恒常性是指人在感知客观对象时,当知觉的条件在一定范围内发生变化,知觉形象却保持相对不变。这种恒常性具体表现为形状的恒常性、大小的恒常性、颜色的恒常性、明度的恒常性等。比如,知觉对象在视网膜上的成像会随着距离的缩短而增大,随着距离的延长而缩小,但是对于我们熟悉的人物,无论他离我们是远是近,我们对他个子高矮的知觉总是一样的,这就是大小的恒常性。

造成知觉恒常性的原因是感知系统的主动活动。我们的感知系统有能力从感知器官的运动和应答感觉的变动中区分出被感知客体的相对恒定的结构,保证在不同条件下对同一客体的多次感知的印象相对不变,从而产生这个形象的恒常性。也就是说,知觉是一种特殊的自我调节活动,具有反馈机制,能纠正由于周围客观世界存在条件的无限多样性而造成的不可避免的错误,并形成确切的知觉印象。在知觉活动过程中形成的恒常性,是人们生活活动的必备条件。没有这一点,人们就不能在丰富多样、不断变化的世界中定向。

二　社会知觉的概念与特点

（一）社会知觉的概念

社会知觉的概念,最初是由美国心理学家布鲁纳(J. S. Bruner)于 1947 年提出的,用以表示他对知觉的一种新观点,他认为知觉过程受社会因素制约。但之后,这个概念在社会心理学中有了新的含义,不少学者认为社会知觉是对社会对象的知觉。社会对象应包括个人、社会群体和大型的社会组织。社会心理学文献正是在这种意义上使用社会知觉概念的,即认为社会知觉不仅包括一个人对另一个人的知觉,而且还包括个人对群体的知觉、群体对个人的知觉、群体对群体的知觉以及对个人间和群体间关系的知觉。

（二）社会知觉的特点

1. 间接性和主观性

社会知觉包括对个人外部特征及行为的知觉,也包括对人内部心理特征如气质、心理状态、态度及行为动机的判断。而他人只能直接感知别人的外部特征和行为,在对别人内部的心理状态、心理特征及行为动机进行感知时,只能凭借外部特征及行为去推断,因此对别人内部心理特征的感知具有主观性。

2. 选择性

对同样的事物,不同的人有不同的认知态度,这是由事物本身不同的意义和价值决定的。一般情况下,如果知觉对象能给人带来好处和利益,人们就会选择对其进行知觉。

3. 自控性

对于那些会使人们焦虑但人又不能回避的社会刺激,人们的生理和情绪反应会更加敏感,人们对这些社会刺激的认知不积极,会把这些刺激压抑下来,以减少焦虑,适应社会和环境。这就是自控的作用,它使个体的认知不被他人觉察,并使个体的认知与外部相适应。

三　社会知觉的分类

（一）对人的认知

人生活在社会环境之中，要和他人打交道，认识、了解他人是非常重要的。对他人的认知是指通过对生活在一定社会环境中其他人的言谈举止、仪表风度等外部特征的知觉，进而了解他人的感情、动机、意向、性格等心理活动和个性心理特征。其中他人的外显行为、言谈举止、表情神态、仪表风度以及知觉者自身的观点是影响对他人的认知的重要因素。

在现代社会里，企业的领导者和管理者能不能正确地了解他人是关系到他们能否管理好企业的大问题。古人曰："知人者智。"更何况"知人"乃"善任"的前提。这就意味着"知人"才能用人之长，进而人尽其才。对他人进行感知的线索主要有表情和行为。其中人的表情是一种重要的社会刺激，是表现人的身心状态的一个非常重要的客观指标，也是对他人进行感知的一种重要途径。1924 年，奥尔波特（F. H. Allport）在其所著的《社会心理学》（Social Psychology）中对表情也有介绍。在社会生活中，人们往往根据他人的表情来认知与判断其内心活动和特征。对他人的表情进行认知与判断主要有以下几种途径。

1. 面部表情的认知和判断

我国心理学家林传鼎曾指出，对于有些情绪，如喜悦、怨恨等，口部肌肉比眼部肌肉更重要，而对于大部分情绪，如忧愁、愤怒、惊骇等，眼部肌肉比口部肌肉更重要。在社会生活中，人们能较准确地识别面部表情：口角下垂为悲哀，嘴角向上为欢乐，面红耳赤是羞愧，咬牙切齿表示愤怒仇恨，嘴巴撅起表示生气，等等。

2. 目光接触

目光接触是非言语交流的途径形式，也是表情之一。眼睛是心灵的窗口，我们通过眼神可以洞察他人的内心活动。目光接触还可以传递感情，如怒目而视表示愤怒，双眼张大表示惊讶，眼神中的温情脉脉表示爱慕等。

3. 动作的识别

对双手所传达的表情的观察，其正确率可达到与面部表情一样的水平。有研究表明，向人们呈现一个人的整幅照片，会更有利于对其进行情绪状态的判断。

4. 言语表情的识别

言语表情同面部表情、动作一样，也可用以于判断、识别人们的情绪状态。如人们说话的语音、语调、节奏、速度等都是表达和识别感情的标志。比如：语调高昂、节奏轻快，表示高兴；语调低沉、节奏缓慢，表示悲哀；言语生硬，表示愤怒。事实上，通过上述表情对人们的情绪状态加以判断显得过于粗糙，其可作为判断情绪状态的线索之一，而不能作为唯一的证据。

人的真实表情是可以掩饰的。有人内心悲伤，却强装笑脸，也有人心里高兴，却装出很伤心的样子。所以要做出正确的判断，不仅要看其一时一事的表现，还需多方面地进行长期考验，即俗话说的"路遥知马力，日久见人心"。

除此之外，对于他人的认知，还可以采用观察法、作品分析法、自由写作法、个案调查法等多种形式，尤其是与被认知者直接接触，有助于更真实、全面地了解被认知者。

（二）人际知觉

人际知觉（interpersonal perception）是指对人与人之间相互关系的认知，包括自己和他人的关系，以及他人和他人的关系。在组织管理中，正确认识人际知觉是非常重要的，因为人与人之间的关系融洽会产生一种和谐的气氛，否则就会出现紧张的心理气氛。作为管理者，应尽可能地了解人与人之间的关系，这对于增强群体凝聚力、建立有效团队具有十分重要的意义。

在分工越来越精细的现代社会，一个员工想获得成功，就应该学会处理好人际关系。在现实生活中，有一些人过于自私，不能为他人和集体考虑，或者过于自卑，看不起自己，或者过于自负，盲目骄傲，或者过于苛求，并贬损他人，或者过于迁就，遇到问题时选择息事宁人，或者对自己或他人扮演的社会角色经常做出错误估计，他们的人际知觉必有偏差。人们只有正确地认识自己，才能够正确地认识别人。对人际关系的知觉和判断是受多种因素影响的。人际关系本身的特点如何，是简单还是复杂，是真实还是虚伪，是长久还是短暂，都会影响人们对人际关系的认知和判断。主体本身的特点，即知识经验、情绪状态、态度倾向、个性特征等，会影响人际知觉的效果。

（三）角色知觉

所谓角色，是指当一个人在社会性单位中占有某一具体位置时被期望做出的一系列行为模式。角色知觉（role perception）是对某个人在社会活动中所扮演的角色的认知与判断，以及对有关角色行为的社会标准（social norms）的认知。人只有具有正确、清晰的角色知觉，才会以合乎身份的态度与行为行事。角色知觉以及角色行为的获得受以下因素的影响。

1. 社会角色期待

人们对角色行为的辨认往往以一定的角色标准为依据,因此人必须知道某一角色的行为模式标准。人们对某一角色的认知往往是根据自己特别是他人对角色的期待而做出的。这种角色期待通常被称为"皮格马利翁效应"(Pygmalion Effect,又称罗森塔尔效应),即产生一种信任和激励的作用,从而促使人们达到角色期待的效果。

2. 社会角色冲突

社会角色冲突是指个人在所履行的两个或多个社会角色之间或角色与人格之间,有难以相容感,而发生冲突的现象。社会角色冲突也可发生于个人遭受来自不同群体的不可调和的压力,或出现在角色定位模糊之际。社会角色冲突包括一种角色或几种角色引起的内心冲突、新旧角色之间的冲突以及角色标准与个性的冲突等。社会角色冲突可导致焦虑、紧张、苦恼、效率下降,或使个人为解决冲突而从一个或多个不相容的角色中撤退,重新定位于一个模糊不清的角色,或通过协调减轻来自对立诸方的压力。

3. 社会刻板印象

社会刻板印象是指我们将世人依照其国籍、民族或职业不同而分成若干类,对每一类人持有一套固定的看法,并以此作为自己判断人的社会角色或人格的依据。如吉尔巴特(E. Gilbert)调查了美国普林斯顿大学学生对英国、日本国民的刻板印象,发现学生认为英国人有绅士风度、聪明,但因循守旧、保守,日本人聪明、勤劳、进取心强、机灵、有心计。这是一种先入为主的观念,可能有利,也可能妨碍人的角色知觉。

(四)自我知觉

自我知觉是指一个人对自己的身体、思想、感情、需要、欲望、动机及个性特征等的认识。美国心理学家威廉·詹姆斯(William James)认为自我知觉包括物质自我、社会自我和精神自我。这三者之间相互影响、相互结合,构成了不同人的不同自我意识。物质自我指的是对自己身体、衣着、仪表、家庭等的认知与评价,物质自我追求的是身体外表、欲望的满足,如装饰、打扮、爱护家庭。社会自我指的是对自己的社会地位、名誉、财产及与他人关系的认知和评价,社会自我追求的是引人注目、讨好别人、追求名誉、爱与归属等。精神自我指的是对自己的智慧、能力、道德水准及自卑与优越的认知与评价。

四 社会知觉的偏差及矫正

（一）社会知觉的偏差

如果认知者的知觉不能客观正确地反映客观事物的实际情况,这就是社会知觉错误或社会知觉偏差,也称知觉歪曲或知觉偏见。在管理工作中能否纠正这种错误,能否全面地看待下属干部、职工,对管理工作有重要影响。社会知觉的偏差主要表现为首因效应、近因效应、晕轮效应、刻板印象、投射效应、期待效应。

1. 首因效应

首因效应(primary effect)即第一印象。与人初次接触时,最初得到的信息对印象形成的作用很大。也就是说,人与人交往时形成了第一印象,这种印象对人的认知产生影响,制约着以后人们的交往。人们根据最初形成的印象去推测、解释他人以后的一系列行为,很容易发生错误,这就是首因效应或第一印象的偏见。

在现实生活中,第一印象经常影响人们对他人的判断,即"先入为主"。第一印象良好,如风度翩翩或谈吐不俗等,会使人们产生好感,促进人们以后的交往。单位里新来了领导、同事,班级里新来了老师和同学,才认识了朋友,招聘面试等都存在着第一印象问题。青年人在初次约会前常常会修饰打扮自己,总是力图给对方留下一个好印象,因为这种印象会影响今后交往的发展。在生活中,人与人接触形成第一印象,人们通常从对方的表情、姿态、身材、仪表、年龄、服装等方面获得第一印象。当然,情况有时候更复杂。如单位新上任的领导,除了外表给人留下印象外,上任后的工作水平、工作业绩也是人们对其形成第一印象的重要因素。如果新领导上任时业务娴熟,很快能取得不错的业绩或者人际交往能力强,一般情况下能留给人们好的印象,这对于其今后工作的开展是有帮助的。

根据第一印象去判断、解释一个人以后的行为,会使人们发生认知偏差,即产生偏见。第一印象本身具有消极性,但它对管理工作中的领导艺术也能体现出积极性的一面。第一印象给管理者带来两方面的启示。一方面,它是一种偏见,是对人不全面的认识。管理者在工作中应避免它给自己的认知带来不良影响,在认识他人,特别是评价下属的时候应注意第一印象的负面作用,防止产生偏激的错误看法。另一方面,管理者应充分利用第一印象的影响为管理工作服务。如一个新上任的领导者,如果在下属心目中有了良好的第一印象,在以后的工作中,就容易得到下属的支持和信任,人际关系就会更融洽,工作就会更易开展。所谓的"新官上任三把火"就是这个道理。

二维码 2-1
洛钦斯的实验

2. 近因效应

近因效应(recency effect)指与他人接触时,在时间和空间上距知觉最近的信息给人留下的印象较深刻。它与首因效应不同,首因效应指最先给人留下的印象有强烈的影响,而近因效应指最后给人留下的印象有强烈的影响。按照时间顺序出现的信息,由于时间间隔越大,越先出现的信息在记忆中就变得越模糊,并且逐渐被后来出现的信息所取代,后来出现的信息就有较大的影响力,对整体印象的形成有巨大作用。

1957 年,洛钦斯(Abraham S. Luchins)做了一个实验,他用两个杜撰的故事做实验材料,故事的内容描述的是一个叫詹姆的学生的生活片段。在第一个故事中,詹姆被描写成一个热情且外向的人;第二个故事则把他描写成一个冷淡而内向的人。然后,洛钦斯把这两个故事分别给 A、B 两组水平相当的中学生阅读。他先让 A、B 两组学生阅读詹姆的其中一则故事,然后在其中加入了一个时间间隔,让他们做数学题或听故事,插入无关的内容,再让他们读第二个故事,最后,他要求 A、B 两组学生描述詹姆的性格。结果显示,两组学生都对最后一个故事印象深刻,这影响了他们对詹姆性格的描述,而且两段材料之间的时间间隔越长,后面故事的影响就越大,也就是近因效应越明显。

首因效应和近因效应都在人们的社会知觉中起重要作用,只是条件不同而表现各异。一般来说,在认知陌生人或事物时,首因效应作用较大,而在感知熟悉的人时,如果他最近有什么异常的表现,则近因效应起更大的作用。在工作中,可以充分利用这两种效应的作用来影响人们的态度和行为。如在管理工作中,某人要竞选某一管理职位,需发表竞选演讲,或者做报告,需要他人或下属接受自己的观点,信任和支持自己,可以在一开始就提出正面的论据、观点,通过首因效应加强印象,最后在演讲或报告结束时,再一次阐述这个观点,利用近因效应,来加深人们对它的理解和记忆,从而达到较好的效果。

3. 晕轮效应

晕轮效应(halo effect)又称光环效应,指人们在交往认知中,对方的某个特别突出的特点、品质会掩盖人们对对方的其他品质和特点的正确了解。而好恶评价是人们在交往中形成印象的最重要的方面。在知觉他人时,人们往往根据少量的信息将人分为好、坏两种,如果认为某人好,则某人被一种"好的光环"所笼罩,被赋予好的品质;如果认为某人坏,某人就被一种"坏的光环"所笼罩,被认为品质很坏。其中,后者是消极品质的晕轮效应,也称"扫帚星效应"。人的社会知觉往往受到个人的内隐人格理论的影响,他们常常依据某人具有的一种品质去推断他的另一种品质,尤其当某人有核心品质时,人们更具有这种推论倾向,这使得在社会知觉中人们对他人的评价往往具有很高的一致性,即认为好人十全十美、坏人一无是处。

晕轮效应是以点盖面的思想方法,它以事物的某一特征为依据,忽视事物的其他特性,对整个事物做出评价,结果产生了错误。晕轮效应的特点有三个。一是遮盖性,即主要品质遮盖次要品质,如"一白遮百丑"。二是弥散性,即扩大化、泛化作用,如"一好百好、一坏百坏"。三是定式性,即核心品质起到心理定式的作用,使人不自觉地从这个方向去思考问题并做出判断。

晕轮效应受以下因素的影响:被知觉的特质模糊;特质隐含道德意义;知觉者根据自己的经验判断特质;晕轮效应尤其受情感因素影响,使人的认识不深入、不全面、不客观,久而久之形成偏见。因此,管理者要了解晕轮效应形成的原因和危害,在认识他人时,要克服消极影响,自觉公正、实事求是地评价一个人。

 关联知识

二维码 2-2
阿希的实验

4. 刻板印象

刻板印象(stereotype)指人们对社会上某一类事物产生比较固定的看法,在进行社会认知的时候,人们往往将聚在一起的人赋予一些特征,对不同职业、地区、性别、年龄、民族等群体的人们形成较为固定的看法。当人们采用这些较为固定的看法去识别一个具体的人,去对他进行判断、推测和概括的时候,就有可能出现偏差,产生刻板印象。

刻板印象的形成主要有两个途径:一是个人经验;二是社会学习。当一个人第一次与某个群体接触时,他们与其中一两个成员的互动就构成了刻板印象形成的基础。即使人们与一个群体内多个成员互动,其互动结果也会产生夸大的、不准确的刻板印象。产生这样结果的原因有以下两点。

第一,新奇的、极端的、突显的刺激容易引起人们的注意。正因为如此,一个群体中特殊的成员对刻板印象的形成有着重要的作用。罗沙特(M. Rothart)等人的研究证明了这一点。实验中,一组被试者看一张清单,上面列着 50 个男人的行为,其中 10 人有非暴力的罪行;另一组被试者看了同样的清单,但其中 10 人所犯的罪行是暴力性的。然后研究者问被试者所看到的清单上所列的 50 人中会有多少人犯罪,结果第二组被试者认为所列的群体中有更多的人犯罪。

第二,一个群体所承担的社会角色、所要完成的工作往往决定了人们对他们的刻板印象,如很多人认为医生就要耐心地照顾病人。人们常常把群体成员在一定情境中,如工作场所中所承担的社会角色、所从事的行为当作他们内在品质的流露与表现,认为他们真的像他们工作行为所表现的那样,如医生总是耐心、有爱心、爱整洁,等等。

刻板印象可以简化我们的认知过程,使我们能迅速地适应某种环境,但刻板印象往往阻碍人们看到新的现实、接受新的观点,其结果是导致人们对某类群体有成见。

▎5. 投射效应

知觉者倾向于按照自己是什么样的人来知觉他人,而不是根据被观察者的真实情况进行判断。我们把这种将自己的特点归引到其他人身上的倾向,称为投射效应(projection effect)。

投射效应常使人们对他人的知觉产生失真现象。人们倾向于按照自己是什么样的人来感知他人,而不是按照被观察者的真实情况进行感知。心理学家罗斯(E. A. Ross)做过这样的实验来研究投射效应。他在 80 名参加实验的大学生中征求意见,问他们是否愿意背着一块大牌子在校园里走动,结果 48 名大学生同意背牌子在校园内走动,并且认为大部分学生都会乐意背,而拒绝背牌子的学生则普遍认为只有少数学生愿意背。可见,这些学生将自己的态度投射到了其他学生身上。

投射效应的表现形式是多种多样的,主要有以下两种。一是感情投射,即认为别人的好恶与自己相同,把他人的特性强制性地纳入自己既定的思维框架中,按照自己的思维方式对事情加以理解。比如,某人喜欢某一事物,跟他人谈论的话题总是离不开这件事,而不管别人是不是感兴趣、能不能听进去,如果无法引起别人的共鸣,他就可能认为是别人不给面子,或不理解自己。二是认知缺乏客观性,比如,有的人对自己喜欢的人或事越来越喜欢,越看优点越多,对自己不喜欢的人或事越来越讨厌,越看缺点越多,因而表现出过分地赞扬和吹捧自己喜欢的人或事,过分地指责甚至中伤自己所厌恶的人或事。这种认为自己喜欢的人或事是美好的,自己讨厌的人或事是丑恶的,并且把自己的感情投射到这些人或事上进行美化或丑化的心理倾向,失去了人际沟通中认知的客观性,从而导致主观臆断并使人陷入偏见的泥潭。投射效应是一种严重的认知心理偏差,辩证地、一分为二地去对待别人和自己,是克服投射效应的良方。

▎6. 期待效应

期待效应也称"皮格马利翁效应",或"罗森塔尔效应"。皮格马利翁是希腊神话中年轻的塞浦路斯国王,同时他也是一位手艺高超的雕刻家。一次,他为雕刻一个美女石像倾注了全部心血,把她刻得活灵活现、栩栩如生,最后,皮格马利翁竟情不自禁地爱上了她。为此,他日思夜想,最后感动了天神宙斯,宙斯把这个石像变成了真正的美女,满足了皮格马利翁的愿望。这个故事虽然只是一个美丽的神话,但是却说明了一个心理学原理:在人际交往中,一方充沛的感情和较高的期望可以引起另一方微妙而深刻的变化,人们真心期望的事常常会变成现实。

美国心理学家罗森塔尔(Robert Rosenthal)考察某校,随意从每班抽 3 名学生共18 人,将他们的名字写在一张表格上交给校长,极为认真地说:"这 18 名学生经过科学测定,全都是智商型人才。"半年后,罗森塔尔又来到该校,发现这 18 名学生的表现的确超出一般水平,长进很大,再后来,这 18 人全都在不同的岗位上做出了非凡的成绩。究其原因,是罗森塔尔的"权威性谎言"对教师产生了暗示,左右了教师对名单上学生的能力的评价,而教师又将自己的这一心理活动通过情绪、语言和行为传递给了学生,使他们强烈地感受到来自教师的关注和期望,他们因此变得更加自尊、自信和自强,从而使各方面得到了异乎寻常的进步。在这里,教师对这部分学生的期待是真诚的、发自内心的,因为他们受到了权威者的影响,坚信这部分学生就是最有发展潜力的。也正因如此,教师的一言一行都难以隐藏对这些学生的信任与期待,而这种信任和期待是学生能够感受到的。组织管理的道理也是如此。组织管理者应为员工传递积极的期待,而非消极的期待,以激发员工工作的积极性。

(二)社会知觉偏差的矫正

社会知觉偏差的存在并不意味着人们有意做出不准确的判断,而是由于人们作为知觉者不能对信息进行全面加工。下面的一些建议有助于提升社会知觉的准确性。

1. 识别和面对刻板印象

必须承认,大多数人都持有并依赖于刻板印象,涉及新认识的人时这一点尤为明显。尽管这一倾向很自然,但它很可能会造成错误的知觉。为此,我们最好能够识别我们所持有的刻板印象,并尽量减少它对自身行为的影响。

2. 根据客观因素评价他人

用于评价他人的信息越客观,产生社会知觉偏差的可能性就越小。我们要尽可能多地根据客观因素评价他人。

3. 避免匆忙做出判断

即使对他人了解很少,人们也往往倾向于匆忙地得出关于他人的结论。这时候,我们需要花些时间深入了解他人,而不是告诉自己已经知道了所有有关他人的信息。

第二节　社会知觉归因分析

一　归因的概述

（一）归因的定义

归因（attribution）是对自己或他人的行为加以解释与推测的过程，即根据有关外部信息或线索推测人的内心状态或外部行为表现的原因的过程。

（二）归因问题

归因问题是指对人的认知总要涉及一个人的内部心理状态，如动机、情绪、品德、信念等，而这些又无法直接观察到，只能根据其言语、行为去推断，这就产生了归因问题。

二　归因理论的主要模式

归因理论是探讨人们行为的原因与分析因果关系的各种理论、方法的总称，是美国心理学家海德（Fritz Heider）在有关社会知觉和人际关系理论的基础上发展起来的，属于社会心理学的内容。美国斯坦福大学心理学家李·罗斯（Lee Ross）等人应用归因理论来改变人的感觉、知觉和认识，从而进行强化，最后达到改变行为的目的。归因理论研究的内容主要包括心理活动归因、行为归因，以及归因偏见。心理活动归因是指人的心理活动产生的原因；行为归因是指人产生某种行为及行为成败的心理原因；归因偏见是指归因过程的非合理性问题。下面对几种主要归因理论进行介绍。

（一）海德的归因模型

归因理论最早是由美国社会心理学家海德于 1958 年提出的。海德基于人类总是试图从周围世界得出某种意义这一考虑提出归因模型。该理论主要解决的是日常生活中人们如何找出事件原因的问题。海德认为人有两种强烈的需求：一是形成对周围环境的一贯性理解的需求；二是控制环境的需求。而要满足这两个需求，人们必须有能力预测他人将如何行动。因此，海德指出，每个人(不只是心理学家)都试图揭示别人的行为，并都具有针对他人行为的理论。海德认为事件的原因无外乎两种：一是内因，如情绪、态度、人格、能力等；二是外因，如外界压力、天气、情境等。如一个学生考试不及格，可能是由个人原因造成的，如他不聪明、不努力等，也可能是由环境原因造成的，如课程太难、试题题目设置不合理等。

　　海德关于环境与个人、外因与内因的归因理论成为后来归因研究的基础。他认为，人的知觉在人际交往中的作用就在于使观察者能预测和控制他人的行为。海德还指出，在归因的时候，人们经常使用两个原则：共变原则和排除原则。其中共变原则是指某个特定的原因在许多不同的情境下和某个特定结果相联系，该原因不存在时，结果也不出现，我们就可以把结果归于该原因。

　　自海德提出归因理论以来，归因问题一直是心理学研究的重要课题。归因研究的主要内容包括三个方面：① 心理活动的归因，即人们心理活动的产生应归结于什么原因；② 行为的归因，即根据人的行为和外部表现对其心理活动进行推断，这是社会认知归因的主要内容；③ 对人们未来行为的预测，即根据人们过去的行为表现，预测他以后在有关情境中会做出什么样的行为，这方面的研究对于社会心理学、管理心理学等领域具有极其重要的现实意义和深远的理论意义。迄今为止，心理学家们做了大量关于归因问题的理论探讨和实验研究，形成了多种归因理论或模型，归因问题在当今仍是心理学研究的前沿课题之一。图 2-1 是归因的一般过程与实际案例。

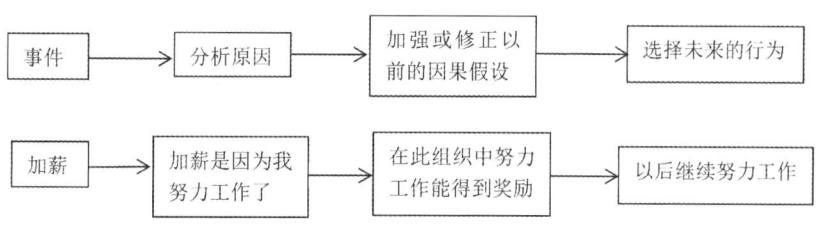

图 2-1　归因的一般过程与实际案例①

（二）韦纳的归因理论

　　韦纳(Bernard Weiner)在 1986 年出版的《动机与情绪的归因理论》(*An Attributional Theory of Motivation and Emotion*)一书中谈到了两个实质性的归因问题，简要介绍如下。

1. 外部因素和内部因素

　　韦纳认为，理解人行为的核心问题，就是将某种行为归为外部因素还是内部因素，如考试不及格的学生想知道不及格是因为自己笨还是考题太难或是老师阅卷不公。

　　① Abraham Korman. Organizational Behavior[M]. Engelwood Cliffs,N. J. : Prentice Hall,1977：273.

行为的外部因素有环境、他人对行为的强制作用、奖赏、惩罚、运气、工作特殊性等。行为的内部因素有人格、品质、动机、能力、情绪、心境、态度、努力程度等。

2. 稳定因素和不稳定因素

韦纳认为,在理解行为时一个重要问题是看其原因是稳定的还是不稳定的。外部因素和内部因素中都存在稳定因素和不稳定因素。稳定的外部因素包括法律、职业规范、任务难度等;稳定的内部因素包括个人的气质、能力、人格、品质等;不稳定的外部因素包括领导的情绪、运气等;不稳定的内部因素包括动机、个人情绪、心境、努力等。

因此,韦纳认为成功和失败主要受四个因素影响:能力、努力、任务难度、机遇。对成功和失败的归因不同,会引起行为者的不同体验,并影响其未来行为。具体如表 2-1 所示。

表 2-1　韦纳的成败归因理论

控制点	稳定性	
	稳定	不稳定
内部(归因)	能力(不可控)	努力(可控)
成功 失败	我很聪明 我太笨	我很努力 我不够努力
外部(归因)	任务难度(不可控)	运气(不可控)
成功 失败	问题很简单 问题太难	我很走运 我运气不佳

如表 2-1 所示,当一个人当前的成败与自己过去的成败不一致,而且与别人的成败也有所不同时,一般归因于不稳定的内在因素,例如,如果学生平时成绩很好,这次考试别人都考得很好,他却刚及格,这时候可以归因于他在准备这次考试时不够努力。当一个人当前的成败与自己过去的成败相一致,而且与他人的成败也一致,这时任务难度往往成为归因所在,如某学生平时成绩很好,这次考试他考得很好,其他同学考得也很好,这个时候,我们倾向于认为此次考试的试题比较简单。当一个人当前的成败和自己以往的成败相一致,但是和他人的成败不同时,能力就会成为归因所在,如某学生平时成绩很好,这次考试考得很好,但是其他同学考得都不理想,我们会认为这个学生很聪明,学习能力很强。

根据韦纳的研究,我们可以得出总结,行为原因除了有内外和稳定性两个维度之外,还有第三个维度——可控性,即行为动因能否为行动者个人所控制。如果是可控的,就意味着行动者可以通过主观努力改变行为及其后果。

(三)凯利的归因理论

1967 年,美国社会心理学家凯利(Harold Harding Kelley)提出了一个很有说服力的归因原则——三度理论,其认为行为原则有三个因素:行为者本人的特点;行为对象的特点;行为者与行为对象交往时所处的情境。对一个人的行为做何归因,要依赖三个参照点:特殊性(区别性),即被分析的行为是否特殊;连续性(一贯性),即被分析的行为是一贯的还是偶然的,如果在不同时间、地点,该行为都会发生,则该行为具有一贯性;一致性(普遍性),即被分析的行为是否与他人一致,即周围人是否与其有相同的反应。具体如表 2-2 所示。

表 2-2　三种行为信息的参照点与归因

行为信息			归因类型
特殊性	连续性	一致性	
低	高	低	行为者
高	高	高	刺激对象
高	低	低	情境

三　归因中的偏差与克服偏差

(一)归因中的偏差

在现实生活中,人们由于受到主客观条件的限制,往往在归因判断中存在各种偏差,了解这些偏差对于管理工作具有现实意义。

1. 基本归因错误

人们经常把他人的行为归因于人格或态度等内在特质,而忽视他们所处情境的重要性,心理学家李·罗斯将其称为基本归因错误(fundamental attribution error)。由于人们对行为的解释受到对行为者习惯风格的认识的影响,对行为者的成见、偏见及与行为者之间的关系,势必会影响人们对行为者的行为判断。当公司领导对员工的不良工作绩效做出归因分析时,他们很多时候会把员工的不良工作绩效归因于员工的内部原因,如能力不够或努力不够,而不是外部情境方面的原因,如领导不够支持等。这反映出一种基本归因错误,即人们在对他人行为做出归因时,倾向于低估情境因素的影响并高估个人因素的作用。

2. 自我服务偏差

自我服务偏差(self-serving bias)是一种动机性偏差,它是指人们倾向于把自己的成就归因于内部因素,如能力、努力等,倾向于把自己的失败归因于外部因素。人们对自己的行为和对他人的行为的判断不同,具体表现为对成功和失败的归因倾向的不同。人们往往对自己的成功做个人归因,对自己的失败做情境归因;而对于他人的成功,人们倾向于做情境归因,并对其失败做个人归因。在对自己的不良工作绩效进行归因时,人们倾向于高估外部情境的因素。这就是自我服务偏差,即倾向于否认自己对不良工作绩效的个人责任,而把工作成功归因于自身。

基本归因错误和自我服务偏差的区别如图 2-2 所示。

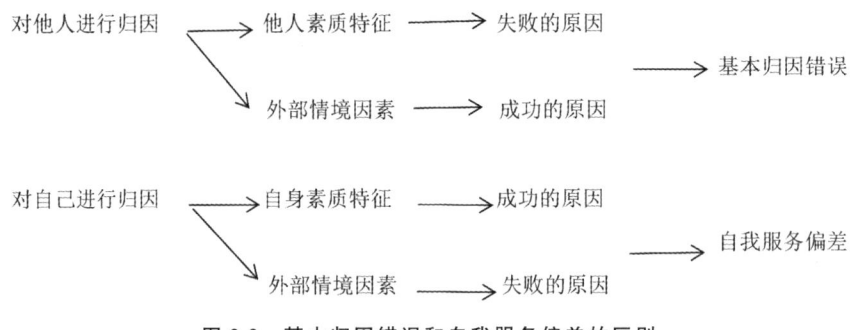

图 2-2　基本归因错误和自我服务偏差的区别

3. 行为者与观察者的归因偏差

行为者对自己失败的行为易做出外在归因,观察者则容易对之做出内在归因。相反,行为者往往会把自己成功的行为归因于个人倾向,而观察者则倾向于将其归因于情境。出现这种分歧的原因有以下四点:① 两者的着眼点不同,观察者通常把注意力放在行为者身上,而行为者则可能更注意外在因素对自己行为造成的影响;② 两者的可用信息不同,观察者只看到行为者当前的行为,对行为者的历史知之甚少,而行为者对自己的过去与现在都很清楚;③ 忽视一致性信息,人们只注意行为者的表现,不大在意行为者周围的其他人的行为,例如,人们习惯于注意具体、生动、看得到的事情,往往忽视抽象、空洞的统计信息,人们可能更相信自己看得到和听得到的直接信息,而一致性信息所涉及的是行为者周围的其他人,非直接信息的材料,观察者无法看到,行为者周围的其他人与行为者本人相比,处于不突出的位置,只构成背景,往往被忽视;④ 人们在归因时,很容易因自尊心的需要而带上偏见,往往会对成功做内在归因,对失败做外在归因,另外,为了释放自己因失败导致的消极情绪,行为者还可能采取另一种防御偏差,即自我贬损,就是行为者用各种消极的办法来逃避个人责任。

4. 涉及个人利益的归因偏差

他人的行为是否涉及自己的利益,也会导致不同的归因。琼斯(Edward Jones)的实验证明了这一现象。实验者安排一组被试者做同一工作,并把一位假被试者与被试者安排在一起,工作中所有的被试者都是成功的,而这位假被试者是唯一的失败者。实验者设定了两种情境:一种是假被试者的失败会使全体被试者都得不到奖赏;另一种情境是假被试者的失败只使他一人得不到奖赏,不会影响到其他被试者。虽然假被试者在两种情境下的工作效果是一样的,但在前一种情境下,全体被试者都归因于假被试者的能力差,对其做个人倾向归因,而在后一种情境下,只有部分被试者做如此归因。

▍5. 对自然现象做拟人化的归因偏差

人们常常对社会生活中一些自然现象赋予一定的社会意义,如将乌鸦与不幸相联系,把喜鹊的出现看作好兆头的象征等。这些现象对于组织中评价工作绩效和工作表现有重要的启示。归因研究虽然是心理学研究中的新课题,但对管理心理学的理论研究和管理的实践都有重要意义。了解人们的归因倾向,掌握人们归因的规律,就可以进一步按一定的规律指导和训练人们的正确归因倾向,有助于人们正确地总结成功的经验和失败的教训,调动人们的工作积极性,使其提高工作效率。

(二)归因偏差的克服

管理者可以通过一系列的训练来促使人们克服归因偏差。

其一,通过归因训练,使人们掌握某种归因技能,形成积极的归因风格。通过归因训练,人们可以获得各种形式的归因反馈信息,可以有针对性地消除归因偏差。在归因训练时,要及时对成员做出的符合实际的、积极有效的归因给予强化,鼓励他们形成正确的归因风格。

其二,要引导成员多进行个人倾向归因。管理者要克服员工总是进行外部归因的偏差,提高人们的成就动机,使其对工作绩效产生积极的影响和作用,即促使员工将其工作的成败归因于自己的能力、努力等方面,克服与矫正遇事总是抱怨客观条件不好,将失败归因于运气太差、任务太难等不良倾向。

其三,要引导成员多从内在的、不稳定的与可控的因素来归因,少从内部的、稳定的、不可控的因素来归因,克服成员总是认为自己能力太低、自信心不足的偏差,提高他们的成就动机与自我效能感,增强他们的自信心,刺激他们继续努力,以此来改进工作与提高工作效率。

其四,管理者可通过观察学习的方法,即学习与观察其他成员正确归因、改进行为并取得成功的典型实例,使大家效仿与学习正确有效的归因方式与行为,这也会达到很好的效果。

第三节　知觉和归因在管理中的应用

现代管理理论认为,管理的核心是人。它强调通过系统了解人的心理与行为,来改进管理的效能。企业是由人组成的群体组织,组织中的人经常需要互相判断。管理者评价下属的工作绩效,并分析其绩效高低的原因,员工也要评价同事在工作中的努力和贡献程度。申请某一职位的应聘者会受到面试官的评价,进入企业后也会立即受到其他员工和领导的评价。人们通常希望给他人留下良好的印象,一个组织也希望展示给公众一个良好的形象。组织的这些日常活动都需要知觉和归因的参与。本节将从以下几个方面对知觉和归因的有关规律在管理中的应用问题进行分析。

一　招聘面试和绩效评估中的社会知觉偏差

在工作环境中,社会知觉产生重要作用的两个情境是招聘面试和绩效评估。在招聘面试中,面试官的关键任务是形成对应聘者的准确印象。但是,如前文所述,作为知觉者的面试官的特点、知觉对象的特点和知觉情境的特点都会影响知觉的准确性,而且面试官也会受到社会知觉偏差的干扰,导致对应聘者形成不准确的印象。有时候,外表漂亮的人更容易找到工作,薪水也更高,一个主要原因就是面试官受到晕轮效应的影响,认为外表漂亮的人也具有其他一些积极特点,实际上这种关联很可能是不存在的。一旦面试官形成对应聘者的最初印象,不管这一印象是否准确,也不管印象是好是坏,它都会在很大程度上影响面试官接下来与应聘者的交流方式,并最终影响面试的结果。选择性知觉和自我实现的预言也同样会出现在面试情境中。作为招聘者,必须认识到这些偏差的影响,应避免知觉上的偏差,以正确判断人的价值。在面试时,少数应聘者会对应聘的职位、工作待遇有不切实际的期望甚至幻想。一旦应聘者在以后的工作中发现现实与期望有较大差距,就会失望,甚至不满、沮丧,辞职的可能性也大增。所以,在面试时,面试官就应向应聘者提供有关工作的准确信息,使其有合乎实际的认识,避免产生错觉。

绩效评估是在一系列与工作相关的维度上评价员工的过程。有时候,绩效评估每隔一年或半年进行一次,管理者根据评估结果来决定是否为员工加薪、晋升和进行培训。理想状态下,这一过程应该是完全理性的,以形成对每名员工业绩表现如何和应该如何被对待的公平的、客观的判断。但是,从我们对知觉过程的分析可见,绩效评估过程远远不够客观。事实上,人们加工、存储和提取信息的能力有限,这造成人们评估他人时容易受到社会知觉偏差的影响。人们还发现了绩效评估中的归因偏差。当上级评价下属时,他们之间越相似,上级给出的评价分数越高。这种相似可以是工作价值观、习惯和工作方式方面的,也可以是年龄、种族、性别和工作经历方面的。下属也更加信任与自己相似的领导。这造成的结果是,相似的上级和下属之间的关系更积极,上级对相似下属的评价更高。有学者研究考察了绩效评估情境中的相似效应,结果发现,员工为了使领导对自己形成正面印象,所做的努力越多(如给领导帮忙和同意领导的观点),领导就越认为下属与自己相似,而领导越认为下属与自己相似,他们给这些下属的工作评价就越高。员工经常强调良好业绩的内因和糟糕业绩的外因,并尽量与上级的解释保持一致,从而赢得好感。两名业绩同样好的员工可能会因为上级对他们业绩的归因不同而获得不同的绩效评定结果。通常,糟糕的业绩被归因于外部不可控因素的个体会获得更高的评价,而糟糕的业绩被归因于内部可控因素的个体会获得较低的评价。

这些研究证明,组织中的绩效评估与理性的、完全没有偏见的理想状况有很大的差距。实际的绩效评估过程包含很多社会知觉偏差,这些影响必须被识别和理解,以利于最终提高绩效评估过程的准确性。

二　个人的印象管理

印象管理(impression management),也叫自我呈现,是指人们试图管理和控制他人对自己所形成的印象的过程。印象管理理论由心理学家欧文·戈夫曼(Erving Goffman)于 1957 年提出。通常,人们总是倾向于以一种与当前的社会情境或人际背景相吻合的形象来展示自己,以确保他人对自己做出积极的评价。理解他人对自己的知觉与认知,并以此为依据创造出积极的有利于我们的形象,将有助于我们成功地与人交往。印象管理是社会互动的一个基本方面。印象管理的过程包括两个阶段:一是形成印象管理的动机;二是进行印象建构。人们都希望将自己美好的一面展现给他人,不仅求职者会运用印象管理,面试官也会通过谈话方式、整体风格、办公室的布局和家具陈设,甚至他们选择的员工来进行印象管理。一般来说,建立积极的或良好的印象是大多数人倾向的策略。表 2-3 列出了求职者使用的部分印象管理策略,其中自我提升是最常用的策略。

表 2-3　求职者使用的部分印象管理策略

印象管理策略	描述	使用频率(％)
自我提升	正面描述自己(如"我每天工作都很努力")	100
夸大个人	夸大其词地描述过去(如"我解决了最难的问题")	96
观念一致	表达假定被其他人接受的信念(如"我同意你的看法")	54
主张权利	声称为过去成功的事件负责(如"我的工作促进合同签订")	50
赞扬别人	说一些恭维别人的话(如"你的工作给我留下了深刻的印象")	46
克服障碍	描述克服降低绩效的障碍,并取得成功(如"尽管我担任三种不同的职务,我还是获得了成功")	33
辩护	承担部分责任,但否认负面牵连(如"我们失去了 30％的市场,这是经济下行必然导致的结果")	17

印象管理策略是否有效? 研究表明,这些策略是有用的,成功进行印象管理的人在很多情况下都表现出了优势。多数研究集中于招聘访谈,结果表明进行印象管理的应聘者更有可能获得职位,而且,进行印象管理的员工在绩效评估中获得的评价更高。研究还发现员工的印象管理行为会获得上司更高的绩效评估。很多研究者探讨了下

属对上司使用印象管理行为,以及下属与主管的关系深浅,长期而言是否会影响上司对其的绩效考核分数,得出的结果是肯定的。研究者们认为,长期而言,印象管理行为会很显著地影响到上司对下属的偏好,并造成下属绩效考核分数明显提高,对下属来说是一项有利的策略。但是,这些策略的使用也有潜在危险,如果使用过度或不适当,会导致相反的结果。过多的印象管理会给人留下有意操纵别人或不诚恳的印象。在工作环境中,对上司溜须拍马、对下属冷酷刻薄的员工给人的印象非常糟糕。

总之,印象管理策略的使用可能会影响招聘决策或绩效评估的准确性,组织管理者需要认识到这一点,避免过度地受其影响。另外,这些印象管理的技术如果被适当使用,也可以使人在组织中获得成功或与客户建立良好的关系。

 **关联知识**

二维码 2-3
戈夫曼的印象管理策略

三 组织形象塑造

不仅个体希望给别人留下好印象,组织也一样,这就是组织形象塑造。一个组织给人们留下的印象会对个人与它的关系产生巨大的影响。一个组织的形象塑造得好不好不仅会影响到绩效、客户满意度,也会影响到组织的招聘,即不但组织在招聘新人,新人也在选择形象好的组织就业。研究表明,企业的声誉越好,人们就越有兴趣去那里工作;潜在申请者是基于职位的特性和企业的吸引力来对企业进行评估的;申请者对于企业吸引力的感知会影响他对职位的申请。有调查表明,一家企业的声望越高,新人为它工作的兴趣就越高。组织必须有效地雇用员工才可能顺利运作,因此,了解到底哪些因素会影响组织形象是很重要的。

影响组织形象的因素之一,就是人们从广告(包括招聘广告)中获得的对企业形象的认知。有学者研究发现,企业形象与人们拥有的关于它的信息的数量(例如,来自先前的工作经历或大学就业指南上的广告)呈正相关。一般来说,较长的广告与更积极的形象相关联,不仅广告内容很重要,广告的长度也很重要。由于招聘广告通常会强调被企业雇用的优点,因此,更长的广告列出的优点更多,从而制造了更强烈的正面形象。并且,如果人们相信更长的广告反映了企业赢得优秀员工的承诺(因为企业愿意在广告上多投资),他们更有可能把这家企业作为心仪的工作场所。

组织用于提升企业形象的另一种手法是年度报告,即企业提供给股东的关于公司运作和财政状况的正式报告。根据传统,这些报告是非常精美的小册子,包含精美的图片以及与企业格调契合的装饰,用于保持和提升投资者的信心。但是,很多企业省下了这笔费用,代之以不加修饰的年度报告。企业管理层这样做并非为了节省费用,而是为了在投资者心目中形成节俭的形象。由于当前的投资者寻求的是价值,很多企业都不遗余力地在投资者心目中培育它们不浪费钱财的印象。在精致的年度报告上挥霍金钱来显示成功,可能会让人怀疑利润都去了哪里,因此,不管这些报告是精致还是朴实,结论是相同的——年度报告是用来培养"正确的"公司形象的手段。组织与个人一样,通过给他人留下良好的印象获益。因此,组织不仅要关注企业的生产质量和服务质量,还要关心组织文化、组织的声誉等重要信息。

案例2-1

 **一、案例材料**

中国移动的新 logo

中国移动通信集团有限公司(简称"中国移动")于 2000 年 4 月成立,是中国规模最大的移动通信运营商之一。在其旧有的 logo 中,一组回旋错落的线条组成了一个平面造型为六面体的网络结构,象征着移动通信的蜂窝网络。线条纵横交错,首尾相连,其中包含了"CHINA MOBILE"的缩写"C"和"M"两个字母,寓意中国移动四通八达,无处不在。两组线条犹如握在一起的两只手,象征着中国移动通过自己的服务,拉近了人与人之间的距离;线条组成的团处在圆形(地球)之中,取其意为"全球通"。

2013 年 9 月,中国移动启用新 logo。新 logo 延续了上一代 logo 的线条元素,但有四个变化:线条明显更柔和与开放,色彩构成有较大转变,标语去掉了"通信"二字,英文字母不再大写。因此,新 logo 看起来更时尚、更活泼。

新 logo 将五个线条的连接处拆开,在保持了"C""M"缩写意象的同时,在整体上增加了灵活感。时尚、亲和、智慧的浅蓝色代替了过去强势、冰冷的深蓝色,淡化了旧 logo 使用蓝白色给用户带来的企业化、商务化等严肃的形象,绿色的加入不仅带来了创新活力,更传达了健康环保等含义。从"CHINA MOBILE"到"China Mobile"也体现了中国移动在形象上的一种改变。在英语文化中,大写字母通常具有严肃和庄重的内涵,而小写字母则显得更为亲切和生动。品牌专家认为,企业标志由大写字母改为小写,不仅提高了可读性,同时给人的感觉是放下了威严,体现亲近感和平易近人的亲和力。

资料来源:赵国祥. 管理心理学——理论、实务、案例、实训[M]. 东北财经大学出版社,2012.

二、阅读并思考

1. 中国移动运用了哪些方法对企业形象进行了印象管理,起到了怎样的效果?

2. 企业形象塑造的途径除了上述案例提到的方法外,还有哪些?

中英文关键术语

知觉(perception)

社会知觉(social perception)

认知失调(cognitive dissonance)

晕轮效应(halo effect)

刻板印象(stereotype)

印象管理(impression management)

思考题

1. 简述知觉的特征。

2. 简述几种社会知觉偏见,并说明在管理实践中我们应该如何应用和避免这些偏见。

3. 试论述三种归因理论。

4. 简述几种归因偏差,并阐述如何克服归因偏差。

5. 如何做好个人的印象管理?

6. 如何做好组织的形象塑造?

案例分析题

 一、阅读材料

绩效考评哪里出了错？

上海建桥股份有限公司主要经营电力新技术、新产品的开发、制造、组装、技术服务及工程承包相关设备和技术的进出口业务。自 2009 年以来，公司经营状况一直不佳，为了使公司摆脱困境，改善公司的管理和经营状况，2013 年 2 月，总经理肖女士做出决策，她提出，在积极运作新项目的同时，要在人力资源管理中的员工绩效评估方面进行调整和完善，希望通过绩效管理提高员工的工作绩效，保证公司目标的实现。

公司以往的绩效评估，内容一成不变，评估指标不合理，不能真实地反映员工的工作绩效，也不能促进工作绩效的提高。因此，人力资源管理部从 2013 年 2 月底开始着手全面修订绩效管理制度，重新编制绩效评估表，计划在 4 月初开始实行新的绩效管理制度。因为新的考评结果与薪酬直接挂钩，大家对考评的公正性和考评误差格外敏感。考评一结束，员工们纷纷向总经理反映考评中存在的问题。

销售部员工 A 在存货控制方面表现特别出色，但是他在信用管理、客户关系、社区关系等方面表现平平，他的考评结果却是"很出色"。销售部员工 B 在工作的第一个月取得了突出的成绩，而在接下来的 5 个月中却表现平平，结果他的考评分数很高。人事部员工 C 与某考评者都是复旦大学毕业，而且是老乡，因此其给予考评者的考评分数也偏高。

另外，也有生产部门员工反映生产部门主管 J 的考评过程存在问题。J 通过绩效考评表完成对下属的绩效考评，考评表标明了工作的数量以及合作态度等情况，表中的每一个特征都分为 5 等：优秀、良好、一般、及格和不及格。J 认为所有的职工都完成了本职工作。除了 D 和 E，大部分职工还完成了 J 交给他们的额外工作。考虑到 D 和 E 都是新员工，他们两人的额外工作量又偏多，J 给所有员工的工作量都评了"优秀"。此外，F 的工作质量不好，也就是"及格"，但为了避免尴尬，J 把他的评价提到"一般"。这样，员工的评价分布于"优秀""良好""一般"，就没有"及格"和"不及格"了。

另外，G 家庭比较困难，J 就有意识地提高了对他的评价，他想通过这种方式让 G 多拿绩效工资，把帮助落到实处。J 觉得这样做，可以使员工不至于因发现

绩效考评结果不好而产生不满,同时,上级考评自己时,自己的下级工作做得好,自己的绩效考评成绩也差不了。

总经理觉得销售、人事、生产部门的绩效考评有问题,没有控制好考评误差,从而导致了对员工评价不准的结果,要求重新对相关人员进行绩效考评培训,以期达到绩效考评应有的效果。

资料来源:人力资源社会保障部教材办公室,中国就业培训技术指导中心上海分中心,上海市职业技能鉴定中心.企业人力资源管理师(三级)[M].北京:中国劳动社会保障出版社,2020.

 二、讨论题

1.绩效评估过程中,考评者经常会产生哪些社会知觉误差? 案例中,销售部、人事部、生产部门在考评时存在哪些社会知觉偏差?

2.你认为企业应该如何克服社会知觉偏差?

练习题

二维码 2-4
第二章课后
练习题及参考答案

第三章

个性心理与管理

本章引例

"尾大"的任正非

过去几年,哪家中国企业最牵动人心? 毫无悬念,正是华为。激烈的竞争让人们对华为这家公司和创始人任正非的关注度达到顶峰,对任正非各种各样的赞誉也纷至沓来:伟大的企业家、民族英雄、时代伟人。而这却一度让任正非很困扰,就连出门喝杯咖啡,或某天肉吃多了、想多吃点蔬菜,也会被人借题发挥,说他的生活方式和所获得的荣誉不匹配。

"是,我很尾大,我是那个大尾巴松鼠。"任正非终于忍不住了。在众人把这位已到古稀之年的老人推上神坛时,他很清醒,使劲把自己往下拽:"我根本就不是什么英雄。我从来都不想当英雄。"在华为,任正非最痛恨的就是个人英雄主义,"鼓掌太多,容易造成个人迷信","在华为没有人不犯错,没有谁能称神"。我们欣赏任正非,不是因为他伟大,而是他清醒。

老辣的任正非,也有过年少轻狂的岁月。曾经的他,崇拜大力神、项羽,觉得自己聪明能干,满脑子都是英雄主义。人到中年的任正非却失业在家,在别人眼中变成了一个一事无成的人。他好不容易到深圳一家企业当副总经理,但一出手就被骗走200万,为此一家几口住进了简陋的小窝棚房。妻子不堪忍受,提出离婚。任正非44岁创办华为时,确属走投无路。经此一劫,任正非大彻大悟,开始变得清醒。

任正非最擅长的是激励别人,他明白一个道理:人活着就要吃饭,也要有成就感,同时还要有那么一丁点儿的理想主义。而任正非最擅长的正是"分钱",他相信"不爱钱的员工不是好员工","钱给多了,不是人才也变人才"。华为不少老员工回忆,早年他们最深刻的记忆是薪水涨得飞快,有人年初刚进公司时月薪560元,年底就涨到了7600元,还有人一年涨了12次工资。

除了"分钱",任正非还有两大创造:分位子、分面子。任正非深知"很少有人不喜欢权力",所以华为有各种看似天马行空的奖项,比如"市场部集体大辞职奖""待到山花烂漫时奖""大锅饭奖""烂飞机奖""从零起飞奖"。任正非巧妙地把员工对于财富、权力和成就感的渴望,转化为面向客户创造价值。

华为的股权结构在全世界都属罕见。任正非把接近99%的股权给了9万多名员工。这位创始人在华为工作多年,只持有华为1.14%的股份。任正非在把利益分享出去的同时,也把风险分散给了9万多名员工股东,大家在华为这条大船上乘风破浪、齐头并进。

对于华为很多员工来说,任正非做出的令人咋舌的决策,是投资基础研究这个"无底洞"。后来,华为成了世界上基础研究投入最"浮躁"的公司:每年收入的

20%～30%必须投入到基础研究中,截至 2019 年底,华为前后投入研发的资金超过了 6000 亿元,在全球位居第 5 位。持续的高投入使华为成了"世界上最穷的高科技公司"。正是这样经过了二三十年的寂寞坚守,华为才迎来今日的光明时刻。"我最大的问题就是傻、执着。"任正非这样评价自己。

　　任正非的个性与其管理行为有着密不可分的关联。人与人之间存在的个体差异会使每个人形成独特的个性,展现出不同的心理状态和精神面貌。从管理角度来看,个性是人的一组相对稳定的特征,这些特征决定着特定的个人在各种不同情况下的行为表现,它是个体所有的反应方式和与他人交往方式的总和。

　　资料来源:正和岛. 任正非:是的,我很"尾大"[EB/OL]. [2021-02-14]. https://baijiahao.baidu.com/s? id=1691662421933576527&wfr=spider& for =pc,内容有删改。

第一节　气质与管理

一　气质概述

(一)气质的概念

　　个性的生理差异主要体现在气质(temperament)上,气质就是我们平常所说的脾气、秉性。气质是表现心理活动的强度、速度、灵活性与指向性等方面的一种稳定的心理特征,是人的认识、情感、言语、行动中,心理活动发生时力量的强弱、变化的快慢和均衡程度等稳定的动力特征。

(二)气质的特征

　　气质给人们的整个心理活动表现"染"上了一层浓厚的色彩。气质具有如下特征。

1. 气质受先天生物学因素影响较大

气质是人的个性心理特征中受先天生物学因素影响较大的一部分。人一出生,最先表现出来的差异就是气质差异,如有的孩子爱哭好动,有的孩子沉稳安静。年龄越小,气质的特征就越明显;遗传素质越接近,气质类型就越接近。盖赛尔(A. L. Gesell)在观察婴儿的心理表现时,发现婴儿的气质表现有三种类型:第一类婴儿表现平静,不着急,慎重对待周围的事情;第二类婴儿急急忙忙,注意力不集中,动作伶俐,反应快;第三类婴儿聪明伶俐,但注意和性情不稳定。

2. 气质具有稳定性

气质具有极强的稳定性,但并非不可变。俗话说"江山易改,本性难移",在人生的不同时期,人的气质特点是相对稳定的,其表现不受个体活动的具体目的、动机和内容的影响。但气质并非一成不变,它也会随环境、教育、职业、主观努力、年龄等的变化而发生一定程度的变化。

3. 气质无好坏之分

气质是人的天性,无好坏之分。它只能给人们的言行"涂"上某种色彩,但不能决定人的社会价值,也不直接具有社会道德评价的含义。一个人的活泼与稳重不能决定他为人处世的方向,任何一种气质类型的人既可以成为品德高尚、有益于社会的人,也可以成为道德败坏、有害于社会的人。

4. 气质与个人成就关联不大

在同一社会实践领域,我们可以找到不同气质类型的杰出人物,例如俄国四位著名的文学家虽属于不同的气质类型,却都在文学领域取得了辉煌的成就,普希金属于胆汁质,赫尔岑属于多血质,克雷洛夫属于黏液质,果戈理属于抑郁质。同样,在不同的社会实践领域中,我们也可以找到相同气质类型的人,如果戈理、达尔文、柴可夫斯基虽然都属于抑郁质类型,但他们在不同领域都取得了伟大成就。所以,任何气质的人,既可能成为具有杰出才华的人,也可能成为平庸无为的人。

二　气质理论

(一)体液学说

气质学说最先源于公元前 5 世纪古希腊著名医生、学者希波克拉底(Hippocrates)的体液学说。他认为人体含有四种不同的体液,即血液、黏液、黄胆汁和黑胆汁,它们分别产生于心脏、脑、肝脏和胃。四种体液影响了人体的性质,有机体的状态取决于四种体液的适当搭配。约500年后,罗马医生盖伦(Galen)按照占优势的体液不同,将人的气质类型划分为多血质(sanguine temperament)、黏液质(phlegmatic temperament)、胆汁质(choleric temperament)和抑郁质(melancholic temperament)四种类型(见表3-1)。

表3-1　希波克拉底的体液学说

气质类型	占优势的体液	特性
多血质	血液(热而湿)	具有这种气质的人活泼好动、反应迅速、对一切引起他注意的事物都能做出兴致勃勃的反应。行动敏捷,有高度的可塑性、灵活性,容易适应新环境,善于结交新朋友。情绪易于发生改变,表情生动,言语的鼓动性比较强
黏液质	黏液(寒而湿)	心理反应速度慢,动作迟,态度稳重,沉默寡言,善于克制、忍耐,具有实干精神,情绪不易发生,也不易外露。具有这种气质的人可塑性差,表现出不够灵活的特点,行为和情绪表现为内倾性
胆汁质	黄胆汁(热而干)	热情直率、精力旺盛、脾气暴躁、好冲动、反应迅速、情绪反应强烈、外倾性明显。他们能以极大的热情投入到工作和学习中去,但缺乏耐心
抑郁质	黑胆汁(冷而干)	具有较强的感受性,情绪体验深刻、细腻,易多愁善感,行为孤僻,不善交际,反应迟缓。这种气质类型的人往往善于想象,在力所能及的工作中表现出坚韧的精神

1. 多血质

多血质的人被形容为像春风一样,富有朝气。这种人乖巧伶俐,惹人喜爱。他们的情绪丰富而且外露,喜怒哀乐皆形于色,他们那副表情多变的脸折射出他们的内心世界。他们喜欢与人交往,有种"自来熟"的本事,但交情粗浅。他们的语言表达力强而且富有感染力。活泼、好动、乐观、灵活是他们的优点。他们思维灵活,行动敏捷,对各种环境的适应力强,可塑性也很强。但是他们气质中的弱点是缺乏耐心和毅力,稳定性差,容易"见异思迁"。

2. 黏液质

黏液质的人常被形容为像冬天一样,无艳丽的色彩装点,"冰冷耐寒",缺乏生气。这种人安静稳重,沉默寡言,喜欢沉思,情绪不易外露,但内心的情绪体验深刻,外表似乎给人以"冷"的感觉,也被称为"热水瓶",即外凉内热。他们自制力很强,不怕困难,忍耐力强,表现出内刚外柔的特征。他们与人交往适度,交情深厚,朋友少但却常有知心朋友。他们的思维灵活性略差,但考虑问题细致而周到,这往往弥补了他们思维的不足。他们的学习和接受能力稍弱,但很扎实,喜欢踏实做事。他们平时看起来总是不紧不慢的,所以有时"火烧眉毛也不着急"。这种人的行为主动性比较差,别人让他们去做某事时他们才会去做,不喜欢主动做出选择。

3. 胆汁质

胆汁质的人常被形容为"夏天里的一把火",他们经常情绪暴躁。这种人的情绪爆发快,但又难持久,如同一阵狂风或一场雷阵雨,来去匆匆。这种人精力旺盛,争强好斗,做事勇敢果断,为人热情直率、朴实真诚;但是他们思考问题时常常粗枝大叶、不求甚解,遇事常欠思量,鲁莽冒失,做事也常常感情用事、刚愎自用。

4. 抑郁质

抑郁质的人容易给人带来"秋风扫落叶"般的无奈、忧愁的感觉。这种人情绪体验深刻、细腻而又持久,主导心境消极抑郁、多愁善感,给人以温柔怯懦的感觉。他们聪明而富于想象力、自制力强,注重内心世界,不善交际,孤僻离群,软弱胆小,他们的行为举止缓慢而单调。他们虽然踏实稳重,但常优柔寡断。

四种气质显示了人们四季般的天性。但是,单纯地属于这四种典型气质之一的人并不多,在生活中,绝大多数人身上表现出四种气质的互相混合、渗透、兼而有之,而且在不同的情境下会有不同的气质类型占主导。

气质是人的天性,反映了人的生理特性,无好坏之分。多血质的人活泼好动,但情绪也易于改变;黏液质的人态度稳重,但容易萎靡冷漠;胆汁质的人热情直率,但往往缺乏耐心;抑郁质的人多愁善感,但具有丰富的想象力。每种气质都各有利弊,从整体来讲并无好坏之分。

 关联知识

二维码 3-1
气质自测:你想了解
自己的气质类型吗?

（二）阴阳五行说

阴阳五行说是中国的气质学说。我国春秋战国时期的著名医书《内经》按阴阳强弱，把人分为太阴、少阴、太阳、少阳、阴阳平和五种类型。太阴之人，多阴少阳，其人格特征是悲观失望、内省孤独、不合时尚、保守谨慎；少阴之人，多阴少阳，其人格特征是冷淡沉静、节制稳健、戒备心强、深藏不露、善辨是非、嫉妒心强、自制力强、耐受性高；太阳之人，多阳少阴，其人格特征是勇敢刚毅、坚持己见、激昂进取、傲慢暴躁；少阳之人，多阳少阴，其人格特征是外露、乐观、机智、随和；阴阳平和之人，阴阳气和，其人格特征是态度从容、平静自如、严谨细致、适应性强、临危不乱。阴阳五行说与体液学说有异曲同工之妙，体液学说中的黏液质在阴阳四象中属于少阴的维度，抑郁质属于阴阳四象中太阴的维度，多血质属于阴阳四象中少阳的维度，胆汁质属于阴阳四象中太阳的维度，如图 3-1 所示。

图 3-1　阴阳五行说与体液学说的相通之处

（三）高级神经活动类型学说

巴甫洛夫（Ivan Petrovich Pavlov）认为高级神经活动的基本过程有两个，即兴奋和抑制。所谓兴奋，是指神经活动由安静状态或较弱的状态转为活动或较强的状态；所谓抑制，是指神经活动由活动的状态或较强的状态转为安静的状态或较弱的状态。兴奋和抑制都是神经活动的过程，它们指的是这种活动所指向的方向。巴甫洛夫指出，高级神经活动的两个基本过程中有三个衡量指标，即强度、平衡性和灵活性。高级神经活动过程的强度是指神经细胞和整个神经系统的工作能力极限；高级神经活动过程的平衡性是指兴奋和抑制两种神经过程间的相对关系；高级神经活动过程的灵活性则是指兴奋过程或抑制过程更迭的速率可快可慢。

根据两种基本神经过程的三个特性之间的不同组合,气质可划分为四种基本类型:活泼型、兴奋型、安静型、抑郁型。这些类型恰好分别相当于多血质、胆汁质、黏液质和抑郁质(见表3-2)。

表3-2　巴普洛夫的高级神经活动类型学说

神经类型	气质类型	神经活动的特征	行为特征
兴奋型	胆汁质	强、不均衡	攻击性强、易兴奋、不易约束、不可抑制
活泼型	多血质	强、均衡、灵活	活泼好动、反应灵敏、好交际
安静型	黏液质	强、均衡、不灵活	安静、坚定、迟缓、有节制、不好交际
抑郁型	抑郁质	弱	胆小畏缩、消极防御、反应激烈

（四）按体型划分气质类型说

德国精神病学家克瑞奇米尔(E. Kretschmer)根据对精神病患者的临床观察结果,认为人的身体结构与气质特点以及可能患的精神病种类具有一定的关系,提出按体型划分人的气质类型的理论。人的体型主要有三种类型:强壮型(肌肉发达)、矮胖型(矮而胖)和瘦长型(高而瘦),与之相对应的三种气质类型分别是黏着气质、躁郁气质和分裂气质。它们之间的关系如表3-3所示。

表3-3　克瑞奇米尔按体型划分气质类型说

体型	气质类型	行为倾向
强壮型	黏着气质	固执、认真、理解问题缓慢、易冲动
矮胖型	躁郁气质	好社交、健谈、活泼好动、表情丰富、情绪不稳定
瘦长型	分裂气质	不善社交、内向、易退缩、害羞沉静、寡言多思

克瑞奇米尔还研究了许多学者的肖像资料,发现神学家、哲学家和法学家大都具有瘦长型的体型,具有分裂气质的特征,而医师和自然科学家大都具有矮胖型的体型,具有躁郁气质的特征。

美国心理学家谢尔登(W. H. Sheldon)深受克瑞米奇尔的影响,但是他在研究对象方面与克瑞奇米尔是不同的,他以正常人为研究对象,提出了内胚叶型、中胚叶型和外胚叶型三种体型,并对应这三种体型区分出内脏紧张型、身体紧张型和头脑紧张型三种气质类型,具体如表3-4所示。

表3-4　谢尔登的气质类型说

体型	气质类型	行为倾向
内胚叶型	内脏紧张型	动作缓慢、爱好交际、感情丰富、情感舒畅、随和、有耐心
中胚叶型	身体紧张型	动作粗放、精力旺盛、喜好运动、自信、富有进取心和冒险性
外胚叶型	头脑紧张型	动作生硬、善于思考、不爱交际、情绪抑制、谨慎、敏感

此外,有的学者认为人的内分泌活动和血型对气质具有一定的影响。如伯曼(Berman)认为,人的气质特点是由内分泌活动决定的,人的情绪性、活动的反应性和冲动性与内分泌活动有关,他根据人的某种特别发达的内分泌腺,把人划分为甲状腺型、垂体腺型、肾上腺型和性腺型;日本学者古川竹二(Takeji Furukawa)则根据四种血型(A 型、B 型、O 型、AB 型)来区分气质。他们认为不同激素和血型类型的人,有不同的气质特点。随着现代认知神经科学的兴起和发展,科学家利用成像基因法、脑科学技术和多层线性模型技术等新技术和新方法,不断延伸气质的研究领域,推进人们对气质的认识。

三 气质与职业

(一)气质与职业的匹配

不同气质类型的个体具有不同的行为倾向,所以人们在选择职业时,要使自身的气质类型与职业的特点高度协调,这样才能取得较高的工作效率和工作成就。比如,在需要迅速做出灵活反应的工作上,多血质和胆汁质的人就很容易适应,而黏液质和抑郁质的人适应起来则要相对困难些。反之,有些工作要求持久、细致、严谨,那么黏液质和抑郁质的人就要比多血质、胆汁质的人更容易适应一些。

根据各种气质的特点以及不同职业的要求,我们可以发现气质与职业之间的匹配关系(见表 3-5)。

表 3-5 气质与职业之间的匹配关系

类别	多血质	胆汁质	黏液质	抑郁质
气质特点	活泼、好动、敏感	热情直率、情绪外露、容易急躁	稳重、克制、内向	安静、情绪不易外露、办事认真
适配的职业	政府及企事业管理者、驾驶员、医生、律师、外事人员、公关人员、运动员、服务员等	导游、节目主持人、演员、勘探工作者、推销员、外事接待人员等	外科医生、法官、财会人员、统计员、播音员等	秘书、人事、化验员、编辑、保管员、档案管理员等
不适配的职业	单调或过于细致的工作	需要久坐的、细致的工作	富于变化和挑战性强的工作	热闹、嘈杂环境下的工作

（二）气质与管理者的匹配

1. 管理者的气质类型匹配

人的气质类型与是否适合做管理者具有一定的关联。

（1）典型胆汁质和抑郁质气质类型的人不适宜做管理者。这是因为前者表现为鲁莽、易激动、脾气急躁、不能控制自己；后者表现为沮丧、抑郁、孤僻、行动迟缓等。

（2）多血质、黏液质，或多血-黏液混合、胆汁-多血混合气质类型的人比较适合做管理者。这是因为，多血质类型的人易兴奋，对外反应快，能控制自己，性格外向，其机敏而均衡的气质特点有利于生产经营管理。黏液质类型者具有平衡内倾性，这种气质也是管理者不可缺少的。多血-黏液混合型气质的管理者兼有多血质和黏液质气质类型的优势。胆汁-多血混合气质类型的管理者与胆汁质类型的管理者不同，前者热情而又急躁的脾气能够得到有效的控制，并保持适当的均衡，活跃务实，有助于他们成为出色的管理者。

2. 管理者的气质类型相融度

管理者的气质类型相融度研究是领导心理学研究中的重要课题。气质类型在情绪和行为方式上，以及在智力活动方面具有不同的特点和表现。每位管理者都具有符合其气质类型的领导经验和人格特质，这些都是在一定时期的管理实践活动中逐渐形成并不断积累的，而成功的领导艺术一般很难移植到其他领导者身上。管理者之间的气质类型相融度有时会影响成员之间的心理状况，甚至在某种情况下影响组织目标能否顺利实现。因此，对管理者的气质类型的探讨有助于提高管理团队的整体效能，并为合理配置管理团队提供科学的心理学依据。

在实际工作中，我们在把具有一定资历、取得实绩、综合评价为优者配置在一起而组成管理团队的同时，也会对团队成员担任不同职位角色所需的人格特质和气质类型等方面的适宜性和融合度进行最佳结合，尤其需要考虑不同气质类型之间的相融度。气质虽然属于个性心理特征范畴，也无好坏之分，但是若能够在领导班子成员的选择与匹配中有意识地配备不同气质类型的领导者，在共谋事业发展的过程中，使不同的领导者气质交融、性格协调、优势互补，就更有利于实现组织目标。

从不同气质类型管理者表现出的行为倾向来看，多血质所具有的气质类型特征对于管理者来说是最重要的。一般情况下，气质类型为多血质的人活跃开朗、反应敏捷，容易和其他气质的人相互融合；而气质类型为多血-黏液质混合型，特别是黏液质类型为主的人，一般反应较慢、适应性较差，不容易与其他气质类型的人相互融合。

1. 气质与员工的管理方式

管理者应了解员工的气质，掌握各种不同气质类型员工的特点，进行有针对性的管理，帮助员工塑造正确的工作行为，克服其气质的消极面。如对胆汁质的员工要有耐心，不要轻易激怒他们；对多血质的员工不要放松要求，要多给其自主发挥的机会；对黏液质的员工不要太急躁，多为其提供团队工作的锻炼机会；对抑郁质的员工，不要在公开场合指责他们，要多关怀、体贴他们，鼓励他们不断前进。

2. 气质与员工的健康管理

"身体是革命的本钱"，没有好的身体，任何工作都无法继续开展，因此，无论是对个人还是对组织来说，员工的身体健康状况都尤为重要。从医学角度讲，气质直接影响人的身心健康。开朗、活泼、乐观的人，不易患精神疾病；暴躁、易激动的人，易患高血压或冠心病；忧郁、消沉、多虑的人，易患溃疡病、神经官能症等。美国心脏病学专家路森曼（L. Lussenman）曾指出，雄心勃勃、好胜心强、工作时不知休息、一件事没做完时就想做另一件事、缺乏耐心、容易发火的人，更容易患高血压和冠心病。因此，组织应给不同气质类型的员工以不同的心理关怀，为员工创造一种健康快乐的工作环境。

第二节　人格与管理

一　人格的概念

（一）人格的定义

人格（personality）也称个性，这个概念源于拉丁文"persona"，"persona"最初是指演员在舞台上戴的面具，类似中国京剧中的脸谱。据说在公元前 2 世纪，古罗马的一名戏剧演员为了遮掩他自己的斜眼，开始戴上面具进行表演，然后就出现了这个词。后来，心理学借用这个术语来暗示"人格"的社会功能：在人生的大舞台上，人也会根据社会角色的不同来选择不同的"面具",这些"面具"就是人格的外在表现。"面具"后面还有一个实实在在的真我,即真实的自我,它可能和外在的"面具"截然不同。

使用最多的人格定义是由戈登·奥尔波特(Gordon Allport)提出的,奥尔波特认为人格是个体内部身心系统的动态组织,它决定了个体对环境的独特的调节方式。罗宾斯(Stephen P. Robbins)则把人格视为个体对他人的反应方式和交往方式的总和。

具体而言,人格具有以下几个特点。

(1)整合性。整合性指的是人格是由内在的心理特征与外部的行为方式构成的,它不是单一的心理特征或行为方式,而是心理特征和行为方式相互联系而形成的、有着一定组织和层次结构的模式。

(2)独特性。俗话说:"人心不同,各如其面。"这是指每个人的人格都是独特的,这种独特性不仅仅表现在某些个别的心理或行为特征上,更主要的是表现在整个模式上,从而使每个人成为独一无二的人。

(3)稳定性。人偶然表现出的心理特性不能被称为人格,人格是一种相对稳定的心理行为模式。这是指一个人的人格及其特征在时间、空间上具有一定的稳定性,例如,内向者在各种场合下都表现出少言寡语的特点,这种特点随着时间的推移变化不大,这就是人们常说的"江山易改,本性难移"。然而,强调人格的稳定性并不意味着人格是一成不变的,随着生理条件和环境的改变,人格也会发生或多或少的变化。

(4)功能性。人格决定了一个人的生活方式,甚至决定了一个人的命运,因而人格是人生成败的决定因素之一。当面对挫折和困境时,坚强者能奋发图强、走出困境,而懦弱者会自怨自艾、一蹶不振。

(二)人格的决定因素

关于人格是如何形成的,心理学界长期以来争论不休。有的人主张人格是完全由遗传因素决定的,有的人则认为人格与遗传因素无关,而是完全由后天环境决定的。目前人们普遍认为,人格是个体在先天生物遗传素质的基础上,通过与社会环境的相互作用,同时还受到情境条件的调节而形成的相对稳定而独特的心理行为模式。

1. 遗传

遗传指的是那些在胚胎阶段已经决定了的因素。身材、相貌、性别、肌肉的组成和反射、精力水平以及生物规律等特点,全部或大部分受到出生的影响,也就是说,受到亲生父母在生物、生理、内在心理构成方面的影响。有关同卵双生子的研究发现,他们在人格特点方面有高度的相关性,这一结果为人格的遗传观点提供了支持。

2. 环境

这里所说的环境包括我们成长的文化背景,早年的生活条件,家庭、朋友和社会群体的规范,等等。遗传建构了前提条件或限制,但个体的总体潜能取决于如何调整自己以适应环境的要求。环境因素可分为社会化因素和组织环境因素。社会化因素指的是人们少年时代在家庭和学校中,逐步认识并学会如何适应现实环境的过程。这对个性的塑造起到了相当重要的作用,有些早期的影响会随年龄的增长而衰退或消失,还有一些则会留下持久乃至终身的烙印。组织环境因素是指当人们已经成年并进入职场后,工作组织的环境继续影响着人们的个性。这些因素包括奖酬制度、工作设计、领导风格等,它们确实是一些外显行为的塑造者,但这种影响只是局部的,对每个人的影响程度也是不一样的。

3. 情境

人格虽然总体上是稳定的,但在不同的情境下根据不同的需要会有所改变。例如,一个外向健谈的人,在参加商务谈判和在咖啡馆里与朋友聊天时,他的谈话方式、行为特点会表现出很大的差异。

(三)人格的测量

我们常常会通过个体所表现出来的能够测量的特质,对其人格进行描述。对人格的测量主要采用自我报告调查法和观察者评定测量法两种。

1. 自我报告调查法

自我报告调查法即个体就一系列因素进行自我评估,比如,"我对未来抱有很大期待"。人格测试对招聘决策很有帮助,它有助于管理者预测谁最适合某份工作。尽管自我报告调查法非常有效,但其结果并不一定非常准确。作答人可能会撒谎或者进行印象管理从而给人留下一个好印象。与那些为了实现自我认知而参加测试的情况相比,如果人们知道他们的人格测试分数将被用来做出录用决定,他们对自己责任心和情绪稳定性的评价将会提高大约 0.5 个标准差。自我报告调查法的另一个准确性不稳定的情况是,求职者参加测试的时候如果处于心情不好的状态,得到的分数可能就不准确。

2. 观察者评定测量法

观察者评定测量法是一种独立的人格评定方法,即由一名观察者来进行评定(他们有时了解目标对象,有时不了解)。尽管自我报告调查法和观察者评定测量法的结果高度相关,但研究表明,观察者评定测量法在预测工作能否取得成功方面效果更好。不管怎样,每种方法都能从独特的角度帮助我们了解个体的行为。

二　人格理论

（一）人格类型理论

人格类型理论主要用来描述一类人和另一类人的心理差异，即人格类型的差异。人格类型理论主要包括以下几种。

1. A、B 型人格

弗里德曼（Friedman）和罗斯曼（Rosenman）在 1974 年描述了 A、B 型人格，近年来人们在研究人格和工作压力的关系时，常使用这两种人格类型。

A 型人格的人主要特点是性情急躁，缺乏耐性；他们的成就欲望高，上进心强，有苦干精神，工作投入，做事认真负责，时间紧迫感强，富有竞争意识，外向，动作敏捷，说话快，生活常处于紧张状态，对阻碍自己努力的人会产生攻击行为，社会适应性差。

B 型人格的人主要特点是性情不温不火，举止稳妥，对工作和生活满足感强，喜欢慢步调的生活节奏，认为没有必要表现或讨论自己的成就和业绩（除非环境要求如此），喜欢充分享受娱乐和休闲时间，而不是不惜一切代价展示自己的最佳水平。

A 型人格的人常处于中度至高度的焦虑状态中。他们不断给自己施加压力，总为自己设定最后期限。比如，A 型人格的人是速度很快的人，他们对数量的要求高于对质量的要求，表现为愿意长时间从事工作，但他们的决策通常欠佳，因为他们的决策做得太快。A 型人格的人创造性较低，因为他关注的是数量和速度，常常依赖过去的经验解决自己当前面对的问题。他们很少根据环境的各种挑战改变自己的反应方式。

在组织中，A 型和 B 型人格的人，谁更容易成功？尽管 A 型人格的人工作十分勤奋，但 B 型人格的人常常占据组织中的高层职位。优秀的推销员常常是 A 型人格，但高级经营管理人员却常常是 B 型人格。答案在于，A 型人格倾向于放弃对质量的追求，而仅仅追求数量，在组织中晋升常常落后于那些睿智而非匆忙、机敏而非敌意、有创造性而非仅有好胜心的人。所以，有人戏称 A 型人格的人生来就是要受 B 型人格的人驱动的，B 型人格的人制定战略目标、方案和计划，A 型人格的人则负责具体实施。

2. 核心自我评价

拥有积极核心自我评价（core self-evaluation）的人喜欢自己，认为自己高效、有能力，并能够控制周围的环境。拥有消极核心自我评价的人则讨厌自己，质疑自己的能力，认为自己无法控制周围的环境。核心自我评价与工作满意度相关，因为在这一特质中呈现积极特征的人在他们的工作中会看到更多的机遇，事实上，他们会获得更复杂的工作。

拥有积极核心自我评价的人表现更好，因为他们有更远大的目标，且对自己的目标更加坚定，为了达到目标更加坚持不懈，因而核心自我评价是绩效的重要预测指标之一。事实上，多项研究表明，多数成功人士的核心自我评价都是积极的。他们在职业生涯中，在遇到困难与失败时，会相信自己并坚持下去。这种人更受人们欢迎，有更高的工作热情，他们所拥有的事业不但在最初有更为良好的基础，而且随着时间的流逝，他们的职业生涯发展得更成功。如果他们认为自己的工作有意义并且对他人有帮助，他们就会表现得尤其出色。

3. 控制点

控制点是指个体所认为的直接影响自己行为的原因。有些人倾向于认为自己是命运的主人，控制自己行为的原因主要在于自己；有些人则倾向于认为一切都是运气和机遇造成的结果，自己无法控制。我们将前者称为内控型个体，将后者称为外控型个体。

控制点的理论最早是由心理学家罗特（Rotter）提出的。个体在控制点方面所表现出来的人格差异对公共组织的管理有着重要的意义。大量研究表明，内控型的员工对工作的满意度更高，对工作的投入程度大，较易成为民主参与型的领导者。内控型个体能很好地抵御压力，倾向于控制自己所处的环境。外控型个体更为顺从，乐于服从他人的领导。他们比较适合从事结构明确、规范清楚、只有严格遵从指示才会成功的工作。例如，政府部门的基层公务员多是外控型个体。

4. 自我监控

自我监控是指个体根据外部环境因素来调整自身行为模式的人格特质。如果你是一名科长，你在自己的下属面前和在上级面前的行为表现是一样的吗？恐怕大部分人都会回答"不一样"。人们总是要面临不同的环境，为了实现目标，通常都会因环境的不同而采取不同的行为方式。

自我监控水平高的个体倾向于随着环境的变化而改变自己的行为，他们对环境线索十分敏感，能够在公开的角色和私人的自我之间表现出极大的差异；而自我监控水平低的个体则不能以这种方式"伪装"自己，他们倾向于在各种情境下都表现出自己真实的性情和态度，因而他们的认知与行为之间存在着高度的一致性。研究认为，与自我监控水平低的人相比，自我监控水平高的人更倾向于关注他人的活动，行为更符合习俗，更有可能从他人那里得到积极的评价，这样的个体在管理岗位上会更容易取得成功。

5. 主动性人格

主动性人格（proactive personality）的人善于识别机会是否具有主动性，采取相应行动并且坚持不懈,一直到出现有意义的变化。表现出主动性人格的人是组织求之不得的。他们的绩效水平更高,在事业上更成功。

主动性人格与面临困难的工作和任务时的坚持不懈呈负相关,拥有主动型人格的人更早放弃工作任务。然而,这也许说明主动性本身就包括在遭遇失败的时候选择后退,重新考虑用另一种方法开展工作。

（二）人格特质理论

1. 卡特尔的人格特质理论

人格特质理论认为,人格是一个复杂的心理结构系统,其中包括多种持久而稳定的人格特质(personality trait)。这些特质是人类所共有的,但是特质的组合和数量因人而异,这导致了人格方面的个体差异。如果我们认识到了这些特质,就可能预测一个人的行为特点。

卡特尔(R. Cattel)受化学元素周期表的启发,用因素分析法对人格特质进行了分析,提出了基于人格特质的理论模型。模型分成四层:个别特质和共同特质;表面特质和根源特质;体质特质和环境特质;动力特质、能力特质和气质特质。表面特质是指依据外在行为能直接观察到的特质;根源特质是指那些相互联系、以相同原因为基础的特质。表面特质和根源特质既可能是个别特质,也可能是共同特质。它们是人格层次中最重要的一层。根源特质可以分为体质特质和环境特质两类。体质特质由先天的生物因素决定,而环境特质则由后天的环境决定。动力特质是指具有动力特征的特质,它使人趋向于某一目标;能力特质是表现在知觉和运动方面的差异特质,包括流体智力和晶体智力;气质特质是决定个人情绪反应速度与强度的特质。

早期的人格特质理论在分离特质上困难重重,曾有一项研究找出了 17953 种特质。在预测行为时要考虑这么多的特质,显然是没有可行性的。20 世纪 40 年代,卡特尔从奥尔波特的约 18000 个形容词中筛选出 4504 个进行研究,通过语义区别判断,将这 4504 个形容词分成 100 多个类目,然后采用因素分析法最终确定了 16 种稳定而持久的人格因素(16PF),卡特尔将其称为人格的主要特质或根源特质(见表 3-6),卡特尔在这 16 种根源特质的基础上,编制了人格测验(卡特尔 16PF 测验)。卡特尔 16PF 测验在组织管理领域中的应用十分广泛,比如人力资源管理中的人才选拔、人员配置和员工培训等常使用该测验。应用该测验的主要思路是将个体或者团体的测验结果和相应的标准进行对照或比较,筛选出在招聘中人格各个方面达到相应要求,或者具备胜任潜力的应聘者,并把他们配置到合适的岗位上。

表 3-6　卡特尔提出的 16 种人格特质

编号	特质名称	低分者特征	高分者特征
1	乐群性	缄默、孤独	健谈、外向
2	聪慧性	迟钝	聪慧

续表

编号	特质名称	低分者特征	高分者特征
3	稳定性	情绪激动	情绪稳定
4	好强性	顺从、谦逊	主导性强、好强
5	兴奋性	严肃、审慎	乐观、兴奋
6	有恒性	敷衍了事	负责、有恒心
7	敢为性	胆怯、退缩	冒险、敢为
8	敏感性	理智、注重实际	敏感、感情用事
9	怀疑性	信赖、随和	怀疑、刚愎自用
10	幻想性	现实	爱幻想
11	世故性	直率、天真	世故、精明
12	忧虑性	自信、沉着	忧虑、抑郁
13	实验性	保守、传统	激进、自由
14	独立性	随群、依赖	自立、决断
15	控制性	不拘小节	自律严谨
16	紧张性	心平气和	紧张、焦虑

关联知识

二维码 3-2

卡特尔 16PF 测验

2. 迈尔斯-布里格斯类型指标

迈尔斯-布里格斯类型指标（Myes-Briggs Type Indicator，MBTI）是使用最广泛的人格框架之一。这一人格测验包括 100 道问题，用以了解个体在一些情境中通常的感觉和活动。它把个体区分为外向型（extroverted）或内向型（introverted）（E 或 I）、感觉型（sensing）或直觉型（intuitive）（S 或 N）、思维型（thinking）或情感型（feeling）（T 或 F）、判断型（judging）或感知型（perceiving）（J 或 P）。具体特征如下。

（1）外向/内向型。外向型的人性格开朗、善于社交、充满自信。内向型的人则安静、害羞。

(2)感觉/直觉型。感觉型的人注重实际,偏爱程序化和秩序化,并且注重细节。直觉型的人依赖无意识的处理过程,关注事情的重点。

(3)思维/情感型。思维型的人运用理智和逻辑处理问题。情感型的人则依赖个人的价值观和情绪。

(4)判断/感知型。判断型的人喜欢控制,偏爱充满秩序的结构化世界。感知型的人灵活变通、顺其自然。

在以上四组中任意选择一种类型,可以组合成16种人格类型。我们举几个例子来更为清楚地进行说明。INTJ型人是幻想者。他们有创造性的思想,并有强大的内在驱动力,他们的特点是怀疑、批判、独立、决断,常常有些顽固。ESTJ型人是组织者,他们现实、理性、果断、实事求是,是从事商业和技术类工作的最佳人选。ENTP型人喜欢革新、特立独行、多才多艺,对独特的想法感兴趣。这种人在完成挑战性任务方面足智多谋,但疏于关注常规工作。

MBTI在实践中得到了广泛应用。但MBTI作为人格测量工具的有效性却存在争议,许多学者都反对这一测试。按照非此即彼的方式(也就是说,要么是外向型,要么是内向型),强制性地进行分类就是问题之一。有的人可能在某种程度上既属于外向型也属于内向型,但这一测量没有中间状态。MBTI也有优点,它能够提高人们的自我意识,并且能够为人们提供就业指导。不过,因为MBTI的结果似乎与工作绩效无关,所以把它作为选拔员工的工具可能并不合适。

 关联知识

二维码 3-3
MBTI 职业
性格测试

3. 大五人格理论

在卡特尔之后,一些主张人格特质取向的心理学家通过因素分析的方法陆续提出了一些理论,但在基本特质的分类上并没有达成一致。20世纪80年代,科斯塔(Costa)和麦克雷(McCrae)在前人的基础上提出了大五人格(Big Five personality)理论,也称人格的五因素模型(five-factor model,FFM)。该模型中有5个基本维度,它们是所有其他维度的基础,并包含了人格特质中最重要的变量。对这些特质的测试很好地预测了人们在不同现实情形中的表现。大五人格理论的人格分类方法也逐渐被广泛使用,并且被众多心理学家认为是人格特质结构的最好范式,使持不同意见的人格心理学家最终在某种程度上达成共识。

大五人格理论中的 5 个维度的英文首字母可以构成"OCEAN"一词,代表了"人格的海洋"。这 5 个维度的简要介绍如下。

(1)开放性(openness,O)。开放性反映个体对新奇事物的兴趣和热衷程度。开放性高者多半具有创意,好奇心重,观察敏锐。和下文将要提及的高外倾性一样,高开放性通常有助于个人的社会性互动。有此特质者往往对新奇的事物感兴趣,且能及时将创意付诸行动。

(2)责任心(conscientiousness,C)。责任心也称尽责性,这一维度是对可靠性的测量。责任心强者认真负责,组织性强,可靠并且值得他人信赖。也正因为如此,责任心一向是个人绩效的重要衡量指标。责任心强者对达到目标较为坚定,并希望能有更好的绩效表现,工作时以成就为导向。

(3)外倾性(extroversion,E)。这一维度描述的是个体对关系的舒适感。外倾性高者喜欢与他人互动,且较为合群、活泼、乐观,并善于进行社交活动。这样的人易和他人产生社会性互动,乐于参与讨论并提出自己的看法。外倾性高者通常表现出较多的正面情绪,对团队的满意度也较高。

(4)宜人性(agreeableness,A)。这一维度描述的是个体服从别人的倾向性。宜人性高者个性较温和、善良,易信任别人且心肠软。这样的人愿意主动与别人建立友谊,并避免不必要的争执,和他人相处的过程中,通常不会出现情绪性攻击行为。宜人性高者渴望和他人有社会性互动,且愿意随时为团队成员提供援助。

(5)情绪稳定性或神经质(neuroticism,N)。这一维度刻画的是个体承受压力的能力。神经质反映个体的情感调节过程,反映个体体验消极情绪的倾向。高神经质个体即情绪稳定性低的个体倾向于有心理压力、不现实的想法、过多的要求和冲动,更容易体验到诸如愤怒、焦虑、抑郁等消极的情绪。低神经质个体即情绪稳定性高的个体是倾向于平和、自信和安全的。情绪稳定性低的人易和他人发生冲突,会直接破坏团队的和谐。因此,情绪稳定性低的人在与他人相处时可能会遇到较多阻力,往往因情绪化行动而无法完成手上的工作,破坏自己和其他人的人际关系。

1989 年,科斯塔和麦克雷编制了大五人格量表(NEO-PI-R)。这个量表亦被用于组织管理实践中,并取得了重要的研究成果。研究者发现,大五人格特质与员工工作绩效之间高度相关(见图 3-2)。

如图 3-2 所示,责任心得分的高低对于工作绩效有很好的预测作用。因为高责任感的员工倾向于为自己设立较高的工作目标,对工作投入也大,他们面对困难时会比别人更加坚持不懈。情绪稳定性也与绩效有着同样的关系,一般而言,有安全感的人会比焦虑不安的人工作得更好。外倾性可以预测管理工作的绩效,因为这些工作涉及较多的社会交往活动。同样,开放性可以很好地预测培训效果,对某些创新性活动来说,开放性是独具优势的。宜人性在需要大量群体合作工作的情境中显得非常重要。组织需要员工具备和其职位相适应的人格特质,因此大五人格理论可作为管理者选拔员工的一个十分有用的工具。

大五人格理论已经成为 20 世纪末以来应用最广泛的人格特质理论,但是,对于这样一个根植于西方文化土壤,建立在西方价值观、方法和人群样本基础之上的人格特质理

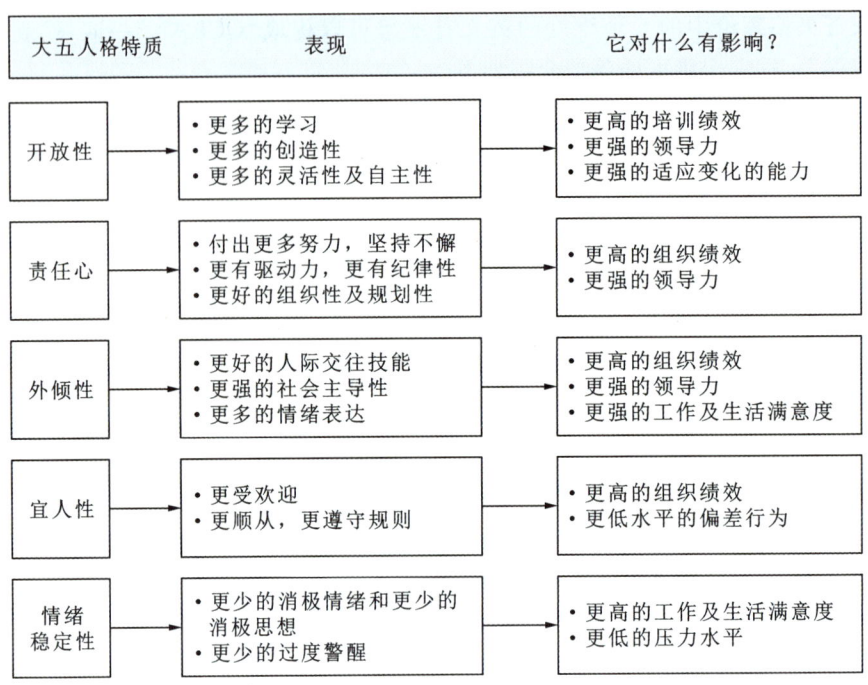

图 3-2   大五人格特质与员工工作绩效高度相关

注：这里的"组织绩效"表示工作中涉及大量的团队合作或人际互动。

论，其他文化背景下的人格研究者对其的态度是审慎的。多年来，中国的人格心理学研究者致力于构建中国人的人格特质模型，提出了一些有代表性的观点，如张建新等人提出的六因素模型[1]和张智勇等人提出的七因素模型[2]。六因素模型包括外倾性、神经质或情绪稳定性、开放性、宜人性、尽责性、人际关系性；七因素模型包括外向性、善良、行事风格、才干、情绪性、人际关系、处世态度。无论是六因素模型还是七因素模型，都包含了大五人格理论中的部分元素，但同时也强调了中国文化下特有的人格表现，如人际关系。这些研究为探讨社会文化对于人格的影响做出了有益的尝试。

 **关联知识**

二维码 3-4

大五人格量表

---

①　张建新,周明洁. 中国人人格结构探索——人格特质六因素假说[J]. 心理科学进展,2006(4):574-585.

②　张智勇,王登峰. 论人格特质"大七"因素模型[J]. 心理科学,1997(1):48-51＋96.

三　人格与职业的匹配

约翰·霍兰德(John Holland)于 20 世纪 50 年代末提出了一个具有广泛社会影响力的个性-工作适应性理论(personality-job fit theory),也称人业互择理论,并编制了霍兰德职业人格能力测验。该测验能够帮助被试者发现和确定自己的职业兴趣和能力专长,从而科学地做出求职、择业的决策。

这一理论首先根据员工的心理素质和择业倾向,将员工划分为 6 种基本类型,相应地,职业也被划分为 6 种类型:现实型(realistic)、研究型(investigative)、社会型(social)、常规型(conventional)、企业型(enterprising)、艺术型(artistic)。霍兰德认为,绝大多数人都可以被归为 6 种类型中的一种,他根据个性-工作适应性理论,绘制了职业兴趣六边形(见图 3-3)。

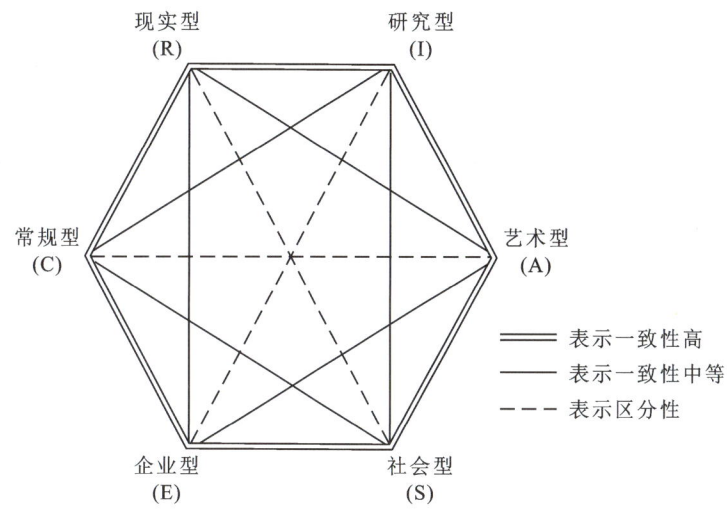

图 3-3　霍兰德的职业兴趣六边形

如图 3-3 所示,人和职业都可以被划分为以下六种类型。

(1)现实型(R)。现实型的人愿意使用工具从事操作性工作,动手能力强,做事手脚麻利,动作协调;喜欢从事具体的任务,不善言辞,做事保守,较为谦虚;缺乏社交能力,通常喜欢独立做事;喜欢使用工具、机器,喜欢需要基本操作技能的工作;对要求具备机械方面的才能、体力或从事与机器、运动器材、植物、动物相关的工作感兴趣。

(2)研究型(I)。研究型的人是思想家而非实干家,抽象思维能力强,求知欲强,肯动脑,善思考,不愿动手;喜欢独立的和富有创造性的工作;知识渊博,有学识和才能,不善于领导他人;考虑问题理性,做事喜欢精确,喜欢逻辑分析和推理,喜欢不断探讨未知的领域;喜欢从事需要投入智力的、抽象性的、分析性的、独立的定向任务。典型的研究型职业如科学研究人员、教师、工程师、电脑编程人员、医生、系统分析员。

（3）社会型（S）。社会型的人喜欢与人交往，喜欢不断结交新的朋友，善言谈，愿意教导别人；关心社会问题；渴望发挥自己在社会中的作用；寻求广泛的人际关系，比较看重社会义务和社会道德；喜欢从事要求与人打交道的工作，如教育工作者、社会工作者。

（4）常规型（C）。常规型的人尊重权威和规章制度，喜欢按计划办事，细心、有条理，习惯接受他人的指挥和领导，自己不谋求领导职务；喜欢关注实际和细节情况，通常较为谨慎和保守，缺乏创造性，不喜欢冒险和竞争，富有自我牺牲精神；喜欢要求注意细节、精确度，有系统、有条理的工作，例如具有记录、归档工作，或根据特定要求或程序组织数据和文字信息的工作。

（5）企业型（E）。企业型的人追求权力、权威和物质财富，具有领导才能；喜欢竞争，敢冒风险，有野心，有抱负；为人务实，习惯以利益得失、权力、地位、金钱等来衡量做事的价值，做事有较强的目的性；适合从事要求具备经营、管理、劝服、监督和领导才能，以实现组织管理目标的工作。

（6）艺术型（A）。艺术型的人有创造力，乐于创造新颖、与众不同的成果，渴望表现自己的个性，实现自身的价值；做事理想化，追求完美，有时候会偏离实际；具有一定的艺术才能和个性；善于表达、怀旧，心态较为复杂；适合从事的工作要求具备艺术修养、创造力和表达能力。

霍兰德认为，每个人都是这 6 种类型的不同组合，只是占主导地位的类型不同而已。他还认为，每一种职业的工作环境也是由 6 种不同的工作条件组成的，其中有一种占主导地位，占主导地位的职业个性取向在很大程度上会影响工作绩效。一个人的职业是否成功、是否稳定、是否顺心如意，在很大程度上取决于其个性类型和工作条件之间的适应情况。霍兰德职业人格能力测验就是通过对被试者在活动兴趣、职业爱好、职业特长以及职业能力等方面的测验，确定被试者上述 6 种类型的组合情况，对 R、I、S、C、E、A 这六个方面按照得分从高到低排序，排在首位的就是被试者占主导地位的类型，并根据其个性类型寻找适合被试者的职业。表 3-7 列出了每种类型人格对应的职业范例。

表 3-7　霍兰德的人格类型与职业范例

类型	偏好	人格特点	典型职业
现实型（R）	偏好需要技能、力量、协调性的体力活动	害羞、真诚、持久、稳定、顺从、实际	机械师、钻井工、流水线工人
研究型（I）	偏好需要思考、组织和理解的活动	分析、创造、好奇、独立	生物学家、经济学家、数学家、新闻记者
社会型（S）	偏好能够帮助和影响别人的活动	社会、友好、合作、理解	社会工作者、教师、临床心理学家
常规型（C）	偏好规范、有序、清楚明确的活动	顺从、高效、实际、缺乏想象力、缺乏灵活性	会计、业务经理、银行出纳员、档案管理员

续表

类型	偏好	人格特点	典型职业
企业型（E）	偏好能够影响他人和获得权力的言语活动	自信、进取、精力充沛、盛气凌人	法官、房地产经纪人、公共关系专家、企业主
艺术型（A）	偏好需要创造性表达的、模糊的、无具体规则的活动	富于想象力、无序、杂乱、理想化、情绪化、不实际	画家、音乐家、作家、室内设计师

　　此外，一个人的多种职业个性取向越相似（指几个职业个性取向按 R、I、S、C、E、A 的得分从高到低的顺序排列），在职业选择时的心理冲突就越少。也就是说，在职业兴趣六边形中，两个领域或取向越接近，则两者一致性越高；临近的类型比较相似，而对角线两端的类型则最不一致。

　　霍兰德的人业互择理论，强调的是员工个性与职业的相互适应。霍兰德认为，当人格与职业相匹配时，会产生最高的满意度和最低的流动率。人格和职业的关系不仅是彼此制约和相互促进的，而且人格也可以随着职业的要求逐步改变。在漫长的职业生涯中，在同一环境从事同一工作的人，在个性上往往会形成某些共同的特点，这也就是所谓的职业人格。特殊的职业会造就特殊的个性，如服务人员普遍具有热情、周到、耐心、和气的性格，文艺工作者大多具有活泼、开朗、情感丰富的特征，科学工作者一般具有严谨认真、实事求是的态度，企业管理人员多具有勇敢、沉着、果断、善于应变的性格等，这些性格特征都是人们在职业活动中为适应职业要求而形成的。不同工种对性格的形成也有较大影响。此外，在工作中，还应注意不同个性人员的搭配，要根据不同员工的人格特点组建完美的团队。一个员工不可能有完美的个性，但若干性格互补的员工却可以组建一个完美的团队。一个组织将对员工个性的认识与把握应用到团队组建和工作分配中去，通过多种不同个性员工的有机组合，使他们彼此取长补短，就可形成一个高绩效的团队，使多种人格类型的员工用不同的方式发挥自己的优势和特长，使组织的整体实力进一步增强。

 关联知识

二维码 3-5
人格管理

第三节　能力与管理

一　能力概述

（一）能力的定义

能力是个体成功完成工作中各项任务所必备的生理和心理特征。能力影响活动的效果，是顺利地完成某种活动的必备条件，并且表现为掌握活动所必需的知识、技能上的差别，即在其他条件（如训练条件、学习条件、时间等）相同的情况下，在掌握某种知识或技能的过程中，所表现出来的"快慢""深浅""难易"及"巩固程度"的差别。

能力表现在所有活动中，并在活动中得以发展。个体的管理能力，只有在领导一个组织的实践活动中才能得到不断发展和成熟。

（二）能力的种类

一个人的能力可以分为智力能力和体质能力两大类。

1. 智力能力

智力即一般心理能力，是指在思考、推理和解决问题等智力活动中所表现出来的能力，如观察力、记忆力、想象力和思维力等。它是人们掌握知识、顺利完成活动所必需的心理条件。智力能力的构成包括 7 个维度：算术、语言理解、知觉速度、归纳推理、演绎推理、空间视知觉以及记忆力（见表 3-8）。

表 3-8　智力能力的维度

维度	描述	举例
算术	快速、准确的运算能力	会计：在一列项目中计算营业税
语言理解	理解读到的和听到的内容，理解词汇之间关系的能力	工厂管理者：推行企业政策
知觉速度	迅速、准确地辨认视觉上存在异同的事物的能力	火灾调查员：根据证据和线索鉴别纵火者

续表

维度	描述	举例
归纳推理	确定一个问题的逻辑后果,以及解决这一问题的能力	市场调查员:对未来一段时间内某一产品的市场需求量进行预测
演绎推理	运用逻辑来评估某种观点的价值的能力	主管:在员工提供的两个不同的建议中做出抉择
空间视知觉	当物体的空间位置变化时,能想象出物体形状的能力	室内设计师:对办公室进行重新装饰
记忆力	保持和回忆过去经历的能力	销售人员:回忆顾客的姓名

智力能力的各维度呈正相关。例如,如果一个人的语言理解维度分值高,很有可能他在空间视知觉维度上的分值也很高。这种相关性并不能完全表明个体具有一些特殊能力,一定适合从事某项工作,但我们能够通过对这些维度的智商测试判断个体的智力,且测试结果与个体的文化差异无明显相关性。

不同的工作对员工的智力能力有不同的要求,智力能力和工作绩效之间存在相关性。从信息加工要求的角度来看,一项工作越复杂,则成功完成此项工作所需的总体智力水平和语言能力就越高。虽然智力能力对人们更好地完成工作有很大帮助,但它并不能让人感到快乐或提高人们的工作满意度。智力能力与工作满意度之间几乎零相关。虽然聪明的员工表现得更好,并且容易得到更有趣的工作,但他们对工作条件的评估更苛刻,即使条件已经很好,他们也还是会期望更好的条件。

2. 体质能力

体质能力是指个体从事某些工作所必需的身体活动能力。尽管网络时代工作性质的改变使得智力能力对许多工作来说显得越来越重要,但体质能力一直很有价值,而且这种价值会一直持续下去。体质能力主要表现在九个方面(见表 3-9)。

表 3-9　体质能力的表现

体质能力的表现	具体描述
动力力量	不断重复或持续运用肌肉力量的能力
躯干力量	运用躯干部肌肉(尤其是腹部肌肉)以达到一定肌肉强度的能力
静态力量	产生力量以阻止外部物体的能力
爆发力	在一项或一系列爆发活动中产生最大能量的能力
广度灵活性	尽可能远地移动躯干和背部肌肉的能力
动力灵活性	进行快速、重复的关节活动的能力
躯体协调性	躯体不同部位同时进行活动时相互协调的能力

续表

体质能力的表现	具体描述
平衡性	受到外力推拉时,依然保持躯体平衡的能力
耐力	需要延长努力时间时,持续保持最高努力水平的能力

不同的个体在每项能力上都存在一定程度的差异,而且这些能力之间的相关性极低,即一个人在某一项能力上得分高,并不意味着他在另一项能力上得分也高。在要求进行信息加工的复杂工作中,智力起着极为重要的作用,而在技能要求较少且十分规范化的工作中,体质能力对于工作的成功是十分重要的。如果管理者能确定某一工作对这 9 项体质能力的要求程度,并能保证从事此工作的员工具备这些能力水平,那么无疑会提高工作绩效。

二 能力理论

(一)能力的因素说

1. 二因素说

1904 年,斯皮尔曼(C. Spearman)提出了能力的二因素说。他认为能力包括两种因素:一是普通因素(general factor),简称 G 因素;二是特殊因素(specific factor),简称 S 因素。按斯皮尔曼的解释,人的普通能力来自先天遗传,主要表现在一般性生活活动上,从而显示个人能力的高低。S 因素代表的特殊能力,只与少数生活活动有关,是个人在某方面表现出来的异于别人的能力。一般智力测验所测量的都是普通能力。

G 因素是每一种活动都需要的,是人人都有的,但每个人的 G 因素的量值有所不同;一个人"聪明"或"愚笨",正是由其 G 因素的量值的大小决定的。由此,斯皮尔曼认为,G 因素在智力结构中是首要的因素。S 因素因人而异,即使是同一个人,也有不同种类的 S 因素,它们与各种特殊能力如言语能力、空间认知能力等相对应,每一个具体的 S 因素只参与一种特定的能力活动。任何一种活动的完成,都需要由 G 因素和 S 因素共同承担。

2. 群因素说

群因素说是由美国心理学家瑟斯顿(Louis Thurstone)提出的。瑟斯顿认为,任何能力活动都是依靠彼此不相关的许多能力因素共同起作用的,因此,可以把能力分解为诸种原始的能力。瑟斯顿认为,个体的智力可分解为几种基本能力因素,这些基本能力因素的不同配搭构成了每一个人独特的智力整体。瑟斯顿对 56 种测验的结果进行了因素分析,最后确定了 7 种原始的能力,即词的理解、言语流畅性、数字计算能力、空间知觉能力、记忆能力、知觉速度和推理能力。他的观点与斯皮尔曼的二因素说不同,斯皮尔曼的观点是先有一个总的智力,然后有许多特殊智力,瑟斯顿则提出智力包括 7 种平等的基本能力。

(二) 能力的结构理论

1. 智力的三维结构模型

美国心理学家吉尔福特(J. P. Guilford)认为可以从三个方面来研究人的智力结构,人的智力结构由 3 种因素构成,即内容(刺激性质)、操作(加工过程)和产物(加工的结果),这就是智力的三维结构模型。这三者构成了智力的完整框架,若再进一步对这三者进行细分,又可区分出 5 种内容、5 种操作和 6 种产物。5 种内容指视觉、听觉、符号、语义和行为;5 种操作指评价、聚合思维、发散思维、记忆和认知;6 种产物指单元、类别、关系、系统、转换和蕴含(见图 3-4)。把它们组合起来,会得到 180 种不同的智力因素,因此,人的智力在理论上有 180 种,这些不同的智力能够通过不同的测验加以检验。例如,让被试者在 3 组字母 PIAS、FHKY、DSEL 中选择字母,要求将它们重组成常用的单词,如 FISH、PLAY、DESK 等。在这个测验中,智力活动的内容为符号,智力活动的操作为认知,智力活动的产物为单元,这样就可以根据个体重新组合单词的数量来了解一个人的符号认知能力。

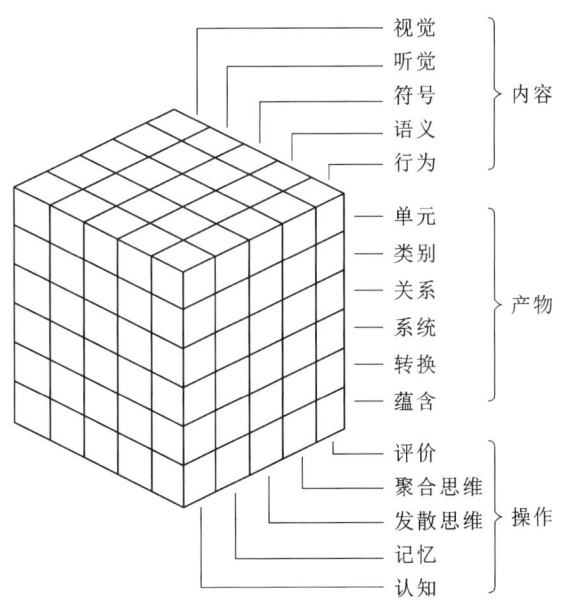

图 3-4　智力三维结构模型

2. 三棱智力结构模型

我国心理学家林崇德认为,智力是成功解决某种问题(或完成任务)所表现出的良好适应性的个性心理特征,思维是智力的核心成分。从这个定义出发,林崇德提出了三棱智力结构模型(见图 3-5)。

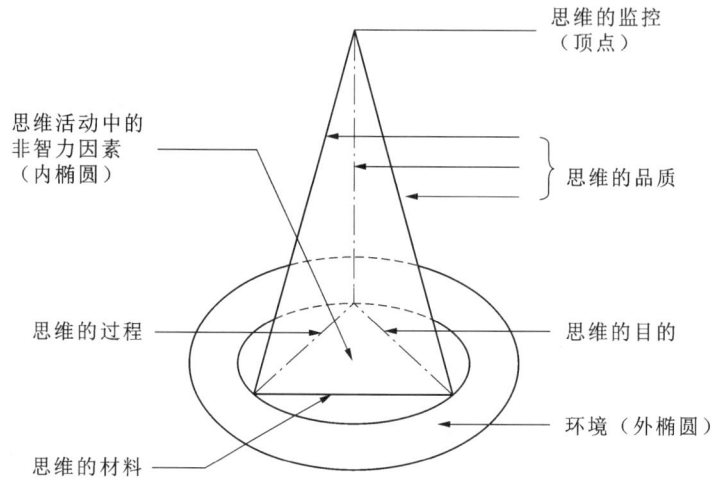

图 3-5　三棱智力结构模型

三棱智力结构模型有以下几个方面的含义。

(1)智力的目的。它强调智力是人类特有的成功地解决问题的有目的的活动。智力的目的性是智力的根本特点,反映了智力的自觉性、有意性、方向性和能动性。

(2)智力的过程。它强调智力活动的流程:确定目标—接受信息—加工编码—概括抽象—操作运用—获得成功。

(3)智力的材料或内容。它强调两种材料或内容,即感性的材料(感觉、知觉、表象)和理性的材料(主要指概念,即用语言对数和形的各种状态、各种组合和各种特征的概括)。

(4)智力的反思或监控。它强调智力结构中的监控结构,实质是智力活动的自我意识。自我监控有 3 种功能:定向、控制、调节。自我监控是智力结构中的顶点或最高形式。

(5)智力的品质。它表现在知觉上,具有选择性、整体性、理解性、恒常性;表现在记忆上,具有意识性、理解性、持久性、再现性;表现在思维上,具有敏捷性、灵活性、创造性、批判性和深刻性。其中,思维品质特别重要,培养思维品质是发展智力的突破口。

(6)智力中的认知因素与非认知因素。它强调智力的认知(智力)因素与非认知(非智力)因素之间存在着密切的关系,智力在人的心理现象大系统中,带有浓厚的非认知(非智力)因素的色彩,非认知(非智力)因素具有动力作用、定型作用和补偿作用。

3. 智力层次结构理论

1961 年,英国心理学家弗农(P. E. Vernon)指出,能力是按等级层次组织起来的,并因此提出了智力层次结构理论(hierarchical structure theory of intelligence)。他以一般因素为基础,设想出因素间的层次结构。他认为,智力的最高层次是一般因素(G);第二层次分为两大群,即言语(V)和教育(E)方面的因素,以及机械(M)和操作(K)方面的因素,它们构成了大因素群;第三层次为小因素群,包括数量、机械信息、空间信息等;第四层次为特殊因素(S),即各种各样的特殊能力。

弗农的智力层次结构理论像生物分类学的分类系统那样来划分智力的结构(见图 3-6)。其实,智力层次结构理论是在斯皮尔曼的 G 因素和 S 因素之间增加了两个层次,是二因素说的深化。

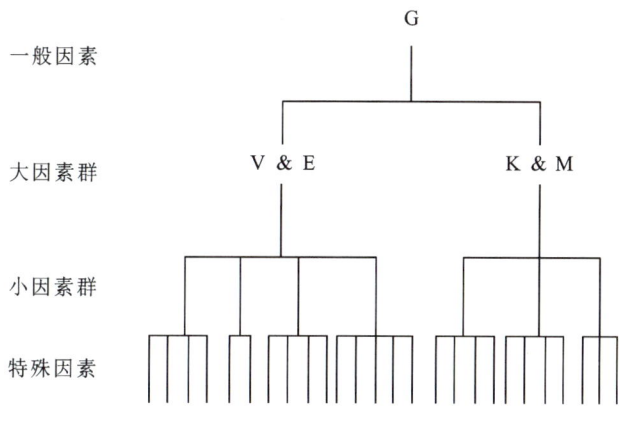

图 3-6　弗农的智力层次结构理论

（三）成功智力理论

1996 年,斯腾伯格(Robert Sternberg)在三元智力理论①的基础上提出更具实用价值和现实取向的成功智力理论。成功智力是指用以达到人生中主要目标的智力,它能导致个体以目标为导向并采取相应的行动,是对个体的现实生活真正起到举足轻重影响的智力。这里所说的成功有两种含义:其一,它是个体通过努力能够最终达到的人生理想目标的成功;其二,它是每个正常的个体都可以发展的成功。用斯腾伯格的话说,他强调的智力不应仅仅涉及学业,更应指向真实世界的成功。生活里的成功是个体用创造和实践的能力去适应环境、选择环境和塑造环境,并最终获得的结果。

---

①　斯腾伯格通过三元智力理论,试图说明更为广泛的智力行为。斯腾伯格认为,绝大多数的智力理论是不完备的,它们只从某个特定的角度解释智力。一个完备的智力理论必须说明智力的三个方面,即智力的内在成分、这些智力成分与经验的关系,以及智力成分的外部作用。这三个方面构成了智力成分亚理论、智力经验亚理论、智力情境亚理论。

　　斯腾伯格认为,成功智力包括分析性智力、创造性智力和实践性智力三个关键方面。成功是通过分析、创造和实践三方面智力的平衡获得的。其中,分析性智力是进行分析、评价、判断、比较和对照的能力,也是传统智力测验测量的能力;创造性智力是面对新任务、新情境产生新观念的能力;实践性智力是把经验应用于适应、塑造和选择环境的能力。只有分析、创造和实践能力三方面协调、平衡时,一个人才能取得成功。知道什么时候以何种方式来运用成功智力的三个方面,要比仅仅具有这三个方面的素质更为重要。具有成功智力的人不仅具备这些能力,而且还会思考在什么时候、以何种方式来有效地运用它们。

(四)胜任力理论

　　"胜任力"这个概念最早由哈佛大学心理学家麦克利兰(David McClelland)于1973年正式提出。麦克利兰认为,个体的人格特质、动机、知识、技能、能力等因素都与他们的工作以及绩效直接相关。在选拔人才的过程中,应该去观察并衡量这些对工作绩效有直接影响的特征。

　　1993年,斯宾塞(Spencer)夫妇提出,只有具有以下三个重要特征的胜任力才能被称为管理学意义上的胜任力:① 与工作绩效有密切关系,甚至可以预测员工未来的工作业绩;② 与工作情境相关联,具有动态性;③ 能够区分优秀业绩者与普通业绩者。

　　在一个组织中,不同岗位的职务要求员工具备的胜任力内容和水平是不同的;在不同的组织和不同的行业中,或者在相同的或类似的工作岗位上,员工的胜任力特征也不尽相同。因此,我们可以依据承担某一特定任务角色所必须具备的胜任力总和构建出胜任力模型(competency model)。该模型主要包括三个要素,即胜任力的名称、胜任力的含义(指界定胜任力的关键性特征)和行为指标的等级(反映胜任力行为表现的差异)。胜任力模型的理论基础是斯宾塞夫妇提出的冰山模型(见图3-7)和博亚特兹(Richard Boyatzis)提出的洋葱模型(见图3-8)。

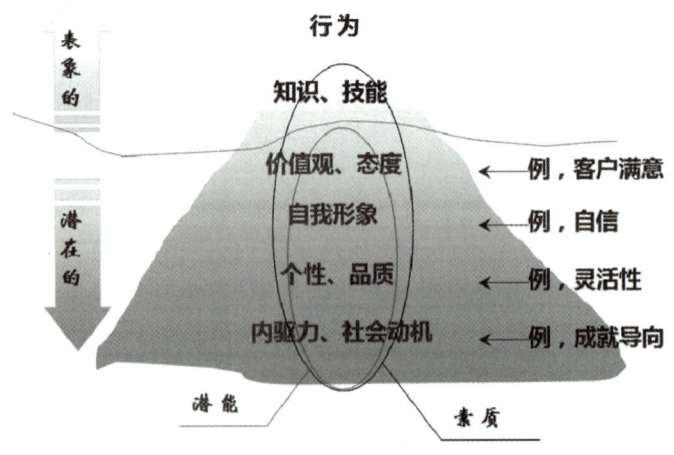

图 3-7　冰山模型

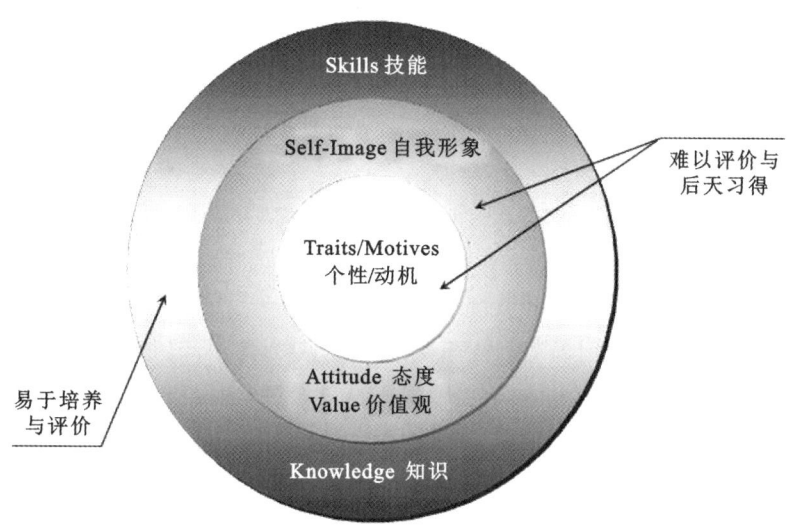

图 3-8　洋葱模型

　　"冰山模型"把个体素质形象地描述为漂浮在水面上的冰山,其中行为、知识和技能是裸露在水面上的表层部分,这部分是对任职者基础素质的要求,但它不能把表现优异者与表现平平者区别开来,这一部分也被称为基准性素质。基准性素质是容易被测量和观察的,因而也是容易被模仿的;换言之,行为、知识和技能可以通过针对性的培训习得。内驱力、社会动机、个性、品质、自我形象、价值观、态度等属于潜藏于水下的深层部分的素质,它们被称为鉴别性素质,是区分绩效优异者与绩效平平者的关键因素;职位越高,鉴别性素质的作用就越大。相对于知识和技能而言,鉴别性素质不容易被观察和测量,也难以改变和评价,同时这部分素质很难通过后天的培训习得。

　　美国学者博亚特兹对麦克利兰的胜任力理论进行了深入和广泛的研究,提出了洋葱模型,展示了素质构成的核心要素,并说明了各构成要素可被观察和衡量的特点。洋葱模型是把胜任素质由内到外概括为层层包裹的结构,最核心的是个性/动机,然后向外依次展开,中间的一层为自我形象、态度、价值观,最外层的是技能、知识。这些素质越向外层,越易于培养与评价;越向内层,越难以评价与后天习得。大体上,"洋葱"最外层的技能和知识,相当于"冰山"的水上部分;"洋葱"最里层的个性/动机,相当于"冰山"水下最深的部分;"洋葱"中间层的自我形象、态度、价值观,则相当于"冰山"水下浅层部分。洋葱模型同冰山模型相比,本质是一样的,都强调核心素质或基本素质。对核心素质的测评,可以预测一个人的长期绩效。相比而言,洋葱模型更突出潜在素质与显现素质的层次关系,比冰山模型更能说明素质之间的关系。

　　胜任力模型能够具体指明从事某项工作的人需要具备什么能力才能较好地履行岗位职责,也是人们进行自我能力开发和学习的指示器,同时人力资源管理工作者或该职位的直属上司可依据该模型对员工进行有针对性的在职辅导,以使员工或从事该职位的人员具备所需要的能力。该模型还可以作为人力资源管理工作者对员工进行职业生涯规划的基础,也可以作为制定培训规划的依据和信息源。

三　能力与职业

（一）能力与工作难度的匹配

　　智力的测量通常可以采用韦氏智力量表（共有 3 套，分成人、儿童、幼儿）和斯坦福-比奈智力量表，也可采用温德利人事测验（WPT）。其中，温德利人事测验包括 50 个项目，分别测量言语、数字和空间能力，其形式有多种，适用于不同类型的人员，测试程序比较简单，效率比较高，并能用于团体测验。智力的个别差异在一般人口中所占的比例呈常态曲线分布，即两头小、中间大。表 3-10 是特尔曼（Lewis Terman）在 1937 年统计的依据韦氏成人智力量表测量的智商分类表。

表 3-10　智商分类表

智商得分	占总人口的百分比（%）	类别
130 以上	2.2	非常优秀
120—129	6.7	优秀
110—119	16.1	中上（聪明）
90—109	50.0	中等
80—89	16.1	中下（迟钝）
60—79	6.7	临界迟钝
60 以下	2.2	智力缺陷

　　任何工作都有相应的智力要求，智力低将不能适应有较高难度的工作。一个研究初步测算了不同职业的智商：专业人员 120 分，半专业人员 113 分，工商企业职工 108 分，技术人员 104 分，半技术人员 96 分。智商高者从事难度不高的、缺乏挑战性的工作，会导致工作漫不经心或不耐烦，但智商与生产效率并非成正比。

　　此外，工作性质与人的能力发展水平之间存在着"镶嵌"现象，即每一项工作对人们的要求都有一个能力阈限，它既不需要超过一定的能力阈限，也不能低于一定的能力阈限。能力阈限是指一个人从事某项工作时，恰好具有完成某项工作的能力水平。若让一个能力水平过高的人去做一项平凡的工作，就会造成人才浪费或使之不安；反之，让一个能力水平较低的人做比较复杂的工作，他会感到压力很大，甚至产生人格异常或导致人格分裂等严重后果。

关联知识

二维码 3-6
核心管理者五大能力

（二）能力与职业的匹配

在实际工作中，我们可以看到，不同的人对同一工作有不同的适应性。只有具有与工作要求相适应的能力类型和水平的个体，才能在工作中最大限度地发挥自己的潜能，提高工作效率。根据斯皮尔曼的二因素说，人在顺利完成某项任务时，必须既有普通能力，又具有特殊能力。某种普通能力在某种活动领域得到特别的发展，就可能成为特殊能力的组成部分。而特殊能力在得到发展的同时，也发展了普通能力。员工除了需要具备普通能力之外，还必须具备从事该职业的特殊能力，即职业能力。有些组织在招聘和选拔人才的过程中要进行业务能力考试，以考查应聘者是否具备相应的职业能力。每个人的能力有差异，管理者必须根据每个人的能力特点来为他们安排工作。优秀的管理者的出色之处并不在于把社会能力最优秀者都招致麾下，而在于合理地根据组织性质正确地配置和使用人才，尽量做到人职协调。

中英文关键术语

气质（temperament）
多血质（sanguine temperament）
黏液质（phlegmatic temperament）
胆汁质（choleric temperament）
抑郁质（melancholic temperament）
人格（personality）
核心自我评价（core self-evaluation，CSE）
主动性人格（proactive personality）
人格特质（personality traits）
大五人格（Big Five personality）
人业互择理论（personality-job fit theory）
胜任力模型（competency model）

思考题

1. 什么是气质？气质具有哪些特性？
2. 简述希波克拉底的体液学说与巴普洛夫的高级神经活动类型学说。
3. 气质理论对管理有哪些启示？
4. 什么是人格？人格具有什么特点？
5. 人格特质理论有哪些？它们认为人格特质是如何影响员工的组织行为的？
6. 简述两种具有代表性的人格类型理论。
7. 何为个性与职业的匹配？
8. 什么是能力？能力具体包括哪些类型？
9. 试分析如何有效地将能力理论应用于组织管理实践。

案例分析题

 一、阅读材料

"臭味相投"——阿里"闻味官"的选才标准

2016 年 10 月底，赵先超从加拿大温哥华乘飞机到杭州的阿里巴巴面试。他没抱多大希望：面试成功就留下来工作；不成功的话，买几口大锅返回温哥华卖包子，因为他在温哥华买不到蒸包子的大锅。面试时，已经 40 岁"高龄"的他一问三不知，但最后却被录取了，因为面试官"闻"出来了，他跟阿里"臭味相投"。

在阿里巴巴的招聘流程中，有一个特殊程序——"闻味道"。面试官和应聘者不聊专业知识，不聊价值观，而是不着边际地"闲聊"。在"闲聊"过程中，面试官负责"嗅"出面试者是否有"阿里味儿"。在阿里巴巴，这样的面试官被称为"闻味官"。

聊完之后，如果"闻味官"觉得和应聘者聊不来，话不投机，应聘者就不会进入下一流程的面试；如果聊得来，"闻味官"觉得应聘者的"味道"和阿里巴巴匹配，那么他就通过了这轮面试。

负责面试赵先超的"闻味官"叫濯缨。濯缨问了他很多互联网方面的问题，赵先超那时连网购都不会，回答问题的过程很不顺利。他感觉自己"没戏"了。面试快结束的时候，濯缨让赵先超讲了过往的经历。赵先超讲完之后说："我现在真不

知道能做什么,但是我知道我来阿里一定能做些什么!"有一个环节是具体谈薪酬,濯缨让赵先超"开价儿"。赵先超回答:"你们看着给吧!"当晚,有人打来电话问赵先超:"你确定不提任何要求吗?"赵先超说确定。濯缨后来回忆,她选择让赵先超留在阿里巴巴的原因是:他跟阿里"臭味相投"。当时一问三不知,赵先超都如实地回答不知道,这是因为赵先超真实。在阿里巴巴,最重要的职场规则就是真实:"在阿里巴巴,什么都可以,唯一难受的就是'装'!"一个人没本事不要紧,本事可以学,就怕没本事还装作有本事。

阿里巴巴的"闻味官",简直是神一般的存在。他们怎么"闻"你身上有没有梦想的味道? 说来也简单,就是问问你有什么"好"的事情,你喜欢干什么,你对自己喜欢干的事情了解多少。哪怕你只是喜欢十字绣也没关系,你能跟"闻味官"讲一个小时的十字绣吗?

2009年,阿里巴巴举行了一次全国性的招聘会,"闻味官"作为面试官之一正式亮相。面试时,"闻味官"会问应聘者一些"非技能因素"类的问题作为选拔人才的依据,例如:你这辈子吃过的最大的苦是什么? 你这辈子吃过的最大的亏是什么? 你这辈子感受过的最大的压力是什么事导致的? 在前公司工作(实习)期间,和你配合得最好和最不好的人分别是谁? 看似普通的问题,却能反映应聘者最真实的想法。有些应聘者声称他们十分热爱阿里巴巴,可是一旦让他们说出具体热爱哪个方面时,他们却张口结舌。这样弄虚作假的"聪明人",会被"闻味官"界定为不诚信,这是跟"阿里味儿"不匹配的,"闻味官"会毫不犹豫将其淘汰掉。

有位应聘者跟"闻味官"的对话是这样的。

闻味官:"你的性格中,最突出的特点是什么?"

应聘者:"我的性格中最典型的是喜欢学习"。

闻味官:"怎么证明你喜欢学习?"

应聘者:"我每周可以看两本书。"

闻味官:"你最近在看什么书?"

应聘者:"我最近看《大秦帝国》"。

两个人聊了两个小时的《大秦帝国》,聊得很投机。

最后闻味官说:"恭喜你通过了面试!"

阿里巴巴公司的历史只有二十多年,至少有五年经验的"老阿里人"才有资格当"闻味官"。阿里巴巴的"闻味官"通过"望闻问切",挑选出更合适的、更符合或认同阿里巴巴价值观的人,让企业与员工"臭味相投"、志同道合。

二、讨论题

1."闻味官"在员工招聘中起什么作用?

2.阿里巴巴设置"闻味道"程序,这对组织实行员工个性化管理有何启示?

练习题

二维码 3-7
第三章课后
练习题及参考答案

第四章

社会态度与管理

二 本章引例

Google 公司的员工管理

你用过 Google 吗？它被公认为全球最大的搜索引擎公司，全球很多人都在用这个搜索引擎，以至于这个单词已成为我们网络语言的一部分。事实上，Google 公司的 10000 台服务器每天处理着至少 2 亿条、用 90 种语言输入的搜索关键词。Google 的成功是一个奇迹。这家公司仅有 20 多年的历史，它是 1998 年由斯坦福大学研究生拉里·佩奇（Laty Page）和赛吉·布林（Sergey Brin）在学生宿舍里创办的。

Google 公司就像一个活跃的实验室。在那里，源源不断的实验和用户反馈是知识创造过程中的一部分。Google 要求它的工程师们把 1/4 的时间花在创造新观念上。在 Google，某个员工创建了一个动态新闻服务雏形，仅仅几个月后，公司就公开发布了它的测试版。一位在 Google 新闻项目组工作的工程师说："公开测试能帮助你更快地成长，如果它成功了，将会在公司内部产生激情和狂热。它让人们思考产品中的问题。"

Google 对员工也像对技术一样重视。Google 公司的总部 Googleplex 是一个独一无二的"绿洲"。在那里，有包括迷幻熔岩灯、橡胶健身球和免费餐点在内的整套福利设施。公司以拥有工作和生活相互协调的办公环境而自豪，它为员工提供丰厚的医疗福利，以及以合作为基调的工作氛围。某个员工这样评价他的工作环境："就像我们的高密度服务器群组的结构一样，三四个员工与他们的沙发和狗一起分享着一个工作隔间。"每周五，员工们聚在一起，聆听公司上一周的业绩报告。"我们希望每位员工都清楚地知道公司正在做什么，离我们的目标还差多远，以及公司的价值观和态度。"曾在 Google 任技术总监的 Craig Silverstein 如是说。他是佩奇和布林创立 Google 后的第一位雇员。

Google 已成为世界上最有影响力的网络公司之一，它不但为人们的工作和生活提供了极大的便利，而且在企业界树立了一个创建令员工满意公司的极好典范。Google 的成功，在于其拥有一支具有相同的价值观和工作态度的高素质员工队伍，以及时刻鼓舞着员工奋发向上的公司文化。Google 选拔员工的最主要依据是看新人在知觉、态度、学习和价值观等方面能否与企业的文化相适应。当然，管理者要想较好地完成这种选拔工作，就必须对员工的工作态度等有一定的了解。

资料来源：吴晓义，杜今锋. 管理心理学［M］. 广州：中山大学出版社，2009，内容有删改。

第一节　态度概述

一　态度及其结构

（一）态度的概念

态度（attitude）是社会心理学研究的重要内容之一，也是管理心理学研究的重点课题。从一定意义上说，人的一切社会行为都受个体态度的影响。有关态度的研究由来已久，对态度的界定众说纷纭，概括起来，人们一般认为态度是个人对某一特定对象所持有的、较稳定的评价性内部心理倾向。它使人的心理处于准备状态，具有行为的倾向性。态度包含认知、情感和意向三种成分。如果一个人注意到自己将要做出某种反应，即在心理上对要做出的反应有所准备的时候，他的反应就比那些只将注意力集中于将要来临的刺激的人所做出的反应要快。F. H. 奥尔波特提出，态度是一种精神和神经准备就绪的状态，它通过经验组织起来，是个人对所有客观对象和与之有关的情境的反应。后来的心理学家也提出了相似的观点，认为态度是对任何特定的客观对象都具有的认知成分、情感成分和行为倾向的持久系统。态度和意见有一定的区别。意见是对态度、信念的言语表现，它本身不包括情感成分，也不含有行为的倾向，更多地表现为对某一特定对象的解释和评价。

态度来自价值，也就是说，价值是态度的核心。人们所拥有的价值观对态度的形成和改变具有重大作用。价值通常指的是某一特定对象对人们所具有的意义。人们对这一对象的态度取决于这一对象对人们具有什么样的意义和意义的大小。事物对人的价值，主要分为经济价值、科学价值、道德价值、艺术价值、政治价值、宗教价值六种。也就是说，事物通常在这六个方面对人具有重要的意义。在不同的情境中，某一特定对象对人们有无意义、具有什么样的意义，受到人的需要、动机、世界观以及社会环境等因素的影响，不同的价值观会使人们对客观对象形成不同的态度。

（二）态度的结构

作为个体对特定对象的一种心理反应倾向，态度具有一定的结构，它主要包括三种成分：认知成分、情感成分、意向成分。

1. 认知成分

认知成分是个人对态度对象的认知和理解。它通常是带有评价意义的叙述,包括对态度的认识与理解、赞成或反对,比如,"我认为吸烟是有害的",这就是带有评价意义的叙述。

2. 情感成分

情感成分是个人对态度对象的情感体验。它是一种内心的体验,表现为对态度对象的情感,如喜欢或厌恶、热爱或仇恨、同情或讽刺、尊敬或轻视等。情感体验是在认知的基础上产生的。如前文提到的"我认为吸烟是有害的"这一认知问题,可能产生相应的情感体验——"我不喜欢吸烟的人",以及"我对吸烟行为感到厌恶"。

3. 意向成分

意向成分是个人对态度对象的一种反应倾向,即行为的直接准备状态,准备对态度对象做出某种反应。意向成分表现为做不做某事,以及如果要做,应怎样去做。如一个人有反对吸烟的态度,这种意向成分表现出来就是"我不能吸烟",以及"即使别人给我烟,我也会拒绝"。意向并不等于行为本身,而是在做出行为之前的一种准备状态,即行为倾向。

4. 认知、情感和意向的关系

在态度的三种成分中,认知、情感和意向三者之间是协调一致的,即有什么认知就有什么样的情感体验和相应的行为反应倾向。不过,在一些情况下,态度的三种成分之间也可能会不一致,在这些情况下,情感具有对认知和意向的支配和调节作用。可见,在态度的三种成分中,情感与意向的关联程度要高于认知与情感、认知与意向的关联程度。所以,态度的情感成分通常在心理的深层次非理性地左右着人的心理反应倾向,使态度成为一种非常特殊的心理现象。态度成分的不协调,必然会使个体产生心理上的不平衡与心理冲突,甚至最终导致态度的改变。所以,要维持人的良好态度,就要创造三种成分和谐的条件;如果要使人形成不良态度,就可以创造使三种成分之间关系失调的条件。

（三）态度的特性

1. 态度的社会性

态度并非人生来就有的,它是个体在长期的社会生活中,通过与他人的交往、相互作用,以及受社会环境的不断影响而逐渐形成的自己的认知和评价,对周围事物的看法,以及对外界事物和人的心理倾向。个体反过来对外界事物、对他人发生反应,不断修正自身的态度,使个体的态度体系日趋完善。

2. 态度的对象性

对象可能是具体的,如具体的人、事件、事物、团体、组织等,也可能是抽象的,如一种现象、状态或者观念。态度总是针对一定的对象而言的。虽然态度是由主体发出的,但态度不属于纯粹个人的主观范畴,也不属于纯粹客观范畴,而是属于主体与客体之间的关系范畴。

3. 态度的内隐性

态度虽然包含着行为反应倾向成分,但毕竟不是行为本身,它是由某一对象引起的一种内部的心理体验。个人的这种主观体验不能被他人直接观察,但是,我们可以借助对某个人行为(包括言语、表情、动作等)的观察与分析,对他持有的态度加以推测和了解。

4. 态度的协调性

态度包括的认知、情感、意向这三种成分既相互区别又互相联系。一般来说,认知是态度的基础,情感是态度的核心成分,意向则是态度的外部表现,三者是协调一致的。

5. 态度的持续性、稳定性和可变性

人的态度是在社会生活实践中逐渐形成的,并与人的理想、信念、世界观联系密切。这种同人的个性倾向相联系的态度形成后比较稳定和持久,在行为反应上表现出一定的规律性,使个体易于适应社会生活。一般来说,态度在形成初期不够稳定,这时如果加强正面宣传教育,就容易取得较好的效果。一旦态度形成并获得巩固,它将持续一段时间且不会轻易改变,最终成为个性的一部分,这使人在行为反应模式上表现出规律性,有利于个体适应社会。所以对人进行教育,最好在他态度还不稳定的阶段进行,因为那时态度成分的组织未固定化,容易促使其态度发生改变。而态度形成后,想通过宣传教育改变它就不那么容易了,往往需要花更大的气力和做更多的工作。

(四)态度的功能与作用

1. 态度的功能

(1)适应功能。

人的态度都是在适应环境的过程中形成的,它形成后起着促使人更好地适应环境

的作用。生活在社会中的人，会形成一些与这个社会相适应的社会态度。如果人没有形成相应的社会态度，那么他就很难适应社会生活，会被看作另类，很难立足。

（2）自我防御功能。

态度有助于人们应对情绪冲突和维护自尊，比如某个人工作能力弱，但他经常抱怨同事和领导不信任他，实际上他的这种负面态度是为了掩盖真正的原因，即他的能力值得怀疑。个体倾向于选择有利于自我防御的态度。这种防御有利于自我形象及自我价值的确立，并能减少焦虑，转移情绪冲动。

（3）价值表现功能。

态度有助于人们表达自我概念中的核心价值。比如一个青年人对义工的工作持有积极的态度，那是因为这些活动可以促使他表达自己的社会责任感，而这种责任感恰恰是其自我概念的核心，表达这种态度能使他获得内在的满足。

▌2. 态度的作用

（1）影响社会性认知与判断。

态度一旦形成，就会成为一个人个性的一部分，对其社会性判断产生稳定的影响。在社会生活中，态度使个体有选择地接收有利于自己的、合适的信息，拒绝不利于自己的、不合适的信息，也可能曲解地接收信息而产生偏见。人们对某些特定的人群或事物，往往有一套或强或弱的固定看法，认识上的这种态度往往阻碍一个人正确地辨别群体中的个体差异，影响他形成正确的社会性判断。态度会导致认知判断产生偏差。

（2）影响学习效果和工作效率。

态度对学习的影响很大，良好的学习态度能提升我们的学习效果，提高我们的学习效率，促使我们高效完成学习目标。良好的、积极的态度对我们的工作有巨大的促进作用。如果一个人在工作中很懒散，对工作没有热情，工作时总是心不在焉，那么他不管做什么工作都很难做好。还有些人总是觉得自己的工作不顺心、不如意，总想找一份省时省力、轻松愉快的工作，从而导致自己的工作总是做不好，还要经常受领导批评。转变工作态度、改变不良的工作态度、建立正确积极的态度，将促进我们的工作效率的提升。

（3）影响团队的凝聚力。

一般来说，如果团队内部的多数成员对人持热情、友好、宽容、互助的态度，团队就会有较高的凝聚力；如果成员之间比较冷漠、傲慢、刻薄，团队的凝聚力就较低。每个人都希望团队内部成员之间热情友好，这会使人们的身心感到愉悦，对团队活动的开展也大有裨益。

 关联知识

二维码 4-1
拉姆波特的心理实验

二　态度的形成及改变

（一）态度的形成

态度的形成与一个人的社会化过程是一致的，当婴儿诞生在某一特定的家庭环境中时，家庭对他的各种刺激对其成长会有非常重要的影响作用，例如，父母的举止言行，以及父母对他的要求和期望，往往对他形成某种固定的行为习惯具有决定性意义，从而使他按照一定的规范形成自己对待各种事物的态度。

一些心理学家认为，态度形成后，个体便具有了某种特定的内在心理结构，这种结构使个体行为产生一定的倾向性。如果形成的态度是正确的，它会促使个体与外界保持平衡；反之，则会阻碍个体形成在社会上的适应性。个体总是根据自己已经形成的态度来对待他人、自己以及周围社会生活中的其他事物，从而对外界的影响表现出接纳或拒绝。

由于态度具有稳定性和持久性的特征，态度的形成总是要经过一段相当长时间的孕育过程。社会心理学家凯尔曼（H. Kelmen）1961 年通过研究，提出态度的形成过程主要经过三个阶段，即服从、同化和内化阶段。

1. 服从阶段

人为了获得物质和精神方面的报酬或避免惩罚而采取的表面上的顺从行为被称为服从。服从阶段的行为不是个体真心愿意做出的行为，而是一时的、为顺应环境要求而做出的行为。其目的在于获得奖赏、赞扬，被他人承认，或者避免惩罚、免遭损失等。当环境中奖励或惩罚的可能性消失时，服从阶段的行为和态度就会马上消失。

服从行为和态度在日常生活中非常普遍。比如，有些刚入学的大学生没有早起的习惯，对于学校规定的做早操的要求，刚开始觉得非常反感，甚至觉得学校是多此一举。可是学生必须执行学校的规定，否则就要受到惩罚，他们虽无奈，却只能坚持做早操，这种不愿早起而又不得不早起的行为，就是服从行为。

2. 同化阶段

同化是指个体不是被迫而是自愿地接受他人的观点、信念,使自己的态度与他人的要求相一致。同化阶段的态度不同于服从阶段的态度,它不是在环境的压力下形成或转变的,而是出于个体的自觉或自愿。例如,一个人想加入某个有吸引力的社会团体,他就会承认该团体的章程,愿意以该团体的规范约束自己的行为,接受团体对他的要求和指导,并以该团体一分子的态度对待工作与生活。以大学生做早操为例,某学生坚持了一段时间以后,发现做早操给他的身体和精神都带来了好处,之后在即使不做早操也不会受到任何惩罚的时候,他也会主动遵守学校的这一规定,坚持做早操。

3. 内化阶段

内化是指人们从内心深处真正相信并接受他人的观点而彻底转变自己的态度,并用其自觉地指导自己的思想和行动。在这一阶段,个体把那些新思想、新观点纳入了自己的价值体系,以新态度取代旧态度。一个人的态度只有到了内化阶段,才是稳定的,才能真正成为个人的内在心理特征。态度的形成通常要经历从服从阶段到同化阶段,再到内化阶段的过程,这是一个复杂的心理过程。当然,并不是所有的人对所有事物的态度都要经历这个过程。人们对一些事物的态度的形成可能经历整个过程,但对另一些事物可能只停留在服从或同化阶段。

(二)态度的改变

态度是经过学习过程而形成的,因此要改变态度的强度,或以新的态度取代原有的态度,并不是不可能的事。但是,由于态度具有稳定性的特征,它一旦形成,便作为个性的一部分影响人整体的行为方式,态度的改变和取代并不像一般的学习那么简单。学习活动只能改变个人态度中的思想和信念成分,而不能改变个人态度中的情感与行为倾向,因此学习活动对态度的改变只是暂时的,时间一过,态度又会恢复。

态度的改变主要表现在两个方面:一是态度的方向;二是态度的强度。以一种新的态度取代原有的态度,就是态度方向的改变。只是改变原有态度的强度而方向不变,就是态度强度的改变。同时,态度的方向和强度也是密切相关的,一个人的态度从一个极端转变到另一个极端,这本身既包含方向上的转变,又体现为强度上的变化。

人们态度的改变,主要取决于内在原因,例如生理状态的某些变化、心理上的某些愿望和要求,等等。但是这并不意味着态度的改变可以忽视外在因素的影响,有时外在因素在推动态度的改变上,往往能够起到重要的作用。在管理工作中,改变人们态度的方法主要有以下几种。

1. 参加实践活动

心理学研究表明,要改变一个人的态度,最好的办法是引导他积极参加相关的实践活动,或在活动中扮演一定的角色,或在活动中让他发挥自己的主动性。这些都有利于个人态度的转变。例如,费斯廷格(Leon Festinger)在研究美国白人对黑人的态度时,曾设置了不同的情境。第一种情境是把一批虽然住得很近,但是彼此不相往来的白人和黑人组织在一起玩纸牌游戏;第二种情境是让白人和黑人共同观看别人玩纸牌游戏;第三种情境是双方同处一室,但并不组织他们进行共同活动。研究结果发现,在这三种情境中,对黑人显示出友好态度的白人占比分别是 66.7%、42.9%、11.1%,这说明参加活动越积极,态度的转变越明显。

上述实验说明,积极地参加有关实践活动,能推动一个人态度的转变,其原因在于某种特定的环境气氛能够使人受到感染。情境中的各种因素能够对人的情感产生综合性的影响,其间往往有一种无形的力量推动参与者产生某种情感上的共鸣。因此,对那些持消极态度的人,与其口头劝说他们,不如带他们到现场去体验一番,因为亲身体验往容易使其态度发生改变。

2. 组织规定

一般来说,组织的规章制度、公约、法规,可以有效地改变人们的态度。心理学家勒温曾经为此做了这样一个实验。实验的对象是刚生过孩子并住在医院的产妇,当她们离院回家时,被要求给婴儿喂鱼肝油和橘子汁。实验者把产妇分成 A、B 两组,A 组为控制组,B 组为实验组。A 组是通过医生的劝说,告知产妇为了婴儿的健康,每天应该给孩子喂鱼肝油和橘子汁;B 组则是医院规定,出院回家以后必须给孩子吃上述食品。一个月以后,研究者进行检查,发现 B 组的产妇几乎全部照办,而 A 组的产妇只有部分人接受了医生的劝告。这说明,组织规定比个别说服更有助于转变人们的态度。当然,实验所揭示的结果并不说明实验本身与思想工作是矛盾的,因为转变人们的态度所采取的途径可以是多样的,如果把多种途径结合起来,效果会更好。单纯地依靠说服动员就想实现态度的改变,往往是十分困难的。所以,有必要通过国家、团体和组织做出某些规定,使这些规定在客观上带有法令和准法令性质,并使它逐步成为人们的行为规范,使人们知道怎样做是对的,以及怎样做是不对的。

3. 逐步提出要求

研究表明,要改变一个人的态度,首先必须了解他原来的态度立场,然后再估计两者的差距是否过于悬殊。若差距过大,强行改变态度反而会发生反作用;相反,如果逐步提出要求,不断缩小差距,人们则比较容易接受。所以,要改变人们的态度,不能操之过急,最好逐步提出要求。为此,心理学家弗里德曼曾进行了一次对比实验。实验是在自然的情况下进行的。对象是一批美国的家庭主妇,她们被分成 A、B 两组。实验者先向 A 组的被试者提出,想在她们家门前竖一个牌子,家庭主妇们普遍都同意这个要求,后来实验者又向她们提出第二个要求,最好能在她家的院子里立一个架子,大部分被试者也接受了。实验者对 B 组同时提出在她们门前竖牌子和在院子里立架子的要求,结果家庭主妇们普遍表示不能接受。这说明,先提出一个要求,然后再提出另一个要求,比一开始就提出两个要求更容易使人接受。

4. 利用睡眠者效应

睡眠者效应(sleeper effect),指时间间隔使人们容易忘记传播的来源,而只保留对内容的模糊记忆。在心理学中,人们把说话者因威信因素产生的影响,随着时间的流逝而产生相反效应的现象,称为睡眠者效应。

睡眠者效应是研究者多年前在一个研究中发现的。在这个研究中,一组美国士兵观看了一部爱国主义的电影。在看完影片 5 天后,少数士兵的态度有改变。9 周后,与未看影片的控制组士兵相比,这一组士兵表现出更多倾向于肯定的态度。显而易见,5 天和 9 周,在看了电影的士兵之间产生了某种效果,从而导致他们态度的改变。为解释睡眠者效应,研究人员开始研究消息来源的可信度。由于士兵们认为最初观看的信息是值得怀疑的,他们不相信美国军队,这些信息最初只有很低的可信度,他们倾向于对电影的信息打了"折扣",然而,9 周过去了,这个消息的来源已被忘记,但消息的内容还被保存着,这个解释就是后来闻名于世的"折扣心理假设",这个假设建立在这样一种说法的基础上:我们储存信息内容的方式与信息源的方式不同,所以当我们回忆这些信息时,态度改变的程度也会有所区别。在态度改变的诸因素中,信息的可信度是一个重要的相关因素,可信度高的信息源容易引起人的态度改变,但可信度差的信息源在一定程度上也能说服并改变人的态度。

三　态度理论

(一)认知失调理论

认知失调理论是由美国心理学家费斯廷格在 1957 年提出的。费斯廷格把人的认知元素分成若干个基本单位,如思维、需要、态度、兴趣、理想、信念等,其中,任何两种元素的不一致,都会产生失调现象。失调主要来自两个方面:一是个人的决策行为;二是与自己的态度相矛盾的行动。这种失调能够产生某种力量,使人们逐渐改变自己的态度。费斯廷格把上述任何两种元素之间的关系分为协调、不协调、不相关三种情况。

例如,认知元素 A"我在大雨中不带伞走路",认知元素 B_1"我的衣服湿了",认知元素 B_2"我的衣服没有湿"。显然认知元素 A 与 B_1 呈协调状态,而认知元素 A 与 B_2 呈不协调状态。当个体发觉自己所持有的两种或两种以上的认知元素相矛盾时,便会出现认知上的不协调,内心就会有不愉快或紧张的感觉,因而产生一种驱使个体解除这种不协调状态的动机。解除或减少失调状态的办法有以下三种。

一是改变某种认知元素。通常情况下,改变某种认知元素能使其他元素间的不协调关系趋于协调。例如,认知元素 A"我喜欢吸烟"与认知元素 B"吸烟可能导致癌症"是不协调的。为此,一个人要么改变认知元素 A 为"我不再喜欢吸烟"或改变认知元素 B 为"抽烟导致癌症的说法是没有根据的",从而达到认知上的协调。

二是增加新的认知元素,以加强认知系统的协调。例如,若无法改变认知元素 A"我喜欢吸烟",则可以增加新的认知元素 C"世界上吸烟的长寿者很多"或认知元素 D"吸烟可以减轻精神紧张,有利于心理健康"等,使不协调的强度自然降低。

三是强调某一认知因素的重要性。上面的例子中,如果个体强调元素 A,他会说"我喜欢吸烟,吸烟可以使我生活得很快乐,不要为了将来可能导致疾病而放弃我目前的乐趣";如果个体强调元素 B,他会这样说服自己"肺癌是一种可怕的疾病,为了自己的健康和家庭的幸福,我虽然喜欢吸烟,也应该尽量地克制"。由此可以看到,认知失调的理论,确实可以说明态度的构成与改变。

（二）平衡理论

1958 年,心理学家海德提出了改变态度的平衡理论。这个理论认为,人类普遍有一种平衡、和谐的需要,一旦人们在认识上有了不平衡和不和谐性,就会在心理上产生紧张和焦虑情绪,从而促使他们的认知结构向平衡、和谐的方向转化。

平衡理论用"P-O-X"模型来说明其原理。其中,P 是认知主体,O 是认知客体,X是与 P、O 有关系的某种情境、事件、观念或第三个人。P、O、X 这三者具有情感或态度上的联系,态度可以是肯定的,也可以是否定的。认知结构中三者的关系既可以是平衡的,也可以是不平衡的,当三者关系均为肯定,或两者为否定、一者为肯定时,是平衡状态,否则就是不平衡状态(见图 4-1)。不平衡状态会使人在心理上产生紧张情绪,给人造成恢复平衡的心理压力,从而促使人改变态度,求得平衡。

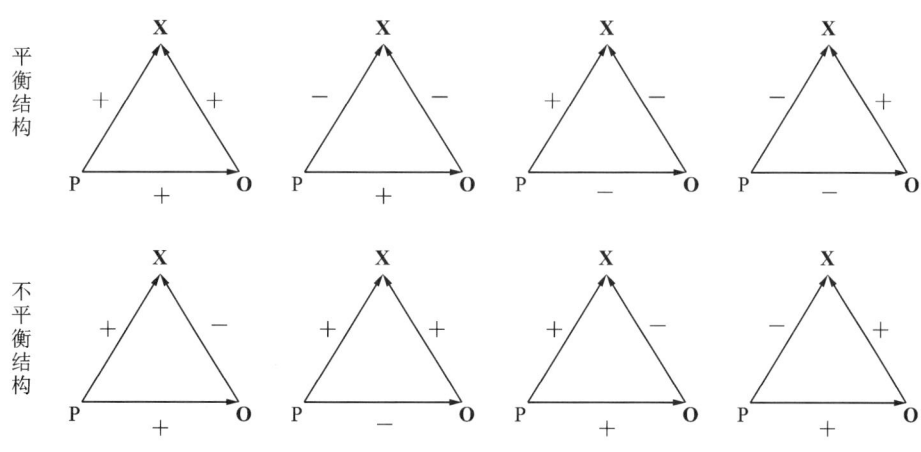

图 4-1　"P-O-X"模型

注:"+"表示肯定的或积极的关系;"-"表示否定的或消极的关系。

海德的平衡理论,原则上与费斯廷格的认知失调理论是相同的,但海德强调一个人对某一认知对象的态度常常受他人对该对象态度的影响,即海德十分重视人际关系对态度的影响力。例如,P 为学生,X 为爵士音乐,O 为 P 所尊敬的师长。如果 P 喜欢爵士音乐,听到 O 赞美爵士音乐,"P-O-X"模型中三者的关系皆为正,P 的认知体系呈现平衡状态。如果 P 喜欢爵士音乐,又听到 O 批判爵士音乐,"P-O-X"模型中,三者的关系为二正一负,这时 P 的认知体系呈现不平衡状态,这种不平衡状态会导致 P 的认知体系发生变化。

平衡理论的意义在于使人们可以用"最小努力原则"来预计不平衡所产生的效应,使个体尽可能少地改变情感关系以恢复平衡结构。在一定的情境中,它能以简练的语言来描述认知的平衡概念,使它成为解释态度改变的重要理论。

(三)参与改变理论

德国心理学家勒温认为,个体态度的改变依赖于他参与群体活动的方式。个体在群体中的活动方式,既能决定他的态度,也会改变他的态度。勒温在他的群体动力研究中,发现个体在群体中的活动可以分为两种类型:一种是主动型,这种人主动参与群体活动,自觉地遵守群体的规范;另一种是被动型,这种人是被群体中的活动改变态度。

勒温做了如下实验。第二次世界大战期间,由于食品短缺,美国政府号召家庭主妇用动物的内脏做菜,而当时美国人一般不喜欢以动物的内脏做菜。勒温以此为题,用不同的活动方式对美国的家庭主妇进行态度改变实验,其方法是把被试者分成两组,一组为控制组,另一组为实验组。他对控制组采取演讲的方式,亲自讲解猪、牛等内脏的营养价值、烹调方法、口味等,要求大家改变对动物内脏的态度,把它们作为日常食品,并且给每人赠送一份烹调动物内脏的食谱。对实验组,勒温则要求她们开展讨论,共同讨论用动物内脏做菜的营养价值、烹调方法和口味等,并且分析使用动物内脏做菜可能遇到的困难,如丈夫不喜欢吃、内脏清洗的问题等,最后由营养学家亲自指导每个人烹调。最后,实验结果是,控制组有 3% 的人采用动物内脏做菜,实验组有32% 的人采用动物内脏做菜。

由此可见,实验组的被试者是主动参与群体活动的,她们在讨论中自己提出某些难题,又亲自解决这些难题,因而态度的改变非常明显,改变的速度也比较快。而控制组的被试者由于是被动参与群体活动,很少把演讲的内容与自己相联系,其态度也就难以改变。基于这一实验,勒温提出了参与改变理论,认为个体态度的改变依赖于其在群体中参与活动的方式。后来,这个理论在管理中得到广泛的应用,也取得了一定的成效。

(四)精细加工可能性模型

理查德·派蒂(Richard Petty)和约翰·卡乔鲍(John Cacioppo)提出了精细加工可能性模型(elaboration likelihood model,ELM)。这个模型被用来描述个体消费者的态度形成与改变的过程和途径。

1. 精细加工可能性模型的两种处理方式

（1）核心路径。当个人具有高度的动机和能力时，个人会考虑和推敲信息的各个方面，并对提出的概念、逻辑等进行深度分析、仔细评估，决定是否改变对事物的态度。

（2）边缘路径。当个人的动机和能力比较弱的时候，个人会满足于当前的认知，不愿意耗费更多的精力对信息加以分析，更容易被表象的特征（如说客的可信度与专业程度）"说服"。人们无法对信息内容的真实性做出判断，只能通过一些信息的外围因素来决定该信息的可信度，这些外围因素就包括感情因素。

2. 路径的选择

对于两种路径的选择，当卷入程度高时，人们处理信息时倾向于选择核心路径，即根据信息内容，经审慎思考之后做出决策。此时，卷入程度高的人是因为认知的改变，而产生了信念与态度的改变，最后导致行为改变。当卷入程度低的时候，人们则会倾向于根据事物的外围属性与外在线索进行信息处理。此时，卷入程度低的人是在信念改变后，再改变行为，最后导致态度的转变。

3. 路径的区别

核心路径与边缘路径的区别主要表现在三个方面。第一，两条路径处理的信息不同。核心路径处理的都是与信息质量相关的线索，而边缘路径处理的则是一些表象的信息内容。第二，对于信息处理者来说，核心路径需要对信息进行仔细思考和理解，在此过程中，信息处理者往往会投入较多的认知经历，而边缘路径处理信息的要求较低，只需要处理一些表象的边缘信息，不用花费过多精力。第三，两条路径的影响效果不同，核心路径是通过深思熟虑后才改变的态度，因此态度更为稳定持久；而边缘路径依靠一些表象化的信息改变态度，因此不太稳定。

4. 精细加工可能性模型的调节变量

影响精细加工可能性模型的因素主要包括动机和能力两个方面。动机或能力强，个体就会采用核心路径；动机或能力弱，个体就会采用边缘路径。

动机主要包括三个因素。一是卷入度，即个人与信息主体的相关程度。卷入度越高，则动机越强。二是论点的多样性。如果信息来源确凿且令人信服，人们就会选择信任并不会对其进行二次加工；如果信息来源可靠，但信息存在较大争议，人们就会通过比对信息、深入思考来进行判断。三是个人认知需求，热衷于深思熟虑的人往往采用核心路径，而不善思考的人倾向使用边缘路径来处理信息。

个人处理信息的能力也是影响路径选择的重要因素，如果信息处理者具有专门的知识和经验，则会采用核心路径，反之则会采用边缘路径。

（五）态度改变理论

美国心理学家霍夫兰德(Carl Hovland)把改变态度看作信息交流的过程，并基于此在1959年提出了态度改变理论。在霍夫兰德所进行的一系列态度说服性实验中，他主要研究说服者的可信度、信息的内容结构和呈现方式、受众的个人特质、说服情境四个方面的要素对说服效果的影响作用，建立起这四个要素与受众态度改变的内在联系。

（1）说服者的可信度。说服者的可信度取决于两个决定性因素：一是受众对说服者的信赖程度；二是受众对说服者专业程度的认知。

（2）信息的内容结构和呈现方式。关于信息的内容，霍夫兰德着重研究了恐惧诉求的运用效果，发现恐惧信息被受众注意的程度更高，从而可促进态度改变的发生。关于信息的呈现方式问题，主要涉及"一面之词"与"两面之词"的说服力差异、首因效应与近因效应的发生方式。

（3）受众的个人特质。关于受众的个人特质，霍夫兰德主要关注了两个方面。一是群体趋同性，即具有群体身份的个体具有趋同性；二是受众可说服程度的个性因素。智力水平和动机水平是决定受众可说服程度的两个主要因素。智力水平决定了个体注意传播信息的方式；若个体具备了基本智力水平，那么个体的人格需求、情绪波动、防御机制、产生兴奋的阈值等动机因素就成为影响个体可说服程度的关键。

（4）说服情境。情境因素对态度改变的影响主要包括预警和分心两种。预警是指在说服传播发生之前，个体被提前告知自己即将接触到相反意见的说服信息，这时个体自身的防御机制会强化其原有立场，因而个体难以被说服。分心，即情境中的外部客观信息使受众注意说服内容的过程，因而受到干扰。适当强度的分心可以提升说服效果，但后来的研究也发现了与之相反的结果。

第二节　工作满意度

一　工作满意度的概念及其影响因素

（一）工作满意度的概念

工作满意度的概念源于工业社会学的创始人、人际关系理论的代表人物梅奥，是

1927—1932 年进行的霍桑实验研究的启示之一。工作满意度是指员工从工作中产生某种满意的感受或获得某种程度的满足。在这之后,不同的研究者也做出了大量的努力来研究工作满意度,但因为其理论构架和研究对象不同,研究者对其的定义也不尽相同。工作满意度有时被认为是一个单维度的概念,例如,洛克(E. A. Locke)认为工作满意度是员工在对个人工作或工作经历的评估中产生的愉悦的或正向的情感状态。然而,它实际上涉及工作的各个方面,是对工作诸方面态度的集合。较为流行的工作满意感量表——工作描述指标(job describe index,JDI)从工作的五个方面来界定工作满意度:报酬、提升、管理、工作本身、同事。很显然,一名员工可能会对其中几个方面满意,而对其他方面不满意。

我国台湾学者许士军将工作满意度的概念归纳为以下三大类。

1. 综合性的定义

综合性的定义即对工作满意度做一般性的解释,其认为工作满意度是一个单一的概念,主要针对整体工作满意程度而言,也就是工作者对其工作和有关环境所持的一种态度,即工作者对其全部工作角色的情感反应。

2. 差距性的定义

差距性的定义主要认为工作满意度是在工作环境中工作者所得的报酬与其预期报酬的差距范围。工作者期望所得和实际所得的差距越小,工作满意度越高。这种定义也被称为需求缺陷性(need deficiency)定义。

3. 参考架构性的定义

参考架构性的定义是将工作满意度视为工作者根据一定的参考框架对工作的特性加以解释后所得到的结果。持此类定义的学者认为,组织或工作情况中的客观特征并不是影响人的态度及行为的最重要的因素,人们对这些客观特征的主观知觉与解释才是最重要的因素,而且这种知觉与解释会受到个人自我参考框架的影响。

(二)工作满意度的维度

大部分学者认为工作满意度是一个多维度的概念,它主要包括工作条件和工作中的人际特征这两大方面的内容,大多数人会在工作中对这两方面中的诸多要素产生比较稳定的态度。

1. 工作条件

工作条件包括工作本身、报酬、工作环境、晋升机会等。工作本身具有的挑战性能为人们提供进一步学习的机会,会使人们在努力完成工作任务的过程中得到满足,并体验积极的情感。而所得报酬的多少、报酬的公平性和支付报酬的方式,也会使员工在情感上产生反应。

2. 工作中的人际特征

工作中的人际特征包括上下级、同事和员工本人的特征。上级的管理能力和技术水平、对员工及其利益的关心程度,同事的技术水平、合作与支持的程度,下级的理解水平与配合程度,都会影响个体的工作满意度。同时,如果缺乏明确的职责分工,员工会产生"角色含糊"感觉;如果对同一个人提出多种角色行为要求或给予不一致的指导,会造成他的"角色冲突",使他感到紧张、焦虑和不满。表 4-1 为学者洛克 1976 年对工作满意度的维度所做的分类。

表 4-1　工作满意度的主要维度

类别		维度	维度说明
事件或条件	工作	工作本身	内在兴趣、活动多样、挑战性、学习机会、成功机会、对工作流程的控制
	奖励	报酬	数量、公平性、合理
		晋升	机会、公平、合理
		认可	表扬、赞誉、批评
	工作背景	工作条件	工作时间、休息时间、设备、工作空间、气温、通风条件、厂址
人	自己	自己	价值观、技能、能力
	单位内的其他人	领导	管理风格、管理技能、行政技能
		同事	权限、友好态度、合作互助、技术能力
	单位外的其他人	顾客	技术能力、友好的态度
		家人	支持、对职务的理解、对时间的要求
		其他	按职位划分,如学生、家长、选民等

(三)工作满意度的影响因素

工作满意度是个体的主观感受,其影响因素比较多,主要包括以下方面。

1. 富有挑战性的工作

富有挑战性的工作为员工提供了施展才能的机会,有一定难度、有一定的自主权和需要员工自己承担责任的工作易使员工获得心理满足。缺乏挑战性的工作易使人厌倦,但是挑战性过大的工作又易使员工产生挫折感。因此,对于挑战性适中的工作,多数员工都会感到满意。

2. 公平的报酬

报酬政策及其实践是不是公正、明确,是否与员工的愿望一致,是影响员工工作满意度的另一个重要因素。组织给予的报酬、晋升制度、政策是对员工工作的最直接、最明确的物质肯定方式,它既是对个体的努力程度和绩效的反馈,也反映着组织内外横向的比较。报酬只有根据工作要求、个人才能、组织内部的相互比较、社会行情来拟订,才会使员工感到合理和满意。员工所期望的报酬不仅仅指工资一项,工作地点、工作时间以及晋升政策,都是员工体验公平的因素。比如,有的人可以接受薪水低一些,但是要求工作地点离家近,工作难度低,工作强度小,工作时长短,自由度大,人际关系融洽。人们对工作是否满意的关键不在于金钱的多少,而在于是否公平。晋升政策也是如此。晋升使人有长远发展的机会,获得较大的权力和地位,对人的工作和生活至关重要。当员工认为这些方面都是以公平、公正为基础时,他们更容易从工作中获得满足感。

3. 支持性的工作环境

员工对工作环境的关心,既是为了个人舒适,也是为了更好地完成工作。良好的工作环境能提高员工的工作满意度。研究证明,员工喜欢安全的、舒适的工作环境。太热、太暗、噪音太大、污染严重的工作环境会直接威胁员工的生理、心理健康。员工也希望获得职业、疾病、养老等基本生活保障;另外,大多数员工希望工作场所离家较近、设备较现代化。

4. 融洽的人际关系

对于许多员工来说,在工作中得到的报酬不只是金钱或职位晋升,他们还希望融入组织之中,获得社会交往的满足。因而,友好和谐的同事关系也会提高人们对工作的满意度。管理者的行为也很重要。研究发现,与上级的人事关系是工作满意度中的一个决定性因素。如果管理者能够了解、关心员工,倾听员工的意见,奖励员工付出的努力,员工的工作满意度就会提升。

5. 个人特征与工作的匹配

在前文中,我们已经阐述了个性与职业的匹配理论:当个性及个人的知识技能与工作相适应时,人们的工作更容易获得成功、取得成绩,而事业的成功会大大提升员工对工作的满意度。

（四）工作满意度模型

关于工作满意度的理论和模型有很多，主要包括双因素理论、多面模型、差异模型、十因素说等。双因素理论是由美国心理学家弗雷德里克·赫茨伯格（Frederick Herzberg）提出的，关注激励因素和保健因素；多面模型，关注工作情境因素；差异模型，关注员工现实工作与理想工作的差异比较；十因素说由洛克提出，其关注工作本身、报酬、晋升、认可、工作条件、自己、领导、同事、顾客和家人。洛克由此把工作满意度分为内部满意度和外部满意度。内部满意度主要来自内部的情感成分，比如一个员工如果十分热爱自己的工作，那么他的工作满意度也会非常高。外部满意度主要来自外部的认知成分，比如一个员工本身并不喜欢自己的工作，但由于组织提供了高薪酬、好福利，他会逐渐提升工作满意度。此外，还有学者试图从多个角度研究工作满意度的产生过程和机制（刘永芳，2021），具体如图 4-2 所示。

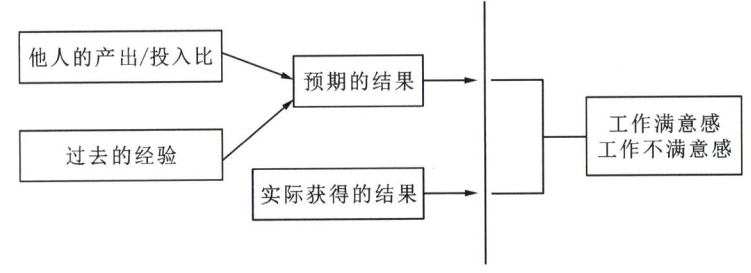

图 4-2　工作满意度模型

该模型是建立在差异理论（discrepancy theory）和公平理论（equity theory）基础上的。差异理论认为，工作满意度的大小依赖于个体实际获得的工作结果与预期结果之间的差异程度。当个体实际获得的结果低于预期结果时，不满意感就产生了。差异程度越大，其工作满意度就越低。当个体实际获得的结果等于甚至高于预期结果时，其工作满意度就提高了。

公平理论认为，当个体和参照对象有相似的产出/投入比时，才会感到公平。这和工作满意度也是相关的，因为个体对工作结果的预期在一定程度上是建立在与他人比较的基础上的。公平理论解释了为什么当个体实际获得的结果远远超过预期时，其工作满意度并没有持续提高。当个体实际获得的报酬远远高于预期时，他们通常感到内疚，认为组织对待他人是不公平的。在这种过度奖赏的情况下，个体首先会调高自己的预期来获得公平的感受。如果过度奖赏持续不断，以至于个体无法通过自我调节达到平衡时，不公平感就产生了，对组织的不满意感也随之出现。

总之，差异理论和公平理论认为，当实际结果达到甚至超过预期时，工作满意度将提高。然而，如果实际报酬远远高于预期以至于使个体产生内疚感和不公平感时，工作满意度就会下降。因此，该模型暗示让员工满意的一个有效的办法就是弄清楚他们想得到什么，并合理地满足他们。

关联知识

二维码 4-2
大五人格与工作
满意度

二　工作满意度的测量

（一）工作满意度的测量方式

测量员工工作满意度的状况可以帮助管理者及时发现员工管理中存在的问题，以便对症下药，对存在问题的地方加以调整和改进。近年来，在工作满意度的研究领域，态度被分为两大类：情感性态度和认知性态度。情感性态度指的是个体对态度对象的整体的积极或消极的感受程度，而认知性态度指的是个体对态度对象的评价。通常这两种态度是相关联的。与此相对应，学术界对工作满意度的测量也存在两种不同的范式，即情感性工作满意度测量范式和认知性工作满意度测量范式。这两种满意度测量范式都承认工作满意度的本质是态度，但是两者的出发点是不同的。

情感性工作满意度测量范式以对工作总体的、积极的、情绪上的评价为出发点。这种范式的测量焦点是，工作是否能够唤起良好的心情、积极的感受等。基于这种范式的测量问卷通常会让被试者评价其在工作时的感受或心情，常用表示不同满意程度的李克特量表进行测量，如 1 表示非常不同意，2 表示比较不同意，3 表示一般，4 表示比较同意，5 表示非常同意。

认知性工作满意度测量范式以对工作要素更为合乎逻辑的评价为出发点。这种范式对工作满意度的评价不依赖于情绪性的判断，而是注重对各种工作条件、机会或成果的评价。基于这种范式的测量问卷通常会要求被试者评价其工作特性，而不是感受；测量时，常用表示认知反应的李克特量表对工作特性进行评价，如 1 表示非常不同意，2 表示比较不同意，3 表示一般，4 表示比较同意，5 表示非常同意。

有学者探讨了两种不同测量范式在研究工作满意度与组织成员行为之间关系时所产生的影响。研究发现，采用认知性工作满意度测量工具（如 MSQ），工作满意度所解释的组织成员行为的变异系数更高一些；而如果采用情感性工作满意度测量工具，则工作满意度所解释的组织成员行为的变异系数较小。可见，这两种测量范式之间的

确存在一定的差异,而且这些差异可能会对有关工作满意度,或对工作满意度与其他组织变量之间关系的研究产生影响。

(二)工作满意度的测量方法

与工作满意度的维度相一致,工作满意度的测量方法可以分为单一整体评估法(single global rating)和工作要素综合评价法(summation score)。单一整体评估法就是将工作满意度看作单一的整体,不做各个维度上的区分,只要求个体回答一个问题,例如,"如果把所有因素考虑在内,你对自己的工作满意吗?"然后要求个体从数字 1~5 所代表的分数等级中圈出一个符合自己情况的数字,这些数字代表了从"非常不满意"到"非常满意"等不同的等级。这种方法简单明了,但无法对企业存在的具体问题进行诊断,不利于管理者工作的改进。

工作要素综合评价法则是首先确定工作中的关键要素,然后询问员工对每一要素的感受。这里典型的要素包括工作性质、上级主管、目前收入、晋升机会、与同事的关系、公司政策等工作中涉及的各因素。研究者根据标准量表来评价这些维度,将分数相加,就得到了工作满意度总分。

单一整体评估法简单易行,但是,依据工作要素综合评价法,可以看出组织管理中哪些方面有问题,然后有针对性地提出改进措施,因而关于工作满意度的研究大多集中于多要素划分的工作满意度上。

(三)测量工作满意度的主要工具

国内外的工作满意度测量工具较多,如明尼苏达满意度量表、工作描述指标量表、需要满意度问卷等。

明尼苏达满意度量表(Minnesota satisfaction questionnaire,MSQ)由韦斯(Weiss)等编制而成,它分为短式量表和长式量表。短式量表由 20 个维度构成,如表 4-2 所示。其中 20 道题目又可以组成一个独立地反映整体工作满意度的量表,即 MSQ 的压缩版。

表 4-2 MSQ 短式量表的维度

编号	维度
1	能力发挥
2	成就
3	主动性
4	自我发展
5	权力
6	政策及实施

续表

编号	维度
7	报酬
8	同事
9	创造力
10	独立性
11	道德准则
12	承认
13	责任
14	安全
15	社会服务
16	社会地位
17	人际关系
18	管理技术
19	多样性
20	工作条件

长式量表有 100 个维度，分别从 20 个方面测量员工对工作的满意度，包括个人能力的发挥、成就感、能动性、公司培训和自我发展、权力、公司政策和实施、报酬、部门和同事的团队精神、创造力、独立性、道德标准、公司对员工的奖惩、本人责任、员工工作安全、员工所享受的社会服务、员工社会地位、员工关系管理和沟通交流、公司技术发展、公司的多样化发展、公司工作条件和环境。它的特点在于对工作满意度的各个方面进行了完整的测量。但是，不少研究者在使用中发现，长式量表题量比较大，测量中的被试者很难保持耐心答题，因此，所测得的结果在误差方面也值得商榷。

史密斯（P. C. Smith）、肯德尔（L. M. Kendall）和哈林（C. L. Hulin）1969 年提出，工作满意度可以通过从工作本身、报酬、晋升、上级及同事五个维度进行测量，从而形成工作描述指标量表，具体如表 4-3 所示。

表 4-3 工作描述指标量表

维度	描述	是	不确定	否
工作本身	有吸引力			
	一般			
	使人厌倦			
	很好			
	有创造性			
	受人尊敬			

维度	描述	是	不确定	否
报酬	足够支付正常开支			
	勉强维持生活			
	很差			
	无保障			
	薪酬过低			
晋升	有晋升机会			
	没有晋升空间			
	能定期晋升			
	晋升政策不公平			
上级	能征求我的意见			
	很难相处			
	粗暴无礼			
	老练圆滑			
	与时俱进			
同事	能鼓励人			
	迟钝			
	懒惰			
	有雄心			
	愚蠢			
	机敏			

　　工作描述指标量表的特点是被试者填表时不受文化程度的限制,只需要就不同方面选择不同的形容词。美国学者对此量表做过反复研究,发现施测效果良好。但也有研究者认为,工作描述指标量表不像明尼苏达满意度量表那样对工作各方面进行精确的诊断,并不是非常适合用于对组织的实际问题进行诊断和解决。

　　莱曼·波特(Lyman W. Porter)于1974年设计的需要满意度问卷(need satisfaction questionnaire,NSQ)中,每个项目下都有两个问题:一个问题是目前有多少;另一个问题是应该有多少。在每个项目中,研究者用被试者选取的"应该"所获得的值减去其选取的"目前"所获得的值,即得到满意程度。这个所获得值的差距越大,则表示被试者在工作的某方面越不满意。它的优点在于可使管理者对工作者想象中的工作意向有大致的了解;但若以此格式编制题目,则问卷的长度问题难以解决。

　　我国学者徐联仓等人根据改革开放和经济建设的发展需要,完成了有关职工的工作满意度调查报告,该报告在《光明日报》发表后,引起了海内外学者的广泛关注,这是国内最早进行的工作满意度调查;之后,吴忠怡、徐联仓又对明尼苏达满意度量表进行了修订,使其更适合在中国施测;其他的相关研究还有冯伯麟用因素分析和逻辑分析的方法提出的构成教师工作满意度的五个要素。

我国学者时勘、卢嘉在 2001 年根据中国实际编制的工作满意度量表,共 25 题,分别测量工资满意度、上级满意度、同事满意度、工作本身满意度和单位满意度;其中,工资满意度又分为绝对满意度(自己的付出和收获相比)和相对满意度(与其他人相比)。尽管国内已有不少人对工作满意度的结构进行了探索,但是,对中国企业员工的工作满意度结构的系统研究仍然有待深入展开。

三　工作满意度对员工绩效的影响

工作满意度和员工绩效之间的关系一直以来都是管理学界十分重视的研究内容。许多公司也都在想方设法提高员工的工作满意度。有些公司(如美国百货零售商Sears),甚至把主管人员的奖金和员工的工作满意度联系起来。美国大陆航空公司前CEO 戈登·贝休恩曾指出,只有员工工作满意度高的企业才能获得成功。工作满意度确实影响着员工的工作绩效,但其影响力究竟有多大呢? 下面简要从两个方面进行分析。

(一)工作满意度与员工离职

当员工对工作不满意时,他们会尽量逃避和远离工作,这种现象就是员工离职(employee turnover)。一般情况下,工作满意度与离职倾向之间存在负相关。例如,有学者对国内多家单位员工的调研发现,当员工对工作的内在满意度和人际关系满意度较高时,会更愿意留在组织中。那么,员工对工作越是不满意,离职倾向就越高吗? 情况并非如此。也就是说,员工不满意程度与离职倾向之间的相关程度并不是很高。这表明,工作不满意可能只是影响员工离职倾向的众多因素之一。例如,即使人们真的不喜欢他们的工作,但如果他们认为该工作对于维持自己的生计或完成一个重大项目有重要意义的话,他们也可能不会选择离职。另外,一些员工可能非常不喜欢他们的工作,但他们只是在工作中"偷懒"或消极怠工,以表示自己的不满,而不是选择离职。

著名组织行为学家时勘教授认为,从外在经济因素的角度来解释员工的离职率,在某些条件下是有效的,但是,在这些外在环境因素和行为之间,个人态度是一个很重要的中介变量。员工对工作激励、工作回报和管理措施的满意度越高,他就越不愿意离开企业,经济因素、市场条件及个人的差异等因素会先影响员工对企业的态度,然后才使员工产生离职倾向,直至最后使其产生离职行为。

（二）工作满意度与工作绩效

很多人认为，开心的员工工作绩效更高，但这是真的吗？换句话说，工作满意度和个人工作绩效或组织工作绩效直接相关吗？在管理实践中，大部分管理者认为，只有对工作满意的员工才能出色地完成工作，但是在一些研究者看来，工作满意度在预测工作绩效时还有一定的不确定性。为什么工作满意度和工作绩效之间的相关程度如此有限呢？这其中有多种原因。

1. 工作满意度和工作绩效的相互作用

这种观点认为工作满意度影响工作绩效，而工作绩效也可以影响工作满意度。瓦努斯（John P. Wanous）对此进行了研究，他区分了两种不同的满意度类型，就外部满意度（extrinsic satisfaction）而言，工作满意度影响工作绩效；就内部满意度（intrinsic satisfaction）而言，工作绩效影响工作满意度。瓦努斯的观点深化了工作满意度和工作绩效的相互作用。

2. 工作满意度和工作绩效是两个独立的变量

一些学者认为，工作满意度和工作绩效之间没有明显的关系。对工作满意并持积极态度的人，其工作效率可能很高，也可能比较一般；对工作不满意并持消极态度的人，其工作效率也可能很高。有学者对此问题进行了研究，结果表明职工对工作所持的态度和生产效率之间并无必然的联系，可能这两者的关系受第三者变量的影响。

3. 工作满意度与工作绩效受第三者变量的影响

许多学者倾向于认为，工作满意度和工作绩效之间的关系受第三者变量的影响。许多研究也确实找出了影响两者的一些变量，如在工作满意度影响工作绩效的第三者变量中，就有人格和自我观念、行为意向、群体规范、工作投入和组织承诺等，在工作绩效影响工作满意度的第三者变量中，就有绩效-奖酬关联、工作内容、工作环境、人际关系、个人特征和成就需要等。这些变量在工作满意度和工作绩效中起着很重要的中介作用。

工作满意度和工作绩效之间的相关性偏低，还可能是因为工作满意度结果变量的多样性。也就是说，高工作满意度并不一定直接表现为良好的工作行为，还可能表现为良好的组织公民行为（organizational citizenship behaviors），如在工作职责之外做一些有利于组织的事情、乐于帮助他人、积极参与组织的公益活动、营造积极的工作氛围等。当然，后面的这些行为并不能直接导致工作绩效的提高。

尽管工作满意度与工作绩效之间的相关度并不高，但这并不意味着工作满意度对于组织而言是无关紧要的。一方面，员工的工作满意度是组织管理的目标之一，是组织管理水平的重要体现或衡量标准；另一方面，提高和维护员工的工作满意度，让工作本身变得更为愉快和有趣，是稳定员工队伍、增强员工凝聚力、树立良好企业形象、最终实现组织长远发展目标的重要途径。因此，加强员工工作满意度的管理，在防止员工对工作产生不满情绪的同时，设法提高员工对工作诸方面的满意度，是管理工作的重要内容之一。

四　提高工作满意度的方法

目前，许多企业已经认识到员工工作满意度的重要性，并把提高员工工作满意度当作一种战略看待。在管理工作中，很多企业以员工满意为核心，最大限度地满足员工的合理需要，激发员工的能动性，提高全员的活力，从而推动企业发展。企业的灵魂是员工，员工的需要得到满足将促使员工形成强烈的工作意愿、充分发挥工作能力。员工出色的工作促进企业良好运作，企业才具有足够的竞争力并立足于市场，实现长远发展。提高员工工作满意度的具体措施有以下几种。

1. 保证组织的公平性

公平感是工作满意度的前提条件。公平的组织环境可使员工相信付出后会有公平的回报，从而踏实工作。如果员工认为组织的薪资体系和分配制度等不公平，就会对工作产生强烈的不满。组织的公平性应体现在经营管理过程的各个方面，并需要用制度加以保障，如招聘时的公平、绩效考评时的公平、报酬体系的公平、晋升与发展机会的公平、离职时的公平等。组织应从以上方面入手，提升员工的工作满意度，从而使员工更投入地工作。

2. 让工作变得更加有趣

工作本身对员工的工作满意度有着重要的影响，如果工作内容丰富多彩，员工能有更多的学习机会和更大的自主权，那么员工的工作满意度会提升。一般可通过提供工作轮换、设立有挑战性的目标、鼓励员工提出合理化的建议、允许员工参与组织决策、重视在职培训、帮助员工规划职业生涯等方法来改善工作氛围。现在，许多企业，如美国电话电报公司、IBM 公司、福特汽车公司、壳牌石油公司等，都在为员工提供系统的测试，以便他们的工作职位能够与他们的技能和兴趣相匹配。其他一些公司，如可口可乐公司、迪士尼公司等，甚至为员工提供个人化的咨询，让他们识别自己的个人兴趣和职业兴趣，并使员工的兴趣和岗位尽可能匹配。

3. 营造和谐自由、关爱员工的组织文化

每个人都有对友谊、关爱和归属的需要。和谐自由、关爱员工的组织文化，能给员工带来较高的满意感。如果员工在工作中能得到上级及时、友好的指导和同事的理解与支持，则员工能较大地提高工作满意度；如果组织在重视员工身心健康、缓解员工的

工作压力方面做出了积极主动的举措,如鼓励带薪休假、开展健康体检、举办员工体育运动比赛、丰富员工业余生活等,那么员工较高的工作满意度能够更加持久。组织可通过对各级管理人员进行领导方式与技巧的培训、组织社团活动,增进员工间的沟通与理解,满足员工的心理需要,营造良好的组织文化。

█ 4. 提供良好的工作条件

良好的工作条件会给员工带来生理上的舒适感,缓解工作压力带来的紧张感,并提升员工自我感受和对于组织的认同感与归属感。因此,组织应从办公设施,装修装饰,工作环境中的温度、湿度、光线、噪声、通风情况等要素,以及工作安排中的休息时间长短、科学轮班等方面,尽可能地为员工创造良好的工作条件,最终提高员工的工作满意度。

第三节　组织承诺

一　组织承诺的概念

组织承诺(organizational commitment),也称"组织归属感""组织忠诚"等,是继工作满意度之后新兴的涉及员工态度的热点研究问题。这一概念最早是贝克(H. S. Becker)在 1960 年提出的,他将组织承诺定义为由单方投入(side-bet)产生的维持"活动一致性"的倾向,是一种甘愿全身心参与组织的各项活动的感情,反映了个体与组织间的"心理默契"。他认为组织承诺是员工随着对组织的单方投入的增加而不得不继续留在该组织的一种心理现象。在组织中,这种单方投入可以指一切有价值的东西,如福利、精力、已经掌握的只能用于特定组织的技能等。因此,组织承诺是组织人员对所在组织及其目标的认同,并且希望保持自己组织身份的一种态度。组织承诺包括三层含义:愿意继续保持组织人员身份;认可组织的价值观和目标;愿意为组织付出高绩效的劳动。

近几十年来,研究者对组织承诺进行了深入的研究,尤其是在组织承诺对员工行为的解释和预测方面。目前研究者们对于组织承诺持有不同的观点,尚未形成一个完整的解释模式,但大多数人都将组织承诺解释成一种忠诚的表现,可以用来测量个体在组织中留任的意愿。

二　组织承诺的结构

（一）组织承诺的三因素结构

迈耶(John P. Meyer)和艾伦(Natalie J. Allen)提出的三因素结构是目前受到广泛关注与普遍认同的划分标准,他们将组织承诺划分为以下三个维度:情感承诺、继续承诺、规范承诺。

1. 情感承诺

情感承诺(affective commitment)是指员工对组织的感情依赖程度、认同程度和投入程度。它是个体对实体的情感,包括价值目标认同、员工自豪感以及为了组织的利益自愿为组织做出牺牲与贡献等内容。情感承诺的特点是具有波动性,其承诺强度受到成员所感受到的来自组织的关心和支持程度的影响。情感承诺高的员工对组织非常忠诚且工作积极努力,他们以作为组织的一员感到自豪,他们努力工作不是为了得到物质利益的满足,而是出于对组织的认同和感情。

2. 继续承诺

继续承诺(continuance commitment)是指员工为了不失去在组织内已有的位置和多年投入所换来的待遇而不得不继续留在组织内的一种承诺。继续承诺与个人的经济物质利益直接相关,具有浓厚的交易色彩。一般而言,当员工进入组织后,会逐渐形成单边投入,如精力、已掌握的用于该组织的特定的技能、在组织中形成的人际关系和所拥有的资历及地位等。一旦员工离职,他就可能损失上述一切。可见,单边投入构成了员工继续留在组织的获益和离开组织的成本,并有效地阻绝了员工的离职倾向。这也是资深员工总是比新员工离职率低的原因之一。继续承诺是建立在经济原则基础上的、具有浓厚交易色彩的承诺。员工在组织中工作的时间越长,其继续承诺强度就越高,因为他们不愿意放弃既得利益。

3. 规范承诺

规范承诺(normative commitment)又译为"标准承诺",是指员工长期受社会影响形成了一定的社会责任感,因而选择继续留在组织内的承诺。一方面,在个体社会化的进程中,忠诚于组织是普遍能得到肯定和鼓励的一种恰当行为,这强化了个体内心顺从这种规范的倾向;另一方面,社会普遍存在的价值体系也促使员工在从组织得到利益时,内心产生一种回报的义务感,这也使员工选择继续留在组织内。影响规范承诺的因素包括对组织承诺的规范要求、员工的个性特征及受教育程度等。规范承诺水平较高的员工非常在意其他员工对于自己的离职有什么想法。他们不愿意让管理层失望,也担心同事可能会由于他们的离职而看不起他们。

（二）组织承诺的其他结构

我国学者凌文辁等人认为组织承诺包括心理因子和社会经济因子。心理因子包括情感承诺、理想承诺和规范承诺。社会经济因子包括经济承诺和机会承诺。

1. 情感承诺

情感承诺指对组织认同、感情深厚,愿意为组织的生存与发展做出贡献,甚至不计报酬,在任何诱惑下都不会离职或跳槽。其影响因素有:对领导的信任度;来自组织的生活支持;领导的团体维系行为;组织的可依赖性。

2. 理想承诺

理想承诺指重视个人的成长,追求理想的实现;关注个人的专长在组织中能否得到发挥;组织能否提供各项工作条件和学习及晋升的机会,以利于实现理想。其影响因素有:员工的社会公平交换水平;员工对同事的满意程度;员工所处团体的集体工作精神。

3. 规范承诺

规范承诺指对组织的态度和行为均以社会规范、职业道德为准则;对组织有责任感,对工作、对组织尽自己应尽的义务。其影响因素有:对领导的信任度;来自组织的工作支持;受教育程度;职位和晋升制度;领导的工作导向行为;对工作的满意度。

4. 经济承诺

经济承诺指因担心离开组织会蒙受经济损失,所以继续留在该组织。其影响因素有:工龄;对领导的信任度;员工的社会公平交换水平。

5. 机会承诺

机会承诺指留在某组织的根本原因是找不到其他更满意的组织,或者说因自己技术水平低,找不到其他的工作机会。其影响因素有:对报酬的满意度;来自组织的生活支持;组织的可依赖性;员工的社会公平交换水平;受教育程度;对组织的总体满意度;改行的可能性;年龄。

三 组织承诺对个体行为的影响

（一）组织承诺对离职的影响

国内外许多学者在研究后都认为组织承诺与离职倾向有着明显的负相关关系，即组织承诺越低，离职倾向越高。艾奇逊（Acheson）和莱弗茨（Lefferts）在1972年在实证研究后提出，员工承诺水平越高，其离职倾向就越低。他们发现，对组织有较高承诺水平的员工，工作时更愿意付出更多努力。后续研究也证实了组织承诺与离职呈显著的负相关关系。普莱斯（J. L. Price）经过研究提出了离职倾向路径模型，根据该模型，环境变量（家庭责任和机会）直接对工作寻找行为和离职倾向起作用，而个体变量（一般培训、工作参与度和积极/消极情感）和结构化变量（自主性、结果公平性、工作压力、薪酬、晋升机会、工作常规性和社会支持）则通过工作满意度影响组织承诺，进而对离职倾向起作用，它先影响企业员工的离职倾向，再对离职行为产生作用，具体如图4-3所示。

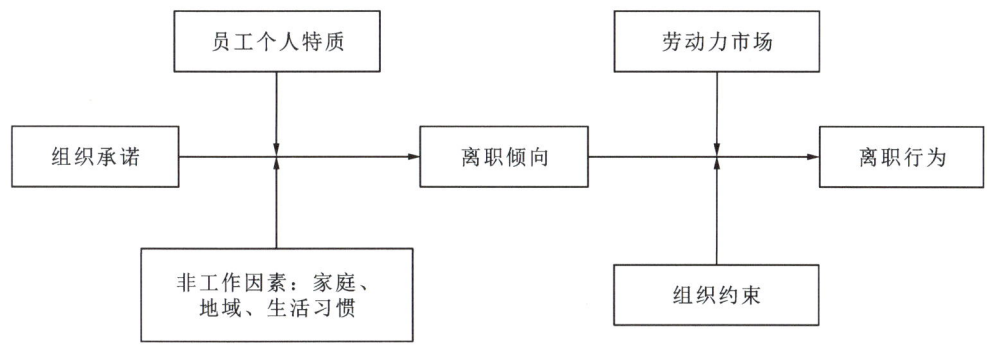

图 4-3 离职倾向路径模型

迈耶（Meyer）研究发现，组织承诺与员工离职关系密切，其中，情感承诺和离职行为的相关性最强，规范承诺次之，机会承诺最弱。我国研究者也发现组织承诺可以用来预测员工的离职行为，还有研究者发现员工的情感承诺和理想承诺可以预测员工的离职倾向。目前，企业年轻一代员工的高离职率引起了学者们的关注，并且他们赋予这一代青年特殊的标签——新生代。新生代员工的离职率之所以呈现较高水平，主要原因是新生代员工的多元化价值观作为个体变量，对情感承诺产生了较大影响。如果企业的价值观与新生代员工的价值观产生较大冲突，便会降低新生代员工的情感承诺，最终使他们产生离职倾向甚至离职行为。鉴于员工的离职倾向对于企业绩效可能产生的负面影响，企业应当尽早洞悉员工的离职倾向，并及时采取措施降低员工的离职倾向。工作满意度是组织承诺非常重要的前因变量，因此，企业可以通过提高工作满意度来提高员工的组织承诺，从而降低员工的离职率。

（二）组织承诺对工作绩效的影响

目前学术界对组织承诺与员工绩效的关系尚没有明确的界定。一方面,不少研究认为,组织承诺与员工绩效之间存在显著的正相关关系。例如,有研究发现,情感承诺既对角色内绩效和角色外绩效有直接的正向影响,又可通过规范承诺对角色内绩效和角色外绩效进行间接的正向影响。也有研究发现,两种组织承诺会分别影响工作绩效的不同方面,即情感承诺主要影响周边绩效,规范承诺主要影响任务绩效。一些研究还发现组织承诺对工作绩效有正向的作用,但也有研究者对此持反对意见,他们认为组织承诺对员工工作绩效的影响较小。国外有研究者通过分析发现组织承诺与工作绩效的相关系数仅为0.13。这些研究结果的差异可能源自研究对象的不同;中介变量的作用也可以在某种程度上解释这一结果,如工资报酬等有可能在组织承诺和工作绩效之间起调节作用,中介变量不同,组织承诺对工作绩效的影响也可能不同。

不同的组织承诺维度与工作绩效存在不同的影响。情感承诺、规范承诺与工作绩效呈正相关,但规范承诺作用较短暂。这一发现表明,组织采用"收买"方式使其成员难以离职,以取得其规范承诺,并不能改善员工的工作绩效。也有研究倾向于说明组织承诺并不能直接影响员工的工作绩效,可能存在中间变量或调节变量。

组织承诺(特别是情感承诺)对员工工作行为的积极影响不容忽视。情感承诺水平高的员工认为他们的工作内容更广,会自觉、自愿做一些不属于分内的工作,更容易主动接受上级指派的工作,而且对他们来说,投入地完成工作基本上是无须考虑的。他们对工作理解更深刻,往往能够创造性地工作。

四 组织承诺的管理

组织承诺会对组织员工的行为产生显著的影响,组织承诺水平高的员工能够表现出更好的工作绩效。

（一）通过招聘甄选合格的员工

一个组织在招聘员工时,建立员工情感承诺是第一个环节,对那些希望和员工建立起长期稳定关系的组织来说,需要考察以下几点。首先,注意鉴别那些有频繁跳槽经历的人,详细考察他们离职的原因。因为在这类群体中,有相当一部分人很难对一个组织建立起稳定的承诺关系,他们或者是为了追求一种多变的生活,或者是通过频繁的跳槽来达到薪酬不断增加的目的。一般情况下,这类群体的个性和价值观决定了他们很难稳定地在一个组织中工作。其次,要考察应聘者和组织之间价值观(特别是核心价值观)的匹配程度。如果个体和组织之间的价值观取向差异很大,那么进入组织后,个体会觉得很难适应,也不能建立起对组织的情感承诺。最后,通过工作预览的方法来甄选那些可能建立高情感承诺的员工。也就是说,通过一些具体的事例告诉应聘者,尤其是如实地告诉他们将要面临的挑战,这样,一些应聘者会通过自我判断而选择退出,那么,最终进入组织的员工也通过工作预览,对组织有了比较切实的了解和期望。这种方法有助于他们更快地适应组织中的生活,进而为建立情感承诺打下基础。

（二）通过建立合理的激励机制来提高员工的组织承诺

如果能够在组织中建立合理的激励机制,使得员工认为组织能够满足自身的需要,那么员工不但会对组织感到满意,还会提高自己对组织的承诺,也就是愿意与组织建立更长期的关系,为组织更加努力地工作。在企业中建立合理的激励机制,应注意以下两方面。一方面,应重视给员工提供合理的薪酬,包括全面薪酬、多种奖励和福利手段,以及员工持股和多元化福利待遇等,除此之外,还应重视工作本身对于员工的内在报酬。也就是说,通过工作本身,员工能够实现自己崇尚的理想和价值,把个人的理想和组织的目标更好地融合在一起,这样组织将会得到员工更高的组织承诺。另一方面,通过内部晋升来培养情感承诺,使那些在组织中工作多年、对组织有深厚感情的员工有更多的机会得到晋升,而且他们晋升后,又成为将组织的理念进一步传承下去的中坚力量。

（三）通过帮助员工制定职业生涯规划来提升组织承诺

从组织层面讲,组织借助职业生涯管理可以帮助员工确定个人在本组织的职业发展目标,将组织发展目标与员工职业发展目标结合起来。从员工层面讲,员工借助职业生涯规划,能更准确地认识自我,确定职业目标,并采取行动实现目标。这样一方面可以满足员工的理想承诺要求,另一方面又能帮助组织实现更好更快发展的目标。因此,针对不同年龄及部门的员工,组织要制定不同的职业生涯规划,并针对不同部门制定短、中、长期工作目标,使其符合组织未来的发展需求。对于组织内个人职业生涯规划程度较高者(如工作年限较长、高学历的人),应该经过沟通,了解其职业生涯规划,从而根据组织结构对其进行辅导,降低员工的离职倾向。

（四）通过培训和宣传来培养情感承诺

在员工刚进入组织的半年内,他们对周围的事物最敏感,接受新事物的可能性也最大,因此,新员工加入组织不久,组织就要对其开展细致的培训活动,向新员工传播组织的价值观、行为规范和历史传统。抓好这一阶段的培训工作,员工对组织的情感承诺就会有大幅度的提升。另外,宣传组织理念的活动也可以培养员工的情感承诺。例如,日本的很多公司常利用齐唱公司歌、齐诵公司理念的方法来培养员工对公司的归属感;中国的联想公司将员工符合公司理念的优秀表现制成精美的幻灯片、卡片,通过公司内部网络在全体员工中传阅,公开表扬这些员工的具体行为,起到了培养员工情感承诺的作用。

(五)通过沟通和支持培养组织承诺

对多数员工而言,情感承诺是通过具体的人来建立的,因此组织中的上下级之间、同级同事之间的沟通和支持非常重要,其中各级领导对下属的言行方式更为重要。领导采用正确的沟通方式,让下属感受到来自领导的工作支持,可以增强员工的情感承诺;相反,糟糕的沟通和领导方式会极大地损害员工的情感承诺。例如,联想公司推行了"不称总"运动,下级员工可以直呼上级领导的名字,这拉近了上下级的距离,公司还按部门定期组织部门内的交流沟通活动,大家可以在轻松的氛围中讨论工作和生活,增强了部门的凝聚力。

 关联知识

二维码 4-3
如何提高中国员工的
组织承诺

中英文关键术语

态度(attitude)
工作满意度(job satisfaction)
组织承诺(organizational commitment)

思考题

1. 试述态度的概念和主要特性。
2. 评述费斯廷格的认知失调理论。
3. 评述海德的平衡理论。
4. 人们通常采取哪些方法来改变态度?
5. 影响工作满意度的因素有哪些?
6. 试分析工作满意度与离职率的关系。

7. 试阐述组织承诺的结构。

8. 如何提升员工的组织承诺？

案例分析题

 一、阅读材料

糟糕的石油开采公司

苏珊教授正在办公室备课，约翰轻轻地敲了几下虚掩着的门，介绍自己："您好，教授，我想您可能不认识我了。"苏珊教授想起来了，约翰是她几年前的学生。约翰毕业后去了一家石油开采公司工作，现在他把工作辞了，又来到学校继续读书。

"欢迎回来！"苏珊说，她把约翰领进了办公室，"我听说你曾在一家石油开采公司工作，怎么样？"

"还好，教授。"约翰说，"我在一家石油开采公司工作了两年。当时我特别想去这家公司。据说这家公司待遇很好，而且有不少假期，因此有很多人都想去。经过激烈的竞争，我很幸运地成为这家公司的一员。当时招聘吸引了很多人应聘，因此引起了媒体的关注，一家报纸还报道了这件事。我们这些被选中的人都非常开心，而且感到很自豪。我对招聘官们印象非常深刻，因为他们似乎特别关心我们在井上工作的安全及福利问题。后来，我才知道，他们都来自一家咨询公司，而且专门负责员工招聘。实际上，在那次招聘会上，这家公司的管理者一个也没出现。"

约翰接着说："来这家公司工作后，我们感到非常震惊。我们都没想到会做那么糟糕的工作。在凛冽的寒风中，我们干着最脏的活。尽管这样，在前几个月里，我们大多数人还是向管理层表示我们很希望把工作做好，而且我们一起被招进来的这些人相处得很好，建立起了很紧密的联系，这可以帮助我们战胜恶劣的天气、完成艰难的任务。"

"可是这家公司的管理者都是令人厌恶的包工头。刚开始的几个月，我们尽量忍受各种虐待。后来，由于要修理机器，生产被迫停了两次，这下情况变得更糟糕了。这家公司的高层对此很不满，给基层管理者施加了更多的压力，基层管理者又把这种压力转嫁到我们头上。"

"他们开始不顾安全程序，一个劲儿地催促我们快点干活。他们经常当着其他员工的面，谩骂、侮辱员工。有些同事被解雇了，还有些同事辞职了。有一天，

我也差点被解雇,仅仅因为我的老板认为我故意偷懒。他不知道,也根本不关心我正在连接的设备坏了。有好几个同事尽量避免见到上级,尽可能少做工作。一些员工开始撒谎说背痛,请假不上钻井。"

"在这些上级的控制之下,我们对钻井上的问题一无所知。这些上级让我们不要对那些与我们无关的事太感兴趣。但是钻井上的问题以及以后的合同问题,对于我们这些不想辞职的人来说非常重要。我们的工作是否有保障,依赖于钻井的生产水平以及能否找到新的钻井。"

"由于有人不正确地操作了机器,皮特在工作中意外死亡。这件事引起了很多人的关注。事故调查团认为皮特的死因是他没有经过系统的培训,并且在没有任何安全警告的情况下去工作。当调查团还在调查事故的时候,好几个工人决定成立工会,并且很快就有很多人签名加入,这让这家公司乃至整个石油开采行业非常震惊。"

"从那以后,公司管理层想方设法欲解散工会。他们甚至派来了一个安全检查官,我们发现他是公司雇来的一个顾问,目的是破坏工会组织。"

"教授,我怀着满腔热情来到这家公司,结果在上个月非常失望地离开这家公司。这真的让我很苦恼,因为我总是被教导不管情况多么恶劣,都要尽全力去工作。"

资料来源:刘永芳. 管理心理学[M]. 北京:清华大学出版社,2021,内容有删改。

二、阅读并思考

1. 请用工作满意度模型解释为什么这家石油开采公司的员工对其工作不满意。

2. 这家公司的员工表达他们对工作不满意的方式有哪些?

3. 在这家公司工作的两年里,约翰对这家公司的满意度不断下降,直到离开公司,请分析影响他工作满意度的因素。

练习题

二维码 4-4
第四章课后
练习题及参考答案

第五章

激励理论与管理

本章引例

丰田公司的申报制度和职工建议制度

　　企业管理者越来越重视对员工潜能的激发。日本丰田公司成立于 1933 年。1999 年,丰田位居美国《财富》杂志 500 强第十位。

　　丰田公司奉行"事业在于人"的经营宗旨,并认为高工资、高福利等物质激励手段的作用是有限的,只有当员工觉得自己的能力得以发挥、自己的想法和工作成果得到公司和同事承认的时候,他们才会有更大的干劲。因此,丰田公司注重从精神层面激励员工,建立了申报制度和职工建议制度。申报制度即每年年初,丰田公司让每位员工申报一年的工作指标,年终向上级汇报指标完成情况及自己能否适应现在的岗位。同时,由上级和其他部门派出代表,对每位职工的工作能力进行鉴定,以充分发挥员工的个人才能。在丰田公司,到处都是"好产品,好主意"的大幅标语,这就是有名的"职工建议制度"。丰田公司认为,丰田人的使命是通过企业去奉献社会、造福人类,为此,每个员工时刻不能忘记开发新技术,生产符合时代要求的产品。丰田公司为鼓励职工提建议,规定建议一经采纳即为员工支付奖金。因此,丰田公司职工所提的建议非常多,采纳率也特别高。职工建议制度帮助公司渡过了震撼世界的 20 世纪 70 年代的石油危机,使丰田公司抓住机遇,制造出销量不断增长的节油型汽车。职工建议制度也使丰田人努力团结一致,发挥主观能动性,这成为丰田公司发展壮大的主要动力之一。

　　资料来源:宗和. 世界名企员工激励成功案例[J]. 中国乡镇企业,2004(03):27-29,内容有删改。

第一节　激励的基本过程

一　激励的定义

　　激励(incentive)按字面意思来理解,指的是激发、鼓励人的工作干劲。在管理学上,激励指的是通过某些精神或物质的刺激,激发人的工作动机,使人朝着组织所希望的目标和方向前进的心理活动过程。通过对激励定义的分析,我们可以看出,激励包含以下几个要素。第一,行为的方向,即被激励者选择的奋斗目标。第二,行为的强度,即被激励者实现目标的努力程度。第三,行为的持续期,即被激励者是否一直坚持下去直到目标实现。因此,激励代表了人行为的方向、强度与持续时间这三种因素之间的关系。

二　激励过程的基本模式

　　激励的基本过程是由需要引起动机,动机引起行为,行为又指向一定的目标。这说明,人的行为都是由动机支配的,而动机则是由需要引起的。个体做出行为,就是在某种动机的驱动下,为了实现某个目标而进行的有目的的活动。需要、动机、行为、目标四者之间的关系可以用图 5-1 来描述。

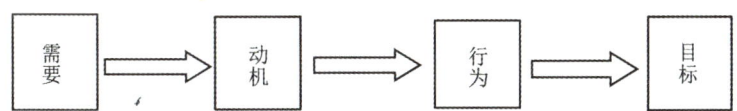

图 5-1　需要、动机、行为、目标之间的关系

如果将图 5-1 转换成图 5-2,就变成了人类行为的基本模式。

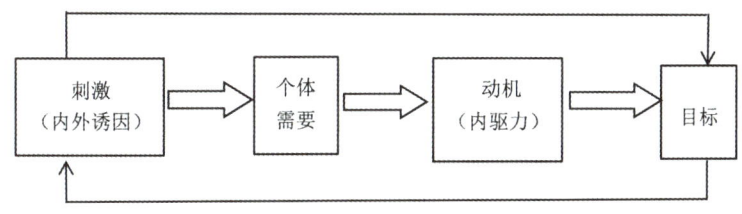

图 5-2　人类行为的基本模式

　　从图 5-2 中可以看出,实际上,人在行为中要处理好三个变量之间的相互关系。一是刺激变量,即引起有机体行为反应的内外部环境刺激;二是机体变量,即有机体本身对行为反应有影响的特征,如性格、动机、内驱力强度等;三是反应变量,即刺激变量和机体变量引起有机体行为的变化。

　　由此分析,图 5-1 中的需要和动机都属于机体变量,行为属于反应变量,目标属于刺激变量。

　　人的行为激励过程,实际上就是使刺激变量引起机体变量(需要和动机)产生持续兴奋,从而引起积极行为反应,当目标实现后,经反馈又强化了刺激,如此周而复始、延续不断。

三　激励过程的核心阶段

　　激励过程分析一般涉及激励的动力、激励行为的指向、激励行为的保持,这就是"激励三要点",是指唤起、指向和维持通往某一目标行为的过程。激励三要点表明,激励不等于实际工作绩效。激励过程的核心阶段可用图5-3表示。

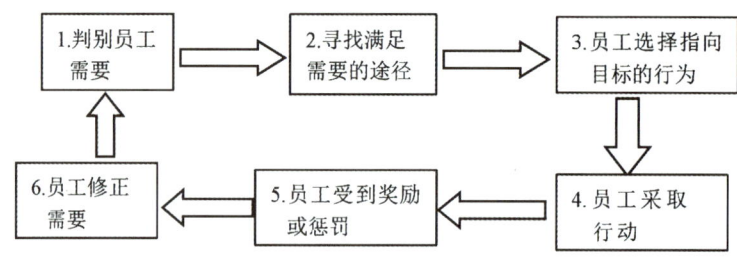

图 5-3　激励过程的核心阶段

　　激励过程的第一阶段从员工需要的判别开始。需要是指个体某一特殊阶段的匮乏或不足,可以是生理需要、心理需要,也可以是社会需要。它会使个体处于紧张状态,促使个体采取措施寻找满足需要的途径,以减轻或消除紧张(此时进入第二阶段,即寻求满足需要的途径的阶段)。激励是有目标指向的,目标是个体力求达成的特定结果,如通过加班获得加薪、升职等(此时进入第三阶段,即选择指向目标的行为的阶段)。员工目标是其工作动力,实现目标可以在很大程度上满足其需要,如员工具有强烈的进取心,希望通过加班获得升职、加薪机会以及为上级留下良好的印象。上述需要和意愿使得个体处于紧张状态,基于特定的行动能消除紧张这一信念,员工便积极采取相应的行为努力消除紧张。力求上进的员工常常通过出色地解决组织所面临的难题而获得上级的赏识(此时进入第四阶段,即采取行动阶段)。加薪和升职是组织激励员工的两种主要方式,同时,这也是组织向员工传递其行为是否恰当的重要反馈信息(此时进入第五阶段,即对员工进行奖励或惩罚阶段)。员工会根据受到的奖惩修正自己的需要和行为(此时进入第六阶段,即员工修正需要阶段)。这就是激励过程的六个核心阶段。[①]

四　激励理论的分类

　　激励理论可以分为内容型激励理论、过程型激励理论、行为改造型激励理论和综合型激励理论。其中,内容型激励理论包括需求层次理论、ERG理论、成就需要理论

　　① ［美］D. 赫尔雷格尔,J. W. 斯洛克姆,R. W. 伍德曼. 组织行为学［M］. 9版. 俞文钊,丁彪,译. 上海:华东师范大学出版社,2001.

和双因素理论;过程型激励理论包括公平理论、期望理论和目标设置理论;行为改造型激励理论包括强化理论;综合型激励理论包括波特-劳勒激励过程模型、罗宾斯综合激励模型以及豪斯综合激励力量理论。具体如图 5-4 所示。

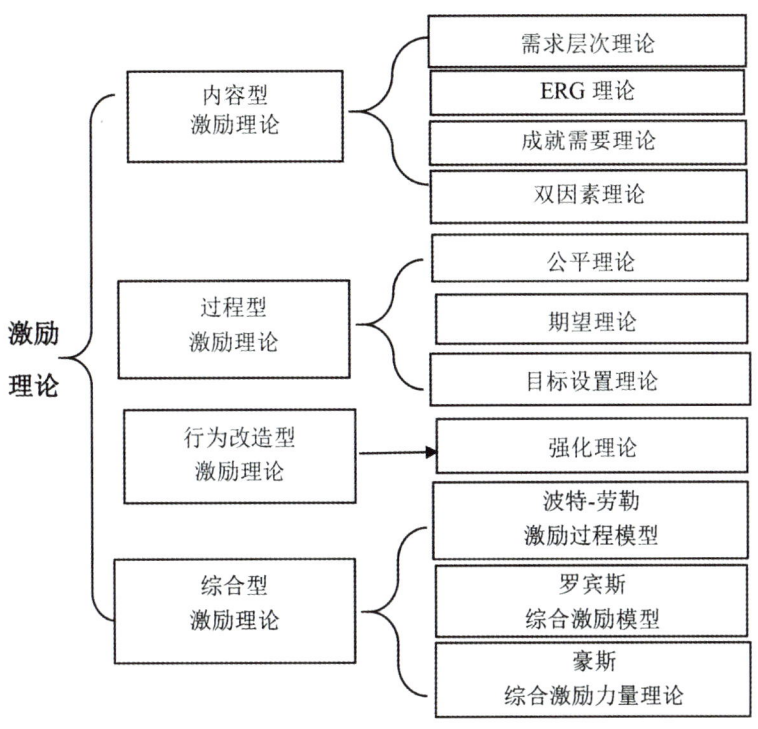

图 5-4　激励理论的分类

五　激励的意义

激励的意义主要表现在以下两个方面。一方面,激励是生产力的促进剂、推动剂。研究表明,绩效是能力和激励两个因素乘积的函数,因此,员工仅有能力尚不足以确保其高水平地完成工作,他还需要具有出色完成工作的强烈意愿。另一方面,激励是以人为中心的管理思想的主要管理职能。现代组织管理正在从以物为中心转向以人为中心,越来越突出人的作用和力量。人是管理的主体,激励是管理的核心。

六　激励理论所面临的挑战

激励理论所面临的挑战主要表现为以下三点。

其一,对于员工是否受到激励,只能从理论上进行推理,很难从外部进行观察。由于需要和动机对激励有如此重要的作用,对它们的研究一直是管理学研究者和实践者共同关心的问题,但是对它们的研究是十分艰难和复杂的。这主要有以下三个原因:一是需要和动机隐藏在人的内心深处,是个"暗箱",难以直接测量;二是人是能动和复杂的,同一种行为可能出于多种动机,同一种动机也可以表现为多种不同的行为,它们并无简单的一一对应关系;三是需要、动机以及表现出来的行为除了会受到本人气质、性格、经历、兴趣等个性品质的影响,还会受到家庭、组织、社会、国家等众多环境性、文化性因素的影响。

其二,员工的需要、愿望各不相同,而且它们可能会相互冲突,如员工自我实现需要可能与家庭归属需要产生冲突。同时,这些因素还会随着时间的推移而不断发展、变化。

其三,对于不同个体,激励具有相当大的差异性,并且他们为此付出的努力也有所不同。

第二节　内容型激励理论

内容型激励理论着重研究强化、引导或抑制个体行为的特定因素,如一份稳定的工作、有吸引力的薪酬、良好的工作环境、和谐的同事关系等。获得广泛认可的四种内容型激励理论是马斯洛需求层次理论、阿德弗的 ERG 理论、麦克利兰的成就需要理论和赫兹伯格的双因素理论。

一　马斯洛需求层次理论

需求层次理论(hierarchy of needs theory)是人们最为认可的激励理论。马斯洛(A. H. Maslow)认为个体具有复杂的多层次需求组合,每一层次的需求下面是更基本的需求。

(一)需求层次理论的内容

马斯洛把人的需求分为五个层次,由低到高依次为生理需求、安全需求、归属和爱的需求、尊重需求和自我实现需求,具体内容如图5-5所示。

1. 生理需求

生理需求(physiological need)包括对食物、水、空气、住所等的需求。员工进入更高层次需求之前,主要集中于满足这些生理需求。当员工被生理需求激励时,员工并

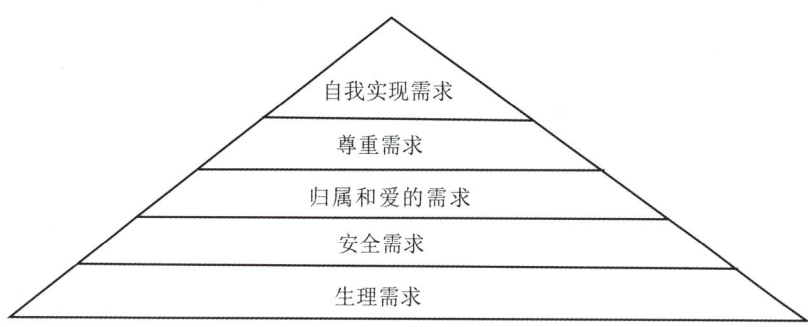

图 5-5　马斯洛需求层次理论的内容

不关心工作内容本身，而会接受任何能满足生理需求的工作。管理者则可能认为员工主要为金钱工作，好逸恶劳。

2. 安全需求

安全需求（safety need）主要包括追求安全与稳定，以及免遭痛苦、危险或疾病的需求。追求安全需求的员工对工作优劣的判断主要以能否保障自身的基本需求为标准。管理者则非常强调规章制度与工作保障，在工作中不鼓励员工创新和冒险。

3. 归属和爱的需求

归属和爱的需求（belongingness and love need）包括寻求友谊、情感和归属感的需求。当生理需求和安全需求得到满足后，归属和爱的需求便会出现。员工此时会把工作视为寻求建立温馨、友善的人际关系的契机。管理者则强调同事间的接纳、业余活动的开展以及团队规范的重要性。

4. 尊重需求

尊重需求（esteem need）指个体希望获得稳定、牢固的地位，希望得到他人对自身价值的承认与尊重，同时，自己也表现出自重自尊。具有强烈的尊重需求的员工希望他人了解并肯定自己的能力。管理者一般通过奖励、承认员工的工作业绩等方式来激励员工。

5. 自我实现需求

马斯洛认为，自我实现需求（self-actualization need）是促使人的能力得以实现的趋势，这种趋势就是希望自己越来越成为所希望成为的人，完成与自己的能力相称的一切事情。追求自我实现的员工会致力于提高解决困难的能力，而管理者则会让员工们发挥其一技之长，或给予员工自由安排工作任务的权力。

（二）需求层次理论的主要观点

马斯洛需求层次理论具有以下几个主要观点。一是五个层次的需求由低到高依次得到满足；二是需求一旦得到满足，就不再具有激励作用；三是同一时期，几种需求可能同时存在，但是只有一种会成为优势需求，优势需求的满足决定人当前的行为；四是高层次需求的满足途径比低层次需求的满足途径更多。

（三）需求层次理论在管理中的应用

管理者要了解和掌握员工所处的需求层次，并尽力满足员工的需求。需要注意的是，同一个员工在不同时期，由于时间、环境等条件的变化，所处的需求层次可能是不同的；不同员工之间由于职业、年龄、个性、物质条件、社会地位等不同，需求层次也会存在差异。

管理者要把握员工在某一时期的优势需求及其变化，有满足员工的优势需求，才能产生最大的激励力量。

生理需求、安全需求、归属和爱的需求这三种低层次需求是基本需求，马斯洛认为除非这三种需求都得到满足，否则个体无论在生理上还是在心理上都无法成为一个健康的人。

尊重需求和自我实现需求是高层次需求，也是个人健康成长所需要的需求，这两种需求得到满足，才有助于个体成为真正意义上的人。

高层次需求在大多数个体身上都存在，一般情况下，高层次需求会起着强有力的激励作用。

尽管马斯洛对于需求的分类可能具有普遍性，但它是以美国文化为背景的，因此，在应用时，这个分类会伴随文化差异而发生变化，例如，在丹麦、挪威、瑞典等北欧国家，人们普遍认为高生活质量比生产效率更重要，因此，人们认为归属和爱的需求比自我实现需求与尊重需求更重要；在日本与希腊等这样一些以避免不确定性为文化价值导向的国家中，安定的工作与长期雇佣制对员工所起的激励作用可能要超过自我实现需求；而在中国和韩国等一些强调集体主义和团队精神的国家，归属和爱的需求以及安全需求比成长需求可能更为重要。

二　ERG 理论

（一）三种基本需要

阿德弗(Clayton P. Alderfer)赞同马斯洛关于个体需求具有层次性的观点，但他认为个体具有三种基本需要：生存需要、关系需要和成长需要。生存需要（existence need）又称物质需要，它能通过食物、空气、水、工资、福利以及工作条件等加以满足，相当于马斯洛需求层次理论的生理需求和安全需求；关系需要（relatedness need）指与同事、上级、下级、朋友、家人建立与保持和谐的人际关系，相当于马斯洛需求层次理论中的归属和爱的需求；成长需要（growth need）指个体力图在工作中做出创新和有效的业绩，从而为个人成长寻求机会，相当于马斯洛需求层次理论中的尊重需求和自我实现需求。

（二）主要观点

第一，各个层次的需要得到的满足越少，则这种需要越为人们渴望追求，如满足生存需要的工资越低，人们越是渴望获得更高的工资。

第二，较低层次需要越是获得满足，人们对高层次需要的渴望和追求也越强烈，如人们的生存需要和关系需要获得满足之后，对成长需要的追求也越强烈。

第三，人们较高层次的需要越不能获得满足或越缺乏，人们对较低层次需要的追求就越强烈，这就是所谓的"挫折-倒退"模式。

（三）马斯洛需求层次理论与 ERG 理论的区别

马斯洛需求层次理论与 ERG 理论的主要区别如表 5-1 所示。

表 5-1　马斯洛需求层次理论与 ERG 理论的区别

理论	马斯洛需求层次理论	ERG 理论
主要区别	五种需求是天生的	有的需要是后天学习产生的
	严格的阶梯式序列	不一定严格地按由低到高逐级发展的顺序
	需求由低到高依次得到满足	遭遇挫折会出现倒退现象
	需求一旦得到满足，就不会再有激励作用	需要的满足会加强它的激励作用

首先，马斯洛认为五种需求是天生的，但 ERG 理论认为有的需要是后天学习产生的。

其次，与马斯洛需求层次理论不同，ERG 理论认为三种需要可以同时并存，高层次需要的存在不必以低层次需要的满足为前提。也就是说，当一个人的生存需要和关系需要都还没有得到满足时，他也可以为成长需要而努力工作。ERG 理论不强调需要层次发展的秩序性。

再次，ERG 理论认为，当追求较高级的需要受到挫折时，人们可能退而求其次，即出现所谓的"挫折-倒退"模式。而马斯洛需求层次理论强调需求层次是波浪式依次向上发展的。

最后，马斯洛认为需求一旦得到满足，它就不会再对我们有激励作用；而 ERG 理论认为需要的满足会加强它的激励作用，例如，如果一项工作充满了挑战性和创造性，它就会让我们的成长需要越来越强烈,从而促使我们去寻找更有挑战性的工作。

（四）ERG 理论在管理中的应用

ERG 理论在管理中对于人们的启示在于,当个体处于满足自身需要的激励状态,当下属成长需要因工作关系或资源匮乏而遭受挫折时,管理者应修正员工的行为,使之转向满足生存需要或关系需要。

三　成就需要理论

（一）三种需要

这是美国哈佛大学心理学家麦克利兰于 20 世纪 50 年代在一系列文章中提出的理论。他认为人的需要是不断发展的,人在生理需要获得满足之后,就有了对权力、友谊和成就的需要。

1. 权力需要

权力需要(need for authority and power)是指影响和控制其他人行为的欲望。具有较高权力欲望的人对影响和控制别人表现出很大的兴趣,这种人一般喜欢成为领导者。

2. 友谊需要

友谊需要(need for affiliation)指的是与他人建立和保持亲密人际关系的愿望。具有友谊需要的人通常从友爱、情谊和社交中得到满足和快乐。他们喜欢与别人保持一种融洽的关系,享受与人亲密无间和相互理解的乐趣。

3. 成就需要

成就需要(need for achievement)指的是争取优秀、追求卓越的需要。具有成就需要的人,经常考虑个人事业的前途和发展,对工作的胜任感和成功有强烈的要求。

这三种需要可以同时并存,同时发挥激励作用。但是,这三种需要排列的层次和重要性因人而异,如年轻经理的权力需要少些,而对成就与友谊的需要较强;成功的中年以上的经理更强调成就需要,并有强烈的权力需要,但对友谊需要的渴求相对降低。

（二）高成就需要者的特征

麦克利兰通过广泛取样(尤其是企业家样本)，着重对三种需要中的成就需要进行了深入研究。他认为个体的激励水平取决于其追求卓越、力求成功的意愿强度，而成就需要的强烈程度与人的童年经历、职业经历以及所在组织的风格有关。高成就需要者与低成就需要者有不同的特征，具体如表 5-2 所示。

表 5-2　高成就需要者与低成就需要者的特征

项目	高成就需要者	低成就需要者
特征	强烈要求承担个人责任	与他人分担完成工作的责任
	喜欢设定有中等挑战性的目标,愿意承担预测的风险	喜欢较低风险
	要求得到具体反馈	不要求反馈
	一心一意专注于完成任务,从完成工作中获得很大的满足感	完成任务的集中度差

首先，高成就需要者愿意为自己设立目标，并承担责任。他们总是热衷于挑战，力求有所建树。他们肯向能为他们提供所需技术的专家们求教，会尽可能地承担责任。

其次，高成就需要者不会选择高难度的目标，而宁愿选择中等难度的目标。他们敢于冒风险，又能以现实的态度对待风险。

再次，高成就需要者喜欢能及时提供具体反馈的工作。他们喜欢那些在实现目标的过程中能提供及时和明确反馈信息的职业和工作，不喜欢绩效没有明确标准和拖延时间过长的工作。

最后，高成就需要者能从完成工作中获得很大的满足感。高成就需要者主要从完成工作所取得的成就中获得快乐，而不单纯追求物质报酬。他们将物质报酬仅仅作为衡量自己成就的一项重要指标。

（三）成就需要理论在管理中的应用

首先，任务本身要具有挑战性。

其次，要加强成就需要培训，时间一般为 7～16 天，课程中要设置以下内容：向受训对象讲授如何像一个高成就需要者那样思考、谈话和行动；鼓励受训对象在接下来的两年中，为自己设立一个比较高的、经过深思熟虑的、可以实现的工作目标，每 6 个月对该目标的达成情况进行一次检查；使受训对象认识自己；让受训对象从希望与恐惧、成功与失败的对比中获得一种特定的情绪体验。

最后，可进行心理测验。麦克利兰通过"主题统觉测试"(TAT)了解人们的成就需要状况。这套测试工具由 4～6 张图片组成，被试者在 10～15 秒内看完一张图片，在 5～8 分钟内编写一个不到 200 字的短故事。被试者按照以上方法对每张图片进行观察,然后编写故事,直到做完整套测试。之后,被试者在专家指导下,按照一定的标准,为自己编写的故事评分,由此测量出被试者的权力、友谊和成就需要的强度及其组合情况。该方法依据的是心理学上的投射方法。由于看图与编写故事的时间很短,被试者只能凭直觉反应来回答问题,答案往往能反应被试者潜意识的真实意图。

四　双因素理论

（一）两种不同的影响因素

　　赫兹伯格与他的合作者们以会计师与工程师群体为样本,针对工作满意度与生产效率之间的关系,采用半封闭式访谈进行了调研。他们发现了两种不同的影响因素:一是保健因素(hygiene factor),包括公司发展方针、行政管理、技术管理、薪资、奖金、工作条件、人际关系等,这些因素与个体对工作的负面感受以及工作环境有关;二是激励因素(motivation factor),包括工作本身、认可、进步以及责任,这些因素与工作内容本身以及个体对工作的正面感受有关。

（二）两个独特的观点

　　由于具有两个独特的观点,双因素理论成为较具争议的激励理论之一。其中一个观点是,一部分工作因素能产生满意感,而其他工作因素则会防止不满意感的产生;另一个观点是,对工作满意与不满意并非存在于同一连续体,虽然传统观点认为满意的对立面是不满意,但该理论认为,满意的对立面是没有满意,不满意的对立面是没有不满意,在满意和不满意之间,存在没有满意和没有不满意。

（三）争议

　　基于双因素理论进行的实证研究迄今未能提供支持或否定该理论的明确证据,但是,赫兹伯格将激励与满意感等同起来,满意时的各类因素被称为激励因素,不满意时的各类因素被称为保健因素。这一观点经常引发争议。争议主要集中在以下两点。
　　第一,研究方法与步骤。对此,有研究者认为赫兹伯格运用因素测量方法或关键事件法导致了相应的结果。他向被试者提出了以下两个关键问题:请你详细描述何时你对工作的感觉特别好;请你详细描述何时你对工作的感觉特别糟。人们回答这类问题时容易哗众取宠,也容易把成功归于自身努力,将失败归于他人。
　　第二,关于满意与不满意是否真的互不相关。研究发现,有的因素与两者都相关,但也有研究表明激励因素与不满意有关。

（四）发展：三因素理论

相关研究者在双因素理论的基础上提出了三因素理论,三因素具体包括激励因素、保健因素和去激励因素,也称为激励与去激励因素的连续带模式。

1. 激励、保健、去激励因素的含义

在管理学上,激励因素能给人们带来满意感,提高人的积极性,使人们工作的积极性提高;保健因素能避免人产生不满意感,保护人的积极性,但不会使人的工作效率提高;去激励因素会引起人的不满意感,使人的积极性降低,使工作效率降低。三者含义中的差别如表 5-3 所示。

表 5-3　激励因素、保健因素和去激励因素的含义区别

项目	激励因素	保健因素	去激励因素
区别	使人产生满意感	使人避免产生不满意感	使人产生不满意感
	使人提高积极性	保护人的积极性	使人积极性降低
	使工作效率提高	维持原状,不会使工作效率提高	使工作效率降低

三因素理论弥补了赫兹伯格的双因素理论的不足。组织中存在这三种因素,而且这三种因素相互联系、相互影响。去激励因素是一种负激励因素,对积极性起破坏作用,同时,激励因素与去激励因素紧密相连,当某项激励因素无实现条件或实现过程中出现偏差时,激励因素就会转化为去激励因素,例如,职务晋升中出现不公,就可能转为挫伤人工作积极性的去激励因素。

2. 激励与去激励因素的连续带模式

与双因素理论不同,三因素理论认为,三个因素处于同一个连续带上。激励因素与去激励因素是两个端点,在这两者之间,有许多强弱不等的激励形式,它们构成了一个连续带,如图 5-6 所示。

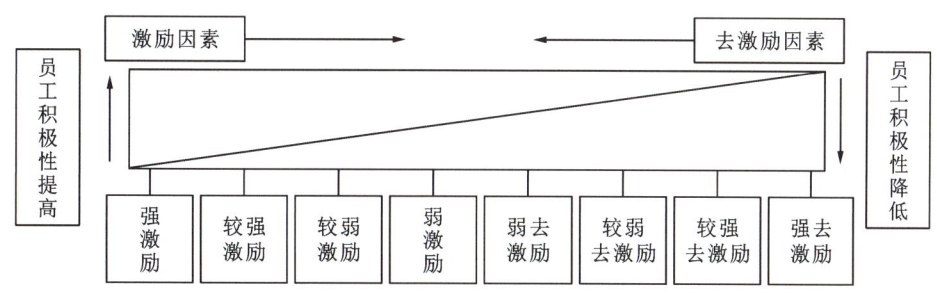

图 5-6　激励与去激励因素的连续带模式

从左到右依次为强激励、较强激励、较弱激励、弱激励四个强度水平；从右到左，依次为强去激励、较强去激励、较弱去激励、弱去激励四个强度水平。组织中存在许多处于既非强激励也非强去激励的因素，即中间过渡地带的激励或去激励因素，如很多单位每年涨一次的薪级工资。

3. 保健因素在激励与去激励因素的连续带模式中的位置

相关研究人员认为，完全可以在连续带中探索出激励、保健和去激励因素三者之间的关系，如图 5-7 所示。

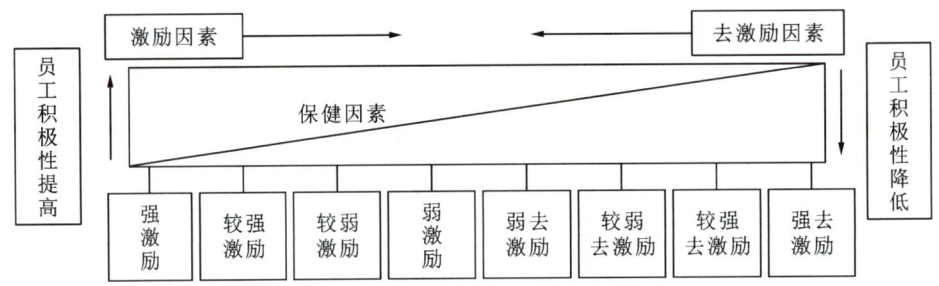

图 5-7　保健因素在激励与去激励因素的连续带模式中的位置

保健因素在连续带中不起强激励或较强激励作用，也不属于去激励因素，它只能起到强度水平较低的弱激励作用，因此，可以将其放在较弱激励和弱激励区域。

通过这种方法，在激励与去激励因素的连续带模式中，就可以区分出这三个因素了。激励因素引起强或较强激励作用，引起人们的满意感；保健因素引起较弱或弱激励作用，不会让人产生不满意感，但也不会让人产生满意感；去激励因素则引起不满意感。保健因素不是一个孤立的因素，它位于激励与去激励因素的连续带模式的中间过渡区。

管理人员在日常管理中，要学会对组织中的激励因素和去激励因素进行甄别，并采取相关措施实现由去激励向激励的转化。

第三节　过程型激励理论

内容型激励理论没有说明人们为了完成工作目标是如何进行行为方式选择的，过程型激励理论则试图解释和描述整个激励过程，包括动机的形成和行为目标的选择等。比较有名的过程型激励理论有公平理论、期望理论和目标设置理论。

一　公平理论

美国心理学家亚当斯(J. S. Adams)于 1965 年提出了公平理论。公平理论所研究的公平是指管理意义上的分配公平感。分配公平感是指人们对组织资源或报酬的分配,尤其是涉及自身利益的分配是否公正合理时的个人判断和感受。这种判断和感受直接影响其工作积极性。亚当斯的公平理论着重研究个人通过与他人进行比较所获得的公平感。他认为,一方面,员工所得的绝对报酬(即实际收入)会影响他们的工作积极性;另一方面,员工的相对报酬(即与他人相比较的收入)也会影响员工的工作积极性。一个人总是把自己的回报与投入之比和他人的回报与投入之比进行比较,若觉得相等,就认为是公平的,若不相等,则认为是不公平的。

(一)亚当斯方程

亚当斯用结果与投入的比值(O/I)来说明公平问题,这就是亚当斯方程。亚当斯方程表明,只有在当事者与参照者双方比值完全相等时,当事者才会有公平感;如果比值不相等,当事者就觉得不公平。亚当斯方程如下:

$$Op/Ip = Oo/Io$$

在这个方程中,Op 代表一个人对自己所获结果的感觉,Ip 代表这个人对他自己所做投入的感觉。等号右边是针对别人。

变量 I 代表"投入"(贡献)。当事者进行比较的投入大体上可以分为两类:一类是与他的工作或职位特性有关的环境因素,如责任、风险、劳动条件等;另一类是个人因素,如知识、能力、经验、学历、资历、当前的绩效、过去的功劳等。实际上,当事者有可能将在比较中有利于他的任何一项因素列为投入。现实中,人们往往只着眼于几个他认为超过对方的投入项目。

变量 O 代表"结果"(收益)。当事者进行比较的结果可以分为两类:物质性的和非物质性的。这些结果都是外在性的奖酬,如工资、奖金、住房、荣誉、提升、进修等,它们都是由组织控制和提供的。现实中,人们往往用他认为最关键、最重要的几个结果来做比较,而这些结果正是他认为吃了亏的项目。因此,人们到底会拿哪些结果做比较,完全是由当事者主观决定的,并无客观通用标准。

(二)不公平结果

不公平结果及其消除方式如图 5-8 所示。

当员工通过比较觉得不公平时,心理就会感到不平衡,产生紧张感。为了消除紧张感,恢复心理平衡,员工就会在心理和行为上发生改变:如果员工觉得自己报酬过高,就会增加自己的投入、减少收入,或说服自己相信产出与投入是等值的;如果员工觉得自己报酬过低,则会消极怠工,减少投入,或者要求他人增加投入,也有可能跳槽或改变比较方法,或通过自我解释达到自我安慰目的等。

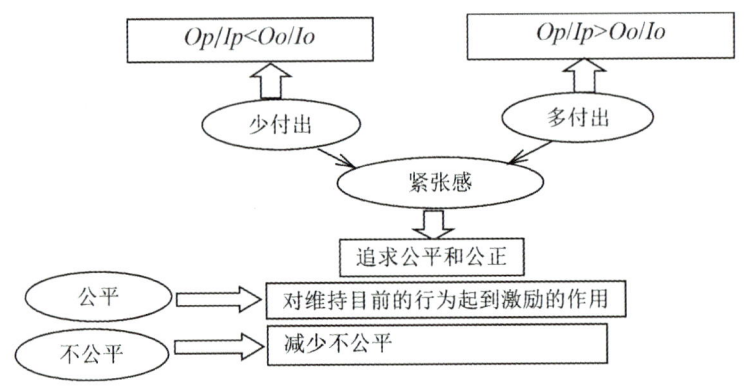

图 5-8 不公平结果及其消除方式

(三)新公平观

除分配公平(distributive justice)之外,组织中还有一种公平,即程序公平(procedural justice),具体如图 5-9 所示。

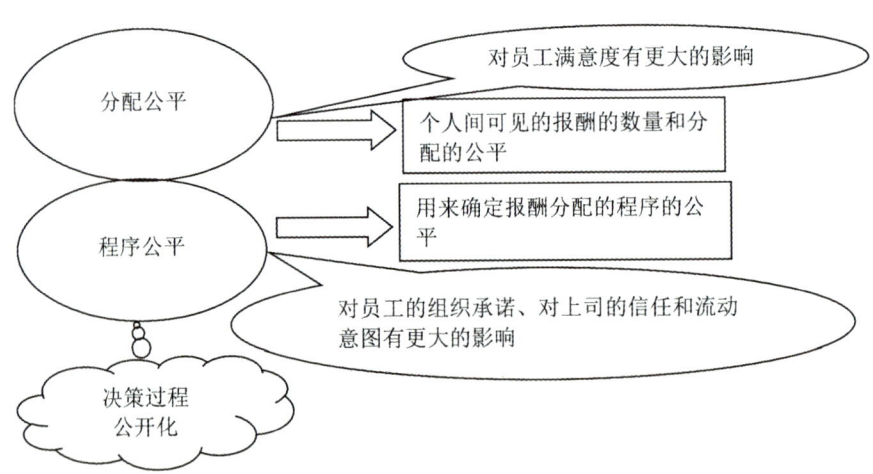

图 5-9 两种组织公平

程序公平是指员工对规则与程序所知觉到的公平,表现的是决策形成过程公正性对员工工作积极性的影响。关于员工参与工资制定的研究表明,当员工参与工资制定时,他们更能明确各种绩效与报酬之间的关系,从而体会到更大程度的公平感。许多研究者认为,程序公平比分配公平对员工更具有持续效应。分配公平比程序公平更能使员工满意,而程序公平更容易影响员工的组织承诺、对上司的信任和流动意图。要使员工公正地感知程序公平,组织在管理过程中应该做到以下几点:在处理不同的人和在不同的时间处理时应有一致性;没有偏见;确保在决策时收集并运用准确的信息;有改正错误决策的机制;符合道德伦理的标准;确保受决策影响的群体对决策有发言权。

除此之外,贝斯(Robert J. Bies)和莫格(Joseph S. Moag)于1986年提出了另外一种公平,即互动公平。互动公平涉及人际关系方面,它强调在决策执行过程中人们感受到的人际对待的公平性。传统上,人们把互动公平看作程序公平的一部分。实际上,互动公平和程序公平是有差别的。人际公平和信息公平是互动公平的两个维度。人际公平反映了在执行程序或决定结果时,权威人士或上级对待下属是否彬彬有礼,是否考虑到对方的尊严,以及是否尊重对方;而信息公平主要指权威人士或上级是否给当事人传达了应有的信息,以及是否给予了当事人一定的解释。互动公平体现了个体在组织中的地位和在群体中的价值。

另外,亚当斯的公平理论强调的是条件相等两者间的比较。如果两者之间比值相等,双方就会有公平感;如果两者条件不相等,适宜的差距分配才能使人产生公平感。此时,人们提出了公平差别阈的概念和理论。

关于公平差别阈,我们认为不能泛泛地说存在收入差距就会导致社会分配不公平感,只有收入差距不合理才会造成不公平感。这里的"不合理"是指差距过大或过小,超出了人们的心理承受能力或心理承受范围。而这个适宜、合理差距的量值就是公平差别阈的值,这个值是可测量的。同时,公平差别阈随政治、经济、文化条件的变化而变化,是动态变化的,但这种动态发展的平均趋势是可以测量的,且不同个体对公平差别阈的容忍度也存在很大的个体差异。

（四）公平理论在管理中的应用

工资是少数可以明确看到并量化的回报之一,是员工评估公平情况的重要参照。因此,组织为员工提供报酬,尤其是工资时,要做到公平公正、公开透明。

管理者要重视分配回报的基础——三个公平分配原则,即按贡献大小分配、按需要分配和按平均原则分配。人们一般认为存在三种基本的公平观:贡献率、需要率和平均率。按贡献大小分配就是使奖酬与贡献呈正比,多劳多得,这有利于提高生产率。按需要分配就是谁需要的多,谁就分配得多,不考虑贡献大小。实行这种分配原则的好处是能照顾人们的基本福利与权利,符合人道主义原则。按平均原则分配认为不管贡献大小或其他条件如何,大家一律获得同等数量的分配。这种分配的好处是简单易行,群体和谐稳定。组织到底选择哪一种分配原则,会受到分配制度的目的、传统及群体约定俗成的既有规范、选择者对自身利益考虑、组织自身具备的条件等多方面因素的影响。

二　期望理论

（一）主要观点

期望理论最早是由著名心理学家托尔曼（Edward Chase Tolman）和勒温提出的，但是把期望理论用于说明工作激励问题是从美国行为学家弗鲁姆开始的。弗鲁姆于1964年在《工作与激励》（*Work and Motivation*）一书中提出了他的工作激励的期望理论。该理论认为，一种行为倾向的强度取决于对该种行为可能带来的结果的期望强度以及这种结果对行为者的吸引力。

期望理论的模型是通过效价（valence）、期望（expectancy）和工具性（instrumentality）三个概念建立起来的，它们与激励力之间的关系可以用公式表示为：

$$激励力 = 期望 \times \sum（效价 \times 工具性）$$

公式表明，激励力是期望、效价和工具性三个要素的乘法函数，因此，期望理论也被称为 VIE 理论。

由公式可知，只有当效价、期望和工具性三个值都比较高时，才能产生较强烈的工作动机。为了进一步理解期望理论，我们必须对理论中的几个重要变量进行界定并解释其作用，它们分别是一阶结果、二阶结果、效价、工具性和期望。

（二）主要变量

1. 一阶结果

一阶结果也称第一输出水平。与工作本身相关的行为结果被称为一阶结果，具体包括绩效水平、出勤率以及工作品质。

2. 二阶结果

二阶结果也称第二输出水平，是指由一阶结果产生的回报（既有正面的，也有负面的），具体包括加薪、升职、同事的接纳以及工作安全。

3. 效价

效价是指一个人对某项活动可能产生的结果的价值的主观评价，其变动范围可为−1～1，比如，完成任务后奖金可以增加，奖金增加就是这项活动所产生的结果。对于这个结果，有的人认为它有价值，则效价为正值；有的人认为对自己无意义，则效价为零;有的人认为对自己不利,则效价为负值。只有效价为正值时,才能对人起激励作用,正值越高,对人的激励作用越大。

4. 工具性

工具性是与效价有关的一个因素。个人所预期的结果有两个层次,即一阶结果和二阶结果。一阶结果是达到二阶结果的工具或手段。工具性指的是对一阶结果和二阶结果之间相关性的主观认识和判断,其变化范围为$-1 \sim 1$,如一个人认为只要努力工作取得好的成绩就能得到晋升,这里他对取得好的工作成绩与得到晋升之间关系的认识就是工具性。-1表示一阶结果与二阶结果呈负相关,1表示一阶结果与二阶结果呈正相关。

5. 期望

期望是指一个人对某项活动导致某一结果可能性的判断。期望是个人主观评价的概率,而非实际情况的客观概率,其变动范围是$0 \sim 1$。如果个人认为某种行动肯定不会得到某种结果,则概率为零;如果个人肯定这一行动会得到某种结果,则概率为1。概率越接近1,其对人的激励水平越高。期望与工具性的区别在于,期望是对努力与一阶结果之间关系的估计,而工具性是对一阶结果与二阶结果之间关系的认识。

把以上变量进行简化,就可以得到简化的期望理论公式,即动机等于效价乘以期望。弗鲁姆认为工作绩效取决于以下几个主要因素:第一输出水平和第二输出水平、期望、工具性和效价。其中,第一输出水平、第二输出水平和工具性这几个概念是在后来的理论中进一步发展出来的。

(三) 激励模式

对于怎样使激励力量达到最大值,弗鲁姆提出了人的期望模式:个人努力—个人成绩(绩效)—组织奖励(报酬)—个人需要。要有效地激发人的工作积极性,必须处理好以下几对关系,具体如图 5-10 所示。

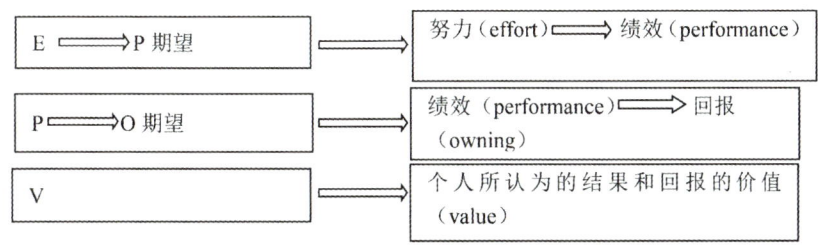

图 5-10　期望理论的激励模式

1. 努力与绩效的关系

人们总是希望通过一定的努力达到预期的目标。如果一个人根据自己的能力,认为通过努力可以达到预期目标,即主观上认为实现目标的概率很高,他就会充满信心,工作动力就会增强。反之,他就会缺乏工作动力。同样,如果目标太低,很容易实现,他就认为没有必要去实现此目标,从而失去内部动力。由此可见,努力与绩效的关系取决于个体对目标的期望。期望是个体对实现目标概率的一种主观估计,它既受个人的个性、情感、兴趣、动机、能力、经验等主观因素影响,也受个人的社会地位、外界环境以及他人的期望等社会客观因素影响。要提高员工的期望,一方面,管理者要与员工一起设定切实可行的目标,另一方面,管理者要通过教育和培训,提高员工的工作能力。

2. 绩效与回报的关系

当个人或团体取得绩效后,组织应该给予回报。回报可以是物质的,也可以是精神的,它可以对员工的行为起到强化作用,使员工今后继续努力工作。否则,员工会逐渐失去为组织努力工作的热情和动机。

3. 奖励和满足需要的关系

由于人们年龄、性别、资历、社会地位和经济条件不同,人们的需要也是有差异的,同一种奖励对不同人的吸引力也是不同的。为了提高奖励的效价和吸引力,充分激发人的工作积极性,组织必须采取多种内容和形式的奖励,满足不同人的不同需要,以挖掘人的潜力,提高工作效率。

(四)期望理论在管理中的应用

管理者可以阐明努力和绩效之间的关系,为员工提供训练、支持、指导和参与决策的机会;阐明绩效与回报之间的关系,根据实际绩效制定组织回报规则,使回报符合员工的要求;选择适合这个工作的人;阐明对某个岗位员工的期望,提供清晰的工作目标和考核标准;为员工提供工作表现的机会。

三　目标设置理论

美国马里兰大学管理学兼心理学教授洛克在研究中发现,外来的刺激(如奖励、工作反馈、监督压力等)都是通过目标来影响动机的。目标能引导人们做出与目标有关的行为,使人们根据难度大小调整努力程度,并影响行为的持久性。在一系列科学研究的基础上,洛克于 1967 年最先提出目标设置理论(goal-setting theory),认为目标本身就具有激励作用,目标能把人的需要转变为动机,使人们行为朝着一定的方向努力,并将自己的行为结果与既定目标相对照,及时进行调整和修正,以实现目标。这种使需要转化为动机,再由动机支配行动以达成目标的过程就是目标激励。目标激励的效果受目标本身的性质和周围变量的影响。该理论提出以后,拉瑟曼(G. P. Latham)、班杜拉(A. Bandura)等学者对其做了进一步的理论和实证研究,使之成为内容逐渐丰富、影响愈来愈大的新的激励理论。

(一) 目标机制

首先,目标具有指引功能。它引导个体注意并努力趋近与目标有关的行动,远离与目标无关的行动。

其次,目标具有动力功能。较高的目标比较低的目标更能促成较大的努力。

再次,目标影响坚持性。当允许参与者控制他们用于任务上的时间时,困难的目标使参与者延长了努力的时间。

最后,目标通过促进与任务相关的知识和策略的唤起、发现或使用而间接影响行动,具体如图5-11所示。

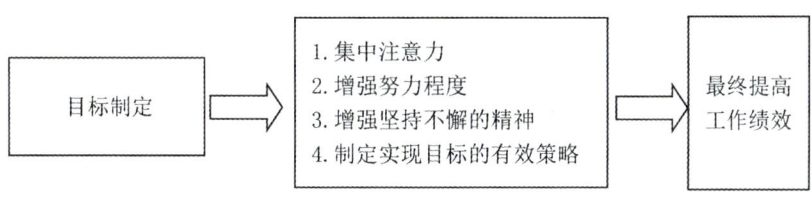

图 5-11　目标机制

(二) 目标设置理论的扩展模式

目标激励的效果除受目标性质的影响外,还受其他一些周围变量的影响,这些周围变量包括自我效能感、目标承诺、反馈、任务策略、满意感等。

1. 目标性质

(1)目标难度。

目标应当具有挑战性,但目标难度也要适当。适当难度的目标可以使人维持较高水平的努力,人也能通过该目标的达成获得满足感。目标难度因人而异,取决于个人的能力和经验。众多研究发现,绩效与目标难度水平呈线性关系,但前提条件是完成任务的人有足够的能力,对目标又有高度的承诺。在这样的条件下,人们会根据不同的任务难度来调整自己的努力程度,任务越难,绩效越好。

(2)目标明确度。

目标明确度是工作目标的另一个重要属性,体现在工作任务的内容和方向、最后完成期限以及应达到的绩效标准等方面。明确而具有挑战性的目标比模糊或总体性的目标能导致更高的绩效水平。如果要引导个体付出努力,目标必须清晰而具体。

2. 周围变量

周围变量是指对目标与绩效之间关系的强度进行调节的因素,包括自我效能感、目标承诺、反馈、任务策略和满意感。

(1)自我效能感。

自我效能感是由班杜拉提出的一个心理学概念,指人们对自己能否有效地实现特定行为目标的自我认知,以个体对能力、经验、过去的绩效、与任务目标相关的信息等多种资源的感知作为评估基础。高的自我效能感有助于个体长期坚持某一活动,尤其是当这种活动需要克服困难、战胜阻碍时。目标设定的难度影响自我效能感。中等难度的目标因为能够使人知觉到目标达成的机会,会加强人的自我效能感。另外,被安排到中心目标的个体比被安排到边缘目标的个体自我效能感更强。

(2)目标承诺。

目标承诺是指个体要达成目标的决心,是个体被目标吸引,认为目标重要,持之以恒地为达到目标而努力的程度。当目标很困难时,承诺显得尤为重要。这是因为对个体来说,困难的目标比容易的目标要求付出更多的努力。研究发现,目标承诺受以下因素影响。一是目标达成对个体的重要性(包括结果重要性)。二是自我效能感。当人对某个任务的自我效能感强的时候,人对这个目标的承诺就会提高。三是不管是分配的目标、自我设置的目标,还是参与设置的目标,只要个体公开承诺要达到某个目标,有强烈的成就需要,并能控制达到目标的活动,目标承诺水平就可能比较高。四是人们对达到目标后的奖赏的期望在目标承诺的水平上起重要的作用。员工认为目标达成与奖赏间的关系越密切,实际得到的奖赏与期望越一致,他们对目标的承诺水平就越高;反之,如果没有达到目标要受罚,目标承诺的可能性也比较高。另外,从目标难度看,对中等难度的目标给予奖金最能提高目标承诺水平。

(3)反馈。

目标是个体评价自己绩效的标准,反馈则告诉人们这些标准满足得怎样,哪些地方做得好,哪些地方需要改进。反馈可以分为正反馈和负反馈。正反馈是指个体达到了某项标准而得到的反馈,而负反馈是个体没有达到某项标准而得到的反馈。反馈的表达有两种方式:信息方式和控制方式。信息方式的反馈不强调外界的要求和限制,仅告诉被试者任务完成得如何,这表明被试者可以控制自己的行为和活动。这种方式能加强被试者的内控感。控制方式的反馈则强调外界的要求和期望,如告诉被试者必须达到什么样的标准和水平。它使被试者产生了外控的感觉。用信息方式表达正反馈可以加强被试者的内部动机。

(4)任务策略。

随着任务的复杂性增加,目标的作用依赖于任务完成者发现恰当的任务策略的能力。人们发现恰当的任务策略的能力差异很大,目标设置的作用在复杂任务上比在简单任务上小。人们在复杂任务上比在简单任务上使用更加多种多样的策略,所以任务策略与绩效的相关性通常比目标难度与绩效的相关性更高。

(5)满意感。

目标是个体行动指向的对象或结果,以及判断满意与否的标准。目标和满意感的关系,依赖于目标与个人标准的相关性。这个标准便是个体的抱负水平。如果超过了个体的抱负水平,个体便能体验到成功,并感到高兴和满意;如果个体没有达到个体的抱负水平,则会体验到失败、不高兴和不满意。同时,满意感还受到另一个因素的影响,那就是个体对所得报酬是否公平的理解。

在多年研究的基础上,拉瑟曼等提出了目标设置理论的基本元素和高绩效循环模式,如图 5-12 所示。

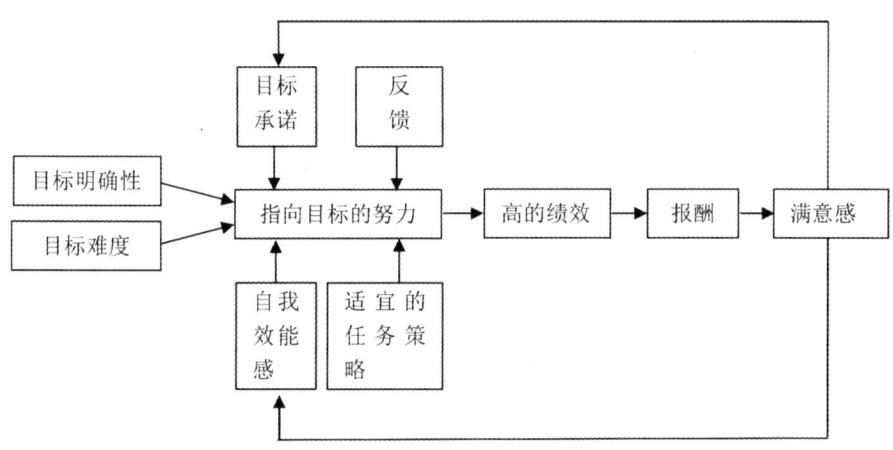

图 5-12　目标设置理论的基本元素和高绩效循环模式

高绩效循环模型从明确的、有难度的目标开始,如果对目标有高度承诺、恰当的反馈、高自我效能感以及适宜的策略,就会产生高的绩效。假如高的绩效促成了希望中的回报,如有吸引力的奖赏,就会产生高的满意感。工作满意感与工作承诺联系在一起。对目标的高度承诺使人们愿意停留在该项工作,并持续付出努力。此外,高的满意感还能增强自我效能感。人们的满意感和对工作的承诺使他们愿意接受新的挑战,这样就能促进新一轮高绩效的产生。[①]

（三）目标设定方法

目标设定方法具体如图 5-13 所示。

① 张美兰,车宏生. 目标设置理论及其新进展[J]. 心理科学进展,1999(2):35-40.

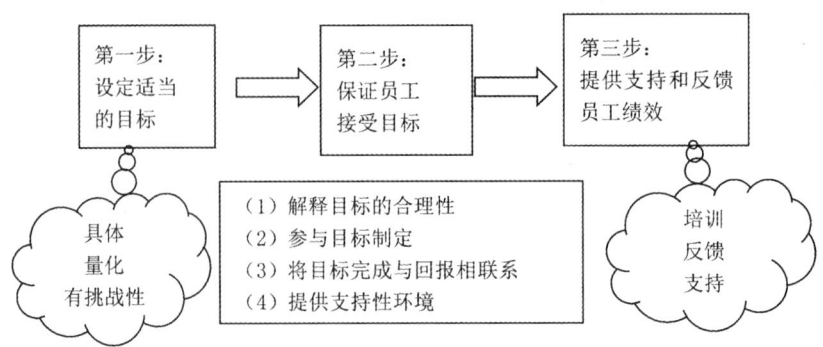

图 5-13　目标设定方法

1. 设定适当的目标

设定目标时,要确保目标具体、可量化,有一定的挑战性。具体而困难的目标比模糊而使人"竭尽所能"的目标更为有效。目标设定要遵循 SMART 原则。

(1)S(specific),指具体、明确,即目标要清晰、具体,用简要、容易理解的语言说清楚要达成的目的,明确具体的产出物和交付标准,多用量词和具体的数据。对于比较大的目标,要拆分为多个小目标或关键任务,这样便于执行和跟踪。

(2)M(measurable),指可以衡量,即任务目标要明确产出物,不能是模糊或模棱两可的。可以用数据指标或明确的方法进行衡量,可以明确验证目标完成的效果。

(3)A(attainable),指可达到,即目标是可实现的,有可行性,不可好高骛远、不切实际,目标也不宜难度过低,因为达成难度过低的目标很难给人带来满意感。所有当事人可以一起协商,一起参与讨论,多宣传目标的价值和意义,使目标得到大家的认同。领导不宜单方面利用职权影响力命令式地发布目标。

(4)R(relevant),指有相关性,即计划目标是符合公司、团队、自己的规划的,是所有人都想要的结果,要避免设定没有价值或价值不大的目标。

(5)T(time-bound),指有时限,即任务必须是有时间计划的,根据工作的权重、事情的轻重缓急设定完成目标的时间要求,还要定期检查完成进度及进行风险控制。当然,完成时间也不一定是一成不变的,所有当事人可根据具体情况一起协商调整。

2. 保证员工接受目标

领导为了保证员工接受目标,可采用的方法主要包括:解释目标的合理性,让员工参与目标设定,将目标完成与回报相联系,提供支持性环境等。

3. 提供支持和反馈员工绩效

在设定和完成目标的过程中,领导需要为员工提供技术培训、绩效反馈和组织支持。

第四节　行为改造型激励理论

行为改造型激励理论主要研究人的行为怎样转化和改造,如何使人的心理和行为由消极变为积极的理论。这方面的理论主要有操作性条件反射理论。美国著名行为主义心理学家斯金纳(B. F. Skinner)将有机体的行为分为应答性行为和操作性行为。前者是指由特定的、可观察的刺激引起的行为,由于受刺激控制,这种行为比较被动;后者是指在没有任何能观察到的外部刺激的情境下发生的有机体行为,代表着有机体对环境的主动适应,由行为的结果控制。这两类行为具有不同的条件作用形成机制,即巴甫洛夫的经典条件反射和斯金纳的操作性条件反射。由于人类的行为大多表现为操作性行为,在此着重介绍斯金纳的操作性条件反射理论。

关联知识

二维码 5-1
巴甫洛夫的经典条件反射

一　操作性条件反射理论

操作性条件反射是通过人或动物自身的运动或操作得到强化的。为了研究操作性条件作用,斯金纳专门设计了一种实验装置,即斯金纳箱,如图 5-14 所示。

斯金纳箱去掉了所有无关的刺激,箱内设一拉杆,拉杆与食物仓相连,白鼠偶然地按动拉杆,食物仓便打开,适量食物落在箱内的食槽里,白鼠就可以吃到食物。斯金纳利用这个独特的实验装置,对白鼠的操作性行为进行了一系列研究,并且他用类似的方法对其他动物和人也进行了研究,从中发现了操作性条件反射得以建立起来的规律:如果一个操作发生后,接着给予一个强化刺激,那么其强度就会增加,即强化可以增加某一行为反应发生的概率。由于强化在斯金纳操作性条件作用中如此重要,以至有人把这个理论称为强化理论。

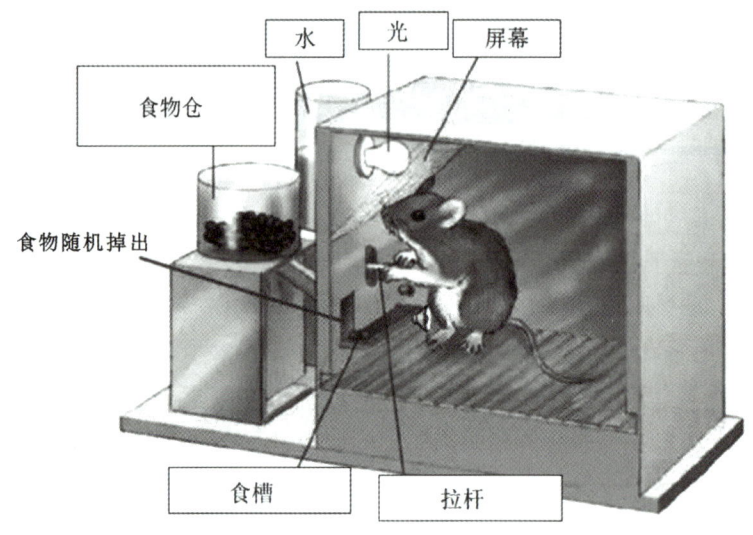

图 5-14　斯金纳箱

二　强化和行为变化

（一）强化和强化物

　　强化指的是对一种行为的肯定。它能提高这种行为今后发生的概率。强化物是指导致特定行为重复出现的事物。可以分为两种：一是初级强化物，指与人或动物生存的基本需要有关的事物，如食物，初级强化物一旦满足，强化就会失去效果；二是次级强化物，指与人的高级需要有关的事物，如关注、奖赏、金钱等，强化效果好。

（二）行为改变策略

　　根据强化的性质，可以把强化分为正强化和负强化，除此之外，还有消除和惩罚。

1. 正强化

　　正强化即某种行为出现后呈现令人愉快的刺激，从而加强这种行为今后发生的概率，如员工努力工作，领导给予表扬；学生上课认真完成作业，老师给予加分。正强化的方法有加薪、升职、表扬、对成绩的认可、赏识、安排挑战性工作、休假等。

2. 负强化

负强化就是取消那些令人厌恶的刺激，从而增加该行为今后发生的频率，如员工努力工作，是为了避免遭到上司责备；学生按时上课，是为了避免缺勤扣分引发的不愉快。

3. 消除

消除指由于缺乏积极强化而导致行为减少，如员工给上级提建议，上级不置可否，员工今后就不会再提建议了。

4. 惩罚

惩罚指行为发生后会带来不愉快的结果，如员工经常迟到，遭到主管的批评和排斥，被扣罚工资；学生旷课，因而在考评中成绩不及格。

需要注意的是，负强化与惩罚不同。惩罚指的是对某种行为的否定，是为了削减与组织不相容的行为。它可以与强化方法配套使用。惩罚可以分为以下两种。

（1）正惩罚（也叫呈现惩罚），是指在某种行为出现后呈现令人不愉快的刺激，以减少该行为再次出现的概率，如批评、处分。

（2）负惩罚（也叫移除惩罚），是指在某种行为出现后停止或移开愉快的刺激，以减少该行为再次出现的概率，如扣除奖励、取消休假。

强化与惩罚的比较如表 5-4 所示。

表 5-4　强化与惩罚的比较

反应概率	刺激增加	刺激消除
反应增加	正强化（呈现愉快的刺激）	负强化（消除不愉快的刺激）
反应减少	惩罚（呈现不愉快的刺激）	负惩罚（消除愉快的刺激）

不管是正强化还是负强化，都会促进人或动物反应概率的增加，而惩罚则会使人或动物的反应概率减少。同时，它们的激励方式不同，正强化和正惩罚分别是呈现愉快的刺激和不愉快的刺激，而负强化和负惩罚分别是消除不愉快的刺激和愉快的刺激。

惩罚也有潜在的消极后果，如图 5-15 所示。

来自管理人员的惩罚行为会导致员工短期内非期望行为的减少，这会进一步强化管理人员对员工采用惩罚的管理手段，从而造成一种恶性循环，最终会出现一系列潜在的结果，如员工缺勤率的增加，人员调整，员工畏惧管理人员，员工对业绩不再感兴趣，员工做出破坏性行为，员工的主动精神和创造性遭到压抑，管理人员需要长时间不断进行惩罚，原来非期望的行为再次发生等。

正强化和负强化能够增加期望行为，消除和惩罚能够减少非期望行为，因此，我们可以提出"正强化＋消除"的改变行为的有效方法。

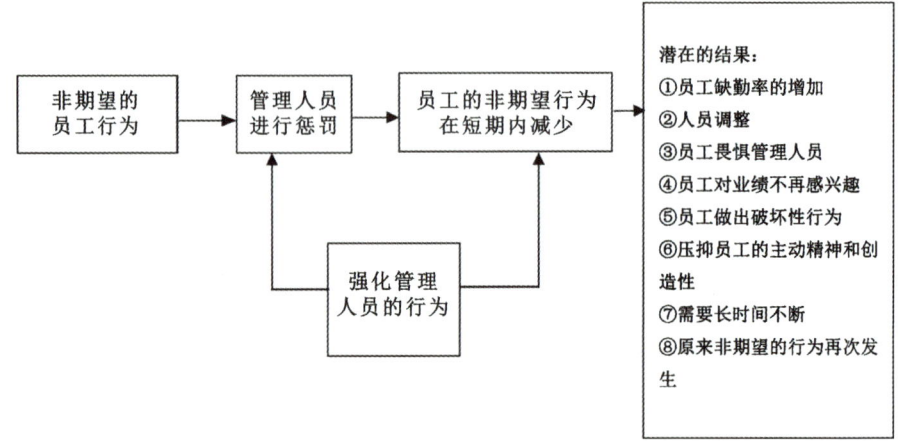

图 5-15　惩罚潜在的消极结果

（三）改变行为的有效办法——正强化＋消除

1. 正强化的规律

（1）权变强化律：给予强化的时间和方法没有规律可循。

（2）及时强化律：期望行为发生后，强化措施越及时，这种强化措施对行为在未来的出现越具有影响力。

（3）强化规模律：强化措施的数量越大，该强化措施对反应率的影响也越大，正所谓"重赏之下必有勇夫"。不过，强化措施的数量是相对的。

（4）强化疏化率：一个人感觉到强化措施越难以得到，越稀有，越宝贵，这种强化措施对其行为在未来的出现就越具有影响力。

2. 员工行为的消除法

消除法用来减少员工的非期望行为，具体步骤是：首先，找出管理人员想要减少或消除的行为；其次，找出维持该行为的强化措施；最后，停止这种强化措施，例如，在惩治拐卖妇女儿童的犯罪案件中，除了要对犯罪分子进行严厉的处罚之外，还要对收买妇女儿童的行为进行严厉打击。只有消除助长这种拐卖妇女儿童犯罪行为背后的强化措施，才能从根本上消除拐卖妇女儿童犯罪。

三 强化的方法

根据强化的程序，强化可以分为连续强化和间隔强化。连续强化是每次行为发生时都给予强化，而间隔强化又可以分为固定强化和变动强化，其中固定强化可分为固定间隔强化和固定比率强化。比较而言,变动强化可以克服固定强化的一些缺陷,使行为反应稳定而均匀,且难以消除,如果将固定强化和变动强化混合安排使用,则强化效果更好。在管理中,运用强化学说要遵循以下几点原则:① 建立目标体系,遵循目标强化的原则;② 及时强化;③ 奖惩结合,以奖为主;④ 精神奖励和物质奖励相结合;⑤ 坚持公开、公平、公正原则。

关联知识

二维码　5-2-1
视频应用
强化理论

二维码　5-2-2
视频强化
厉害的狗

四　替代性强化

(一)概念

替代性强化是班杜拉提出的社会学习的重要理论,是指观察者看到榜样或他人受到强化,使自己也倾向于做出榜样的行为。也就是说,对榜样的强化也间接地强化了观察者对榜样行为的观察学习。替代性强化来自学习者观察到的榜样的行为结果。观察者容易观察那些与他们相似的或被认为优秀的、受广泛认可的、有力的榜样。有依赖性的、自我概念低的、焦虑的观察者更容易产生模仿行为。观察学习的结果既可以促进某种行为反应,也可以抑制某种行为反应。促进某种行为反应的观察学习结果被称为替代性强化;抑制某种行为反应的观察学习结果被称为替代性惩罚。

(二)作用机制

他人的反应结果向观察者传递信息,告诉他们哪一类行为会受到奖赏,哪一类行为会被禁止。一旦观察者通过观察知道了反应的结果,他们就会做受人们欢迎的事,避免做受到惩罚的事。

观察者观察到的强化不仅能传递信息,而且能激发观察者的动机,看到他人受到强化,观察者会产生做同一行动会得到同样利益的预期。

观察者还容易受榜样情绪反应的影响,唤起情绪反应,这也会产生替代强化。

　　通过观察受强化的示范行为,观察者还可以形成个人的价值观念,并改变先前的价值观念。

　　人们不仅观察榜样做出某种行为后产生的结果,也会注意他们对所受待遇做出的反应方式。

 关联知识

二维码 5-3
视频:替代强化在小孩
喂药中的运用

第五节　综合型激励理论

　　综合型激励理论主要包括波特-劳勒激励过程模型、罗宾斯综合激励模型以及豪斯综合激励力量理论。

一　波特-劳勒激励过程模型

　　波特-劳勒激励过程模型是美国行为科学家莱曼·波特和爱德华·劳勒(Edward E. Lawler)于 1968 年在《管理态度与绩效》(*Managerial Attitude and Performance*)一书中提出的一种激励理论。波特和劳勒在期望理论和公平理论的基础上,增加了两条反馈路线,补充了三种影响因素,导出一种更加合理的激励过程模型,被称作波特-劳勒模型,具体如图 5-16 所示。

　　虚线部分是期望理论和公平理论模型。它为人们分析、认识激励的一般机理提供了总体理论方法框架。

　　由此我们可以归纳出波特-劳勒激励过程模型的基本点。

　　其一,努力程度是个人所受到的激励程度,它不仅取决于报酬对个人的价值(效价),而且受个人对努力是否会导致报酬的概率的主观估计(期望)的影响。

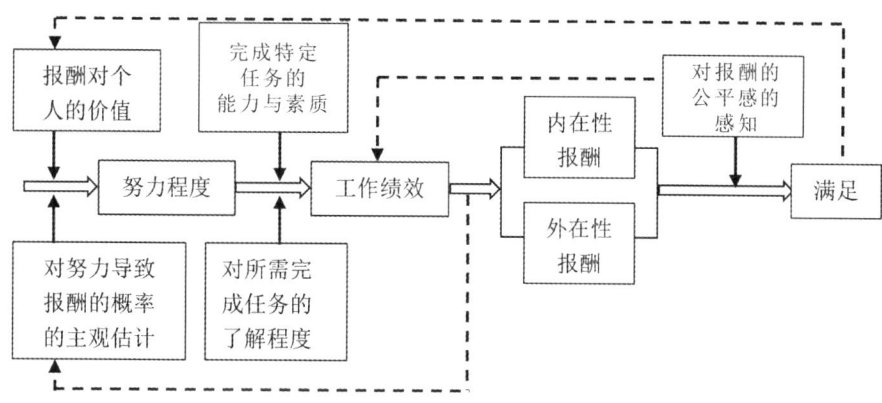

图 5-16　波特-劳勒激励过程模型

其二,工作绩效是工作表现和实际成果,综合地取决于个人的努力程度、个人对报酬的公平感的感知,也取决于个人完成特定任务的能力与素质,以及个人对所需完成任务的了解程度。个人完成特定任务的能力与素质主要表现为完成特定任务所需的业务知识和技能等。个人对所需完成任务的了解程度,包括对完成任务的工作条件与环境的认识,以及个人在组织中作用和角色的认识。

其三,报酬是工作绩效导致的奖励和回报,包括内在性报酬(如成就感、自我实现感等)与外在性报酬(如涨工资、工作条件和地位的改善等)。如果个人看到报酬多少与工作绩效关系很小,这样的报酬便不能成为其提高工作绩效的刺激物。

其四,满足是个人在实现某个预期目标时所体验到的感觉。内在性、外在性报酬与个人主观上所感受到的公平感整合在一起,影响着个人最后的满足感。当个人认为其所取得的实际报酬与想要取得的公平报酬相当时,个人才会认为是公平的,并产生满意感。

波特-劳勒激励过程模型显示,工作绩效是一个多维变量,它除了受个人努力程度影响外,还受如下三个因素影响:① 个人的能力与素质;② 对所需完成任务的了解程度;③ 对报酬公平性的感知。

组织设置了激励目标,采取了激励手段,要想获得所需的个人行动和努力,并使组织内的个人满意,形成"努力激励—工作绩效—内在性、外在性报酬—满意感"这样的良性循环,就需要在报酬内容、奖惩制度、组织分工、目标导向行动的设置、管理水平、考核的公正性、领导作风及个人心理期望值等多种因素方面做出综合性考量,并注意个人满意感在工作中的反馈。波特-劳勒激励过程模型将激励过程看成外部激励、个体内部条件、行为表现、行为结果相互作用的统一过程。

简而言之,这个模型的特点是:激励促使个人决定是否努力及努力的程度;工作的实际绩效取决于个人的能力和素质、努力程度以及对所需完成任务的理解深度;报酬以绩效为前提,不是先有报酬后有绩效,而是必须先完成组织任务才能得到精神和物质的报酬;奖惩措施是否会产生满意,取决于被激励者认为获得的报酬是否公平。

二　罗宾斯综合激励模型

美国著名管理学教授斯蒂芬·罗宾斯(Stephen P. Robbins)在《管理学》(*Management*)一书中提出,在激励理论的运用上,孤立地看待各个理论是错误的,因为这些理论中的很多思想都是互为补充的。罗宾斯针对当代激励理论,以简化的期望模式(个人努力—个人绩效—组织奖赏—个人目标)为基本架构,提出了整合模型,如图 5-17 所示。

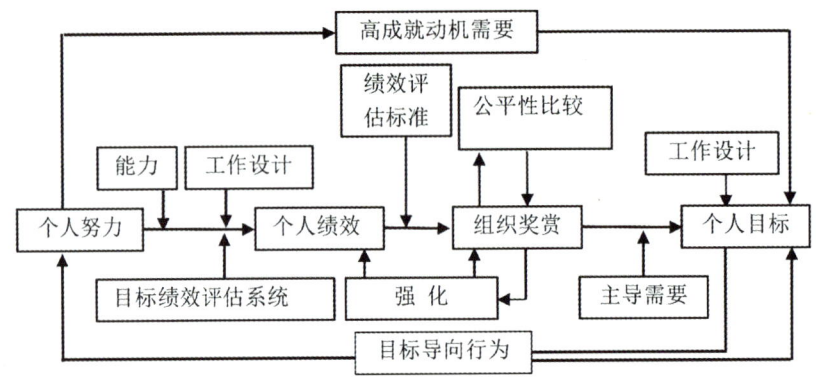

图 5-17　罗宾斯综合激励模型①

在罗宾斯综合激励模型中,个人努力与个人目标有联系,形成目标-努力链,这与目标设置理论观点一致,体现出目标对行为的导向作用。该模型以期望理论为基础,认为从个人努力到个人目标存在三级联系。第一级是个人努力与个人绩效的联系。个人绩效水平不仅取决于个人的努力,而且取决于个人完成工作的能力水平,以及组织中有没有一个公正、客观的绩效评估系统。第二级是个人绩效与组织奖赏的联系。它通过绩效评估标准体现。如果个人感到奖赏是由于个人绩效因素而不是因为资历、职位、个人偏好等其他因素,此时个人绩效与组织奖赏间的联系就最强。第三级是组织奖赏与个人目标的联系。在这一级联系中,需求层次理论起着重要作用,特别是个人的主导需求。如果是由于工作业绩而获得组织奖赏,满足了个人目标的主导需求,此时个人就会表现出极高的工作积极性。

由于认识到组织奖赏会强化个人绩效,该激励模型还包含了强化理论和公平理论。如果管理层设计的奖励体系被员工看作对高绩效的报酬,那么,组织奖赏就会强化和鼓励持续的高绩效。组织奖赏也是公平理论的一个重要部分。个人会把自己的投入和产出与相关人士进行比较,如果觉得不公平,就会影响他们付出努力的程度。

---

①　斯蒂芬·罗宾斯,玛丽·库尔特. 管理学[M]. 刘刚,程熙鎔,梁晗,等译. 北京:中国人民大学出版社,2017.

哈克曼(J. R. Hackman)和奥尔德汉姆(G. R. Oldham)的工作特征模型(job characteristics model)认为,核心工作维度会影响个人的关键心理状态,进而影响个人的工作结果,这描述了积极的个人与工作结果是通过激发员工的三种关键心理状态而产生的,这三种关键心理状态是:体验到工作的意义、体验到对工作结果的责任和对工作活动的实际结果的了解。这三种关键心理状态又受到个体对五种核心工作维度(技能多样性、任务完整性、任务重要性、工作自主性、工作反馈)感知的影响。在该模型中,工作特征模型在个人努力、个人绩效环节以及个人目标中要有所体现。人们从事的工作要能给他们提供个人责任感、反馈和适度的冒险性,使他们能够在内在激励的推动下努力工作并满足其主导性需求。

成就需要理论在罗宾斯综合激励模型中也有所体现,表现为个人努力通过高成就动机需要与个人目标形成联系。成就需要理论与目标设置理论不同,仅仅针对高成就需要者。高成就需要者并不需要通过期望理论来产生动机,只要他认可所从事的工作,就能产生完成工作的内部驱动力。[①]

三　豪斯综合激励力量理论

豪斯综合激励力量理论是指罗伯特·豪斯(Robert J. House)把期望理论和双因素理论进行综合而提出的。其代表性公式是:

$$M = V_{it} + E_{ia} * V_{ia} + E_{ia} * \sum (E_{ej} * V_{ej})$$

其中:M 代表人的动机激励水平;V_{it} 代表工作任务本身提供的内在报酬的效价,即工作对工作者本人的有用性,本人做其工作感到很有乐趣、很有意义等,i 为内在,t 为工作任务本身,V 代表效价;E_{ia} 为完成任务的内在期望概率,即主观上对完成任务可能性的估计,a 表示完成任务(包括的因素有任务的难度、明确性、员工的能力、组织的支持等),E 代表期望值;V_{ia} 代表完成任务的内在评价或效价;$E_{ia} * V_{ia}$ 构成了期望理论的基本模式,综合反映了员工完成任务后引起的激励强度;$E_{ia} * \sum (E_{ej} * V_{ej})$ 中,E_{ej} 为完成任务后获得相应的外在报酬(可能是多项的)的期望概率,e 为外在的,j 表示喜悦和快乐;V_{ej} 表示完成任务后获得相应外在报酬的效价;$E_{ia} * \sum (E_{ej} * V_{ej})$ 综合反映了各种可能的外在奖励所引起的激励效果之和;公式中前两项属于内在激励,第三项属于外在激励,三者之和代表了内外激励的综合效果。豪斯综合激励力量理论包含在激励过程中各因素间的相互作用、相辅相成的动态关系,是把内外激励因素都纳入考量范围的激励理论。[②]

① 冉宁,汪建文. 罗宾斯动机理论模型在雇员主动离职管理中的运用[J]. 开发研究,2011(5):137-140.
② 葛瑾,倪甜甜. 豪斯激励理论在高校音乐技能学习中的应用[J]. 中国教师,2009(S2):36.

中英文关键术语

激励(incentive)

需要(need)

激励理论(incentive theory)

需求层次理论(hierarchy of needs)

自我实现需求(self-actualization need)

尊重需求(esteem need)

归属和爱的需求(belongingness and love need)

安全需求(safety need)

生理需求(physiological need)

双因素理论(two-factor theory)

保健因素(hygiene factor)

激励因素(motivation factor)

成就需要(need for achievement)

友谊需要(need for affiliation)

权力需要(need for authority and power)

期望理论(expectancy theory)

公平理论(equity theory)

目标设置理论(goal-setting theory)

强化理论(reinforcement theory)

分配公平(distributive justice)

程序公平(procedural justice)

思考题

1. 在管理中如何运用需求层次理论?

2. 在管理中如何运用强化理论?

3. 在管理中如何运用公平理论?

4. 运用期望理论进行激励时,要处理好哪三方面的关系?

案例分析题

 **一、阅读材料**

海尔自主经营体管理模式

一、海尔设计并推行自主经营体管理的背景

海尔基于对互联网时代的敏锐认知,认为在互联网时代,企业生存和发展的权利不取决于企业自身,而取决于用户,因此员工必须转型,从听命于上级转向听命于用户。同时,企业内部员工构成以"80后""90后"为主,这些员工学历普遍较高,视野广阔,接受新鲜事物快,对自我价值实现的要求更加迫切,希望通过自己的努力得到认可和尊重的愿望也很强烈。因此,传统的管理模式日益受到挑战,尤其是传统激励方式失效的情况愈发严重。面对内外部环境的变化和挑战,海尔改变了传统的经营管理模式,搭建起了一个能够将用户需求、员工自我价值实现和企业发展有效融合的崭新管理模式,即以自主经营体为基础的人单合一管理模式(简称"自主经营体管理模式")。人单合一管理模式中的"人"指的是员工,"单"不是指狭隘的订单,而是指市场用户需求。

二、自主经营体管理模式的基本特征

从2010年起,海尔开始全面推行自主经营体管理模式,将之前庞大的组织体系分解为2000多个自主经营体,并形成了三级三类网状结构。自主经营体是海尔人单合一管理模式的基础和组织载体,也是实施人单合一管理模式的基本创新单元。

具体而言,自主经营体是以创造并满足用户需求为目标,以相互承诺的契约关系为纽带,以共创价值并共享价值为导向的自组织。海尔将自主经营体分为三级,其中一级经营体具体包括三类,即用户经营体、型号经营体和线体经营体。用户经营体(又称市场经营体)提供差异化的用户解决方案,创造用户需求;型号经营体创造差异化的产品和服务,满足用户需求;线体经营体提供即需即供的供应链服务,将差异化、零缺陷的产品快速呈现在用户面前。三级经营体之间是通过"包销定制"契约实现连接的。一级经营体直接面对市场,为所负责的用户群创造价值。二级经营体则为一级经营体提供资源和专业化的服务支持,并与一级经营体构成了利益共同体(在海尔简称"利共体")。三级经营体为所有经营体配置资源,但与传统组织结构不同的是,一级经营体拥有"倒逼"二、三级经营体获取资源的权力。

自主经营体的"自主"来源于其被赋予的权力,即用人权、分配权、决策权,同时拥有"倒逼"二、三级经营体获取资源的权力。就用人权而言,自主经营体有权决定是否吸纳某个员工进入团队,有权对包括体长在内的团队成员的工作进行评价,并根据目标完成情况决定成员的去留。就分配权而言,自主经营体有权按照员工与团队之间的契约及员工目标实现情况来进行利益分配,它拥有独立的核算报表。决策权是指自主经营体在日常运行中的决策不再由其他部门来制定,而是由自主经营体根据运行情况自行制定。所谓"倒逼"二、三级经营体获取资源的权力,是指自主经营体有权根据业务发展的需要,向二级和三级经营体要求获取相应的人、财、物等资源。

自主经营体的运行模式是自创新、自驱动、自运转。自创新是指自主经营体要根据用户需求的改变不断进行创新,不断满足用户的需求,同时能够不断挑战更高的目标。自驱动是指建立日清预算体系,将工作目标和预案分解到每一天,能够自主地按照每一天的预算驱动完成目标。自运转是指流程和机制不断优化升级,即实现流程化和制度化,形成一个良性的螺旋式上升的闭环优化体系。

三、自主经营体的核算体系和支持体系

为了实现自主经营体核算的动态性,海尔设计并运行了战略损益表、日清表、人单酬表,这三张表构成了自主经营体核算体系的核心部分。

传统财务报表中的损益表,就是用收入减去成本、费用,得到利润数额,而海尔的战略损益表使用的则是全新的理念。海尔战略损益表中的收入项与传统财务报表的收入项不同,是指为用户创造价值而获得的收入。有些收入因为不能与用户需求挂钩,不能持续创造用户资源,不能计算在收入项中。海尔的战略损益表是实现战略绩效的信息平台,它由四个象限组成,也被称作"宙斯模型":第一象限是目标;第二象限是团队;第三象限是流程;第四象限是机制。战略损益表是海尔战略转型的主要框架与管理模型,海尔全员都有战略损益表。一级经营体主要依据为用户创造了多少价值来确定损益。二、三级经营体的损益不仅体现在为用户创造的价值,还取决于其为一级经营体提供资源和服务的有效性,以及在战略、机制、团队建设方面的贡献。三级经营体的损益体现在创造了多少增值机会,搭建了多少创新机制。

日清表上接战略损益表,下接人单酬表。日清表的作用是帮助员工缩小业务执行中的差距,形成每天的工作预算,并不断创新。海尔通过建立日清表帮助员工形成每天的预算,并进行日清总结提升;针对每天产生的收益和差距,海尔以短信形式通知员工,并提供产生差距的原因分析与缩小差距的建议,帮助员工缩小差距,保证员工顺利完成目标。

自主经营体及其成员的收益是通过人单酬表来实现的,人单酬表体现了"合一"的理念,海尔根据业绩完成情况与集团整体目标的达成效果确定经营体的总

体薪酬,把员工的报酬和他为用户创造的价值紧密结合,员工自我经营的最终结果体现了员工自主运营、自负盈亏、超利分享的原则。

基于以上三张表,海尔构建并运行了经营体及其成员的动态竞争机制。为确保自主经营体及其网络的良好运转,海尔建立了包括战略、文化、财务、人力资源、信息系统在内的支撑体系,例如,自主经营体管理是与海尔集团的全球化战略相配套的,为了确保战略目标的实现,海尔也将这个模式的建立和推广作为集团的战略目标之一,为该管理模式的设计、实施、推行、贯彻提供了强大的战略支持。海尔的信息系统也为该管理模式提供了强大的技术支撑。海尔信息化的焦点已从关注系统功能实现转变为关注用户价值提升,利用信息化的工具给每个员工、每个终端用户提供"人""单""酬"合一的信息平台,帮助每个人快速发现并缩小差距,支持企业又好又快地发展。

四、实施后的效果

海尔全面推行自主经营体管理模式后,员工工作的主动性和积极性大幅提升,组织内也形成了挑战自我、树立更高目标的氛围。海尔在行业内的竞争力和市场地位得到显著提高。2010 年,海尔全球营业额实现 1357 亿元,品牌价值 907亿元;2011 年,海尔全球营业额达到 1509 亿元,增长了 11%,利润总额达到 75 亿元,海尔利润增幅是行业的 3.5 倍;2012 年,海尔全球营业额增至 1631 亿元,实现利润 90 亿元,利润增幅达到 20%。据消费市场权威调查机构欧睿国际(Euromonitor Internatioanl)发布的数据,海尔连续 4 年(2009—2012 年)蝉联全球白色家电第一品牌。

附录:

三门冰箱经营体的建立过程

一、三门冰箱经营体目标的确定

海尔按照以往的规则和历史同比做出预估,认为三门冰箱经营体每年复合增幅达到 10% 即可。然而,根据经营体目标体系的标准,综合考虑市场容量、区域GDP、家电更换率,以及经济发展和竞争对手的情况,在经营体自主经营机制下,三门冰箱经营体自发地确定了 2010 年的增幅为 30% 的目标,这个增幅是原先预估值的 3 倍。在这个目标下,不仅企业可以获得更多的利润,三门冰箱经营体也可达到超利分成的目标,整个团队可以分享更多的价值,团队更有动力完成目标。围绕这个目标,三门冰箱经营体整合日本的团队,开发出了深受市场欢迎的高端的三门冰箱系列产品,不仅完成了目标,而且带动海尔冰箱在市场上继续引领潮流,提升了海尔品牌的美誉。

二、三门冰箱经营体的构成

1. 职责划分

根据战略定位,三门冰箱经营体的核心职责是企划和研发。三门冰箱经营体围绕核心职责,进一步规范了业务流程,将核心业务流程对应的职责作为专有职责纳入一级经营体,将非核心业务流程作为共享职责纳入二级经营体。

2. 定岗定编

通过划分核心流程的职责边界,依据幅度合理、权责兼顾、职责覆盖、管理闭环等岗位设计原则,三门冰箱经营体的岗位被划分为九类。依据年度项目规划、项目运作模式,在经营体可用的资源包(人工成本)范围内,海尔确定三门冰箱经营体总定编为 19 人,具体如下。

(1)经营体体长:对三门冰箱产品规划销量、利润、份额以及经营体团队成员达标负责。

(2)型号/市场企划经理:定编 1 人,对产品型号/市场的竞争力负责,承接 A 类产品收入占比、单型号销量、份额等指标。

(3)外观企划:定编 2 人,对产品外观模块负责。

(4)装饰企划:定编 1 人,对产品内饰模块负责。

(5)功能性能企划:定编 1 人,对产品功能性能模块负责。

(6)架构经理:定编 1 人,对三门冰箱产品平台负责,承接三门冰箱经营体利润率、项目的开发完成率、新品上市 3 个月不良率等指标。

(7)项目经理:定编 5 人,对三门冰箱产品的竞争力负责,承接新品成本达标率、项目的开发完成率、新品上市 3 个月不良率等指标。

(8)模块经理:细化为 5 个模块,共定编 7 人,分别对各自模块的竞争力负责,承接模块的立项成本达标率、项目的开发完成率、新品上市 3 个月不良率等指标。

(9)开发模块:设为兼职,对前沿技术的开发、转化负责。

需要指出的是,三门冰箱经营体的构成并非一成不变,三门冰箱经营体体长在运营过程中可根据市场变化决定内部结构的变化,人力资源部门在此过程中的作用不再是简单的审核,而是融入经营体并提供专业支持。

三、三门冰箱经营体体长和成员的竞聘

在海尔,所有的员工都要竞聘进入经营体,在经营体中发挥自己的价值,进入经营体的人要签订合同,承诺实现目标。在这种机制的驱动下,员工们纷纷主动加入经营体。三门冰箱经营体公开竞聘,符合条件的员工通过竞聘进入经营体。参与竞聘的员工需要针对所竞聘的岗位,说清楚目标和保证目标完成的预算和预案。多人竞聘同一岗位的,择优录用。竞聘的过程实质上是方案竞争的过程。首先,通过竞聘选出经营体体长。参加竞聘的员工可以来自原先的冰箱市场部,或

者研发部、企划部等。通过第一轮竞聘,初步选定两个候选人入围。再经过组织第二轮竞聘,综合对两人的专业技能、管理与领导能力的评价,以及两人提出的目标完成的预算和预案对比,最终确认竞聘胜出的人选。其次,经营体成员竞聘。共有 32 人参与竞聘三门冰箱经营体的成员。结合行业专家的评价和经营体体长的意见,最终 18 人竞聘成功。

　　资料来源:章凯,李朋波,罗文豪,等. 组织—员工目标融合的策略——基于海尔自主经营体管理的案例研究[J]. 管理世界,2014(04):124-145,内容有删改。

二、讨论题

　　1. 什么是激励?
　　2. 根据案例材料,分析海尔自主经营体管理模式中蕴含的激励原理。

练习题

二维码 5-4
第五章课后
练习题及参考答案

第六章

心理健康与情绪管理

本章引例

治愈公务员心理焦虑耽误不得

曾几何时，公务员群体因其体面的工作令多少人羡慕。每年的"国考"和"省考"都可以用"千军万马勇闯独木桥"这句话来形容。然而，据近年的调查，公务员群体的幸福指数在降低，心理焦虑人群在增多。2019年2月，由中国科学院心理研究所与社会科学文献出版社共同发布的我国第一部心理健康蓝皮书《中国国民心理健康发展报告（2017～2018）》中提到，当前全面深化改革任务繁重，加班加点、连续作战是家常便饭，35.2%的公务员处于中高等焦虑状态。

烦躁、焦虑、抑郁都会导致人的压力越来越大，心理问题逐渐显现。不少数据颇令人触目惊心：2017年，上海某区有9名公务员因病早逝，平均年龄仅41周岁，最年轻的仅30周岁；上海首条24小时危机干预公益热线"希望24小时热线"开通后的3个月，拨打求助热线最多的前三类人群分别是白领、无业者和公务员。公务员身陷心理焦虑困扰，病因何起？

从大量案例来看，有人工作非常努力，却眼睁睁看着身边的朋友和同事升职加薪，自己只能原地踏步，生活水平没有实质性改善，进而对工作价值产生怀疑；有人平时在工作中投入多，但实际发展机会不多，因此感到苦恼和焦虑；有人因工作和生活压力导致职业倦怠，产生精神抑郁；有人因地区收入差异大而产生心理上的不平衡。种种问题直指外部环境中的诸多压力，当然也不可忽视一些公务员自身思想信念不坚定的原因。尤其是在基层，"上面千条线，下面一根针"，任务繁重、追责严厉让一些人被压得喘不过气来，他们的心理问题越来越严重。此外，这些年关于懒政、怠政、为官不为的揭露和批评逐年增多，"为官不为也是腐败"，聚光灯下，公务员群体备受公众关注，也很容易受到批评，社会舆论压力亦是导致公务员群体出现心理问题的一大主因。

抛开公务员群体的特殊身份，就算他们是普通人，长期的心理焦虑导致的抑郁症也不是小事，对个人和集体来说都是一种损失。公务员群体存在的心理焦虑症状值得关注，也耽误不得。对于心理焦虑，越早治疗越好，切莫等到"病入膏肓"时才追悔莫及。

资料来源：搜狐网. 治愈公务员"心理焦虑"耽误不得［EB/OL］.［2021-10-27］. https://www. sohu. com/a/497495116_120776519，内容有删改。

第一节　心理健康与管理

　　随着社会经济发展水平的提高和人们对美好生活出现更高的期待,人们越来越关心自己的身心健康。职场人士也不例外。我们要学会缓解压力、管理情绪、应对挫折,积极地进行自我心态的调节,保持心理健康,提升工作和生活品质。

一　心理健康概述

(一)心理健康的定义

　　人是生理与心理的统一体,生理素质和心理素质决定了人的健康程度和发展水平。世界卫生组织(WHO)对于健康给出的定义是:健康不仅仅指身体不虚弱或没有疾病,还必须是个体在身体上、心理上和社会适应上保持良好的状态。1989 年,世界卫生组织又一次深化了健康的概念,认为健康包括躯体健康(physical health)、心理健康(mental health)、社会适应良好(good social adaptation)和道德健康(ethical health)。这个现代健康概念中的心理健康和社会适应良好是对生物医学模式下的健康的有力补充和发展,既考虑了人的自然属性,又考虑了人的社会属性,因而使人们摆脱了对健康的片面认识。

　　心理健康是现代健康概念中不可分割的重要方面,关于什么是心理健康,国内外学者有一些不同的表述。心理学家英格里斯(H. B. English)认为,心理健康是指一种持续的心理情况,当局者在这种情况下能做出良好的适应,具有生命的活力,而能充分发展其身心的潜能;这是一种积极的情况,不仅是免于心理疾病而已。麦灵格尔(K. Menninger)认为,心理健康是指人们对于环境及相互间具有最高效率及快乐的适应情况;这不仅指要有效率,也不仅指能有满足之感,或是能愉快地接受生活的规范,而是三者都具备;心理健康的人应能保持平静的情绪、敏锐的智能、适于社会环境的行为和愉快的气质。我国学者范逢春认为,心理健康有广义与狭义之分:从广义上讲,心理健康是指一种高效而满意的、持续的心理状态;从狭义上讲,心理健康是指人的基本心理活动的过程内容完整、协调一致,即认识、情感、意志、行为、人格完整和协调,能适应社会,与社会保持同步。[①]

---

　　① 范逢春. 管理心理学[M]. 2 版. 北京:中国人民大学出版社,2019.

由此可推知,心理健康指的是一个人的生理、心理与社会处于相互协调的和谐状态。

(二)心理健康的标准

人的心理怎样才算是健康的,即以什么作为心理健康的标志,是一个非常复杂的问题。心理健康和心理不健康之间并不存在绝对的界限,因为心理状况不像躯体的生理活动如体温、脉搏、血压等那样明显,也难以通过医学检查进行诊断。不过,已有许多心理学家从不同的角度对此进行了积极的探索,提出了各种不同的观点。

1. 马斯洛等人提出的标准

美国心理学家马斯洛和米特尔曼(Mittelman)认为,判断一个人的心理是否健康有以下十条标准:是否有充分的安全感;是否对自己有较充分的了解,并能恰当地评价自己;自己的生活理想和目标是否切合实际;能否与周围的环境保持良好的接触;能否保持自身人格的完整与和谐;是否具备从经验中学习的能力;能否保持适当和良好的人际关系;能否适度地表达和控制自己的情绪;能否在集体允许的前提下,有限度地发挥自己的个性;能否在社会规范的范围内,适度地满足个人的基本需要。

2. 亚霍达提出的标准

亚霍达(M. JAHODA)综合了马斯洛等人的观点,归纳出以下六项心理健康的标准。

(1)对自我的态度。这种态度包括能客观地了解自己的经验、情感、能力与意见的程度(自我认知),能整体接纳自己优缺点的程度(自我悦纳),能全面地认知自己,能区别自己和别人承担的角色责任(角色认同)等要素。

(2)成长、发展与自我实现。一个心理健康的人,能坚定不移地朝向自我的目标迈进,尽全力采取积极的行动以达到自我实现的目标,在生活和工作中对别人给予关心,愿意为工作与他人献身,并能与他人产生共鸣。

(3)整合的人格。人格是由三个层面整合而成的:第一,"心力"的平衡,即本我、自我和超我三者处于平衡状态的人格结构;第二,对人生的统一性态度,即理想自我与现实自我之间的一致性;第三,对"压迫"的抗衡,即对挫折的忍受程度或自我强度。

(4)自律性。自律性指的是个人能独立于其所处的环境,以及能自己做出决定。

(5)对外界环境知觉的精确程度。它是指个体对于周围环境的了解程度,或能否使自己认知的误差缩小到最低的限度。一个人如果对其所处的环境没有精确的认知,便无法采取适当的行动,容易陷入不适应的状态。

(6)支配环境。这是指人不仅要适应环境,还要能主动地向其所处的环境挑战,改变自己的生存环境。

3. 舒尔兹提出的标准

舒尔兹归纳出五项心理健康的标准:能够控制自己的生活;能认识自己是一个怎样的人;能正视现实;能向新目标或新经验挑战;有独特性的人格特质。

(三)心理健康的七个方面

根据以上研究结果,我们可以进行总结和归纳:一般可以从以下七个方面评判一个人心理健康状况是否良好。

1. 智力正常

智力是人们利用经验、知识和阅历解决问题的综合性能力,主要包括观察力、记忆力、思维能力、想象能力与实践活动能力。我们一般将人的智力分为超常、正常和低下三个等级。正常智力水平,是人们生活、学习、工作最基本的心理健康条件。智力水平的发展变化表现出的心理行为特征应与人们的年龄、经历等相一致。

2. 自我评价正确

它是指正确地自我了解与自我悦纳,客观地进行自我评价和自我接纳,既不贬低自己,又不高估自己的能力,而且能够接受自己的缺点;在努力发掘自我潜能的同时,对于自己无法补救的缺陷,也能安然处之;生活目标和理想切合实际,不产生过高的期望,也不苛刻地要求自己,不同自己过不去,不因为理想和现实的差距过大而产生自责、自怨和自卑等不健康心态。自我评价正确能在一定程度上避免心理危机的产生。

3. 情绪稳定、心情愉快

情绪稳定与心情愉快是心理健康的重要标志,它表明一个人的中枢神经系统处于相对的平衡状态,意味着机体功能的协调。它包括的内容有:愉快情绪多于负面情绪,乐观开朗,富有朝气,对生活充满希望;情绪较稳定,善于控制与调节自己的情绪,既能克制,又能合理宣泄;情绪反应与环境相适应。

4. 行为协调统一

一个心理健康的人,其行为受意识支配,思想与行为是统一协调的,在行动中一般有明确的目的性和较高的自觉性,并有自我控制能力,即人能自觉地确定活动目标,支配自己的行动,克服重重困难,以实现预定的目标。

5. 人格完整

人格完整就是指有健全统一的人格,即个人的所想、所说、所做都是协调一致的。

人格结构的各要素是完整和统一的。人具有正确的自我意识,不产生自我同一性混乱,以积极进取的人生观作为人格的核心,并以此为中心,把自己的需要、目标和行动统一起来。

6. 人际关系和谐

它表现为:乐于与人交往,不仅能接受自己,也能接受他人、悦纳他人,并为他人和组织所理解和接受,能与他人相互沟通和交往,人际关系协调和谐;既能在与挚友同聚之时共享欢乐,也能在独处沉思之时无孤独感;在与人相处时,积极的态度(如同情、关心、友善、尊敬、信任等)总是多于消极的态度(如嫉妒、猜疑、畏惧、敌视等),因而在社会生活中有较强的适应能力和较充足的安全感。

7. 社会适应良好

社会适应良好是指能够面对现实,接受现实,并能积极主动地去适应现实和改造现实,而不是逃避现实;能客观地看待周围的事物和环境,并能与现实环境保持良好的接触;既有高于现实的理想,又不会沉溺于不切实际的幻想和奢望中;对自己的力量充满信心,面对生活、学习和工作中的各种困难和挑战都能妥善处理;不逃避现实,不怨天尤人,也不抱怨自己"生不逢时"。

 关联知识

二维码 6-1
中国国民心理健康
素养的现状与特点

二　心理障碍概述

(一)心理障碍的概念

人的心理活动,无论是正常的还是异常的,都是非常复杂的现象,它们的发生、发展和变化会受到许多因素的影响。正常心理和异常心理是一个连续体,它们的区别是相对的,并没有绝对的界限。人们关于心理障碍问题的看法经历了一个漫长的发展过程。

　　在古代，人们认为心理障碍是灵魂出了问题。在中世纪的欧洲，人们把心理障碍理解为"魔鬼"在人的灵魂里作怪，是"鬼魂附体""罪孽上身"的表现，而心理异常的各种不同表现则取决于附在人身上的"魔鬼"的特性。那时的精神病人往往被冠以"私通鬼神"的罪名，并被以驱除魔鬼为名惨遭残害，许多人死于毒打、饥饿。18 世纪以后，随着社会思想的进步与科学技术的发展，人们对人体大脑结构以及心理与脑的关系有了初步的了解，人们开始把心理障碍看作人脑有病变或受到有害因素影响的结果。从这时起，人们才把精神病人当作需要治疗的患者来看待。

　　现在许多心理健康工作者认为心理障碍（psychological disorder）是个体在认知、情绪或行为方面的显著性功能失调，这种功能失调反映了精神功能背后潜在的心理、生物或发展过程的紊乱。功能失调行为往往是适应不良导致的，往往伴随着痛苦，会干扰人的日常生活。例如，人对蟑螂的强烈恐惧可能是不正常的，但是如果它没有干扰人的生活，它就不是心理障碍，但如果偶然的悲伤绪持续下去并使人丧失能力，那么它就可能导致心理障碍。

　　由此可见，心理障碍是指在大脑生理、生化功能障碍和人与客观现实关系失调的基础上产生的对客观现实的歪曲反映。如果这种歪曲反映导致了人的行为紊乱，并破坏了人的社会适应能力以及认识世界、改造世界的能力，而且不能用常人能使用的方法加以纠正，这种歪曲反映就是心理疾病了。心理障碍的表现是非常复杂的，从简单的心理过程如感觉、知觉，到复杂的认知过程如记忆、表象、思维、想象等，从情绪、情感活动、动机和意志行为活动，到智力结构、人格特征等各个方面都可表现出异常。但在心理障碍的表现中，最常见的有感知过程中的错觉与幻觉，有记忆过程中的遗忘症，有思维过程中的妄想和某些言语逻辑障碍，此外，情感过程中的异常表现多为焦虑、抑郁和恐惧，意志行为中的异常多表现为兴奋躁动、动作迟滞或怪异行为，智力异常可表现为智力迟滞或痴呆，人格异常则主要表现为各种形式的偏离。

　　心理障碍是生物学因素、心理因素和社会文化因素联合作用的产物（见图 6-1）。可见，我们的身心健康既受到基因、脑功能、内在想法和感受的影响，也受到社会文化环境的影响。负面情绪会导致生理疾病，反过来，生理异常也可能导致负面情绪。

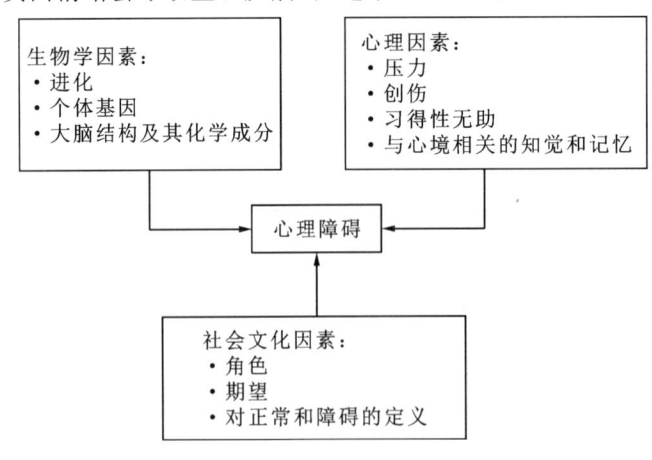

图 6-1　心理障碍的影响因素

（二）心理障碍的分类

人的心理功能与生理功能一样，有时也会出现异常或障碍，有的人甚至因受到长期的心理折磨而陷入十分痛苦的状态，严重影响了自己的生活、学习和工作。但遗憾的是，很多人没有意识到自己的心理功能出了问题，也不知道如何进行自我调整，更别说寻求心理医生或精神科医生的帮助了。根据人们日常生活和活动中常见的心理、行为的异常表现，可将心理障碍划分为以下六大类别。

1. 行为和人格偏离以及不良适应性反应

这一类别心理障碍问题较多，其中包括行为偏离、人格病态、性行为变态，以及在应激状态下发生的不良适应性反应行为。这类行为异常问题有的是固定的、持续的，有的则是一时性的，其中有不少案例涉及社会治安或司法问题。很多人虽然有心理、行为障碍问题，但并不是精神病患者，因为他们一般来说智力是正常的，意识是清醒的，而且一般也没有精神失常症状，他们有能力对自己的行为负责，知道自己的行为如果触犯法律，是要负法律责任的。不过，对于这类人，仅用强制性的惩罚手段或简单的劳教措施，通常难以使他们的心理障碍得到纠正，必须同时使用心理与行为的有关理论与矫正方法进行处理才能取得效果。

2. 特殊意识状态

这一类心理障碍包括以下四种。

（1）催眠状态下或梦境状态下的心理变化。这主要表现为意识模糊和意识范围狭窄，并在此基础上产生各种心理变化，只要催眠状态解除，梦境状态结束，心理会立即恢复常态。

（2）社会交往剥夺和感觉剥夺状态。这是由于大脑失去了适度的兴奋刺激的支持，而造成大脑功能失调，主要表现为注意力涣散，记忆力减退，意志力和自控能力受到严重削弱，思维混乱，情绪不稳，烦躁不安，焦虑压抑，或出现孤独感。

（3）某些宗教徒的"入化"状态、某些气功练习者的"销魂"状态，以及练功者的"走火入魔"状态。

（4）某些药物如致幻剂等作用下产生的心理、行为异常表现。这类心理、行为异常表现大多属于正常和变态心理之间的交叉或边缘状态，而且许多表现都是一次性的，即引起异常表现的各种状态消失后，患者的心理与行为便恢复正常，大多数人无需治疗。

3. 轻度心理异常

这一类心理异常表现是指人的心理的某些方面受到影响，即大脑一般没有组织上的器质性损害，只是在高级神经系统活动方面表现失调。患者心理活动各个方面的协调性受到一定的影响,对周围环境的适应能力有明显的减弱,人际关系往往不够和谐。但他们能理解并认识到自己的心理失常状态,因而主动寻求改善自身不正常状态的办法和措施,他们生活能自理,日常工作和社会生活可以正常进行。一些轻度精神疾病,如各种神经症和轻度的心因性反应症等都属于这一类。

4. 心身障碍

这一类异常是指患者在躯体各器官系统发生病变前后所表现出的心理异常现象。它常表现为在应激状态下所出现的某种内在的情绪或动机的冲突,通过心理影响生理的途径,以身体各个器官系统的病变表现出来。因此,在心身障碍发生时,人既有躯体的异常,也有心理、行为的异常。

心身障碍包括身体各器官系统的心身疾病,如心血管系统的原发性高血压、冠心病、心律不齐等;胃肠系统的十二指肠溃疡、溃疡性直肠炎等;呼吸系统的支气管哮喘、过度换气综合征等;内分泌系统的甲亢、糖尿病等;泌尿生殖系统的排尿障碍、月经失调、阳痿等;皮肤、肌肉、骨骼系统的荨麻疹、斑秃、神经性皮炎、周身疼痛症、类风湿性关节炎等。

5. 大脑病患及躯体有缺陷时所表现出的心理行为异常

这一类心理障碍有以下三种不同的表现。

(1)大脑发育不全时所表现出的心理异常。这主要指的是与大脑机能发育不全有关的各种能力的障碍,突出的表现是智力迟滞。

(2)大脑发生器质性病变时出现的心理异常。比如,脑震荡、脑挫伤、脑动脉硬化、中毒、病菌和病毒感染都可能造成患者器质性脑损伤,患者也有可能同时出现心理异常状态。

(3)盲、聋、哑等躯体缺陷引发的心理异常。当人的躯体某一部分受到破坏时,受损器官的机能未能恢复,这时,在缺乏适当的教育和训练的情况下,患者可能出现某种程度的心理异常。

6. 严重的心理异常

这一类心理异常是指人的整体心理机能的瓦解,不仅心理活动本身的各个方面的协调一致遭到严重的损害,而且机体与周围环境的关系也严重失调。概括起来,主要有以下三个方面的异常表现。

(1)患者的反应机能受到严重损害,对客观现实的反应是歪曲的,可出现精神失常现象,如幻觉、妄想、思维错乱、情感失常等,因而丧失正常的言行、理智与行为反应。

(2)社会功能有严重损伤,不能正常处理人际关系,不能理解个人生活,也不能正常地参与社会活动,甚至会给公众社会生活带来危害。

(3)不能理解和认识自身的现状,不承认自己有精神病,对自己的处境完全丧失自知力。各种重性精神病如精神分裂症、躁狂抑郁症和严重的反应性精神病都属于这一类。

 关联知识

二维码 6-2
常见心理疾病及
治疗方法

三　职业心理问题

在急剧变化的现代社会,面对日益激烈的市场竞争,人们的工作负荷也不断增大,心理压力成倍增加。面对来自工作、家庭和社会变革等的种种压力,很多人内心常常出现矛盾和冲突,有了不适应感、焦虑感、压抑感等消极心理体验,甚至产生心理障碍。联合国国际劳工组织发表的一份调查报告显示,心理压抑将成为 21 世纪人们最严重的健康问题之一。其中,工作压力和职业枯竭是当前最为常见的职业心理问题。

(一) 工作压力

1. 正视工作压力

工作压力是指由工作或与工作有关的因素造成的应激,这些应激对个体提出了超出正常水平的心理和生理要求。

无论人们怎样努力减少应激事件的发生,在一定的压力下工作和生活,也许是现在和未来工作生活的一个重要特征。如果没有压力,或压力不足,不管在生理、心理还是社会方面,人们都会感到百无聊赖。如果工作缺乏压力,人们就难以保持适当的效率。适当的压力可以产生强大的动力,使人走向成功。压力和绩效关系的研究结果(见图 6-2)证实,在最合适的压力水平下,人的工作绩效才能达到最高点。但是,如果工作压力太大,积极的激发力就会被疲惫所取代,人们会逐渐觉得难以应付。长期的、过度的工作压力会使人精疲力竭,最终有可能导致人们精神崩溃。过度的工作压力也会影响工作效率,使焦虑、失眠、烦躁、效率下降等问题频繁出现。

1984 年,福尔克曼(Susan Folkman)和拉扎勒斯(Richard S. Lazarus)提出的压力应对模型认为,当人们承受压力时,人们首先会对压力做出评定,然后根据评定结果做出情绪或行为上的不同反应。如果人们把压力解释为积极的,就会产生积极情绪;

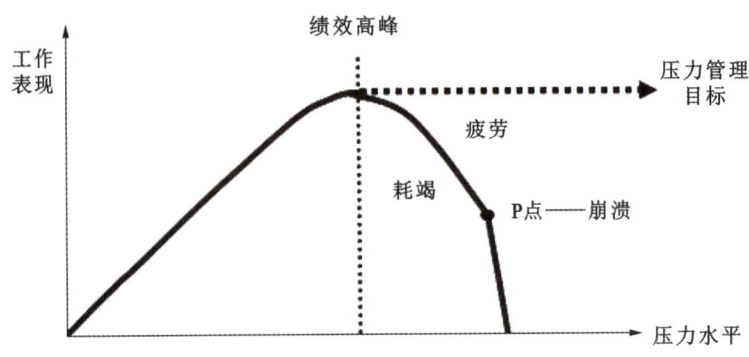

图 6-2　压力与绩效之间的关系

如果人们认为压力是对身体或心理的威胁,就会产生消极情绪。接着,人们根据评定结果来思考如何开发自身的应对能力,以减少压力事件带来的危险、破坏或损失后果。压力知觉和应对反应是压力事件及其潜在后果的重要中介变量。其他中介变量还有A 型行为、控制感以及社会支持等。

2. 工作压力源的识别

压力源又称应激源或紧张源,是导致个体产生压力反应的刺激。刺激一旦被人感知到,人就会在主观上做出评价,同时产生一系列相应的心理和生理变化。如果人认为其感知到的刺激需要付出较大努力才能进行适应性反应或这种反应超过了其所能承受的适应能力,人就会出现心理、生理平衡的失调,即紧张状态反应。这个使人感到紧张的内外刺激就是压力源。

工作压力源可以表现为不同的形式,工作环境中的每一个方面都可能成为一些员工的压力源。工作压力来源于各个方面,其中最主要的是来自个人自身、组织管理和家庭环境,如表 6-1 所示。

表 6-1　员工的工作压力源

因素分类	个人因素	组织管理因素	家庭环境因素
表现	追求完美,过高期望 缺乏安全感 总是不断变换角色 与人沟通不够 心理承受能力不佳 外部表现与内心想法相矛盾 身体健康状况不佳	角色冲突和角色模糊 工作负荷大,时间紧迫 管理制度和领导风格 较低的工作自主性 较低的参与感和控制感 工作分配与酬劳不合理 职业发展前景不明 人际冲突 组织氛围不佳	缺乏情感支持 承担的责任太多 与家人缺乏沟通 被指望无所不能 在工作时间以外,太多工作事务侵占私人生活

3. 工作压力的管理

找出工作压力源后，我们就可以着手修正或消除应激物，制订压力管理计划。该计划包括个体心理调节和组织管理改善两方面的对策。

在压力管理中，个人应充分发挥主观能动性，积极缓解自身面临的工作压力。个体心理调节的内容主要包括以下几点。

（1）正确评价自我。消除错误的认知方式，比如对完美的过分追求、夜郎自大、妄自菲薄等。

（2）保持乐观的态度。积极乐观地看待所遇到的问题，将危机视为转机，相信否极泰来，学会宽恕，理性沟通，胸怀宽广。

（3）做好时间管理。经常制订计划，分清主次，明确主要任务；了解自己的生物钟，在自己工作效率最高的时间段完成主要工作；利用好零碎时间。

（4）建立社会支持网络。加强与他人的合作，积极寻求外界的心理帮助，比如亲友的支持、心理咨询等，并帮助他人。

（5）学习放松的方法。劳逸结合，发展一些健康的兴趣或爱好，制订具体的健身计划并实践，体质的增强也可以为应对压力奠定基础，同时也是精神舒缓的好办法。

组织管理改善的内容主要包括以下几点。

（1）创造良好的工作环境。在组织政策方面，制定公平的绩效评估和薪酬制度；在组织结构方面，避免权力过分集中、烦琐的形式主义和过高的专业化水平；在工作条件方面，制定安全保障措施，改善物理环境。

（2）合理安排工作。进行科学的工作分析，人职匹配；合理调整工作负荷和最后期限；重新进行工作设计和组织结构调整，以消除应激物；开展针对时间管理、目标管理、角色分析等的研讨会；让员工参与对他们产生影响的组织变革。

（3）营造良好的组织氛围。建立畅通的工作沟通渠道；建立心理支持系统，推广心理咨询和培训；加深信任与支持，增强员工的归属感、整体性、安全感，促使他们在遇到压力和挫折时，主动寻求朋友的关心和支持，从而减少压力。

（4）开展主题培训。对员工进行工作技能培训、职业生涯咨询和规划以及其他心理辅助训练等。

（5）建立休假制度，组织开展文娱和体育活动。

学会管理压力是相当重要的，因为一旦人承认压力，并学会管理它，便能使压力朝有利的方向发展。"向压力要动力"，这句话不仅仅是一种愿望，人完全可以通过科学的手段达到这个目标。

（二）职业枯竭

1. 职业枯竭的定义

职业枯竭（job burnout）又称职业倦怠或工作倦怠，这一概念始自美国精神分析学家弗罗伊登贝格尔（Herbert Freudenberger）等人于 1974 年进行的研究。当时的研究主要基于那些在服务业及医疗行业人们的经历，因为这些领域中的职业涉及大量情绪性工作，员工具有较多的人际压力源，他们长年精力耗损，工作热情容易消退，进而对人漠不关心，对工作持有负面态度。

职业枯竭是心理枯竭现象中的一种。心理枯竭是个体由于持续的巨大压力无法应对外界的过度要求而产生的生理、情绪、情感、行为等方面的耗竭状态。职业枯竭是一种由工作引发的心理枯竭现象，是职业人在工作的重压之下所体验到的身心俱疲、能量被耗尽的感觉。马斯拉奇（Christina Maslach）等人认为职业倦怠包括三个维度：情绪衰竭、去人格化以及无力感或低个人成就感。

（1）情绪衰竭。情绪衰竭指的是没有活力，没有工作热情，感觉自己处于极度疲劳的状态。它被认为是职业枯竭的核心维度，并具有最明显的症状表现。

（2）去人格化。去人格化指的是刻意在自身和工作对象间保持距离，对工作对象和环境采取冷漠、忽视的态度，对工作敷衍了事，进而导致个人发展停滞、行为怪异或提出调动申请等。

（3）无力感或低个人成就感。这指的是倾向于消极地评价自己，并伴有工作能力体验和成就体验的下降，认为工作不仅不能发挥自身的才能，而且是枯燥无味的烦琐事务。

2. 职业枯竭的危害

职业枯竭严重影响着职场人的工作和生活质量以及身心健康水平。

第一，职业枯竭会使人的工作满意度降低，导致出现离职和消极怠工现象。由于丧失了工作热情和兴趣，人在工作中缺乏职业道德和敬业精神，对工作敷衍了事，甚至另谋他职。

第二，职业枯竭会使人在人际关系方面表现出对同事和工作对象的疏远和冷漠。出现职业倦怠后，人往往感到同事之间有太多的竞争、太多的矛盾，客户不好合作、故意刁难，等等。这些原因会使他们更不愿意与同事或客户交往，把自己封闭和孤立起来，导致工作效率严重下降。

第三，职业枯竭会使人产生巨大的压力感。如前面章节所述，虽然适度的压力能使职场人处于合理的应激状态，对他们的行为表现有积极作用，但过度的职业压力如果得不到合理释放和缓解，就会导致他们处于亚健康状态，甚至出现心理问题。

3. 职业枯竭的解决对策

职业枯竭因工作而起，直接影响到工作准备状态，然后又反作用于工作，导致工作状态恶化，职业倦怠进一步加深。它是一种对工作具有极强破坏力的因素。因此，有效地消除职业枯竭，对于稳定员工队伍、提高工作绩效有着重要的意义。

找出职业枯竭产生的原因，是减轻或解决职业枯竭的第一步。导致职业枯竭的因素是多方面的，既有客观因素，也有主观因素。这些因素大体可以分为职场因素和个体自身因素两大类。职场因素是产生职业倦怠的客观因素,如工作任务过重、工作难度过大、晋升无望、工作前景不好、人际关系紧张、工作环境不好等。个体自身因素指员工在年龄、性别、动机、能力、意志等方面存在的个体差异。例如,成就动机强的员工喜欢承担有挑战性的工作,那么长期从事没有挑战性的工作就会使这些员工因为觉得枯燥而产生职业枯竭;意志力强的员工更看重难度大、强度大的工作,所以给其安排一些难度较大的任务会唤起员工的工作热情和积极性。除此之外,与男性员工相比,女性员工更容易因工作和家庭的冲突产生职业枯竭。

关联知识

二维码 6-3
工作倦怠量表

四　员工援助计划

员工心理健康管理已成为组织管理的一个重要方面。员工心理健康管理有利于减轻员工过重的工作压力和职业倦怠感,使其保持适度的、最佳的心理状态,从而提高工作效率,进而提升组织整体绩效,实现组织战略目标。实行员工援助计划是组织支持员工心理健康管理的重要举措。

(一)员工援助计划的定义

员工援助计划(employee assistance program,EAP)是由组织为其成员设置的一项系统的、长期的援助和福利计划。它通过专业人员对组织的诊断、建议和对组织成员及其家属的专业指导、培训和咨询,帮助解决组织成员及其家属的心理和行为问题,以维护组织成员的心理健康,提高工作绩效,并改善组织管理。EAP 主要在工作场所开展,它的作用是识别和帮助员工解决问题。

美国是 EAP 的发源地,也是 EAP 最发达的国家之一。早在 20 世纪初,美国一些企业就注意到,员工酗酒问题会直接或间接地影响员工和企业的绩效,所以这些企业制订了旨在帮助员工的戒酒计划,这是 EAP 的雏形。到 20 世纪六七十年代,由于美国社会发生剧烈变动,工作压力、家庭暴力、离婚和各种法律纠纷等诸多个人问题越来越影响到员工的情绪、工作表现和绩效,于是有的企业建立了某些项目,聘请专家帮助员工解决这些个人问题,这就是 EAP 的开端。后来,EAP 的服务领域慢慢拓展开来,在欧美一些国家中,它已经成为一项可以帮助员工解决任何问题的项目总称,它由最初的以心理咨询为核心,拓展到幼儿园设立、出租车呼叫等全方位的服务。现在它已经成为一种对工作场所中的人们所存在的广泛的多样的问题进行干预和帮助的综合方法。目前,EAP 处理的问题不仅包括临床明确诊断出的心理健康问题,如抑郁症,也包括任何可能会影响员工工作状态或者可能会导致严重心理健康问题的情形,诸如亲子关系、婚姻压力、经济或者法律方面的顾虑等。概括来说,EAP 项目的设立体现了组织对员工的全方位的人本主义关怀。

(二)EAP 的作用

EAP 不仅能够帮助组织解决具体的、现实的员工问题,而且是帮助组织发现和解决问题、改进生产管理水平、提高生产效率、改善组织气氛和组织文化的有效途径,对组织具有重要的作用。

1. 个体方面

EAP 帮助解决的个人问题主要涉及压力、情绪、人际关系及心理困扰等。具体来说,表现在以下四个方面:第一,减轻个人工作压力,改善工作情绪,预防过激事件的发生,提高个人工作积极性;第二,使人们学会有效协调工作与家庭生活的关系,促进家庭和睦,提高心理健康水平;第三,增强员工自信心,提高其适应能力,并且改善其人际关系;第四,使人们掌握消除个人心理困扰的实用技术。

2. 组织管理方面

EAP 对组织问题的帮助涉及失业心理危机事件、工作中的公平感、意外事故出错率、问题员工、缺勤率、满意度指标、离职率、绩效沟通等多个方面。具体来说,主要表现在以下四个方面:第一,有利于提高工作效率,降低组织运营成本;第二,有利于提升员工的满意度和忠诚度,优化组织在员工心目中的形象,树立良好的口碑,提高员工士气,增强员工对组织的认同;第三,有利于建立和谐的劳动关系,促进各部门、各层次员工之间的沟通,改善组织氛围;第四,提升管理者的员工心理管理技能,使管理者实现从传统管理者向教练型管理者的转变。

(三)EAP 的内容

EAP 的内容主要包括工作环境设计与改善、心理压力应对、沟通和人际关系改善、职业心理健康问题、职业生涯规划、心理危机干预六个方面。

1. 工作环境设计与改善

工作环境设计与改善包括如下两个方面的内容:一是改善工作的硬环境,包括改善工作的物理环境、工作条件以及工作场所的设施或辅助工具;二是通过推进组织结构变革、优化工作氛围、开展组织文化建设、进行工作轮换等手段改善工作的软环境,在组织内部建立一个舒适、安全并具有支持性的工作环境,丰富员工的工作内容,发展和谐的组织文化。

2. 心理压力应对

通过压力管理、挫折应对、情感调节等一系列培训,帮助员工掌握应对压力的基本方法,改善应对方式,提高适应能力。从改变员工对于压力的看法开始,最终改变他们对工作的看法,使他们学会处理压力问题,从而增强他们对于工作压力的承受能力。

3. 沟通和人际关系改善

良好的人际关系和交流不仅是心理健康的表现,也是人们最基本的心理需求。一方面,通过培养和训练,使员工学会改善人际关系的技巧,提高处理人际关系的能力,建立起心理支持系统;另一方面,帮助组织领导者、管理者引导组织内的人际关系朝着积极的方向发展,包括建立合理的组织结构,创造有利的群体环境和交往气氛,改善和促进上下级之间的沟通和交往,理顺组织成员之间的各种关系,为整个组织建立起系统有效的沟通渠道和沟通网络。

4. 职业心理健康问题

由专业人员采用专业的心理健康评估方法评估员工的心理和生活质量现状,发现导致问题的原因,并提出解决方案或建议;对员工的一些具体个人问题,比如恋爱、婚姻、家庭、子女教育、个人心理困扰等问题,提供及时有效的咨询、辅导、支持和帮助。通过对员工进行心理健康调查,根据组织的实际情况和具体要求,开展不同层次、具有针对性的职业心理健康讲座、咨询、团体辅导,搭建专业心理服务网络平台。

5. 职业生涯规划

对员工个体做出专业的诊断与详尽的评估,然后根据组织的规范,针对个体的具体情况做出合适的个性化设计(包括组织内的职业生涯规划)。之后以适当的修正与持续的督导,促进员工个人潜能的充分开发与价值的实现,同时满足组织所要求达成的价值需求。

6. 心理危机干预

当员工的不良嗜好、身心疾患或困扰、家庭或婚姻生活失败、降职或解雇、创伤性应激、暴力或自杀倾向等个人问题导致员工出现心理危机时,EAP通过个别心理咨询、小组辅导、团体训练等一系列干预方式,帮助员工掌握提高心理素质的基本方法,增强对心理问题的抵抗力。管理者通过咨询和训练，掌握员工心理管理的技术，能够在员工出现心理困扰、发生心理危机时，及时找到适当的处理方法。

（四）EAP 的组织实施

EAP 的组织实施流程如图 6-3 所示。

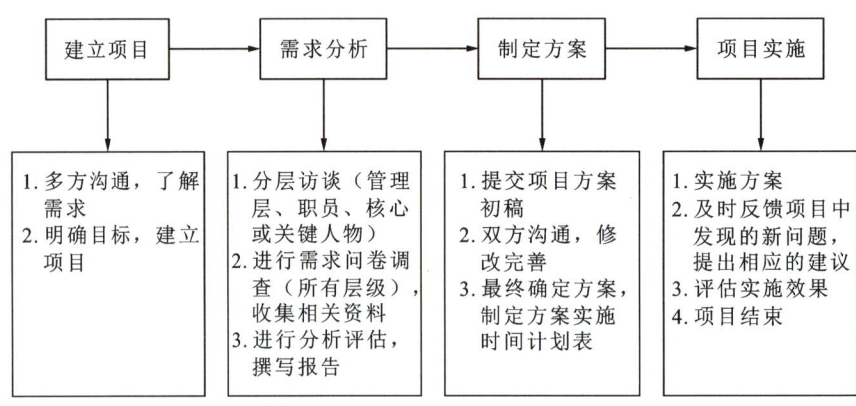

图 6-3　EAP 的组织实施流程

EAP 组织实施的具体过程包括如下四个步骤。

1. 建立项目

要与目标组织的相关部门和员工进行多方面的沟通，初步了解组织的需求，明确 EAP 服务的目标，并正式建立项目。

2. 需求分析

对管理层、职员、核心或关键人物进行调查访谈，并进行需求问卷调查。通过访谈、问卷调查等方式多方面了解组织的不同部门、不同层次管理者与员工的需求，在系统分析员工的心理状况和导致问题的原因后，可以对员工进行专业分析评估，并撰写报告。

3. 制定方案

提交项目方案初稿后，进一步沟通，修改并完善项目方案。在最终确定方案后，制订具体的时间计划。

4. 项目实施

确定方案后，就可以在组织开展 EAP 了，如员工心理咨询、员工职业生涯规划等。在实施过程中，必须及时发现新问题，并提出相应的建议，与有关部门进行协调沟通。

在 EAP 实施过程中,定期评估项目实施效果也是很有必要的。至此就算是完成整个
EAP 流程了。

(五) EAP 的服务模式

(1)内部模式。这种模式是在组织内部设置一个专门部门,由有人事管理、心理咨询等专业背景的专职人员从事 EAP 服务。它可以属于人事部门、工会,也可以独立于所有部门。这种模式的优点是针对性强、适应性好,能全面了解员工的状况,并提供及时的服务。内部模式一般适用于比较大型的和成熟的组织。

(2)外部模式。这种模式是聘请外部专业的 EAP 公司向员工提供帮助,组织与专业的 EAP 公司签订合同,并有专人负责与 EAP 公司的联系和协调。这种模式的优点是所有 EAP 服务都由专业人员提供,专业性强,保密性好,能够将最新的技术应用到实际服务中。

(3)组合模式。这种模式是将内部与外部模式结合,部分职责由内部 EAP 人员完成,其他职责由外部 EAP 专业人士完成,外部模式随着内部模式的变化而变化,外部人员起顾问作用。这种模式的优点是能够充分发挥组织内部和外部的联合优势。

(4)联合模式。这种模式是若干组织联合成立一个专门的 EAP 服务机构,由专职人员为这些组织的员工提供专业的服务。这种模式的优点是可以最大限度地节省经费。

第二节　情绪与管理

情绪对工作行为有着重要的影响,员工的情绪状态直接影响着他的工作认知、态度、决策和行为,与工作绩效密切相关,这就要求组织中的管理者们对员工的情绪管理给予更多的关注。

一　情绪概述

(一)情绪的定义

情绪(emotion)是身体对行为成功的可能性乃至必然性在生理反应上的评价和体验。情绪是亲身体验,它代表着我们的生理状态(如血压、心率)、心理状态(如清晰的思考能力)和行为(如面部表情)的变化。

情绪既是一种主观感受,又是一种客观生理反应,具有目的性,也是一种社会表达。情绪是多元的、复杂的综合事件。情绪构成理论认为,在情绪发生的时候,有五个基本元素必须在短时间内协调、同步进行。

第一个元素是认知评估,指的是当人注意到外界发生的事件(或人物),人的认知系统会自动评估这个事件的感情色彩,并触发情绪反应。

第二个元素是身体反应,也就是情绪的生理构成,人的身体自动做出反应,使主体适应这一突发状况。

第三个元素是感受,也就是人体验到的主观感情。

第四个元素是表达。面部和声音变化能反映一个人的情绪,这是为了向周围的人传达情绪主体对一件事的看法和他的行动意向。

第五个元素是行动的倾向。情绪会产生动机,例如,人在悲伤的时候会希望找人倾诉,在愤怒的时候会做一些平时不会做的事。

(二)情绪的类型

1. 基本情绪的类型

基本情绪是人和动物生来就具有的,又叫原始情绪,它有文化共通性。每一种基本情绪都有其独立的神经生理机制、内部体验、外部表现和不同的适应功能。人的情绪有几十种,包括愤怒、轻蔑、热情、嫉妒、害怕、挫败、快乐、憎恨、希望、欢快、热爱、骄傲、惊奇、悲伤等。关于基本情绪的类型,长期以来人们对此说法不一。我国古代有喜、怒、忧、思、悲、恐、惊的"七情说",美国心理学家普拉切克(Robert Plutchik)提出了八种基本情绪:悲痛、恐惧、惊奇、接受、狂喜、狂怒、警惕、憎恨。艾克曼(Paul Ekman)认为人具有六种基本情绪,包括快乐、惊奇、害怕、悲伤、愤怒和厌恶,这六种情绪可以被界定为存在于一个连续体之中(见图 6-4),连续体中的两种情绪距离越近,人们越有可能混淆它们,例如,我们有时候会把惊奇当作快乐,但基本上不会混淆快乐与厌恶。

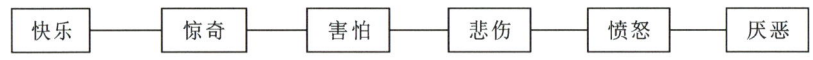

图 6-4　艾克曼提出的六种基本情绪

2. 情绪的状态类型

情绪状态是指在一定的生活事件的影响下,一段时间内各种情绪体验的一般特征表现。根据情绪状态的强度和持续时间,可将情绪状态分为心境、激情和应激三种类型。

1)心境

心境是一种微弱、平静和持久的情绪状态。心境具有弥散性和长期性。心境的弥散性是指当人具有了某种心境时,这种心境表现出的态度会指向周围的一切事物。心境的长期性是指心境产生后会在相当长的时间内主导人的情绪表现。虽然基本情绪具有情境性,但心境中的喜悦、悲伤、生气、害怕等却要维持较长的一段时间,有时甚至成为人一生的主导心境。

2）激情

激情是一种暴发强烈而持续时间短暂的情绪状态。人们在生活中的狂喜、狂怒、深重的悲痛和异常的恐惧等都是激情的表现。和心境相比,激情在强度上更大,但维持的时间一般较短暂。激情具有暴发性和冲动性,同时伴随明显的生理变化和行为表现。当激情到来的时候,大量心理能量在短时间内积聚而出,如疾风骤雨,使得当事人失去了对自己行为的控制力。

3）应激

应激是出乎意料的紧张和危急情况引起的情绪状态,如普通人在日常生活中突然遇到火灾、地震,飞行员在执行任务时突然遇到恶劣天气,游客旅途中突然遭到歹徒的抢劫等,无论天灾还是人祸,这些突发事件都会使人们在心理上高度警醒和紧张,并产生相应的反应,这都是应激的表现。

3. 情绪的特征类型

人们经历过多种情绪,也体验过各种情绪的组合,但一般而言,情绪有两个共同的特征。第一,情绪会产生一个总体评价(称为核心情感),即评价某事物是好的或是坏的,有用的或有害的,应该接近的或应该避开的。第二,所有的情绪都会产生一定程度的激化作用。在激化过程中,不同的情绪在引起人们的注意力和激励人们做出某种行为的程度方面存在很大的差异。情绪的两个特征是构成图 6-5 中的环形模型的基本要素。比如,痛苦是一种能产生相对高水平激化作用的消极情绪,而放松则是一种能产生相对低水平激化作用的积极情绪。

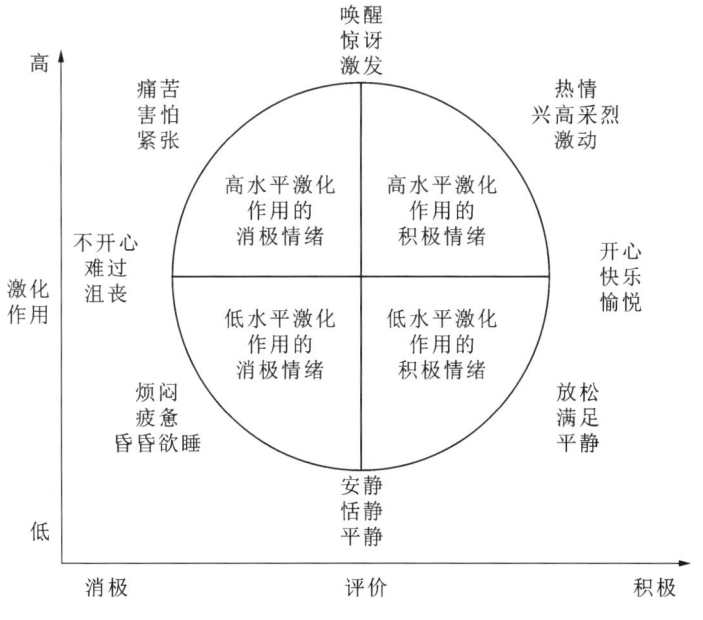

图 6-5　情绪的环形模型

（三）情绪理论

早期的情绪研究是由哲学家、神经病学家、神经生理学家和心理学家分别进行的。这些研究成果对于现代情绪理论的发展有相当大的影响。现代情绪理论倾向于从认知和信息加工的角度来研究情绪。在情绪研究的发展中，比较有影响力的情绪理论有詹姆斯-兰格理论、坎农-巴德理论、"评定-兴奋"说、情绪归因论、认知-评价理论和情绪的动机-分化理论。

1. 詹姆斯-兰格理论

美国心理学家詹姆斯（Willian James）和丹麦生理学家兰格（Carl Lange）认为，情绪的产生是植物性神经活动的产物，后人也将其称为情绪的外周理论，即情绪就是对身体变化的知觉。对此，詹姆斯有句名言："我们感到难受是因为我们哭泣，感到气愤是因为我们打斗，感到害怕是因为我们颤抖；并不是难受了才哭，生气了才打斗，害怕了才颤抖。"兰格更鲜明地认为，情绪是一种内脏的反应，生理唤醒先于情绪体验。

2. 坎农-巴德理论

该理论认为生理唤醒和情绪体验是同时发生的，在人们体验到恐惧的同时，心脏也在剧烈跳动。唤起情绪的刺激传至交感神经系统，导致机体的唤醒；同时又到达大脑皮层，引起了主观的情绪体验。剧烈心跳并没有导致恐惧的感受，恐惧感也没有导致剧烈的心跳。躯体的反应和情绪体验是相互独立的。

3. "评定-兴奋"说

美国心理学家阿诺德（M. R. Arnold）认为，刺激情境并不直接决定情绪的性质，从刺激出现到情绪的产生，要经过对刺激的估量和评价。情绪产生的基本过程是"刺激情境—评估—情绪"。同一刺激情境，人们对它的评估不同，会产生不同的情绪反应。情绪的产生是大脑皮层和皮下组织协同活动的结果，大脑皮层的兴奋是情绪行为最重要的条件。

4. 情绪归因论

美国心理学家沙赫特（S. Schachter）和辛格（J. E. Singer）认为，生理反应和思维（知觉、记忆和诠释）共同引发了情绪。他们提出情绪的产生有两个不可缺少的因素：一个是个体必须体验到高度的生理唤醒；另一个是个体必须对生理状态的变化进行认知评价。情绪状态是认知过程、生理状态和环境因素在大脑皮层中整合的结果。情绪体验需要对生理唤醒进行有意识的解读。

5. 认知-评价理论

该理论认为,情绪是人与环境相互作用的产物。在情绪活动中,人不仅反映环境中的刺激事件对自己的影响,同时调节自己对于刺激的反应。也就是说,情绪是个体对环境知觉有害或有益的反应。因此,人们需要不断地评价刺激事件与自身的关系。评价具体有三个层次——初评价、次评价和再评价。

6. 情绪的动机-分化理论

该理论萌生于20世纪60年代,如今已成为很有影响力的情绪理论之一。汤姆金斯(S. Tomkins)和伊扎德(Carroll E. Izard)都认为情绪具有重要的动机性和适应性的功能,汤姆金斯认为,情绪就是动机,他否定了把动机归结为内驱力的看法,着重指出内驱力信号需要一种放大的媒介才能激发有机体去行动,起这种放大作用的正是情绪过程;而且情绪是比内驱力更加灵活、有力的驱动因素,它本身可以离开内驱力信号而起到动机作用。伊扎德的动机论则容纳了更复杂的内涵。他提出,情绪是一种基本的动机系统,他从整个人格系统出发,建立了情绪-动机系统。伊扎德提出人格具有六个子系统:内稳态、内驱力、情绪、知觉、认知、动作。人格子系统组合成四种类型的动机结构:内驱力、情绪、情绪-认知相互作用、情绪-认知结构。在这个庞大的动机系统中,情绪是核心。无论是与内驱力相联系的情绪,还是同知觉、认知相联系的情绪,或是蕴含在人格结构中的情绪特质,都起重要的动机作用。伊扎德进一步指出,情绪的主观成分——体验,正是起动机作用的心理机构,各种情绪体验是驱动有机体采取行动的动机力量。

 关联知识

二维码 6-4
对下属进行心理
辅导的"潜规则"

二　情绪劳动

（一）情绪劳动概述

1. 情绪劳动的概念

当员工把自己的身体能力与认知能力投入工作中时,它们分别消耗了身体劳动和

心理劳动。但是,大多数工作还需要付出情绪劳动(emotional labor),也就是在人际交往过程中员工表现出的令组织满意的情绪。

　　情绪劳动的概念最早由霍克希尔德(Arlie Russell Hochschild)于1979年提出,并在其1983年出版的《情绪管理的探索》一书中进行了详细的分析。她认为,情绪劳动多存在于情感密集型行业(如护士、教师、服务员等),是指劳动者为了获得一定的报酬而对自己的情绪进行控制,以营造出公众可以观察并接受的面部和身体上的动作表现。情绪劳动强调的是对自己情绪的控制,也就是控制自然情绪,使其适合特殊岗位和工作环境的要求,因而是一种特殊形式的劳动,需要当事人付出努力以实现非自然的情绪表达。

　　在霍克希尔德提出情绪劳动的概念后,众多学者对情绪劳动进行了研究。阿什福思(B. E. Ashforth)和汉弗莱(R. H. Humphrey)将情绪劳动定义为根据职业要求的表达规则来表达适当情绪的行为,即个体可以根据他人的需求而有意识、有目的地调节行为,从而使他人对自己形成特定的社会感知。[①] 莫里斯(J. A. Morris)和费尔德曼(D. C. Feldman)从人际互动的角度出发,指出情绪劳动是个体为表达组织所期望的情绪所付出的努力、计划和控制,同时认为可以将情绪劳动视为能够用于交换的一种商品。[②] 还有学者指出,情绪劳动本质上是个人根据组织制定的情绪行为管理目标进行的情绪调节行为。

2. 情绪劳动的作用

　　第一,对组织的作用。对于组织来说,员工按照组织要求表现出情绪行为,可以使工作得到更有效的执行,可以提高工作绩效和服务质量,还会促进员工工作能力的提升。但是,如果员工没有表现出适当的情绪,则会对工作产生负面影响。

　　第二,对员工的作用。对于一些内容单调、缺乏挑战性的工作,较高的情绪劳动要求会在某种程度上起着激励的作用,从而成为一种积极的工作特征,因为它给个体提供了自我表现的舞台,有利于个体保持良好的心理状态。此外,装扮出某种情绪表现也能够使个体在心理上远离潜在的压力源。但是,员工情绪劳动过度,长期处于情绪失调或情绪偏离状态,则容易造成情绪耗竭、压力过大、职业倦怠等。过度的情绪劳动还会降低员工的工作满意度,表现为员工对工作没有热情、离职意向明显等。

3. 情绪失调

　　情绪劳动对于大部分人来说都是一个挑战,因为隐藏真实的情绪并且表现出工作所需的情绪是一件困难的事情。开心、悲伤、焦虑以及其他各种情绪自发地引起一系列复杂的面部肌肉运动,这是人难以阻止和掩饰的。假装高兴或者关心需要调节或协调一些特定的面部肌肉或身体姿势。同时,真实情绪会通过我们无法意识到的细微动

---

　　① 　Ashforth B E, Humphrey R H. Emotion in the Workplace: A Reappraisal[J]. Human Relations, 1995(48): 97-124.

　　② 　Morris J A, Feldman D C. The Dimensions, Antecedents, and Consequences of Emotional Labor[J]. Academy of Management Review, 1996(21): 986-1010.

作表现出来。当人们伪装时,细心的观察者通常能够感觉到他们实际上是在经历另一种情绪。

　　情绪劳动还会导致组织需要员工表现出的情绪与其真实情绪之间的冲突,这被称为情绪失调(emotional dissonance)。情绪失调是情绪劳动的负面结果,必须表现出的情绪与真实情绪的差别越大,员工就越容易产生压力、职业倦怠和自我的心理分离。组织聘用天生能够比较容易表现工作所需情绪的员工能降低情绪失调的发生概率。人通过深层伪装而不是表层伪装也可以减少情绪失调。当人们把行为调整得与所需表现的情绪相一致,但内心真实感受与其仍不一致时,就产生了表层伪装。例如,当接待一位我们认为不礼貌的顾客时,我们仍要展现笑容。深层伪装则指改变真实的情绪去迎合必须表现出的情绪。我们可以将下一次与顾客的交流视为检验自己工作能力的机会,而不是被无礼的顾客激怒。这种观念上的转变很可能在下一次面对这位顾客时帮助我们产生更多的正面情绪,从而使我们容易地表现更友善的情绪。

(二)情绪劳动的策略

　　情绪劳动是一个监控矛盾并减少矛盾的过程,即个体将自己的情绪表达与感知到的情绪表达规则不断进行比较。如果发现两者之间存在矛盾,个体将通过情绪调节策略来减少这种矛盾,从而使得情绪表达与情绪表达规则相符。在工作中,员工如何进行情绪调节呢？阿什福思和汉弗莱提出了以下四种策略。[①]

1. 自主调节

　　这种策略把情绪看作一种自主的体验过程,它不需要人有意识地做出努力,某种情绪被感觉到时就会自然流露出来,人就会产生相应的情绪反应。扮演理论认为,在这种情况下,情绪劳动是以自动模式来完成的,比如医生看见受伤的孩子自然会表现出对孩子的同情,这种同情是很自然的反应,当事人不需要有意识地扮演。

2. 表层扮演

　　表层扮演是指改变个体外部可见的表情行为来表现组织规定的情绪,而其内心的真正情绪并没有发生改变。表层扮演将内心真实感受与外部表情分离,不失为一种可行的策略。当员工无法违背组织对于情绪的要求时,就必须以表层扮演来开展工作。对于一个扮演水平较高的员工来说,在表面上掩饰情绪并非难事。

3. 深层扮演

　　深层扮演是指为了按要求进入角色,尽量去体验必须产生的情绪。深层扮演包括

---

①　Ashforth B E, Humphrey R H. Emotion in the Workplace: A Reappraisal[J]. Human Relations, 1995(48):97-124.

主动深层扮演和被动深层扮演。前者指通过积极思考和努力来改变自己的内部情绪体验,使情绪体验与需要表现的情绪行为相符;后者指当个体内心感受到的情绪与组织所要求的表现一致时,个体表现出与规则一致的情绪行为。深层扮演是发自内心的,要求员工尽可能努力激活那些能够引起某种情绪的思想、记忆等心理活动。运用这种策略时,个体内部感受和外在行为都要发生改变。

4. 失调扮演

这种策略要求员工表面上表现出职业所需要的情绪,去应对各种外部刺激,但内心始终保持中性。这种扮演需要员工对情绪进行自我管理,不让表面的情绪影响自己的心情。这种内心的体验与外部的情绪表达不相符的扮演也就是所谓的"职业性公关",有时这种内外失调更有利于任务的完成。通过这种行为,个体满足了组织情绪表现规则的要求,表现出了适当的行为,但是员工内心情绪却保持独立,并与组织表现规则现实分离,偏离外部行为表现。

 关联知识

二维码 6-5
理解情绪劳动:
从异化到治理术

三　情绪管理

（一）情绪管理概述

1. 情绪管理的定义

情绪管理(emotion management)是指通过研究个体和群体对自身情绪与他人情绪的认识、协调、引导、互动和控制,充分挖掘和培养个体和群体的情绪智力,培养他们驾驭情绪的能力,从而确保个体和群体保持良好的情绪状态,并由此产生良好的管理效果。

情绪管理是对个体和群体的情绪感知、控制、调节的过程,其核心是将人本原理作为最重要的管理原则,使人性、人的情绪得到充分发展,人的价值得到充分体现;是从

尊重人、依靠人、发展人、完善人出发，提高人对情绪的自觉意识，控制情绪低潮，保持乐观心态，不断进行自我激励、自我完善。情绪管理不是要去除或压制情绪，而是在觉察情绪后，调整情绪的表达方式。情绪管理能力是预测工作绩效和组织公民行为的重要指标。心理学家认为，情绪管理是个体管理和改变自己或他人情绪的过程。在这个过程中，人通过一定的策略和机制，使情绪在生理活动、主观体验、表情行为等方面发生一定的变化。可以说，情绪固然有正面情绪和负面情绪之分，但真正的关键不在于情绪本身，而是情绪的表达方式。以适当的方式在适当的情境表达适当的情绪，就是健康的情绪管理之道。

▌2. 情绪管理的形态

情绪管理的基本形态有四种：拒绝、压抑、替代和升华。

第一种形态是拒绝，即拒绝接受某些事实的存在。拒绝不是说个人不记得某些事了，而是坚持认为某些事不是真实的，尽管所有证据表明是真实的。例如，一位创业失败的企业家在破产后很久，仍然表现得好像他还是成功的企业家，颐指气使，目中无人。拒绝是一种极端的情绪防御形态，一般人很难纠正它，因为在心理机能上，它是拒绝接受外界帮助的。

第二种形态是压抑。压抑是一种积极的努力，个人通过这种努力，把那些威胁他的事物排除在意识之外，或使这些东西不能接近他的意识。和拒绝不同，压抑是一种强压，势必带来一些副作用。压抑在某种程度上是违背人的本性的。压抑是人在情绪管理中经常运用的，例如，有学者认为过分在意个人修养在某种程度上就是进行自我压抑。过分压抑是有害的，如果不能有效进行疏导的话，人很容易出现心理问题。

第三种形态是替代，指将冲动导入一个没有威胁性的目标物。在实际运用中，有一种表现形式就是迁怒，如心理学上的"踢猫效应"。当一个人的情绪变坏时，潜意识会驱使他选择下属或无法还击的弱者发泄；受到上司或者强者情绪攻击的人又会去寻找自己的"出气筒"。这样就会形成一条清晰的愤怒传递链条，最终的承受者，即"猫"，是最弱小的群体，也是受气最多的群体。现代社会中，人们工作与生活的压力越来越大，竞争越来越激烈。这种紧张很容易导致人们情绪的不稳定，一点不如意可能就会使人变得烦恼、愤怒，人如果不能及时调整这种消极因素带给自己的负面影响，就会身不由己地加入"踢猫"的队伍——被别人"踢"和去"踢"别人。

第四种形态是升华，指一个人将受挫后的心理压抑向符合社会规范的、具有建设性意义的方向抒发的心理反应。这是唯一真正成功的情绪管理机制。升华是将可怕的无意识冲动转化为社会可接受行为的渠道。例如，如果把攻击性的冲动直接指向你想攻击的人，那么你将陷入困境，但是，如果把这些冲动升华为诸如拳击、足球比赛之类的活动，就可以被社会接受。升华作用能使原来的动机冲突得到宣泄，使人消除焦虑情绪，保持心理上的安定与平衡，还能满足个人创造与成就的需要，这对于社会和个人均有积极意义。

（二）自我情绪管理的方法

在工作场所中，每个员工都会有被情绪影响的时候，积极的情绪让人激动兴奋、快乐工作，而压抑的情绪使人低落烦躁、畏首畏尾、无心工作，这些都是非常正常的。关键的问题在于如何应对这些情绪，以及如何处理、排解这些情绪。自我情绪管理，就是用对的方法、正确的方式，探索自己的情绪，理解自己的情绪，放松自己的情绪，进而调整自己的情绪。如果员工的情绪管理能力较差，那么员工工作出现问题的概率就会很大，管理者也很难帮助员工解决问题，因此员工需要掌握在工作情境中进行适当情绪管理的方法。

1. 理性情绪疗法

理性情绪疗法（rational-emotive therapy，RET），又称合理情绪疗法，是 20 世纪 50 年代由艾利斯（A. Ellis）在美国创立的。它是一种认知疗法，因其采用了行为治疗的一些方法，故又被称为认知行为疗法。理性情绪疗法认为，人们的情绪是由思维或信念引起的，不合理的信念往往使人们陷入情绪障碍之中。不合理信念的几个特征是：绝对化的要求、过分概括化、糟糕至极。理性情绪疗法建立在"人性是复杂和可变的"假设的基础上，其基本理论是 ABC 理论。艾利斯认为，人的情绪和行为障碍不是由于某一激发事件（activating event）直接引起的，而是由经受这一事件的个体对它不正确的认知和评价所引起的信念（belief），最后导致在特定情境下的情绪和行为后果（consequence）。这就是 ABC 理论。理性情绪疗法就是要以理性治疗非理性，帮助患者以合理的思维方式代替不合理的思维方式，以合理的信念代替不合理的信念，从而最大限度地减少不合理的信念给情绪带来的不良影响，通过以改变认知为主的治疗方式，来帮助患者减少或消除他们已有的情绪障碍。该疗法的治疗过程一般分为四个阶段：心理诊断、领悟、修通与再教育。

2. 心理暗示法

心理暗示法是个人通过积极的自我暗示、自我鼓励进行自助的方法。这个概念最初由法国医师库埃（Emile Coue）于 1920 年提出，他的名言是"我每天在各方面都变得越来越好"。人的自我评价实际上就是人对自我的一种暗示。它与人的行为之间有很密切的联系。自我暗示分为消极的自我暗示与积极的自我暗示。其中，积极的自我暗示会在不知不觉中对人的意志、心理以至生理状态产生影响，积极的自我暗示令人保持好的心情、乐观的情绪、自信心，从而调动人的内在因素，发挥人的主观能动性。心理学上所讲的"皮格马利翁效应"（也称期望效应），指的就是积极的自我暗示。消极的自我暗示会强化我们个性中的弱点，唤醒我们潜藏在心灵深处的自卑、怯懦、嫉妒等，从而影响情绪。

3. 注意转移法

注意，通常是指选择性注意，即注意是有选择地加工某些刺激而忽视其他刺激的倾向。它是人的感觉(视觉、听觉、味觉等)和知觉(意识、思维等)同时对一定对象的选择指向和集中(对其他因素的排除)。注意转移法,就是把注意从引起不良情绪反应的刺激情境转移到其他事物上,或采用从事其他活动的自我调节方法。当出现情绪不佳的情况时,我们要把注意力转移到使自己感兴趣的事上去。

▎4. 疏泄疗法

疏泄疗法即通过一定的方法和措施改变人的情绪和意志,以摆脱不良情绪的困扰。事实证明,疏泄疗法可使人从苦恼、郁结的消极心理中解脱,尽快地恢复心理平衡。布洛伊尔(Josef Breuer)与弗洛伊德(Sigmund Freud)都很重视与强调这点,并将这种疗法称为"心理净化疗法"。过分压抑只会使情绪困扰加重,而适度疏泄则可以把不良情绪释放出来,从而使人们紧张的情绪得以缓解,因此,当我们被不良情绪困扰时,不妨试试疏泄疗法。

▎5. 交往调节法

某些不良情绪常常是由人际关系矛盾和人际交往障碍引起的。当我们遇到不顺心、不如意的事,有了烦恼时,主动地找亲朋好友交往、谈心,比一个人胡思乱想、自怨自艾要好得多,因此,在情绪不稳定的时候,找人谈心具有缓和、抚慰、稳定情绪的作用。与此同时,积极进行人际交往还有助于交流思想、沟通情感,增强个体战胜不良情绪的信心和勇气,使个体能更理智地看待不良情绪。

即使是在上述方法都失效的情况下,人们也无须灰心,在有条件的情况下,可以去找心理医生进行咨询、倾诉,在心理医生的指导、帮助下克服不良情绪。

(三)组织的情绪管理策略

员工是组织事业的基石,员工的情绪状态影响着工作投入和绩效,工作情绪氛围会影响组织发展,因而管理者必须对员工的情绪管理给予更多的关注,以改善和促进组织绩效。那么,组织如何做好员工的情绪管理呢?

▎1. 关注招聘入口,录用适当人选

在招聘和录用环节,要通过情商测试对应聘者进行情绪管理能力的考查,如让被试者身处面试官设定的环境里,面对一些现实性的冲突和问题,从情绪变化、语言表情等方面的情绪反应中评估其情绪管理能力,并结合岗位的胜任素质要求,选聘适当的人才。

▎2. 匹配工作条件,杜绝消极情绪

工作环境等工作条件因素对员工的情绪会产生很大的影响,在实际的工作中,组织管理者需要将工作条件与工作性质进行匹配,从而避免员工消极情绪的产生,如IT

行业非常强调员工的团队合作能力,因此,工作环境应设计成开放式结构,在办公用具的摆放、员工工作空间等方面可相对宽松,这些有利于团队成员间的交流。

3. 开放沟通渠道,引导员工情绪

积极的期望可以促使员工向好的方向发展,员工得到的信任与支持越多,越会将这种正向、良好的情绪带到工作中,并能将这种情绪传递给更多的人。组织管理者必须营造良好的沟通渠道,让员工的情绪得到及时的交流与宣泄。如果沟通渠道受阻,员工的情绪得不到及时的引导,这种情绪会逐步蔓延,进而影响整个部门的工作。

4. 培训情绪知识,增强员工理解

情绪心理学家伊扎德指出,情绪知识在决定人们的行为结果时可能起到调节作用。情绪知识是员工适应组织的关键因素,组织管理者可以通过针对性的情绪知识培训,增强员工对组织管理实践的理解能力,激发员工的工作动机,以适应组织的需要。

5. 完善组织文化,理顺组织情绪

在现代管理中,组织文化已经逐渐成为新的组织规范。事实上,组织文化对员工不仅具有强有力的号召力和凝聚力,而且对员工的情绪调节起着重要作用。一般而言,员工从进入组织的那一刻起便开始寻求与组织之间的认同感。如果组织文化中有员工愿意为之奋斗的愿景和使命,有被员工认同的价值观和组织精神,那么这个组织就能够激励员工超越个人情感,以高度一致的情绪去达成组织的目标。

6. 营造情绪氛围,提升个体感受

每个组织都有一定的氛围,这种氛围表现为组织的情绪,如愉快的工作氛围、沉闷的工作氛围、复杂的人际关系等。这种组织情绪会影响员工的工作效率和心情,甚至会成为员工决定是否留在组织的重要因素。尽管员工和组织的情绪是相互影响的,但是组织对个体的影响力量要比个体对整个组织的影响力量大,因此,从组织发展的角度来看,组织管理者必须在组织内营造良好的情绪氛围。

中英文关键术语

心理健康(mental health)

心理障碍(psychological disorder)

职业枯竭(job burnout)

员工援助计划(employee assistance program,EAP)

情绪劳动(emotional labor)

情绪管理(emotion management)

思考题

1. 什么是心理健康？如何对其进行衡量？
2. 简述心理障碍的影响因素。
3. 工作压力来自何处？具体有哪些管理对策？
4. 论述职业枯竭的危害及解决策略。
5. 员工援助计划的内容有哪些？如何进行操作？
6. 什么是情绪？情绪包括哪些类型？
7. 列举两种情绪理论并阐述其内容。
8. 情绪失调指的是什么？在职场中如何应对？
9. 简述自我情绪管理的主要方法。
10. 简述情绪管理的基本形态，并分析组织情绪管理的策略。

案例分析题

 一、阅读材料

职场"橡皮人"

"我刚刚成年，便已饱经沧桑。"1986 年，王朔在他的小说《橡皮人》中写下了这句很有沧桑味道的话。

"橡皮人"，这个 30 多年前由王朔创造的新鲜名词，如今再一次成为网络热词。现在，人们对"橡皮人"的定义是：他们没有神经，没有痛感，没有效率，没有反应，整个人犹如橡皮做成的，是不接受任何新生事物和意见、对批评表扬无所谓、没有耻辱感和荣誉感的人。《中国青年报》社会调查中心曾通过民意中国网，对 4734 人进行了一项调查，结果显示，对于身边的职场"橡皮人"，91.0％的受访者确认其存在，其中 14.2％的人表示"很多"，41.8％的人表示"比较多"。参与调查的人中，"80 后"占 49.5％，"70 后"占 34.0％；80.3％的人是职场人士。"橡皮人"，与其说已成为一种职场状态和生活状态，不如说已经是一种社会状态。造成"橡皮人"的原因，肯定是多种多样的。

"橡皮人"为何无处不在？

这是一组很容易解读，也很少会有人提出质疑的调查数据。因为这些数据真实得如同我们亲身参与了这样的调查。调查显示，77.4％的人认为"橡皮人"出现的原因，是自己"无力改变现实"；73.0％的人认为是"升职无望"；69.9％的人选择"对工作丧失兴趣"；52.9％的人表示是"办公室政治的影响"；38.5％的人表示人们"过于注重追求财富和地位，忽略内在精神追求"。

　　美国作家格林尼(Graham Greene)写过一篇小说《一个枯竭的案例》,讲述了一个建筑师功成名就后身心俱疲,最后只能逃到非洲森林的故事。美国精神分析学家随后提出了"职业枯竭"这个概念,这似乎类似于"橡皮人"的病症——情绪枯竭、才智枯竭、生理枯竭、价值枯竭,既去人性化,也无成就感。

　　越来越多的职场人士沦为"橡皮人",这是个体的困惑和无奈,也是社会的困惑和无奈。社会学家佟新分析道:"橡皮人"的出现,一定不光是个人的问题,而是工作环境、群体关系等都出了问题。第一种情况是,大多数人把工作看作获得财富和地位的手段,工作本身带来的满足感和成就感被消解了;第二种情况是,短期工作和不稳定工作逐渐增多,很多人无法把握自己的工作,看不到前景和未来;第三种情况是,以竞争为基础的工作环境容易产生各种各样的困扰,人们不能建立积极的社会关系,在工作过程中不断地体验疏离感和压迫感,逐渐变得麻木,以适应这种环境。

　　资料来源:九成人确认身边存在职场橡皮人[EB/OL].[2010-09-28].http://edu.sina.com.cn/j/2010-09-28/0756193764.shtml,内容有删改。

 二、讨论题

　　1. 职场"橡皮人"反映出当前员工的哪些心理状态?
　　2. 请用本章相关理论分析职场"橡皮人"现象,并解释此现象出现的原因。
　　3. 在组织中,管理者应如何对职场"橡皮人"进行管理?

练习题

二维码 6-6
第六章课后
练习题及参考答案

第七章

群体心理与管理

本章引例

揭秘这个男人如何操纵受害者

2020 年 11 月 18 日,《今日心理学》网站(www. psychologytoday. com)发表了美国心理学博士梅丽莎·伯克利(Melissa Burkley)对美国性邪教耐克塞姆(NXIVM)案件的分析文章,文章指出其头目基思·拉尼尔(Keith Raniere)之所以能够吸引众多受害者,根源在于他利用了三个容易让人中招的心理学核心原理,即服从、去个性化和消耗自制力。

2020 年 10 月 27 日,基思·拉尼尔因诈骗、持有儿童色情作品和性交易等指控被判处 120 年的监禁。据报道,他的许多罪行都是在 NXIVM 的内部圈子DOS(主人与奴隶)中犯下的。在 DOS 中,级别较高的女性会引诱其他女性受害者与自己建立"主奴"关系,并在她们的骨盆处打上拉尼尔名字首字母的烙印,再操纵其与拉尼尔发生性关系。

美国 HBO 电视网的纪录片《誓言》(*The Vow*)揭开了这个邪教的神秘面纱,也揭示了拉尼尔如何运用这些心理学原理。

一、服从

心理学领域中,一项臭名昭著的研究是斯坦利·米尔格拉姆(Stanley Milgram)关于服从的研究。其要点是,参与实验的成年人每次都会选择对无辜的受害者进行电击,原因仅仅是一位权威人员指示他们实验必须继续进行。米尔格拉姆的实验结果震惊了研究界——60% 的参与者都会服从穿着实验服的权威人员,甚至在该权威人员要求参与者对受害者施加致命的高强度电击时,大部分参与者都会照做。

在 NXIVM 中,拉尼尔从一开始就把自己设定为权威。成员们在谈论他时都称他为名人,而实际上大多数成员在加入邪教一段时间之后才能见到他。那些终于能够接近拉尼尔的人通常会在凌晨 3 点与他一起散步,在此过程中,拉尼尔会随机地命令他们做一些简单的事情,例如快速爬到树上或舔水坑里的水。拉尼尔做出这些命令,是为了确立自己的权威地位,为进一步实施对信徒的奴役奠定基础。

拉尼尔还使用"预备练习"的方法来确保 DOS 成员的服从。他会在一天的任何时间向信徒们群发一条文字短信"准备好了吗",而信徒们必须在 60 秒内做出回复"准备好了"——只要有一个信徒未能按时回复,整个小组成员都会受到严厉的身体惩罚。拉尼尔就像驯服野马一样,通过这种日复一日的训练来确保信徒对他的绝对服从。

二、去个性化

拉尼尔还是另一个臭名昭著的心理学实验——斯坦福监狱实验的忠实拥护者。在斯坦福大学的这项研究中,精神健康的年轻男子被随机分配到模拟监狱中担任囚犯或警卫。在短短几天内,两个实验组的人似乎都迷失了自己,沉浸于自己所扮演的角色中。警卫们变成虐待狂,迫使囚犯忍受屈辱或残酷的体罚,例如赤手清洗马桶,以剥夺囚犯的身份并强迫其服从。同样,囚犯们不再把自己看作独立的个体,他们通过制服上的一串数字来区分彼此。事情的发展远超实验人员的预估,以至于原计划 14 天的实验,在短短 6 天后就被紧急叫停了。拉尼尔借鉴了该实验的程序,为其信徒进行了为期 6 天的强化课程。在课程中,男性主要充当监狱警卫,女性则充当囚犯。这门课程的幌子是,妇女需要了解男人遭受的苦难,以便对他们产生同情心(但拉尼尔从未提及男人必须了解女人的苦难经历)。这些男性通过各种手段对女性进行羞辱,例如批评她们的长相或体重,迫使她们痛苦地坚持平板支撑长达几分钟,或用其他手段来剥夺她们的身份认同,甚至要求她们戴上狗的项圈,将她们锁在狗笼中,或者在她们的身体上烙上拉尼尔姓名的首字母等。这些女性被当作物品一样对待,这导致她们也逐渐不把自己当人看。

三、消耗自制力

爱德华·伯克利(Edward Burkley)的一项研究表明,消耗一个人的自制力会同步削弱其抵御他人劝说性信息的能力。换句话说,如果消耗掉他们的自制力,就更容易对他们进行"洗脑"。拉尼尔就是利用这一原理,强迫 NXIVM 成员通过各种活动来消耗其自制力,例如节食(每天仅进食含 500 卡路里能量的食物)、剥夺睡眠、冬季凌晨 3 点外出散步和冰水淋浴等,这些只是 DOS 女性成员每天必须忍受的几种方式,以削弱她们抵制拉尼尔操纵的能力。

不管怎样,人人都希望永远也不会被引诱加入像 NXIVM 这样的邪教,但正如拉尼尔的一位助手在《誓言》中所说的:"没有人会明知是邪教还选择加入。"拉尼尔或许不是一个智商超群的天才,也并非其自吹自擂的是个罗德学者,但他的确掌握了运用心理学原理来使人们服从的精髓——因为大众确实很容易受到这些心理学原理的操纵。

资料来源:梅丽莎·伯克利. 揭秘这个男人如何操纵受害者[EB/OL]. [2022-4-20]. https://www. 163. com/dy/article/H5DJL1P805148VUD. html. 内容有删改。

第一节　工作群体

一　群体的概念

群体(group)是具有共同目标、共同规范的两个以上个体的集合。这些个体具有不同的角色定位,在追求共同目标的过程中相互作用、相互依赖,如工厂的班组、机关的办公室、不同单位的领导班子等。

二　群体的类型

根据不同的标准,可以对群体做出不同的分类。根据群体的不同规模,可以将群体分为大群体(成员间以间接接触为主)和小群体(成员间直接、面对面地接触);根据群体是否实际存在,将群体可以分为假设群体(又称统计群体,只为研究需要而划分的群体)和实际群体。下面重点分析与管理工作联系密切的一种分类——正式群体与非正式群体。这种分类法最早是由梅奥在霍桑实验中提出的。

(一)正式群体

正式群体(formal group)是指具有正式的社会结构,成员有明确的地位与社会角色分工,并有相应权利和义务规范的群体。这种群体通常是根据官方途径正式组建和任命的,如企业中的车间班组。正式群体又可以根据任务的时间跨度,进一步细分为长期群体(命令型群体)和短期群体(任务型群体)两种。管理心理学和管理实践提倡以下分类:交叉功能任务群体,以及围绕具体项目或任务组织的高效能的短期群体。

命令型群体(command group)是由组织结构决定的,它由直接向某个主管人员汇报工作的下属组成,例如,审计部主任下属的若干个审计员可组成一个命令型群体。

任务型群体(task group)是组织为了完成某项工作任务而组建的群体,这种群体可以跨越上下级之间的命令关系,例如,对一个破产企业进行资产清算时,需要来自财务、审计、设备管理、法律等多方面人员的共同协作,这种清算小组就属于任务型群体。

（二）非正式群体

非正式群体(informal group)既不是组织明文规定的,也没有正式的结构,是成员因为个人目标而非组织目标在工作环境中自然形成的。非正式群体可划分为利益型群体(interest group)和友谊型群体(friendship group)。前者是人们因为某个共同关心的具体目标而聚集到一起形成的群体,后者是人们因为某种共同特点而组成的群体。非正式群体由于成员之间感情融洽,交往频繁,有自然形成的核心人物,信息沟通灵敏,具有较强的凝聚力和排他性压力,对成员的行为和绩效具有重要的影响,这种影响可能是正面的,也可能是负面的。

三　加入群体的理由

根据马斯洛需求层次理论,以及相关社会心理学研究,人们加入群体的理由主要有:共同的经济利益或兴趣爱好,精神或距离比较接近;可以获取安全感,增强自信心和力量;满足社会交往的需求,获得友谊、归属和关怀;促进人际关系的协调和成员间的相互激励;制约和改变个体不良行为;满足自我实现需求,获得成就感等。

四　群体的发展阶段

（一）五阶段模型

美国学者塔克曼(Bruce Tuckman)于1965年发表了一篇论文,题为"小型群体的发展序列"(Developmental Sequence in Small Groups)。后来,塔克曼在詹森(Jensen)提出的四阶段中加入第五阶段——休整阶段,这就是塔克曼的团队发展阶段模型,也称五阶段模型。该模型对后来的组织发展理论产生了深远的影响。塔克曼认为,群体的发展过程包括五个明显的阶段,同时,在群体发展的每一个阶段以及从一个阶段转向另外一个阶段的转折点上,群体都面临着解体的危险。

1. 形成阶段

在形成阶段(forming stage),成员刚进入群体,对群体的目标、任务、环境、结构、规则、从属关系尚不明确,群体成员相互间非常感兴趣,并试探哪些行为规范是可以被群体接受的。此时,群体认同成为关键环节。成员可以通过建立群体成员标记、强化成员资格、组织合作性的活动等措施,获得群体认同,分享信息,相互接受。一旦成员真正感到自己是群体中的一员,形成阶段就结束了,群体进入震荡阶段。

2. 震荡阶段

在震荡阶段(storming stage),成员之间的感情、压力和冲突剧烈。成员虽然接受了群体的存在,却抵制群体对个体所施加的控制,并且在由谁控制群体的问题上发生冲突。这一阶段结束时,群体内部出现了比较确定的领导阶层,群体成员在发展方向上达成了共识,群体成员也明白了自己的长处和短处,进入各自的角色,工作逐步到位,并形成规范,实现工作角色的优化组合。这表明群体进入了新的阶段。

3. 规范阶段

进入规范阶段(norming stage),冲突混乱开始让位于各种力量的初步平衡。群体在真正意义上开始整合在一起,成员之间的密切关系逐渐形成,成员开始协调一致地为了共同目标而努力,群体表现出凝聚力,成员对群体有着强烈的认同感和归属感。在此阶段,管理的关键环节是通过群体激励,促进个体、群体和组织目标的整合,如通过个体、群体和组织结合的综合奖励方案、群体绩效评估系统等,促进群体的整合和发展。当群体结构趋于稳定,成员对群体规范达成共识时,规范阶段就结束了。

4. 执行阶段

执行阶段(performing stage)也被称为完全整合阶段,因为此时成熟、有组织、能正常发挥职能的群体已经形成了。群体的关注点从相互认识和了解转变为完成当前的工作任务。这时候,群体可以完成复杂的任务,迅速地适应外界的变化与挑战,创造性地解决内部的纷争。在此阶段,管理的关键环节是形成群体的自我监控机制,促进群体功能协调,这主要体现为群体任务、群体绩效和发展战略之间的协调。

5. 休整阶段

在休整阶段(adjourning stage),群体目标已经达成。一旦成员意识到他们的关系即将结束,他们就会把注意力从任务转向社会情感。此时,成员不再关心工作业绩,而是注重善后事宜。群体成员会出现一种失落感,动机水平下降,群体未来的不确定性开始显现。

实际上,群体发展轨迹不一定像塔克曼的描述这样是线性的,而有可能是循环式的。由于成员的流动、领导班子的重组、群体任务的更新,以及其他组织层面的调整和体制的变动,以上五个阶段可能会出现反复。同时,当群体从一个阶段跨向另一个阶段的时候,群体成员的行为特征变化也很有可能会发生交叠。也就是说,群体在发展过程中,各个阶段的特征并非完全独立和分离的,在很大程度上,群体认同、角色组合、目标整合和功能协调等特征,可能同时而不同程度地贯穿整个发展过程,促使群体日益成熟并向更高的阶段发展。同时,该模型是用来描述小型群体的,它忽视了组织背景的作用。这个模型提醒管理者,员工加入群体会经过一个从彼此陌生到逐步了解,再到相互磨合和适应,最终彼此认同的社会心理过程。这个过程进展如何,会影响群体任务和绩效。对于这个过程,管理者要高度重视,并运用相应的管理方法和手段进行干预和引导。

(二)间断-平衡模型

1988 年,盖尔西克(Connie J. G. Gersick)在对 18 个任务群体(即问题解决型团队)进行了现场和实验室研究之后,发现尽管群体发展并非经历完全相同的发展顺序,但在群体的形成和运作方式的时间阶段上具有高度一致性。据此,盖尔西克提出了群体发展的间断-平衡模型,具体如图 7-1 所示。[①]

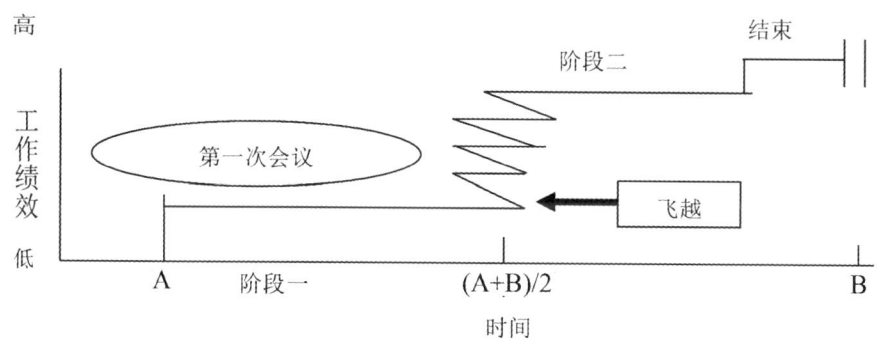

图 7-1　群体发展的间断-平衡模型

总体上看,群体发展的过程以接近中间的某个时间为分水岭,可划分为两个阶段,这两个阶段有明显不同。群体成员的第一次会议决定群体的发展方向。第一阶段是群体发展活动的惯性阶段,这一阶段即使出现一些创新模式,也不太可能实施。之后会发生一场变革,这个时间点正好处于群体生命周期的中间阶段,成员意识到必须有所改变,才能迅速完成任务,因此,成员抛弃旧观点,采纳新观点,调整方向,进入第二个高水平运转阶段。转变之后,群体又会依据惯性运行。

间断-平衡模型强调群体发展中期的转折点。这一时期的到来是由于群体成员意识到完成任务的时间期限和成员的紧迫感。管理者要利用好这个特殊时期,对群体进行变革提升,改善群体绩效,使群体发展进入一个新阶段。该模型还认为,群体发展应遵循如下模式:打破旧的模式—按组织要求与外部重新组合—采取有前景的新型工作方式—有效运作并取得稳定绩效。

因此,可以把群体发展过程看作一系列焦点的转移过程。在初始阶段,群体发展把焦点放在群体成员的关系协调和群体维持方面;在高级阶段,群体发展则把焦点转移到怎样完成群体任务方面。虽然群体发展的具体特征可能存在差异,但在典型特征和核心问题的解决方面仍然遵循一定模式。因此,在管理中,管理者可以据此有效把握群体发展中出现的问题,并采取积极策略。

---

①　Gersick C J G. Time and Transition in Work Teams: Toward a New Model of Group Development[J]. Academy of Management Journal,1988(31):9-41.

第二节 群体结构

群体结构影响群体绩效。群体结构的主要变量包括群体角色、群体规模、群体规范和群体凝聚力,具体如图 7-2 所示。

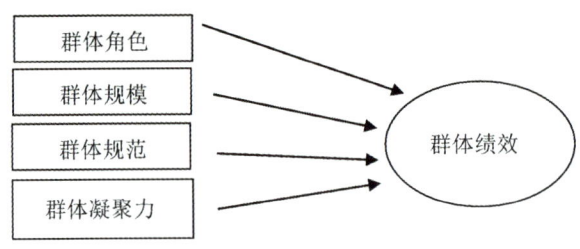

图 7-2　影响群体绩效的因素

一　群体角色

群体角色(group role)是指人们期望群体中占据特定位置的个体具有的行为模式。群体角色可以分为三类,具体如表 7-1 所示。

表 7-1　群体内的三种角色

任务导向角色	关系导向角色	自我导向角色
创新者、贡献者	调和者	阻碍者
信息寻求者	折中者	认可寻求者
意见提出者	鼓励者	统治者
能量供应者	加速者	回避者

(1)任务导向角色(task-oriented role)。这类角色主要用他们的时间和精力来帮助群体达到目标。

(2)关系导向角色(relation-oriented role)。承担这类角色的人会支持群体成员的感情需要,使群体成员满意度高。

(3)自我导向角色(self-oriented role)。这类角色更多的是给群体带来负面影响。

一个群体要长期获得成功,应该同时有任务导向角色和关系导向角色。另外,每个群体成员都应该正确认识自己的角色地位,并根据人们对自己的角色期望,表现出相应的角色行为,这就是角色知觉(role perception)。如果得不到培训和指导,群体成员不知道工作应该如何开展，就会出现角色模糊。如果某个群体成员所承担的角色过多，承担的工作量过大，远远超出了他的能力，就会出现角色过载(role overload)。

　　角色期待(role expectation)是指社会或个人对某种角色应表现出特定行为的期待，如雇员期待雇主能公平公正地对待雇员，给他们提供可以接受的工作条件和报酬，雇主期待雇员工作态度认真、忠于职守等。如果人们对一个人的角色期待与要求不一致，或者一个人身兼的几个角色之间要求不一致，就会出现角色内和角色间冲突(role conflict)。因此，一个有效的群体，除了要实现各种角色的平衡外，还必须帮助群体成员明确他们所承担的角色，了解成员对角色的期待，并保持各种角色之间的平衡。

关联知识

二维码 7-1
斯坦福监狱实验

二　群体规模

　　有学者认为，成员为奇数的群体比成员为偶数的群体更受欢迎，同时，致力于解决问题的群体人数最好为5～7人，因为少于5人时成员太少，责任不能充分分担，超过7人则成员会感到思想交流变得困难，决策时比较浪费时间。大型群体易受激进成员的控制，容易分割成小群体。另外，随着群体规模扩大，容易出现"社会性磨洋工"(social loafing)现象。它是指一个人在群体中工作时不如自己单独工作时努力。究其原因，是在群体中工作产生了群体责任的扩散，即个人投入与群体产出之间的关系模糊。管理者可以通过衡量个人努力程度、提高工作的挑战性，以及增强群体凝聚力等方法来消除"社会性磨洋工"现象。迄今为止，还没有发现适用于所有管理情境的理想群体规模。群体规模会因工作任务的性质、难易程度、机械化程度以及成员的熟练水平等因素的不同而不同，例如，完成简单的任务时，小群体比大群体速度更快，但是解决复杂和困难的任务时，大群体总是比小群体表现得更好。

三　群体规范

　　群体规范(group norm)是群体建立的成员普遍认同和遵守的行为标准与准则。

它是以最小的外部控制影响群体成员行为的手段。群体规范有些是正式的，是写入组织手册、规定员工必须遵循的规则和程序；还有些是非正式的，是通过群体成员之间模仿、暗示、顺从等相互影响而形成的约定俗成的行为标准，虽然没写入组织手册，但群体成员会心照不宣地遵循。群体规范是对群体影响过程的概括与简化，它的形成是缓慢的，它只针对人们的行为和重要的问题，是对期望行为的简化表述。群体规范的形成能保证群体的生存，可以避免成员间的纠纷，并将群体核心价值观传递给群体成员。

美国社会心理学家谢里夫（Muzafer Scherif）曾在 1935 年进行过一项经典实验。他让被试者坐在一间完全黑暗的屋子里，实验者在距被试者四五英寸①远的地方出示一个光点。随着光点的明灭，完全不动的光点看起来好像在移动。这是一种被称为"似动现象"的视错觉。被试者的任务是估计光点移动的距离，在单独估计时，被试者的个体差异很大，但是如果将被试者组成为两人或三人小组，他们很快发生相互影响，并最终得出比较一致的结论，具体如图 7-3 所示。

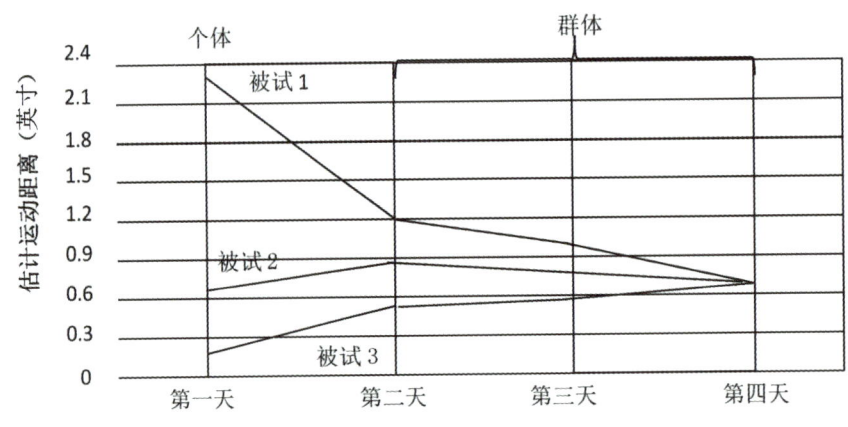

图 7-3　谢里夫群体规范形成实验中的一个样本群体

在图 7-3 中，三人小组从第二天开始，原有的个人差异逐渐缩小，并最终于第四天得出同一结论。也就是说，群体形成了规范。在实验的第二阶段，实验者把这些被试者重新分开，单独做光点移动距离估计，被试者并没有恢复原先建立的个人反应模式。

这个实验说明，群体规范会形成从众压力，无形中约束和控制着成员的行为。这种影响可能是消极的，也可能是积极的，因此，管理者应注意有效预防消极群体规范的形成。

四　群体凝聚力

群体凝聚力（group cohesiveness）是指群体成员之间相互吸引并愿意留在群体中的程度。它既指群体成员与整个群体的吸引程度，也包含群体成员之间的相互吸引。

----

①　1 米≈39.37 英寸。

（一）群体凝聚力的影响因素

影响群体凝聚力的一些重要因素包括如下方面。

1. 群体的构成与规模

一般而言,同质性强、群体规模相对较小、处于成熟阶段、互动机会多、目标明确的群体,凝聚力可能会更强。该群体适合处理简单、快速和合作性的任务,有助于群体目标实现,提高成员满意度,但有可能出现小集团意识。而相对异质、规模较大、新近形成、地理位置较远、目标较模糊的群体,凝聚力可能会更弱。该群体实现目标的难度大,群里互动少、出现个体取向的倾向大,并可能出现较高的离职率。异质群体对创造性决策的作用尤为明显,主要表现在决策的认知方面,包括识别和评价决策目标、寻找信息、形成备选方案、分析各方案的潜在后果等。这种群体适合解决对速度要求不高,但对复杂程度和创造性要求稍高的任务。

2. 群体领导方式和外部竞争

勒温的群体实验表明,在实行民主式领导的小组中,成员之间的关系更亲密,群体思维更活跃,群体凝聚力更高。研究还表明,群体成员面对外部竞争时,会增强相互间的价值认同,群体凝聚力会趋于增强。不过也会有两种例外的情况:其一,如果成员认为无论如何群体都无法抵御外敌,则凝聚力不会增强;其二,如果成员认为威胁只是针对群体而非个人,或认为群体威胁会自动消失,那么凝聚力反而会减小。已有研究还表明,个人与群体相结合的奖励方式更有利于增强群体的凝聚力。

3. 加入群体的难度

一般来说,加入群体的难度越大,群体凝聚力就越强。这是由于这样的群体通常有较高的声望,一旦成为群体一员,荣誉感和归属感就成了成员共同维护的对象。此外,群体中的信息交流方式,群体成员的个性特征、兴趣和思想水平等都会影响群体凝聚力。

（二）群体凝聚力与生产效率

高群体凝聚力是否一定意味着高生产效率呢?社会心理学家沙赫特用实验揭示了这两者之间的关系。为考察群体凝聚力、对群体成员诱导这两个自变量对生产效率这个因变量的影响,实验者将被试者分为一个对照组和四个实验组,每个实验组分别接受四种不同的实验程序:高凝聚力和积极诱导、高凝聚力和消极诱导、低凝聚力和积极诱导、低凝聚力和消极诱导。实验结果如图 7-4 所示。

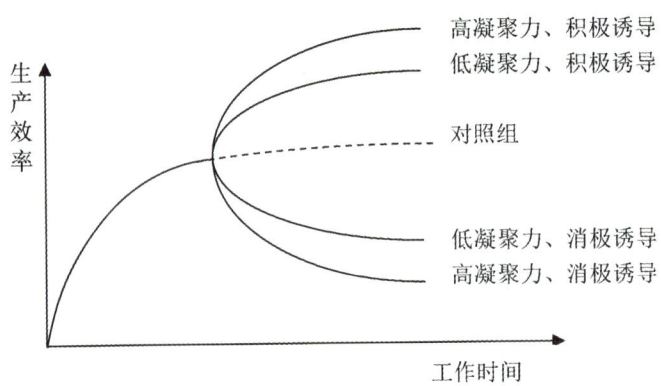

图 7-4 群体凝聚力与生产效率之间的关系

从图 7-4 可以看出,诱导产生了显著的效应,极大地影响了群体凝聚力与生产效率之间的关系。无论凝聚力高低,积极诱导都提高了生产效率,而消极诱导则降低了生产效率,这在高凝聚力小组中表现得尤其明显。因此,管理者必须在提高群体凝聚力的同时,加强对群体成员的思想教育和指导,使群体凝聚力成为提高生产效率的动力。

(三)群体凝聚力的测量

群体凝聚力的大小是可以进行测量的。目前常用的一种方法是社会测量法。社会测量法是由社会心理学家莫里诺(J. L. Moreno)在 1934 年提出的。

▌1. 社会测量法的原理

社会测量法认为人与人之间的相互选择,反映着他们之间在心理上的联系。肯定的选择意味着接纳,否定的选择意味着排斥,因此,人们之间的选择情况可以反映群体凝聚力的高低。

▌2. 社会测量法的程序

社会测量法具体包括以下几个步骤。

1)社会测量标准的确定

这指的是确定被试者做出选择的依据。标准有强弱之分:强标准是指对工作或生活有重要意义和长期影响的标准,例如一起工作、生活和学习等;弱标准往往是临时的、短期的活动或任务,比如,"和谁一起去看明天晚上的电影"。标准应尽可能具体,说明一起参加什么工作或活动。标准可以用积极方式,也可以用消极方式提出。"你喜欢与谁一起讨论工作计划"是积极方式;"你不希望与谁一起参加课题研究"则是消极方式。消极方式容易引起受测者的不安情绪,要谨慎使用。此外,测量一般使用一个标准,设置三个选择。如果研究有特殊需要,可以设置多个标准和更多选择。选择要确定先后顺序。一般来说,在群体规模较小时,选择人数可以不受限制,但当群体规模较大时,对选择人数应加以限制。

2)社会测量的实施

在实施社会测量时,应有明确的指导语,指出测量目的,让受测者在自愿的基础上参加测量,向他们说明将不公布测量结果,打消他们的顾虑,避免影响群体成员之间的关系。另外,研究结果表明,当保密程度较高且不记名时,测量结果可靠性比较强。常用的社会测量方法有社会测量图、靶式社会图和"猜测"技术等。社会测量图以矩阵方式标出选择对象,按喜爱程度分出等级,然后以等级顺序赋值,并乘以每个人的被选次数,得出各人分数点。靶式社会图以靶图方式标出每人的被选频数,靶心为频数最高之人,越往外围,越是不被选择的人所处的区域。"猜测"技术是给受测者呈现一些有关积极或消极特征的简短描述,让他们列出与这一系列描述相匹配的人,然后根据这些选择做出分析。

3)社会测量结果的分析

社会测量结果的分析主要有三种形式:社会测量矩阵分析、社会测量图解分析和社会测量指数分析。

(1)社会测量矩阵分析。

将群体成员编号,并按编号把每个成员所做的选择填入矩阵图内。一个选择标准绘制一张矩阵图,以此类推。六人群体的社会测量矩阵如表 7-2 所示。

表 7-2　六人群体的社会测量矩阵

选择者	被选者					
	①	②	③	④	⑤	⑥
①		+			+	
②	+					+
③		+				+
④					+	+
⑤		+				+
⑥	+		+			
合计	2	3	1	0	2	4

在表 7-2 中,加号表示肯定选择。分析时,主要考虑两方面的结果:一是选择的性质(单向选择、双向选择还是无选择);二是每个人被选择的总数目。这种分析方法主要适合小群体。当群体规模大时,社会测量图解分析更有效果。

(2)社会测量图解分析。

我们可以把表 7-2 中的矩阵绘制成社会测量图,具体如图 7-5 所示。

在图 7-5 中,可以更直观地看到一个群体的人际关系状况。在图中,单箭头表示单向选择,双箭头表示双向选择。可以看出,在这个六人群体中,6 号是最受欢迎的

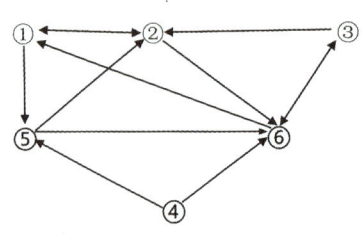

图 7-5　六人群体的社会测量图

人,对他进行肯定选择的人最多。没有人选择 4 号,这表明他的人际关系状况最差。这种图解方法中人数不宜超过 20 人。另外,由于不同的研究者对相同数据可以做出不同的图解布局,因此,图解分析没有矩阵分析的结果可靠性强。

(3)社会测量指数分析。

若想揭示整个群体的社会关系状况,可以使用社会测量指数分析。计算公式为:群体凝聚力＝成员之间相互选择的数目/群体中可能相互选择的总数目。

第三节　群体心理

一　群体压力

群体压力(group pressure)是指已经成型的群体规范对群体成员行为产生一种无形的心理压力,促使成员与群体行为保持一致。美国心理学家莱维特(K. Levitt)通过研究,提出了对群体中异议者施加压力的几种方式:理智讨论、怀柔政策、舆论压力和心理隔离。理智讨论是指通过自由讨论,用摆事实、讲道理的方法让少数人放弃意见;怀柔政策是指通过感情向少数人施加压力;舆论压力是指通过群体舆论,使少数人和群体意见一致;心理隔离则是采取断绝沟通的办法,使其陷入孤立境地。群体压力有积极作用,也有消极作用。消极的群体压力会压制首创精神,积极的群体压力可以矫正群体成员的不良行为。

二　从众心理

从众(conformity)是指个体在群体的压力下,违背自己的意愿,做出与群体标准一致的行为。社会心理学家阿希(S. E. Asch)在 1956 年做过一个有关群体压力的经典实验。他让七名被试者组成一个小组,七名被试者中,只有一位是真的被试者,其余均为实验助手。实验者依次呈现 50 套两张一组的卡片。两张卡片中,一张画有一条标准线,另一张画有三条直线,其中有一根线同标准线一样长,如图 7-6 所示。

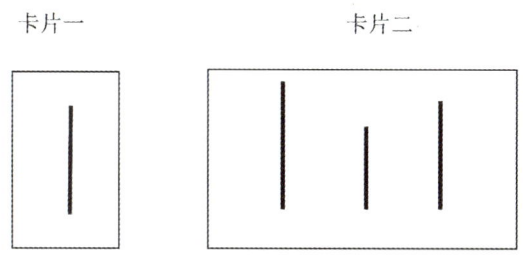

图 7-6　阿希实验

　　被试者的任务是在每呈现一组卡片时,判断哪一根线与标准线一样长。实验开始后的前两次比较,群体的每一个成员都能单独做出判断,但是从第三次比较开始,真的被试者必须先听完前面 6 个人的判断后,才能说出自己的看法。实验助手事先被安排故意做出错误判断,实验结果表明,四分之三的被试者至少有一次屈从了群体压力,跟随大家做出错误的判断。

　　那么,是什么引发了从众行为,使个体屈从于群体的判断呢? 莫顿·多伊奇(Morton Deutsch)和哈罗德·杰德勒(Harold Gerard)认为,有两种可能:一种可能是规范影响(normative influence),即每个人都希望获得别人的接纳,并避免遭到别人的拒绝;另一种可能是信息影响(informational influence),即个体相信他人对某种模糊情境的解释比自己的解释更正确,所以把他人视为指导行为的信息来源并顺从他人。一个明显的例子是,当个体遇到难以决策的任务时,更容易从众。从众行为还与个性因素有关,如果群体成员情绪不稳定,缺乏自信,在群体中经常依赖别人,这样的成员就容易从众。

三　服从

　　服从又称依从或顺从(compliance),是指个体按照群体规范、社会要求或群体领导的命令而行动,是个体为了符合群体或他人的期望,以及为了得到群体或他人的赞许而表现出来的符合外部要求的行为。它与从众都是由压力引起的,但两者有一定的区别。服从是被动的,是个体在别人的直接要求和命令下做出的决定,是无条件的,因此,服从常伴随着不满、不情愿等否定性情绪,但个体在内心依然保留自己的想法;而从众往往是主动的,个体在内心自愿放弃自己原来的想法,去附和大家的意见。

　　关于服从行为的最著名的研究是美国社会心理学家米勒格拉姆(Stanley Milgram)进行的。在实验中,参与者被告知这是一项关于体罚对于学习行为的效用的实验,并被告知自身将扮演"老师"的角色,以教导隔壁房间的另一位参与者——"学生",然而"学生"事实上是实验人员。研究者告知参与者,他将担任"老师",并获得了一张"答案卷"，隔壁房间的"学生"则拿到了一张"题目卷"。但事实上，两张纸都是"答案卷"，而所有真正的参与者都是"老师"。"老师"和"学生"分处不同房间，他们不能看到对方，但能隔着墙壁以声音互相沟通。"老师"被给予一个据称从45伏起跳的电击控制器，控制器连接着一台发电机，这个控制器能使隔壁房间的"学生"受到电击。"老师"手中的"答案卷"上有一些搭配好的单词，他会逐一朗读这些单词配对给学生听，朗读完毕后，"老师"会开始考试，每个单词配对会有四个选项供"学生"选择，"学生"会按下按钮以指出正确答案。如果"学生"答对了，"老师"会继续测验其他单词。如果"学生"答错了，"老师"会对学生施以电击，"学生"每错一次，电击的强度就会增加一次。参与者相信，"学生"每次作答错误时会真的遭到电击，但事实上并没有电击产生。在隔壁房间里，实验人员打开录音机，录音机会配合"老师"按下控制器的动作而播放预先录制的尖叫声，随着电击强度的提升，"学生"的尖叫声变得更加惨烈，后来"学生"开始敲打墙壁。接下来，当电击强度达到一定程度后，"学生"会突然保持沉默，停止作答和尖叫，不再做出其他反应。

　　米勒格拉姆想知道有多少参与者能服从实验者的要求。实验结果显示，有62%的参与者把实验进行到底，实际使用了450伏的电击，但都表现出了不同程度的紧张和焦虑。只有大约三分之一的人拒绝使用450伏电击。但在整个实验过程中，无一人从一开始就拒绝使用电击，也无一人在使用300伏以下的电击前表示拒绝。当然，实验结束后，米勒格拉姆向参与者说明了真相。

　　该实验表明，当服从行为涉及第三者的时候，多数人宁肯牺牲第三者的利益而表现出服从。

 关联知识

二维码 7-2

斯坦利·米尔格拉姆的
服从实验

　　从实验中可以看到，服从与权威控制之间有很重要的联系。受到合法权威控制的个人通常会采取服从的姿态。同时，权威人物减轻了那些服从命令的人对自己所做出的行为的责任。"我仅仅是按命令行事"成为遵守残酷命令的一个防御借口。在生活中，责任转移或许是内隐的。负责人被认为要对所发生的事情负责。

　　服从对于现实生活是十分有意义的，服从能够保证群体目标的实现。对领导和规范的服从，可以使成员在一些紧急情况下选择"一切行动听指挥"。个人在社会中又总是隶属于一定的群体，在群体中遵守各种规章制度，服从群体规范，就会受到他人的尊重和赞扬。如果违反了这些群体规范，个人可能会受到惩罚，个人利益也可能受损。

第七章　群体心理与管理

213

但是,对于毁坏性服从,要抵制它的影响。要提醒受到权威人士指令影响的人,他们自己必须对一切后果负责,使他们明白完全服从于毁坏性指令是不恰当的。这样,当人们怀疑权威人士的见解和动机时,他们就会很容易地做出抵制权威人士影响的决定。

四　社会助长与社会干扰

社会助长(social facilitation)是指个体在别人在场或与别人一起活动时所产生的行为效率的提高。与此相反,如果别人在场或与别人一起活动,造成个体行为效率的下降,就是社会干扰(social inhibition)。

最早以科学方法揭示社会助长现象的是心理学家特利普里特(Norman Triplett)。他在1897年的一项研究中发现,被试者在有人跑步陪同时,比独自骑车速度更快。他在实验室条件下,让被试者完成计数和跳跃等任务,也发现了同样的社会助长作用。但是,他人在场或与别人一起工作,并不是总能起社会助长作用,例如,解决复杂的数学难题时,他人在场会比个体独自完成的效率更低。

因此,群体背景究竟起社会促进作用还是社会干扰作用,取决于工作任务的性质是否复杂、是否熟悉。如果工作为简单的机械操作或手工活动,或个体对业务比较熟悉,则群体背景起社会助长作用。如果工作是需要一系列判断、推理的复杂思维工作,或者个体对任务不太熟悉,则群体背景的作用是社会干扰。同时,竞争的心理、被人评价的意识及评价的自我知觉度、评价者的地位和态度,都会影响个体的工作成绩;个体由于年龄、气质、性格不同,受他人在场的影响也有所差异。

五　去个体化

去个体化(deindividualization)是指由于受群体行为感染,个体失去大部分自我意识和评价,自我控制能力严重下降,从而加入群体中情绪化的、冲动的行为的现象。最早对此现象进行研究的是法国社会心理学家勒庞(Gustave Le Bon)。他把这种现象称为"社会传染"。此时,正常的道德意识、价值系统以及社会规范控制系统崩溃,个体随意发泄破坏性冲动,做出自私、侵犯等举动,出现暴力和反道德行为。去个体化产生的原因包括匿名性、自我意识功能的下降等。一些实验证明匿名性是关键原因。匿名性是指个体在群体中减少了可辨性,降低了责任感强度。

六　极端性转移与群体思维

极端性转移与群体思维是在群体决策中产生的两种心理现象。

（一）极端性转移

极端性转移（extremity shift）是指群体决策比个人决策更容易出现冒险倾向或保守倾向。这种情况主要是由群体决策中责任分散和规范强化的影响造成的。许多研究表明，极端性转移的方向主要取决于群体讨论开始时多数人的态度，如果多数人一开始就偏向冒险或保守的决定，群体决策就容易向冒险或保守转移。因此，群体决策起到了强化最初群体偏向而使之成为规范的作用，其中包括社会规范影响和信息影响两种成分。社会规范影响是指在群体决策初期，由多数人的意见形成的初步规范在随后的决策讨论中进一步得到强化，对群体成员形成压力，从而发生极端性转移。这种影响在包含价值取向或群体关系的决策问题上反映得更明显。信息影响是指决策讨论过程中各个成员提供的极端化、激进的信息，会加速群体决策向极端性的一致意见转移，这种转移在许多任务决策中更常见。

（二）群体思维

从 20 世纪 70 年代初期开始，耶鲁大学社会心理学家詹尼斯（Irving Janis）就致力于群体思维（group think）的研究。他于 1982 年提出了"群体思维"的原始定义，认为在一个小决策群体中，当群体成员对于寻求一致的倾向超过解决问题本身的倾向时，就会产生群体思维，随之而来的是思维能力、分辨能力以及判断能力的下降。他分析了美国各界高层决策失误的典型案例，包括 1941 年日本偷袭珍珠港时美国军队的"不设防"措施，1961 年美国入侵古巴的"猪湾事件"，1986 年发生的航天飞机"挑战者号"解体等，认为所有这些都是因最高决策层的失误，造成了巨大的损失。

詹尼斯发现，在具有高度凝聚力，同时又很少受到外界不同意见直接影响的高层决策小组中，常常容易出现为了保持意见一致而使不同意见和评论受到压抑的群体思维现象。他提出了群体思维产生的八个前提条件，分别是：群体凝聚力，群体与外界的隔绝，命令式的领导方式，缺乏有条理的决策方法和程序，群体成员背景和价值观的相似性，外部压力，现有的方案被有影响力的领导所接受而使群体没有信心去寻找更好的方案，由于刚刚经历的失败使得群体处于一种很低的自尊水平。

1. 群体思维的表现

根据詹尼斯的总结，群体思维有以下八种表现。

（1）无懈可击的错觉。这指的是群体成员过于自信，不认为自己面临潜在的风险，看不到外来的警告，看不到决策可能导致的危险。

（2）合理化。群体成员形成决议后，会忽视外来挑战，花更多时间将决议合理化，而不是对它重新审视和评价。

（3）对群体的道德深信不疑。这指的是群体成员相信群体的决策是正义的，不存在伦理道德问题，不理会外界对其从道德上提出的挑战。

（4）对于对手的看法刻板化。这指的是群体成员认为反对它的人是恶魔，不屑与他们谈判，或认为他们过于软弱、愚蠢，不能够保护他们自己，群体的既定方案会获胜。

（5）从众的压力。群体成员不欣赏不同意见，对于怀疑群体立场和计划的人，群体成员常常不是以论据反击，而是以嘲笑使其难堪。

（6）自我压抑。不同意见会显示出与群体的不一致和破坏群体的统一，因此群体成员会避免提出与群体不同的意见，压抑自己对群体决策的疑虑。

（7）统一错觉。自我压抑与从众的结果，使群体成员的意见看起来是统一的，使群体决策合法化，甚至可以使罪恶的行动合理化。

（8）思想警卫。群体决策形成后，某些成员会扣留那些不利于群体决议的信息与资料，或者限制其他成员提出不同意见，以保护决策的合法性与影响力。

2. 杜绝群体思维的方法

1982 年，詹尼斯提出了杜绝群体思维的十种具体操作方法。

（1）使群体成员懂得群体思维现象、后果及原因。

（2）领导者应保持公正，不要偏向任何立场。

（3）领导者应引导每一位成员对提出的意见进行批评性评价，应鼓励每一位成员提出反对意见和怀疑。

（4）领导者应该指导一位或多位成员充当反对者角色，专门提出反对意见。

（5）时常将群体分成小组，并让他们分别聚会讨论，然后再组织全体聚会，让成员交流分歧。

（6）如果问题涉及与对立群体的关系，则应花时间充分研究一切警告性信息，并梳理对方可能采取的各种行动。

（7）形成初步决策后，应再一次召开会议，并要求每个成员提出自己的疑问。

（8）在决议达成前，请群体之外的专家参会，并请他们对群体意见提出质疑。

（9）每个群体成员都应向可信赖的有关人士就群体意向交换意见，并将他们的意见反馈给群体。

（10）几个不同的独立小组分别同时就有关问题进行决议，最后决议在此基础上形成，以避免群体思维的不良影响。

第四节　团队建设

随着组织对团队的作用越来越重视，近年来，管理心理学领域的研究者越来越侧重于群体中的团队研究。

一　团队的概念

（一）团队的定义

团队（team）是指在工作中拥有共同目标并紧密协作、相互负责的正式群体。

（二）团队的特征

团队具有以下三个特征。

一是成员的高度互补性。在一个团队中，不同成员所做的贡献是互补的，而在群体中，成员之间的工作在很大程度上是可以互换的。

二是知识技能的跨职能性。团队成员具有相互补充的知识技能，他们履行不同的职能，使团队成为跨职能群体。

三是信息的差异性。由于成员在背景、训练、能力、所接近的资源等方面存在差异，一个团队的成员在知识、技能、专长以及信息的分配上是不平均的。

（三）团队的构成要素

团队是一个共同体，其构成要素可以总结为"5P"。

（1）共同目标（purpose）。它指的是可以使团队具有良好状态和动力机制的共同目的。目标的明确性、难度和可接受性会影响团队的工作业绩。计划的质量高低、成员的努力程度、信息沟通、合作精神等也会影响所设定的目标能否实现。[1]

（2）人（people）。人是构成团队最核心的力量，三个以上的人就可以构成一个团队。团队人员多少和规模大小会影响成员的满意感。随着团队规模的增大，其成员参与和沟通的机会会相对减少，从而导致成员满意感降低。能力水平也是影响因素之一，许多学者主张选择能力相当的人组成团队。[2]

（3）团队定位（place）。它包含两层意思：一是团队自身的定位，即团队在组织中处于什么位置；二是个体定位，即成员在团队中扮演什么角色。贝尔宾团队角色（Belbin team role）理论提出的团队角色模型包括九种角色：执行者（implementer）、协作者（team worker）、塑造者（shaper）、创新者（plant）、资源调查者（resource investigator）、监督者（monitor evaluator）、协调者（coordinator）、完美者（completer／finisher）、专家（specialist）（1988年补充加入）。该理论认为没有完美的个人，只有完

---

① 凌文辁，郑晓明，张治灿，等. 组织心理学的新进展［J］. 应用心理学，1997（1）：11-18.
② 凌文辁，郑晓明，张治灿，等. 组织心理学的新进展［J］. 应用心理学，1997（1）：11-18.

美的团队,只要适当地拥有这九种角色,并将合适的角色放到合适的位置上去,每个角色都有合适的人选,发挥好相互专长,就可以使团队发挥出综合优势。

二维码 7-3
贝尔宾团队角色
自测问卷

(4)权限(power)。要发挥团队作用,组织必须对团队进行相应的授权。

团队内部不同成员也拥有不同的权力,权力高的成员更能控制团队的活动,易受到成员的欢迎和尊敬。同时,一般而言,团队越成熟,领导者所拥有的权力就越小,这是因为只有在团队形成的初期阶段,领导权才比较集中。

(5)计划(plan)。团队目标实现需要一些具体行动方案,提前按计划行动可以保证团队目标的顺利进行。

二　团队类型

(一) 问题解决型团队

问题解决型团队(problem-solving team)一般由来自同一部门的 5~12 名员工组成,他们每周用几小时的时间聚在一起,讨论一些部门需要解决的问题,但没有权力根据这些建议单方面采取行动。比较典型的如"质量圈",这种团队由部分职责范围重叠的员工和主管组成,成员定期相聚,讨论他们面临的质量问题,调查原因,提出解决问题的建议,并采取有效行动。

(二) 自我管理型团队

自我管理型团队(self-managed team)通常由 10~15 人组成,他们可以控制自己的工作节奏、决定任务分配以及安排工作和休息时间,甚至让自己团队里的成员相互进行绩效评估,还可以取消他们的主管身份。这种团队可以避免问题解决型团队中员工参与决策过程积极性不足的缺点,提高员工满意度,但其缺勤率和流动率偏高。

（三）跨功能型团队

跨功能型团队（cross-functional team）是为完成一项共同的任务,由来自同一等级、不同工作领域的员工组成的团队。这种团队兴起于 20 世纪 80 年代末,它能使组织内甚至组织间不同领域的员工交换信息,激发新观点,解决面临的问题,协调复杂的项目。但是跨功能型团队在形成的早期阶段需要耗费大量的时间,因为团队成员需要学会处理复杂多样的工作任务。在成员之间,尤其是那些背景、经历和观点不同的成员之间,建立起信任并能真正开展合作也需要一定的时间。

（四）虚拟团队

虚拟团队（virtual team）的成员跨越空间、时间和组织界限,相互之间主要通过各种信息技术来进行合作。技术的发展和以知识为基础的工作使虚拟团队变得可能,而全球化以及知识分享和团队工作的成效使其变得更为必要。

三　团队与群体的关系

团队不等同于群体。群体是为了实现某个特定目标,由两个或两个以上相互作用、相互依赖的个体形成的组合。在工作群体中,成员通过相互作用来共享信息,做出决策,帮助每个成员更好地承担起自己的责任。工作团队（work team）则是一种为了实现某一目标而由相互协作的个体组成的正式群体。工作团队通过成员的共同努力能够产生积极的协同作用,其团队成员努力的结果使团队的绩效水平远远大于个体成员绩效的总和。可以说,所有的工作团队都是群体,但只有正式群体发展到高级阶段,开始产生协同作用时,才可能成为工作团队。工作群体与工作团队的主要区别表现在以下几个方面。

（一）目标方面

工作群体通过共享集体目标信息,做出决策,注意分工,帮助每个成员更好地承担起个人责任;工作团队形成相互依存的目标结构,通过成员的共同努力,产生积极的协同作用,使团队绩效远远大于个体绩效之和。

（二）协同配合方面

协同配合是工作群体和工作团队最根本的差异。工作群体强调成员间的合作,但协作性可能是中等程度的,有时成员还有些消极、对立情绪;工作团队强调成员之间关系的融洽,注重形成一种齐心协力的气氛。

（三）责任方面

工作群体的领导者要负很大的责任，同时，领导者在管理上要注意个体分工与责任导向；在工作团队中，除了领导者要负责之外，每一个团队的成员也要负责，甚至要相互作用、共同负责，工作团队在管理上注意整体责任导向。

（四）技能方面

一般的工作群体中，成员的技能组合是随机产生的，并且在其后的工作中也往往处于相对静止的状态；而在高效率的工作团队中，成员的技能组合呈现多元、互补的特征。

四　高效团队的建设

（一）高效团队的特征

1. 清晰的目标

团队成员不仅认识到目标的意义和价值，而且会把个人目标升华到团队目标中去，对组织目标做出承诺。同时，成功的团队会把共同目标转化为具体的、可衡量的、可行的绩效目标。这有利于促进明确的沟通，有助于团队成员把自己的精力放在达成有效的结果上。

2. 相关技能

一个团队要想实现有效运作，需要有三种不同技能类型的人：① 具有技术专长的成员；② 具有解决问题和决策技能的成员；③ 若干具有善于聆听、反馈、解决冲突以及协调人际关系技能的成员。同时，对具备不同技能的人进行合理搭配也极其重要。一个高效团队需要通过培训来使自身成为一个具有高凝聚力的组织，使团队成员理解团队工作的基础，有效地进行团队决策，追求团队目标。

3. 相互信任

相互信任是高效团队的显著特征。组织文化和管理层行为对形成相互信任的群体氛围有很大的影响。如果组织崇尚开放、诚实、协作的办事原则，同时鼓励员工参与和发挥自主性，它就比较容易形成相互信任的环境。

4. 一致的承诺

团队的形成需要具备一个关键因素：团队成员对自己和其他成员做出承诺、承担义务并相互信任。团队成员对团队表现出高度的忠诚和承诺，对自己所在的团队具有认同感，对完成团队目标具有奉献精神。

5. 良好的沟通

团队成员通过畅通的渠道交流信息，包括各种语言和非语言信息。此外，管理层和团队成员间健康的信息反馈也是良好沟通的重要特征，它有助于管理层指导团队成员的行为，消除误解。

6. 角色的多变

对高效团队来说，其成员角色灵活多变，总在不断进行调整。成员需要持续面对或处理不断变化的关系和问题。

7. 恰当的领导

高效团队的领导者能让团队成员跟随自己共渡难关，能为团队指明前进的方向，阐明变革的可能性，鼓舞成员树立信心。高效团队的领导者往往扮演的是教练和后盾的角色。

8. 内部支持和外部支持

建设高效团队的最后一个重要条件就是环境支持。从内部条件看，团队应有一个合理的基础结构；从外部条件看，管理层应为团队提供完成工作所必需的各种资源。

（二）高效团队的关键影响因素

1. 结构性因素

影响高效团队的结构性因素主要包括团队成员的多样性、团队的规模和团队角色组合。

（1）团队成员的多样性。团队成员的多样性对团队具有积极影响。异质性团队由于引入各种新观念，建设性争论增多，决策信息更充足，可能产生更多备选方案，可能有更多创新性、绩效等，更有可能获得成功。同时，来自不同背景的成员一起工作，往往更容易使团队形成任务导向。但需要注意的是，研究表明，异质性团队容易出现较高的离职率，同事之间以及领导与下属之间的交流也随多样性的增强而减少。

（2）团队的规模。一般来说，高效的工作团队规模比较小。研究认为，如果管理人员要塑造富有成效的团队，就应把成员人数控制在7～9人。这符合人的认知广度。

（3）团队角色组合。在形成团队的过程中，团队成员总会自觉或不自觉地扮演某种角色。角色的合理组合对团队的活力和绩效都有显著影响。在团队管理中，识别团队成员各自的角色，并使扮演不同角色的成员进行合理的组合，引导成员各自发挥特长，从而形成综合优势，对增强团队管理效能具有重要意义。

2. 过程因素

不同学者对团队过程有不同的定义，马克斯（Michelle A. Marks）等对团队过程进行了更加明确的定义，他们认为团队过程是指团队成员为完成共同的目标，通过认知、语言、行为等相互作用的一系列活动，将团队投入转化为结果的过程。[①] 他们在前人研究的基础上，提出了一个团队过程的分类法，将团队过程在广义上分为三个阶段，包括过渡阶段、行动阶段和人际阶段。在过渡阶段，团队成员聚焦于任务的分析、目标的细化和战略的形成，这一阶段主要是对已完成的团队活动进行评价及为未来的活动安排计划；在行动阶段，团队成员则聚焦于任务的完成、对过程的监督、团队成员之间的合作及对同事工作的监督与支持；在人际阶段，任务贯穿团队合作过程的始终，包括冲突管理、激励和信心建立、情感管理等。

团队的过程因素主要包括如下几个方面。

1）团队精神和气氛

团队精神是团队成员共同认可的一种集体意识，是团队成员的工作心理状态和士气、共同价值观和理想信念的体现，是凝聚团队力量、推动团队发展的精神动力和共同意愿。一个团队所确立的团队精神，可以是以团队内部关系为导向的，也可以是以服务对象为导向的，还可以是二者兼有的。影响和促进团队精神的因素主要有六个：第一，团队成员对团队目标的认同；第二，合理的经济报酬；第三，团队成员对工作的满意度；第四，优秀的领导者，优良的团队作风；第五，团队成员之间的和谐；第六，意见的充分沟通。

团队气氛（team climate）对团队绩效有显著作用。建立公开、透明、支持的信息交流制度，团队成员对团队决策和目标有承诺感，建设性地解决分歧，彼此分享成果，互相听取意见，团队就会形成强有力的积极团队气氛。这有助于团队成员之间形成互助、宽容、合作的关系，增强团队成员解决问题的能力，使团队获得更好的绩效。

2）团队学习和自主管理

培养高胜任能力的员工，应使团队每个成员都能确定自己的学习步骤和水平。在许多管理心理学实验中，团队自主管理都获得了很好的结果。在建立自主管理团队的

---

① Marks M A, Mathieu J E, Zaccaro S J. A Temporally Based Framework and Taxonomy of Team Processes[J]. Academy of Management Review, 2001, 26(3):356-376.

过程中,需要注意以下三个方面的因素:第一,团队结构是否合适;第二,团队成员受到权力关系变化的影响程度;第三,是否有过自我管理团队的经历。

3)团队绩效评价

绩效评价包括制定绩效目标、准确记录绩效、综合测评绩效和反馈多层绩效四个环节。研究表明,出勤率、出错率、员工的工作主动性、员工满意感被广泛作为团队绩效评价指标。鲍曼(W. C. Borman)和摩托维德罗(S. J. Motowidlo)提出了一种新的绩效评价分类:任务绩效和周边绩效。任务绩效主要指员工完成工作任务中的核心技术活动的熟练程度,与组织核心技术的执行和维持以及提供服务满足需求密切相关;周边绩效是指员工在工作以外的努力程度,即员工在更多支持组织、社会和其他员工的心理环境以达成整体目标的过程中所体现出的熟练程度。周边绩效包括人际促进维度和工作奉献维度。[①]

虽然团队功能各有不同,但有关研究提出,可以从四个维度测评团队效能:第一,团队工作实绩,即团队对于所分配任务的达成情况;第二,团队员工的满意感;第三,员工自身的发展;第四,外部员工对团队的满意感。也有研究认为,可采用两个共同指标评测团队效能。第一个指标是工作绩效与员工的主动性因素。这主要体现为团队对组织既定目标的达成情况,人力资源利用、工作效率等实际绩效,以及员工的工作主动性程度。第二个指标是团队关系与成员的满意感因素。这主要反映在员工认为其所在团队的工作关系、人际关系、晋升与发展情况符合自己期望的程度。[②] 在管理中,必须认真分析团队所处的组织情境和工作过程变量等因素,通过准确的团队效能测评、绩效反馈和团队过程建设,来提高团队的整体绩效。

4)团队管理目标

团队管理目标可以分为三类。第一类是经济目标,即实施团队计划是为了降低离职率,改进工作质量,优化员工组合,产生团队效益;第二类是人员目标,即通过团队建设,强化有效团队所需的关键价值取向、管理技能、工作技能和工作动机等。第三类是文化目标,即通过团队管理,增强组织的核心价值系统,明确组织文化导向,增强组织的凝聚力,形成更为信任和注重承诺的气氛。

5)共同愿景

彼得·圣吉(Peter M. Senge)在《第五项修炼:学习型组织的艺术与实践》(*The Fifth Discipline：The Art and Practice of the Learning Organization*)一书中认为,共同愿景是一股令人深受感召的力量,它是人们所共同拥有的意愿或景象,它创造出众人一体的感觉。高效的团队需要一个大家共同追求的、有意义的愿景。团队成员通常会用大量时间与精力讨论、修改和完善一个在集体层次上以及个人层次上都被大家接受的愿景。它能够为团队成员指明方向,提供动力,让团队成员愿意为它贡献力量。

---

① Borman W C，Motowidlo S J. Expanding the Criterion Domain to Include Elements of Contextual Performance[C]//Schmitt N，Borman W C (Eds). Personnel Selection in Organizations. San Francisco，CA：Jossey Bass，1993.

② 王重鸣. 管理心理学[M]. 北京:人民教育出版社,2001.

6）成员责任心和相互信任

如何才能使团队成员在集体和个人层次上都具有责任心呢？除了要根据个人的贡献进行评估和奖励,管理人员还应考虑以群体为基础进行绩效评估、利润分享、群体技能以及其他方面的变革,以强化团队的合作精神和组织承诺。高效团队的一个特征是团队成员间相互高度信任,大家相信彼此的品德、个性以及工作能力。但是,人与人之间的信任是脆弱的,一旦破坏,就很难恢复,因此,需要管理人员处处留意,维持团队中这种信任关系。

（三）高效团队的创建和管理

1. 团队建设的心理基础

（1）归属感。建立团队最重要的是在认知上形成一种强烈的、积极的归属感,团队成员相互认同。团队建设需要依靠这种心理基础。

（2）认同感。这里的认同指情绪认同。团队情绪认同是团队中人际关系发展水平的标志。有效的情绪认同可以改变成员行为。情绪认同的有效程度取决于个人把自己与其他成员视为同一体的程度,取决于个人对待群体中任何成员态度的积极程度。

（3）共识度。团队共识可以使大家调整自己的爱好和行为,并使其理性化。团队首要的共识是相互尊重,包括管理人员对团队成员的,以及团队成员之间的相互尊重、信任和重视。共识是团队建设必要的心理基础。

（4）参与度。研究表明,参与管理在团队管理中的效果是比较明显的,而且群体参与效果远高于个人参与。因此,团队管理中的团队工作方式体现着对团队成员参与的重视,团队尤其是自我管理型团队的工作基础之一就是成员的参与。

2. 高效团队的创建

这里主要介绍创建高效团队的一般策略。

（1）认识成员。在团队活动开展之前,成员之间相互了解彼此的背景、对团队的感受,以及彼此的动机是否有利于团队目标的实现。

（2）确定团队目标。这指的是说明个人对团队的期望,并检查时间表、预算和各种限制,让每位成员参与预先设定议程的讨论,以明确了解团队的任务和目标。

（3）明确角色。使每个人都清楚团队对自己的期望,对自己的角色有正确的认识和定位。

（4）建立标准。鼓励团队发展共同的工作标准,制定大家都认可的工作规范。

（5）描绘计划。这里的计划包括发展目标与行动计划、任务与完成期限等。

（6）鼓励提出问题。领导者应鼓励成员对现状进行质疑,接受不同的意见,以利于团队创新。

（7）维持均衡。高效团队能在不同风格的成员间实现良好的均衡。均衡不代表平均，而是指在必要时适当采用一种或多种风格。

（8）强调参与。每一位成员都能参与团队工作，得到团队分配的任务；对于重要决策，所有成员应设法达成共识。

（9）庆祝成就与分享荣耀。应庆祝每个阶段的成就和其他重要事件，增强团队成员的荣誉感和归属感，领导者也要积极与外界交流团队所取得的成就。

（10）评估团队的有效程度。领导人每年至少应进行一次自我评估，包括团队的实力、工作进展情况、任务的实效性和有效性、对工作品质的满足程度，以及必要的改变等。

3. 团队管理方法

团队管理方法很多，具体选用哪种方法，需要根据团队所处的具体环境、团队成员的特点以及团队所要完成的任务等因素来确定。这里介绍三种常用的方法。

1）任务导向方法

这种方法的出发点是通过任务以及每个人对任务的完成能够做出的贡献来建设团队。首先，建立目标，并把目标分为长期目标和短期目标，并分别确定完成的时间，同时，这些目标还应与系统的反馈形式和对团队的评估相结合。然后，团队成员对在实现目标过程中出现的问题进行尝试解决训练。在一次次训练中，团队成员获得了新的解决问题和协调人际关系的技术和能力。

2）角色协调方法

这种方法要求每个成员坦率地对自己的工作条件进行评估，并列出对其他队员的要求，明确指出其他人应该做得更多和更好的事情，应该做得更少或停止去做的事情，以及应该继续做下去的事情。然后，这些成员讨论他们列出的这些事情，并相互之间达成协议，形成书面共识。如果有人不想遵守协议，那么他就可以自由退出协议。

3）人际敏感性训练方法

这种方法主要以小组形式进行训练，目的是使小组成员在情感上更加接近，减少交往中的障碍，培养团队成员在工作中的人际交往技能。训练的主要内容包括：公开、坦诚地讨论群体内部的关系和冲突；了解团队成员的经历；更好地理解每个人的个性；对团队成员进行肯定性评价；学会倾听和有效交流的方法等。

五　多团队系统理论

（一）多团队系统理论的基本内涵与主要特征

1. 基本内涵

以往的团队研究只关注团队内部的各个环节，忽略了团队与组织中其他团队的相互依存性。多团队系统（multi-team system，MTS）理论是从以往关注单个团队并将其作为组织活动系统一部分的研究中独立出来的一种新的团队研究理论。MTS 的概念是由马蒂厄（J. E. Mathieu）等人于 2001 年提出的。[①] 他们将 MTS 定义为两个或两个以上的团队为应对突发情况或实现一系列目标而相互作用并构成的系统，系统内的团队有着各自不同的近期目标，但在一个共同的终极目标的指引下相互作用，并且每个团队在输入、过程和输出上与系统中的至少一个其他团队存在互依关系。

从以上定义可以看出，MTS 是不同于单个团队也不同于组织的独特实体，它是一个动态开放系统，能够对所处环境做出快速反应。MTS 一般是为了应对高度不确定的外部环境而组建的，它依据环境要求构建系统并配置资源。另外，MTS 中的团队不一定来自同一个组织，可能既有来自政府公共部门的团队，也有来自私人企业的团队，它们为了实现某个共同的目标而通力合作。

2. 基本特征[②]

（1）规模与分布的多样性。MTS 有组织内 MTS 和跨组织 MTS 两种形式。

（2）互依性。在 MTS 中，互依性表现在团队内个体的互依性、团队间的互依性及跨系统边界（即系统与其环境）的互依性三个层面。MTS 中的每个团队至少和其中的一个其他团队存在着输入、过程和输出上的相互依赖关系。

（3）目标层级性。目标层级（goal hierarchy）指团队目标相互联结形成的目标网络。MTS 中的每个团队有着不同的近期目标，但有着一致的终极目标。在目标层级中，近期目标处于最底层，中期目标处于中间层，远期目标代表着终极目标，处于最高层。MTS 通过将绩效要求转化为目标层级来引导行为。

（二）多团队系统绩效研究

如何提升 MTS 绩效是当前 MTS 研究的核心议题。围绕这一核心议题，研究者

① Mathieu J E，Marks M A，Zaccaro S J. Multi-team System[C]//Anderson N，Ones D S，Sinangil H K，et al. Handbook of Industrial，Work & Organizational Psychology. London：Sage，2001：289-313.
② 肖余春，李伟阳. 团队管理研究新视野——MTS 理论研究综述[J]. 外国经济与管理，2012(6)：33-40.

们主要从以下三个方面展开研究。

1. MTS 的特征对多团队绩效的影响

MTS 区别于传统单个团队的一个重要特点是规模大并且开放,其复杂、特殊的内部结构和人员体系对多团队绩效形成了重要影响,现有文献主要从 MTS 的结构特征、领导特征等方面进行研究。

(1)MTS 的结构特征。MTS 的目标结构、任务结构、激励结构与多团队绩效存在关联。MTS 对目标设置和激励方式提出了更高的要求。子团队需要将本团队的目标与 MTS 的最终目标结合起来。子团队的目标水平越高,团队间合作的可能性就越大,子团队选择团队间的合作目标而不是子团队内部竞争目标的可能性也越大;对 MTS 的高层次目标和子团队的低层次目标同时给予奖励也将促进子团队间的资源配置和目标选择,提高 MTS 的绩效;目标优先级也会协调多个反馈源与子团队目标选择间的关系,特别是当目标优先级明确时,多个反馈源有助于人们在团队内部和团队间的目标之间进行选择。研究表明,子团队在 MTS 中选择目标和奋斗目标具有多层次性和多阶段性,这为 MTS 在实践中建立目标层级和激励体系提供了指导。

(2)MTS 的领导特征。MTS 在领导机制上与单一团队不同。MTS 领导团队要发挥战略制定与协作促进两项基本职能。各子团队的领导者需要监督、跟踪任务,在团队间和团队内相互作用并响应成员需求。有研究将 MTS 的领导团队定义为边界管理者,他们要在相关环境中完成沟通和协调任务,在团队内和团队间解释各团队的专业知识并协调行动,他们的跨边界管理是影响 MTS 绩效的重要因素。边界管理者需要协调子团队间的行动,使之能完成他们的近期目标,同时有助于达成 MTS 的最终目标。共享领导与协调者联合是 MTS 最佳的领导方式。在该模式中,由子团队的领导者、MTS 指挥者和领导者组成的集成团队在共享领导模式下运作,MTS 指挥者和领导者组成的集成团队扮演协调者的角色,不涉及子团队的内部活动,协调者监管和促进团队领导者的行动,为 MTS 实现远期目标协调行动,并且在子团队领导者无法做出决策时做出决策。MTS 垂直协作行为能够增强团队内部职能多样化对横向协作的积极影响,并降低团队内部职能多样化的消极影响。

2. MTS 的运转机制对多团队绩效的影响

(1)沟通和信息共享。沟通和信息共享是多团队协作的基础,也是提高多团队绩效的基石。它可为子团队评估外部环境和做出决策提供必要的支持,也能够提高成员间的信任感和心理安全感。在 MTS 中,不仅要关注沟通的质量,而且要关注沟通的次数。此外,MTS 规模的庞大性、协作的动态性决定了团队间的沟通行为有着重要作用。多团队沟通是一个动态的网络。信息共享是沟通的基本要求,它需要沟通各方都使用熟悉的话语,并对问题有共同的理解。在高压的复杂的任务环境下,成员对职责和任务的共同理解在 MTS 沟通中具有重要作用。

（2）学习机制。多团队学习研究是多团队研究的一个新动向，国际上对它的探讨还较少。已有的研究提出了多团队学习过程的理论框架，认为在 MTS 中，外部环境压力促使多团队学习，而多团队的学习意愿影响学习的触发，多团队所经历的阶段特征诱发不同的学习类型，在绩效片段下（包括过渡阶段和行动阶段），成员主要学习适应能力，而在片段的间隙，成员有时间去进行深度思考，进而学习的是生产能力和变革能力。最后，这三种学习能力的提升会促进 MTS 的发展。

▌3. MTS 的认知体系对多团队绩效的影响

与单个团队的认知存在一些共通性，在团队领域识别出的众多因素，如共享心智模型、交互记忆系统、认同、信任和凝聚力等，对多团队绩效也会产生重要的影响，但在具体作用机理上又存在一些差异。在团队领域，多数学者认为团队认同、团队凝聚力等会对团队绩效产生积极影响；然而，在多团队领域，这些因素与多团队绩效的关系面临争议。同时，相比单个团队，MTS 的认知具有阶段性、层次性、动态性的特点。此外，现有研究热点集中于 MTS 的认知体系，未涉及 MTS 的情感模型。[①]

中英文关键术语

群体（group）

群体角色（group role）

群体规模（size of the group）

群体规范（group norm）

群体压力（group pressure）

从众（conformity）

社会助长（social facilitation）

社会干扰（social inhibition）

去个体化（deindividualization）

极端性转移（extremity shift）

群体思维（group think）

问题解决型团队（problem-solving team）

自我管理型团队（self-managed team）

跨功能型团队（cross-functional team）

虚拟团队（virtual team）

团队气氛（team climate）

多团队系统（multi-team system）

---

① 肖余春，张雅维. 国际范围内多团队系统理论的最新演进与热点分析[J]. 河南社会科学，2020（5）：64-74.

思考题

1. 团队和群体有什么联系与区别？
2. 群体凝聚力与生产效率之间有什么关系？
3. 什么是群体思维？杜绝群体思维的方法有哪些？
4. 阐述群体发展的间断-平衡模型及其在管理中给人们的启示。

案例分析题

 一、阅读材料

任正非：感受团队的力量

　　任正非，1944年出生于贵州省安顺市，祖籍浙江省浦江县。肄业于重庆建筑工程学院（现合并为重庆大学），毕业后参军，从事军事科技研发。1987年，任正非集资21000元人民币，创立了华为技术有限公司，1988年任华为公司总裁。2003年，任正非入选网民评出的"2003年中国IT十大上升人物"；2005年，任正非入选美国《时代》杂志"全球100位最具影响力人物"；2018年，任正非进入中央统战部、全国工商联"改革开放40年百名杰出民营企业家"名单；2019年，任正非入选美国《时代》杂志"2019年度全球百位最具影响力人物"榜单。

　　以下内容摘自任正非的署名文章《一江春水向东流》，有改动。

　　当我走向社会，多少年后才知道，令我碰得头破血流的，就是这种人生哲学。我大学没入团，当兵多年没入党，处处都处在人生逆境，当我明白团结就是力量这句话的内涵时，已过了不惑之年。想起蹉跎了的岁月，我才觉得，自己怎么会这么幼稚可笑，一点都不明白开放、妥协呢？

　　我是在生活所迫的时候创立华为的。那时我已领悟到"个人才是历史长河中最渺小的"这个人生真谛。我见过云南的盘山道，它那么艰险，我忍不住佩服筑路人的智慧与辛苦；我见过薄薄的丝绸衣服，为上面栩栩如生的花纹而折服，感叹织工们怎么这么巧夺天工。这些都使我深刻地体会到，只有团结起来，才能有无穷的力量。

　　在创立华为时，我已过不惑之年，但我突然发觉自己竟然越来越无知，我需要重新起步，开始学习新的知识。我后来明白，一个人不管如何努力，永远也赶不上时代的步伐，更何况在这个知识爆炸的时代。只有组织起数十人、数百人、数千人一同奋斗，你才能跟上时代的步伐。我转

而去创建华为,不再自己去做专家,而是做组织者。在时代前面,我越来越不懂技术、财务和管理,如果不能善待别人,充分发挥他们的作用,我将一事无成。从事组织建设成了我后来的追求,如何组织起千军万马,这对我来说是天大的难题。我创建的华为公司,当时在中国叫个体户,这么一个弱小的个体户,想组织起千军万马,听起来有些狂妄,有些梦幻,也有些不合时宜。我创建公司时,设计了员工持股制度,通过利益分享团结员工,那时我还不懂期权制度,更不知道西方在这方面很发达,有多种形式的激励机制。我仅凭自己过去经历的人生挫折,体悟到与员工分担责任,分享利益。创立华为之初,我与我父亲商量过这种做法,结果得到他的大力支持,他学过经济学。这种无意中插的花,竟然今天开放得如此鲜艳,成就华为的大事业。

在华为成立之初,我是听任各地"游击队长"们自由发挥的。其实,我也领导不了他们。华为成立后近10年,我几乎没有开过类似办公会的会议,总是"飞"到各地去,听取他们的汇报,他们说怎么办,我就怎么办,理解他们,支持他们;我还鼓励研发人员发散思维,当时乱成一团的研发不可能有清晰的方向,像玻璃窗上的苍蝇乱碰乱撞,按照客户零星的改进要求奋力寻找机会;更谈不上去管财务了,我根本就不懂财务,这导致我后来没有处理好与财务人员的关系,他们得到的提拔机会少,这个问题责任在我。也许是我无能、傻,才如此放权,使"游击队长"的聪明才智得到了充分的发挥,也成就了华为。我那时被称作甩手掌柜,不是我甩手,而是我真不知道如何管理。今天的华为管理层个个都是精英,他们还会不会像我那么愚钝,继续放权,发挥全体的积极性,继往开来,承前启后呢? 他们所做的事业更大,责任更重,会不会被事务压昏了,没时间听下属唠叨了呢? 我相信华为的惯性,相信他们的智慧。

1997年后,公司内部比较混乱,很多人都显示出了他们的实力,然而对于公司该往何处去,大家始终不得要领。我请中国人民大学的教授来讲课,鼓励大家集思广益,充分讨论,不知不觉中,这种混乱状态结束了。从此,华为有了企业文化,它不是我创造的,而是全体员工悟出来的。我那时最多是从一个甩手掌柜变成了一个文化教员。业界老说我神秘、聪明,其实我知道,真正聪明的是华为的13万员工,以及客户的宽容与引导,我只不过用利益分享的方式,将他们的才智粘合起来。要打造高效团队,就必须有相关制度来支撑企业文化,这时,我这个掌柜就躲不了了。从20世纪末,到21世纪初,也就是2003年前的几年时间,我累坏了,身体就是那时累垮的。每天十个小时以上的工作,我仍然一头雾水。

　　2002 年,公司内外矛盾交集,我对此却无能为力,睡觉时经常做噩梦,梦醒时常常哭。如果没有公司的骨干们在茫茫黑暗中点燃自己的心,来照亮前进的路程,现在公司可能早已破产了。那段时间,董事长孙亚芳团结全体员工,增强了大家战胜困难的信心。

　　大约在 2004 年,美国顾问公司帮助我们设计公司组织结构,提出来要建立 EMT(executive management team),我不愿做 EMT 的主席,就开始了轮值主席制度,由八位领导轮流担任主席,每人半年,经过两个循环后,演变为如今的轮值 CEO 制度。这种轮值制度平衡了公司各方面的矛盾,使公司得以均衡成长。轮值的好处是,每个轮值者,在一段时间里,承担公司 CEO 的职责,不仅要处理日常事务,而且要为高层会议准备起草文件,这大大地锻炼了他们。同时,轮值者还要想方设法得到别人对他决议的拥护。

　　经历了八年轮值后,在新董事会选举中,他们多数入选。我们又开始了在董事会领导下的轮值 CEO 制度,他们在轮值期间是公司的最高领导。他们更多的是着眼公司的战略,着眼制度建设,将日常经营决策的权力进一步下放给各区域,以推动扩张的合理进行。这比将公司的成功系于一人的制度好。每个轮值 CEO 在轮值期间努力工作,带领公司前进。如果他走偏了,下一个轮值 CEO 会及时纠正航向,为公司这艘大船拨正船头,避免问题累积过多而无法得到解决。

　　我不知道我们的路能走多好,这需要全体员工的拥护,以及客户和合作伙伴的理解与支持。我相信,正是由于我的不聪明,全体员工才能发挥集体的智慧,若能为公司的强大、为祖国、为世界做出一点贡献,我这么多年的辛苦都是值得的。我知识底蕴不够,也不够聪明,但我容得了优秀的员工与我一起工作,与他们在一起,我也被熏陶得优秀了。他们出类拔萃,带着我前进,我又没有什么退路,不得不被"架"着往前走,不小心就被他们"架"到了山顶。我也体会到团结合作的力量。这些年来,进步最大的是我。我像海绵一样,善于吸取他们的营养,总结他们的精华,而且大胆地输出。在希腊神话中,大力神的母亲是大地,他只要一靠在大地上,就力大无穷。我们的大地就是众人和制度,相信制度的力量,会使我们团结合作,把公司发展壮大。

　　作为轮值 CEO,他们不再只关注内部的建设与运作,同时要放眼外部,放眼世界,要让自己和公司适应外部环境的运作模式,趋利避害。我们放眼望去,发现我们现在处在一个多变的世界,风暴与骄阳、和煦的春光与恐怖的万丈深渊并存。我们无法准确预测未来,但仍要大胆拥抱未来。面对潮起潮落,即使公司市值大幅度萎缩,我们不仅要淡定,也要矢志不移地继续推动组织朝向长期价值贡献的方向去改革。要改革,更要开放。要去除成功的惰性与思维的惯性对队伍的影响,也不能沉醉于过去的荣耀中,只要我们能不断地激活队伍,我们就有希望。经济形势越来越复杂,如果金融危机进一步延伸,货币急剧贬值,外部社会动荡,我们会独善其身吗? 我们有能力挽救自己吗? 在我们行驶的航船上,员工会集资买油吗? 历史没有终结,繁荣会永恒吗? 我们既要有信心,也不要盲目相信未来,历史的灾难都是我们的前车之鉴。我们对未来的无知是无法解决的问题,但我们可以通过归纳找到方向,并使自己处在合理组织结构及优良的进取状态,以此来预防未来可能发生的变故。

　　资料来源:澎湃新闻. 任正非:一江春水向东流[EB/OL]. [2022-01-17]. https://new. qq. com/rain/a/20220117A0EA9D00,内容有删改。

 二、讨论题

1. 从材料中,你能获得什么样的启示?
2. 谈谈任正非在团队建设方面的智慧,以及其给我们带来的启示。

练习题

二维码 7-4
第七章课后
练习题及参考答案

第八章

领导与管理

本章引例

孔院长的领导力

一、凝聚力：理顺思路、引领团队

1999 年，孔抗美成为汕头大学医学院第二附属医院的院长。孔院长上任伊始，正是医院搬迁新址一周年。医院虽进入医学院附属医院的行列，但现实状况并不乐观。刚搬迁的新医院位处于城乡接合部，交通不便，周边居民少，崭新的医疗大楼与简陋的医疗设备形成了极大的反差。这一届领导班子担当的便是振兴医院，把医院带出低谷的重任。

如何凝聚人心，把员工的积极性调动起来？孔院长首先调查分析了医院的现状，搬迁前的老医院硬件、软件均未达申报等级医院评审的条件，对医院实施整顿已迫在眉睫。医院要生存和发展，就必须转变观念，创新思维，必须尽快有一个"抓手"来激发医院员工的积极性，寻求一条适合医院实际情况的改革举措。孔抗美目标明晰，迅速行动。2000 年，医院成功申报"广东省百家文明医院"，医院首次拥有省一级的医院品牌，这直接调动了全院员工的积极性。

团队是领导的创造空间，孔院长用胆略与魄力引领她的团队开始跨越，以改革创新管理机制为动力，走出一条具有自我特色的管理之路。

二、决策力：高瞻远瞩、创新管理

医院领导班子并没有因获得"广东省百家文明医院"的称号而停止前进的步伐，他们看到现代医院的管理已经向以服务和患者为中心的管理转变，认为提高医疗服务质量，切入口是"人"，"人"的问题解决了，许多困难将迎刃而解。

孔院长带领班子外出考察，带回了思路：管理理念创新，是医院生存和发展的需要，也是医院可持续发展的决定因素。经过多方论证，领导班子确定 ISO 9000 质量体系认证是比较适合医院现状的管理手段。之后"摸着石头过河，以点带面"，孔院长与领导班子把后勤部门作为"试验田"。推行 ISO 9000 质量体系认证后，后勤员工变被动服务为主动服务，工作流程理顺了，操作规程规范了，后勤保障质量和效率也提高了。这一改变更坚定了孔院长把 ISO 9000 质量体系认证推向全院的信心。

尽管领导班子选择了熟悉医院管理的合作伙伴，但是，医院大部分医务人员中由来已久的传统思维模式与新的患者服务模式之间还是发生了强烈的碰撞。一时间，各种质疑、反对的声音还是使 ISO 9000 质量体系认证推行工作举步维艰。孔院长直面种种误解、非议，甚至责难，坚持改革的信念不动摇。2003 年，医院终于通过两个体系的质量认证,成为广东省首家全面实行 ISO 质量体系认证,获得双认证的三级综合教学医院。医院改革渐显成效,质量管理体系建立起来,完善的规章制度为规范化管理提供了执行标准;工作质量和效率提高了,患者满意度提高了,员工质量意识和管理层的管理能力也提升了。

三、公信力:敢于担当、明智取舍

2000 年,国家开启了全国第五次人口普查的登记工作。政府给每个单位都下达了入户调查任务,这对很多单位来说是一个负担,但孔院长却立即认识到这是一个让医院"走"进千家万户的好机会。这一次行动搭起了医院与辖区社区的沟通桥梁,也让孔院长看到了在医院所在的社区,以工薪阶层为主、毗邻城乡接合部的居民对医疗服务的需求,孔院长认为医院应该为他们提供合适的医疗服务。她毫不犹豫地担起了这份责任,投入人力、物力,把社区卫生服务科的工作做大。她提出,医院的目标是着力构筑"综合医院—社区卫生服务"立体网络系统,使医院的医疗服务更贴近居民。

多年后,医院社区服务的特色、丰硕成果已经展现:一是作为教学医院,社区卫生服务项目为医学生提供了社区服务的学习基地;二是慢性病管理和健康教育提升了社区居民的整体健康水平;三是本院专家到社区门诊轮诊,诊疗服务优质。

资料来源:梁力. 辨观一个院长的领导力——访汕头大学医学院第二附属医院院长孔抗美[J]. 现代医院,2010,10(08):159-162,内容有删改。

第一节 领导概述

一 领导与领导者

(一)领导和领导者的含义

美国管理学家哈罗德·孔茨(Harold Koontz)认为,领导是一种影响力,也能将其理解为对人们施加影响的艺术或过程,其目的是使人们心甘情愿地为实现群体或组织的目标而努力。坦南鲍姆(Robert Tannenbaum)认为,领导是在某种情况下,经过意见交流的过程而实现的一种促进某个目标达成的影响力。乔治·格瑞(George Green)认为,领导是影响人们为达成群体目标而自动努力的一种行为。俞文钊教授认为,领导是引导与影响组织、群体、个体,使之在一定条件下实现固定目标的行动过程。陈国权和周为认为,领导就是人们通过影响他人而达成某种目标的过程和行为,例如,A 亲自行动,达成目标 G,这种情况不是领导;而 A 影响 B 做出行动,达成目标 G,才是领导。[①]

从上述各种定义中,我们可以看出,领导包含两层意思:一是指领导者,二是指领导者的行为。领导者是指引和影响个人或组织在一定条件下实现某一目标的行为过程者,领导者的行为是指领导者做出的致力于实现组织目标的行为,它是围绕组织目标而受领导意志支配的领导主体行为和职能行为的总和。从领导的地位和作用来看,领导者是决定组织生存和发展的关键角色。从领导的行为来看,领导者是组织发展方向的指引者和人际行为的协调者。领导者要通过其行为的示范性建立良好的人际关系和心理环境,激发每一位员工的积极性、主动性和创造性,使人力资源得到充分的利用,进而实现组织的目标。从领导的个性特征来看,领导者的行为始终受到领导者个体的心理特点和行为特征的影响。

综上所述,我们将领导定义为:领导是影响和指引他人或组织在一定的条件下实现其目标的动态过程,此过程受领导者、被领导者及其所处环境三个因素影响。领导者是实现领导过程的关键人物,正如彼德·德鲁克所指出的,领导者是任何企业最基本而又最难得的资源。国外相关研究表明,员工 40% 的积极性是由领导者激发出来的,现代领导科学既要研究领导者,如领导者气质、作风、素质、能力等,也要研究领导行为的特点及其有效性,以便实现成功的领导,使组织目标顺利实现。

(二) 领导者的素质

领导者的素质是指领导者在个人生理基础上,通过学习和锻炼逐渐形成的在其领导工作中经常起作用的各种内在要素,它包括个人先天禀赋和后天学习、实践两个方面的要素。领导者的素质主要应包括以下几个方面的内容。

1. 政治思想素质

政治思想素质主要指领导者的基本政治态度、立场和观点。我国是社会主义国家,我们要建立和完善的是社会主义市场经济,我国的企业和各级组织的领导者应具备如下基本政治思想素质:有鲜明的政治态度和坚定的政治立场;有严明的政治纪律性;有良好的政治品质,实事求是,光明磊落,不谋私利,不搞宗派,坚持真理,修正错误。

[①]　陈国权,周为. 领导行为、组织学习能力与组织绩效关系研究[J]. 科研管理,2009(5):148-154+186.

2. 道德素质

道德素质是指领导者在领导活动中应当遵循的一系列基本行为规范和准则,是领导者必备的道德品质和修养的总和。

领导者应具备的道德素质主要包括:勤政为民或大公无私的高尚情操;求真务实的工作品格和坚持真理的无畏勇气;谦让容人的豁达胸怀;严以律己、知错必改的自省精神;好学上进、积极开拓的创新精神等。

3. 文化知识素质

具有较丰富的文化知识,是现代领导者必备的基本素质,也是领导者提高自身整体素质和修养的基础。领导者应具备的文化知识素质包括:知识面要宽;专业知识要精湛;知识结构要合理;知识内容要不断更新。

4. 领导能力素质

领导能力素质是领导者的知识、智慧和经验的综合体现,是领导素质的核心,是领导者从事领导活动、实现目标的重要条件。现代领导者的能力主要有以下几个方面:统筹全局的能力;科学决策的能力;知人善任的能力;团结大众的组织协调能力;灵活应变的能力;开拓创新的能力。

5. 心理素质

心理素质是指人的动机、兴趣、态度、情绪、个性、气质等方面内在因素的总和。现代领导者应具备的心理素质包括:坚强的意志和坚定的信心;稳定的情绪;良好的个性;崇高的事业心。

6. 身体素质

身体是革命的本钱。身体素质是领导者的自然体质,也是其他素质赖以存在和发挥作用的物质基础。健康的身体、旺盛的精力,是做好领导工作的基础。

(三)领导者和管理者的区别

自从现代企业制度诞生的那一天起,所有权与经营权就已经分离,股东大会、董事会、监事会相互监督与合作,包括经理层在内的大多数人都是企业的管理者,其中极少数才是企业真正的领导者。领导者更多关注的是方向、战略等愿景,致力于引领企业走向美好的未来;管理者则更注重战略实施、绩效达标、财务表现等目标,致力于将美好的愿景变为现实。领导者和管理者有以下几点区别。

1. 范围不同

领导者最主要的任务是做组织规划，领导者需要有非常独特的眼光，他们主要是起带头人的作用。一般情况下，我们把一个组织里具有法定的领导地位和影响的个人称为领导者。和领导者不同的是，管理者主要是把领导制定的战略通过各种管理手段进行监督并执行，如人事、会计、统计等部门人员也被称为管理者。

2. 能力要求不同

领导者要具有非常强的规划能力，而且领导者身上突出的特质是个人魅力，他们用自身的影响力来影响员工。管理者则不同，管理者需要运用各种各样的管理手段，比如组织制度、机制等来监督员工把工作落到实处。对于一个领导者，最重要的是做对的事情，而对于管理者而言，最重要的是把事情做对。

3. 权威基础不同

领导者和管理者依赖的权威基础及运作方式有着明显的区别。领导者的权威基础在于职位权力与个人权力的总和，而管理者的权威基础更多的依赖于职位权力。在日常生活中，人们通常把领导者与管理者混为一谈，其实他们并不是完全相同的。尽管一个人可以同时担当领导者与管理者，但有时候，领导者却不一定是管理者，而管理者也不一定是领导者。领导是一种影响力的扩展，因此领导者与其下属更多的是一种追随关系和依从关系。人们往往追随那些他们认为可以满足其需要的人，正是人们愿意追随他，才使他成为领导者。

4. 存在空间不同

领导者既存在于正式的组织中，也存在于其他非正规的群体中；管理者只存在于正式组织中。

5. 作用不同

领导者引领变革，领导者在开展工作时，始终紧盯组织的战略发展方向，如果发现偏差或者问题，领导者需要重新制定组织战略。管理者则分布于队伍之中，他们需要运用各种有效的管理工具，比如工作总结、绩效考核表等激励员工，起到保证任务完成与对公司进行具体控制的作用。

 关联知识

二维码 8-1
从管理者到
优秀的领导者

二　领导者的权力

关于领导者的权力,不同的学者从不同的角度提出了不同的看法。1959 年,美国社会心理学家弗兰奇(J. R. French Jr.)和雷文(B. Raven)提出,可以把领导者的权力分为以下五种。

(一) 法定权

法定权指领导者通过自己在组织层次系统中的法定地位来影响下属行为的权力。领导者的这种权力是上级或群体授予的,有合法的手续,具有法定地位。有了法定权,领导者才能合法地实施其指挥、奖惩等领导行为。法定权包括决策权、组织权、指挥权、监督控制权等权力。

(二) 奖赏权

奖赏权指领导者通过奖赏他人的行为来影响他人行为的权力。领导者运用奖赏权的目的主要在于激励下属,调动下属的积极性、主动性、创造性,使下属为实现组织目标而努力。奖赏权可以具体通过奖金、晋升、培训、带薪休假等形式体现出来。

(三) 惩罚权

惩罚权是指领导者通过威胁和惩罚的手段,迫使被领导者服从的权力。领导者可借助职权,通过棘手工作的指派、严厉的监管、严格的规章制度以及解雇等手段威胁或惩罚下属,以令下属服从他的领导。

（四）参照权

参照权指领导者借他人对自身的喜爱或崇拜来影响他人行为的权力。这一权力与领导者个人的特质直接相关，包括个人魅力权、背景权和感情权。参照权的基础是对于拥有理想资源或个人特质的领导的认同。下属因尊敬和崇拜而主动认同领导者，把这位领导者作为自己参照的楷模并仿效其领导风格，并设法按其意愿办事。

（五）专家权

专家权指领导者依靠自身高深的技术、丰富的经验和杰出的判断来影响他人行为的权力。专家权基于个人在某一领域的专长、技能和知识，他人做出服从行为是因为他们相信权力拥有者的专长及能力。

组织成员之所以听从领导的指挥，常基于以上五种权力的综合运用。其中，法定权、奖赏权和惩罚权主要源于领导者已经取得的合法地位，下属服从他是由于其组织地位。参照权和专家权则更多的属于非权力性影响力，是以个人为基础的权力。虽然这两种权力表面上没有正式的约束力，但它们实际上发挥着很大的作用，下属因为领导者的品德、知识和专长，以及对领导者的敬重和崇拜而心甘情愿地服从。所以，在组织中，不但要发挥正式权力的影响力，还要增强参照权和专家权的影响力，从而使组织中的权力发挥最大的效力。

三 领导者的影响力

领导者进行有效管理的前提是具备影响力。所谓影响力，是指个人在与他人的交往中影响和改变他人心理与行为的能力。它包括权力性影响力和非权力性影响力。

（一）权力性影响力

权力性影响力又称强制性影响力，是指领导者借助其作为权力的拥有者这一特殊地位而对他人产生的一种强制性的影响力。权力性影响力有三个特点：第一，权力性影响力具有强制性和不可抗拒性，以服从为前提；第二，权力性影响力的大小和权力大小呈正比；第三，权力性影响力只与权力有关，而与个人因素无关。

权力性影响力产生的激励作用是有限的，它会使人们产生服从感、敬畏感和敬重感。构成权力性影响力的因素有以下三个。

1. 传统因素

传统因素主要是指人们对领导者的传统观念，认为领导者是不同于常人的特殊群体,他们有权力,有才干。受这种传统观念的影响,人们就会对领导者产生服从感。这种传统观念附加到领导者的力量上,会使领导者的言行更加具有影响力。

2. 职位因素

领导者具有一定的职位,就自然拥有一定的权力,并使下属产生敬畏心理。通常领导者职位越高,权力越大,其影响力也越大。

3. 资历因素

资历因素主要是指领导者以往的生活阅历、工作经验,它们也会对别人产生较大的影响力。资历因素会使被领导者产生一种敬重感,在一定条件下也会影响领导的有效性。资历较深的领导者更容易通过其言行去影响下属,因为他的言行容易在人们的心中产生重要的影响,更易使人信服。资历因素主要与一个人过去所任的职务有关,是一种历史的产物,因此,它存在于领导者实施领导行为之前,它产生的影响力在性质上仍然属于权力性影响力的范畴。

(二)非权力性影响力

非权力性影响力又称自然性影响力,这种影响力非社会赋予,而是在被领导者对领导者崇敬、信服的基础上产生的。非权力性影响力的特点是:不具备法定性质,是自然产生的;领导者完全依赖个人修养决定其在被领导者心目中的形象与地位;比权力性影响力有更强、更持久的影响力量。

构成非权力性影响力的因素主要包括以下几点。

1. 品格因素

品格因素主要指蕴含在领导者言行之中的道德、品质、人格、作风等。优良的品格会为领导者带来巨大的影响力,使人产生敬爱感,增强领导者对人们的吸引力,促使人们去效仿他。无论领导者的职位多高,一旦他的品格出了问题,其影响力都会大幅下降。

2. 能力因素

能力因素是指身居领导地位的人应该具有与其职位相符的能力和才干。如果领导者凭借其才能给组织的发展带来了成功的希望,就会使人们对他产生敬爱感。

3. 知识因素

如果领导者具有广博的知识面,专业技术知识也很扎实,那么就会使被领导者对其产生信赖感,自觉地服从并执行领导者的命令和指示,从而增强领导者的影响力。

这种影响力可以被称为专长权力。一个具备专长权力的领导者比不具备这种影响力的人，在行使权力上具备更加优越的条件。

4. 情感因素

如果领导者能经常从下属的需要出发去考虑问题，真正体现以人为本的管理思想，与下属有良好的关系，如领导者能时刻关怀体贴下属、经常把下属的意见和建议放在心上，就容易给人一种亲切感，其影响力往往也比较大。领导者实施领导，靠的是影响力，因此，领导者的影响力越大越好。

领导者的影响力是由权力性影响力和非权力性影响力两个方面构成的，而权力性影响力总是相对稳定的，因此，非权力性影响力比权力性影响力具有更重要的意义，是提高领导者影响力的关键。

第二节　领导方式与理论

一　领导特质理论

领导特质理论也称素质理论、品质理论、性格理论，这种理论着重研究领导者的品质和特性，其理论基础来源于奥尔波特的人格特质理论。关于领导特质理论，已有许多心理学家进行了长期的探索。根据他们对领导特质的来源所做的不同解释，我们可以把领导特质理论分为传统领导特质理论和现代领导特质理论。

（一）传统领导特质理论

传统领导特质理论认为领导者具有一些固有的特质，并且这些特质是与生俱来的。只有先天具备这些特质的人才有可能成为领导者。为了寻求天生的领导者，也为了尽早发现那些注定成为领导的人，许多心理学家对社会上成功的和不成功的领导者进行了深入调查，试图找出天才领导者具有的个体特性，例如，吉伯（C. A. Gibb）在1969年的研究中认为天才的领导者应该具有的特质包括：善言；外表英俊潇洒；进步、直率；自律；有理想；有良好的人际关系；风度优雅；乐观；身体健壮；智力过人；有组织能力；有判断力。

通过几十年的研究和实践，人们发现有一些特质，如有智慧、支配性强、自信、精力充沛、专业知识丰富等，是成功的领导者必须具备的。这说明具备某些特质确实能提高领导者成功的可能性,但并不存在某一种特质一定能够保证领导者获得成功的说法。许多人对传统领导特质理论提出了异议,主要表现在以下三个方面。

其一,各国心理学家提出的天才领导者的个人特质范围广泛,有几十种,甚至几百种。这些特质之间不但相关性不大,而且常常互相矛盾,例如,有人认为领导者应该属于黏液质,具有理智冷静的头脑;有人认为领导者应该属于多血质,具有热情灵活等特点。

其二,在研究领导者与被领导者、成功的领导者与不成功的领导者的差别时,很多人发现,他们的特质之间只存在量的差别,而没有质的差别,例如,斯托格狄尔(R. M. Stogdill)1948 年研究了 19 个成功的领导者,其中有 11 个人比一般人情绪稳定,有 3 个人情绪不稳定,还有 5 个人的情绪稳定性与普通人相同。

其三,社会中许多具有天才特质的领导者实际上并没有成为领导者。

由于传统领导特质理论研究出现了上述种种问题,许多心理学家逐渐体会到,在领导特质问题的研究中,遗传决定论的观点是错误的,应该抛弃这种唯心主义的观点。

(二)现代领导特质理论

现代人认为领导是一种动态的过程,领导者的特质和品质是在实践中形成的,可以通过训练和培养加以造就。为了满足实际工作需要,选择领导要有明确的标准,培训领导要有具体的方向,考核领导要有严格的指标。一些心理学家及各国企业界根据本国具体条件,提出了合格的领导者应该具备的特质条件。

1. 日本企业界要求领导者应当具备 10 项品德、10 项能力

10 项品德包括使命感、责任感、信赖性、积极性、忠诚老实、进取心、忍耐性、公平、热情和勇气。

10 项能力包括思维决定能力、规划能力、判断能力、创造能力、洞察能力、劝说能力、理解能力、解决问题的能力、培养下级的能力和调动积极性的能力。

2. 美国普林斯顿大学教授威廉·杰克·鲍莫尔(William Jack Baumol)针对美国企业界的实况,提出了企业领导者应具备的 10 项特质

(1)合作精神:能赢得人们的合作意愿,愿与其他人一起工作,对人不是压制,而是感化和说服。

(2)决策才能:依据事实而非依据想象进行决策,具有高瞻远瞩的能力。

(3)组织能力:能发挥部属的才能,善于组织人力、物力和财力。

(4)精于授权:能大权独揽,小权分散,抓住大事,把小事分给下属。

(5)善于应变:能综合考量,机动进取,不抱残守缺,不墨守成规。

(6)勇于负责:对上级、下级、产品、用户、整个社会有高度的责任心。

(7)随机应变:对新事物、新环境、新观念有敏锐的感受能力。

（8）敢担风险：敢于承担企业发展中可能存在的风险，有改变企业面貌、创造新局面的的雄心和信心。

（9）尊重他人：重视和采纳别人的意见，不武断，不狂妄。

（10）品德超人：品德良好，为下属敬仰。

3. 中国企业领导人和管理专家提出的中国企业领导人的十大特质

这十大特质分别为：建立企业发展的远景；有信息决策能力；有合理配置资源的能力；能和他人有效沟通；能激励他人；注重人才培养；敢于承担责任；诚实守信；以事业为导向；能快速学习。

4. 六类特质论

美国管理学家斯托格迪尔提出了六类特质论，包括：① 领导者的身体特征；② 领导者的社会背景；③ 领导者的智慧与才能；④ 领导者的性格；⑤ 领导者在工作方面的特点；⑥ 领导者的社会技能。

5. 五种能力论

美国管理大师彼得·德鲁克在 20 世纪 70 年代提出，领导者应该具备五种能力：① 善于处理和利用自己的时间；② 注重贡献，确定自己努力的方向；③ 善于发现和用人之所长；④ 能分清工作的主次；⑤ 能做出有效的决策。

关联知识

二维码 8-2
扎克伯格的
五个领导特质

二　领导行为理论

领导能力与追随领导者的意愿都是以领导方式为基础的，所以许多学者开始从研究领导者的内在特质转移到领导者的外在行为上。这就是领导行为理论（leadership behavior theory）。在行为研究者看来，行为研究的意义不仅在于这种方法具有可观测性，因而能提供更准确的关于领导特质的答案，更在于如果能证明行为论对领导起决定作用,就可以通过教育训练的方式源源不断地培养优秀的领导。这种理论认为,依据个人行为方式,可以对领导进行最好的分类。然而,至今还没有一个公认的"最好的"分类方式。这里简要介绍几种比较有代表性的领导行为理论。

(一)领导行为四分图模型

对领导行为理论的探索,始于20世纪40年代末美国密歇根大学有关领导者的行为特点以及它们与工作绩效的关系研究。1961年,通过对许多领导人及其下属人员的访问调查,美国管理学家利克特(Rensis Likert)及密歇根大学的有关研究人员,将领导者分为两种基本类型,即员工导向(employee orientation)的领导和生产导向(job orientation)的领导。前者的特点是:重视组织成员行为反应及问题;利用群体实现目标;给予组织成员较大的自由选择的范围。后者的特点是:任务分配结构化;严密监督;工作激励;依照详细的规定办事。密歇根大学研究得出的结论是,强力支持组织采用员工导向的组织方式。员工导向的领导方式会提高劳动生产率和下属的工作满意度,而生产导向的领导方式则会导致生产率下降,并使员工满意度降低。员工导向的领导者与高的群体生产率和高满意度呈正相关,而生产导向的领导者则与低的群体生产率和低满意度呈正相关。

在密歇根大学进行上述研究的同时,美国俄亥俄州立大学也进行了一系列与领导行为相关的研究。研究者经过大量艰苦的调查研究,在1000多种刻画领导行为的描述中,概括出结构维度和关怀维度两大类因素。其中,结构维度主要包括组织机构的设置、明确的职责和相互间的关系、确定工作目标、设立意见交流渠道和工作程序等,把重点放在完成组织绩效方面的领导行为。高结构特点的领导者向小组成员分派具体的工作任务,要求员工保持一定的绩效标准,并强调工作的最后期限。关怀维度包括信任、尊重下属的领导行为,主要包括建立互相信任的氛围,尊重下属的意见,注意下属的情感和问题等。

根据上述两个维度,研究者设计了领导行为描述问卷,每类列举了15个问题,然后分发问卷进行调查。结果发现,两种领导行为在一个领导者身上有时一致,有时并不一致,因此他们运用领导行为四分图来概括这一项研究成果,具体如图8-1所示。

从图8-1中可以看出,领导行为可以分为以下四种。

(1)低关怀低结构。这种领导行为既不关心组织任务也不关心人,领导的有效性最差。

(2)高关怀低结构。这种领导行为关心人,但不关心组织任务,与下级人际关系好,但容易引起上级不满。

(3)低关怀高结构。这种领导行为对组织任务很关心,但对人不关心,上级领导满意,但容易引起下级不满。

(4)高关怀高结构。这种领导行为对工作和下属都很关心,既保证完成任务和实现组织目标,又能够满足下属的合理需要,上级和下属都满意。

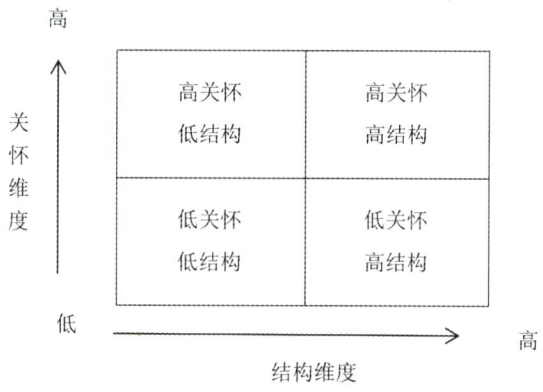

图 8-1　领导行为四分图

当然,这四种领导行为哪种最好、哪种最差不能一概而论,要视具体情况而定。

(二)管理方格理论

美国得克萨斯大学的行为科学家罗伯特·布莱克(Robert R. Blake)和简·莫顿(Jane S. Mouton)于 1964 年出版了《管理方格》(*The Managerial Grid：The Key to Leadership Excellence*),它对美国经理阶层及管理学界有较大影响,出版后长期畅销,印数接近 100 万册。该书于 1978 年修订再版,改名为《新管理方格》(*The New Managerial Grid*)。布莱克和莫顿在领导行为四分图的基础上,提出了管理方格理论(management grid theory)。

1. 管理方格理论的基本主张

布莱克和莫顿将领导行为四分图中的关怀改为对人的关心度,将结构改为对生产的关心度,并将这两种领导行为的坐标各划分为 9 等份,评价管理人员时,就按他们这两方面的行为寻找交叉点,这便是其领导行为的类型。领导者的纵轴的分值越高,表示他越重视人的因素,1 代表关心程度最小,9 代表关心程度最大。领导者在横轴的分值越高,表示他越重视生产,1 代表重视程度最小,9 代表重视程度最大。这个方格共81 个小方格,分别表示对生产的关心和对人的关心这两个基本因素以不同比例结合的领导方式,具体如图 8-2 所示。

在图 8-2 中,方格(1,1)表示贫乏的管理,即领导对员工和生产极不关心,管理效果最差;方格(1,9)表示俱乐部式的管理,即领导注重处理好人际关系,注意体谅与支持员工,组织气氛和谐,但对任务、效率、规章制度、指挥监督很少关心,因此也被称为乡村俱乐部型的管理;方格(9,1)表示权威式的管理,即领导注重完成任务的效率,不关心人,因此也被称为独裁的、重任务型的管理;方格(9,9)表示团队式的管理,即领导关心生产和人,任务完成情况好,上下级关系协调,士气旺盛,团结协作,因此也被称为集体精神型管理;方格(5,5)表示中间式管理,即领导对人和生产给予适度关心,维持现状,因此也被称为中庸之道型管理。

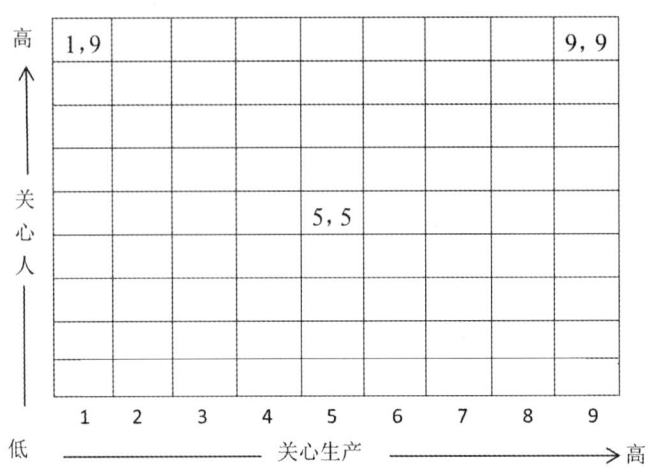

图 8-2　管理方格

除了那些基本的定向外,还可以找出一些组合。比如,方格(5,1)表示准生产中心型管理,即领导比较关心生产,不大关心人;方格(1,5)表示准人中心型管理,即领导比较关心人,不大关心生产;方格(9,5)表示以生产为中心的准理想型管理,即领导重点抓生产,也比较关心人;方格(5,9)表示以人为中心的准理想型管理,领导重点在于关心人,也比较关心生产。

2. 管理方格理论在实际管理工作中的运用

管理方格理论在美国和其他许多发达国家受到管理学家和企业家的重视。布莱克和莫顿认为,通过这样的方式,可以使企业逐步改进现有管理模式中的缺点,逐步进步到(9,9)的管理定向模式上。布莱克和莫顿还认为,(9,9)管理方式表明,在对生产的关心和对人的关心这两个因素之间,并没有必然的冲突。他们通过有情报根据的自由选择、积极参与、相互信任、开放沟通、目标和目的、冲突的解决办法、个人责任、评论、工作活动 9 个方面的比较,认为(9,9)定向方式最有利于企业提高绩效。所以,企业领导者应该客观地分析企业内外的各种情况,把自己的领导方式改造成为(9,9)理想型管理方式,以达到最高的效率。布莱克和莫顿还根据自己从事组织开发的经验,总结出向(9,9)管理方式发展的 5 个阶段的培训。

(1)阶段一。组织的每个人都卷入方格学习,并用它来评价自己的管理风格。

(2)阶段二。进行班组建设,以健全的协作文化取代传统的实践,建立目标,增强个人在职位行为中的客观性,等等。

(3)阶段三。进行群体间关系的开发,利用一种系统性的构架来分析群体间的协调问题,恰当地利用群体间的对抗,从中发现组织中存在的管理问题。

(4)阶段四。设计理想的战略组织模型,明确确定最低限度的和最优化的组织财务目标,组织未来要进行的经营活动,要进入的市场范围和特征,以及要怎样创造一个具有协力效果的组织结构,并以这些内容作为组织的基本纲领,也作为组织日常运作的基础。

(5)阶段五。研究现有组织,找出目前的营运方法与理想战略模型的差距,明确组织应该在哪些方面进行改进,设计出改进的目标模式,在向理想模型转变的同时,使组织正常运转。

三 权变理论

权变理论(contingency theory)是在经验主义学派基础上进一步发展起来的管理理论,是西方组织管理学中以具体情况及具体对策的应变思想为基础形成的一种管理理论。该理论主要研究与领导行为有关的情境因素对领导效力的潜在影响。该理论认为,在不同的情境中,不同的领导行为有不同的效果,所以它也被称为情境理论。

(一)菲德勒的权变模型

菲德勒在 1962 年提出了第一个综合的权变模型。他认为,任何一种领导类型都可能是有效的,也可能是无效的,关键是看它是否适合特定的领导环境。对领导行为有效性的考察或预测,可以从三个方面进行:确定领导者的行为风格;确定领导的具体情境;确定领导风格与具体情境是否匹配。

1. 确定领导者的行为风格

菲德勒仍以领导行为理论的两维模式为基础,认为存在两种典型的领导风格,即关系取向和工作取向的领导风格。他通过对 1200 个群体的调查,设计了"最不愿与之共事者问卷",简称 LPC(Least Preferred Coworker)问卷,用投射的方法测量领导者的领导风格。这个问卷由 21 对意义相反的形容词组成,它首先让受测者回想一个最不愿与之共事的人,然后对他按 1~8 的等级进行评价,具体如表 8-1 所示。

表 8-1　LPC 问卷

(请你设想一个最不愿与之共事的人,此人可以是现在的同事或者过去的同事。这个人不一定是你最不喜欢的人,而是你认为最难共事的人。请描述你对这个人的印象。)

印象	得分	印象
快乐	8-7-6-5-∣-4-3-2-1	不快乐
友好	8-7-6-5-∣-4-3-2-1	不友好
坏	8-7-6-5-∣-4-3-2-1	好
疏远	8-7-6-5-∣-4-3-2-1	接近
支持	8-7-6-5-∣-4-3-2-1	敌对
知足	8-7-6-5-∣-4-3-2-1	贪心
固执	8-7-6-5-∣-4-3-2-1	不固执

续表

印象	得分	印象
进取	8-7-6-5-|-4-3-2-1	安于现状
紧张	8-7-6-5-|-4-3-2-1	松弛
不好学	8-7-6-5-|-4-3-2-1	好学
冷淡	8-7-6-5-|-4-3-2-1	热情
急躁	8-7-6-5-|-4-3-2-1	耐心
愉快	8-7-6-5-|-4-3-2-1	忧郁
冷漠	8-7-6-5-|-4-3-2-1	热情
犹豫	8-7-6-5-|-4-3-2-1	自信
令人不舒服	8-7-6-5-|-4-3-2-1	令人舒服
无效率	8-7-6-5-|-4-3-2-1	有效率
不冒险	8-7-6-5-|-4-3-2-1	敢冒险
喜社交	8-7-6-5-|-4-3-2-1	喜孤独
满意	8-7-6-5-|-4-3-2-1	不满
无雄心	8-7-6-5-|-4-3-2-1	有雄心

如果受测者 LPC 得分高,即能用积极的词汇描述最不愿与之共事的人,就说明他乐于与同事建立良好的人际关系,是关系取向的领导者,这类领导者宽容且关心人,主要以人际关系为目标激励自己,通过与其他人建立良好的人际关系来实现自我目标。如果受测者 LPC 得分低,对难以与之共事的同事的评价是消极的,那么,这位领导者是一个更关心生产任务的工作取向的领导者,他主要依靠任务和成就来激发自己的动机,凭借完成任务情况的好坏来实现自我目标。

▎2. 确定领导的具体情境

菲德勒分离了 3 个情境因素,他认为这些是决定领导行为有效性的关键。

(1)领导者与被领导者的关系:双方的信任程度、被领导者对领导者的忠诚、尊重和追随程度。

(2)任务结构:工作任务的程序化(结构化)的程度,比如工作是常规的还是非常规的,工作规范明确与否。

(3)领导者的职权:领导者是否拥有权力、是否能直接控制下属、得到上级和组织支持的程度。

对上述情境因素的评估结果,就是领导者所处的情境状态。比如,有利的情境是:领导者与被领导者的关系很好、任务结构化强、领导职位权力强。在这样的情境中,领导者拥有较高的控制力和影响力。在相反的情境下,领导者的控制力和影响力则很小。

菲德勒对 3 个情境变量进行综合分析后,得到了 8 种领导情境,每个领导者属于其中的一种。

3. 确定领导风格与具体情境是否匹配

在确定了领导者固有的行为风格和对领导情境进行评估后,利用费德勒建立的权变模型,我们可以预测领导效果,具体如表 8-2 所示。

表 8-2　利用菲德勒权变模型预测领导效果

领导与被领导关系	好				差			
任务结构	明确	明确	不明确	不明确	明确	明确	不明确	不明确
领导者的职权	强	弱	强	弱	强	弱	强	弱
情景类型	1	2	3	4	5	6	7	8
情境特征	有利				中等有利			不利
有效的领导方式	工作取向				关系取向			工作取向

菲德勒的研究结论是:在非常有利和非常不利的情境下,工作取向的领导者会比关系取向的领导者做出的行为更有效;在中等有利的情境中,关系取向的领导者工作绩效会更好。如表 8-2 所示,工作取向的领导者在非常有利和非常不利的情境(情境 1、2、3、8)中,领导效果较好,关系取向的领导者在中等有利的情境(如情境 4、5、6、7)中,最能发挥领导效率。

菲德勒还认为,一个人的领导风格是固定不变的。这意味着如果情境要求组织选择工作取向的领导者,那么一位关系取向的领导者在此岗位上是难以达到最佳效果的,为此,或者替换领导者,或者改变情境因素,因为一个人很难改变自己的风格去适应特定的情境。

(二) 领导行为连续体理论

领导行为连续体理论是由美国组织行为学家坦南鲍姆和施密特(W. H. Schmidt)于 1958 年提出的,1973 年经过修改后再次发表。他们认为领导风格与领导者运用权威的程度和下属决策时享有的自由度有关。在管理工作中,领导者使用的权威和下属拥有的自由度之间是一方扩大、另一方缩小的关系。一个专制的领导者完全掌握权威,自己决定一切事宜,不会授权下属;一位民主的领导者在制定决策的过程中,会给予下属很大的权力。专制与民主仅是两种极端的情况,领导者不能机械地选择专制或民主的领导方式,而应根据客观实际的具体要求,把二者结合起来。在两种极端的领导方式之间,存在着多种领导行为模式,它们构成一个连续体,具体如图 8-3 所示。

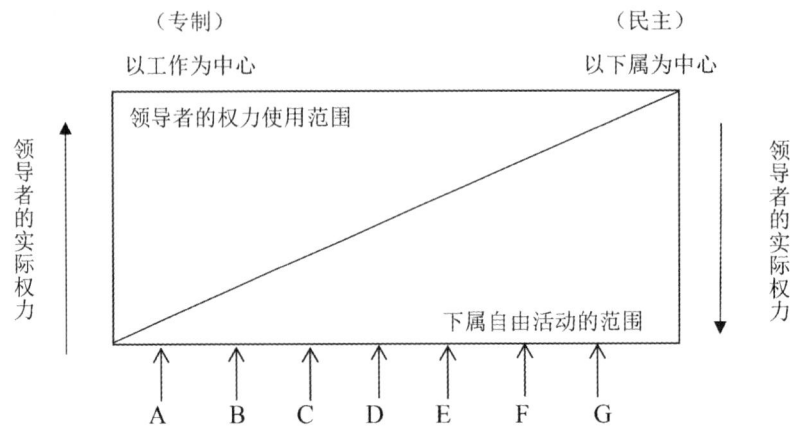

A：领导者做出决策并公布；

B：领导者说明决策；

C：领导者提出观点，并征求意见；

D：领导者做出决策草案，供讨论修改；

E：领导者提出问题，征求意见，做出决策；

F：领导者明确问题范围，请集体做出决策；

G：领导者允许下属在上级规定的范围内自由活动。

图 8-3　领导行为连续体

如图 8-3 所示，连续体最左端表示的领导行为是专制的领导，连续体最右端表示的是将决策权授予下属的民主的领导。在上述各种模式中，坦南鲍姆和施密特认为，不能笼统地认为哪一种模式一定是好的，哪一种模式一定是差的。成功的领导者应该是在一定的具体条件下，善于考虑各种因素的影响，采取最恰当行动的人。通常，领导者在决定采用哪种领导模式时，要考虑三个方面的因素：领导者的特征，包括领导者的背景、价值观、目标等；员工的特征，包括员工的背景、价值观、目标等；环境的要求，包括环境的复杂程度、目标、结构、组织氛围、技术、时间压力和工作的本质等。综合以上这些因素，如果下属有独立做出决定并承担责任的愿望和要求，并且他们已经做好了这样的准备，能理解所规定的目标和任务，并有能力承担这些任务，领导者就应给他们较大的自主权。如果这些条件不具备，领导者就不应把权力过多授予下属。

这一理论的贡献在于不是将成功的领导者简单地归结为专制型、民主型或放任型的领导者，而是指出成功的领导者应该是在多数情况下能够评估各种因素和条件的影响，并根据这些因素和条件来确定自己的领导方式、采取相应的行动。这可以给予领导者一些启示。一方面，一个成功的领导者必须能够敏锐地认识到在某一个特定时刻影响他们行动的种种因素，准确地认识自己，理解他所领导的群体中的成员，理解他所在的组织环境和社会环境。另一方面，一个成功的领导者必须能够认识和确定自己的行为方式，即如果需要发号施令，他便能发号施令；如果需要员工参与和行使自主权，他就能为员工提供这样的机会。

（三）领导生命周期理论

领导生命周期理论是美国心理学家卡曼于 1966 年首先提出，后来由赫西（Paul Hersey）和布兰查德（Kenneth Blanchard）共同创立的。该理论的主要观点认为，领导者的领导行为应该依其下属的成熟程度而确定。在被领导者逐渐成熟时，领导者的领导行为应随之调整，这样才能实施有效的领导。因此，该理论在领导行为四分图的基础上，把员工成熟度作为一个新的因素进行分析。该理论把工作行为、关系行为、领导行为有效性、员工成熟度结合起来考虑，做出如下基本定义。

（1）工作行为。工作行为表示领导者用单向沟通的方式，向每个员工说明应该干什么，在何时、何地应该怎样干等。

（2）关系行为。关系行为表示领导者用双向沟通的方式，用心理的、培育感情的措施指导下属，并兼顾下属的福利。

（3）领导行为有效性。领导行为有效性指领导行为能否适应环境，在特定情境能否提供正确的领导行为。

（4）员工成熟度。员工成熟度包括工作成熟度和心理成熟度。工作成熟度指员工是否有能力、学识和相应的工作经验与技巧；心理成熟度指员工是否有成就动机、承担工作责任的意愿（包括愿望、热情、信心）和动机。

这一理论认为，随着员工从不成熟走向成熟，有效的领导行为应是从高工作低关系到高工作高关系，再到低工作高关系，最后到低工作低关系，具体如图 8-4 所示。

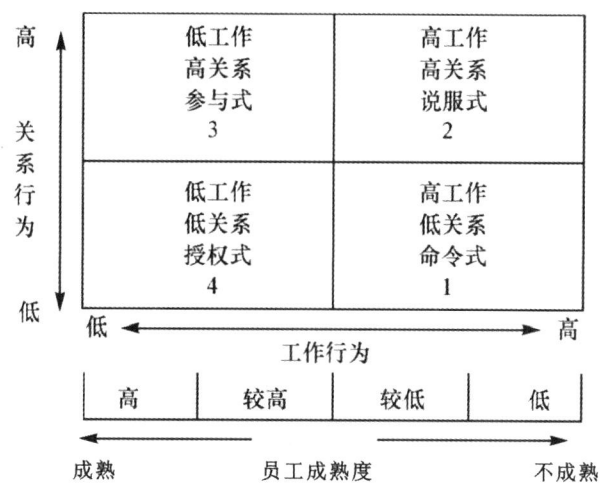

图 8-4　领导生命周期理论

第一象限表示的是命令式（高工作低关系）的领导行为。当员工的成熟度低时，应该采取命令式的高工作低关系的领导形式。领导工作要强调有计划、有布置、有监督、有检查；否则，员工将感到领导工作不力，不知所措，无所适从。这对于新员工，尤其是知识水平较低、业务能力较差的基层新员工尤为重要。

　　第二象限表示的是说服式(高工作高关系)的领导行为。当员工初步成熟时,采取工作行为、关系行为并重的说服式领导形式较为适宜。这时,领导者布置工作,不仅要说明干什么,还要说明为什么这样干,以理服人,不搞盲从。

　　第三象限表示的是参与式(低工作高关系)的领导行为。当员工更趋成熟时,领导者的工作行为要减少、放松,关系行为要加强,采取参与式的领导形式。领导者要和员工沟通信息,交流感情,注重采纳员工的建议,改善自己和员工间的关系,增强双方的信任感。

　　第四象限表示的是授权式(低工作低关系)的领导行为。当员工成熟度很高,水平很高,熟悉工作,技术熟练时,领导者应采取低工作低关系的授权式领导,提出任务后,放手让员工去干,充分发挥员工的主观能动性;在员工需要时,领导者可以提供帮助和支持。这一阶段过多的关心和支持反而会引起员工的反感,使员工认为领导者不放手、不信任,从而挫伤积极性,影响工作成效。

(四)豪斯的路径-目标理论

　　路径-目标理论(path-goal theory)由加拿大学者伊万斯(M. G. Evans)提出,后由豪斯(R. J. House)开发确立,它是最受推崇的领导行为理论之一。这一理论采用结构和关系两个维度的观点,确定了4种领导行为。它与期望理论相结合,认为领导者的主要任务是提供必要的支持以帮助下属达成他们的目标,并确保他们的目标与群体和组织的目标相互配合、协调一致。所谓"路径-目标",意味着领导者为下属清除实现目标路程中的各种路障和危险,使下属的"旅途"更为顺利。在这一理论中,有以下四种领导行为。

　　(1)指导型(结构维度)。领导者让下属明了对他的期望,以及完成工作的方法、程序和时间等。

　　(2)支持型(关系维度)。领导者对下属亲切友善,关心他们的需求。

　　(3)参与型。领导者与下属共同磋商,在决策前充分考虑下属的建议。

　　(4)成就导向型。领导者设定富有挑战性的目标,期望下属充分发挥自己的才能。

　　在这一理论中,有两个变量。第一个变量是下属控制以外的环境因素,如工作结构、权力系统、工作群体等。这一变量决定了领导者采用哪一种行为最有效果。第二个变量是下属的个人特征,如经验、能力、内控型还是外控型个性特征等。这些因素决定了环境因素与领导行为的相互作用,当领导行为与下属的特点不适应时,领导效果则不佳。

　　豪斯的路径-目标理论的逻辑得到许多研究的证实,即领导者若能补偿员工本人或工作情境中所缺乏的东西,员工的工作绩效和工作满意感会大幅提高。但是,如果工作结构明确、任务清晰,而员工也有能力和经验时,则领导者不必进行指导,否则员工会认为这种指导性行为不仅多余,而且是干扰和侵犯。

四　领导理论研究的新进展

（一）交易型领导理论

交易型领导（transactional leadership）理论的基本假设是，领导者和下属间的关系是以两者一系列的交换和隐含的契约为基础的。领导者以奖赏的方式领导下属，当下属完成特定的任务后，领导者便给予下属承诺的奖赏，整个过程就像一场交易。其主要特征是：① 领导者通过明确角色和任务要求，指导和激励下属向既定的目标努力，领导者向下属阐述绩效的标准，意味着领导者希望从下属那里得到相应的回报；② 以组织管理的权威性和合法性为基础，完全依赖组织的奖惩来影响下属的绩效；③ 强调工作标准、任务的分派以及任务导向目标，倾向于重视任务的完成和下属的遵从。交易型领导倾向于将绩效目标与明确的物质报酬联系起来，并认为领导者与下属的交易是形成更为亲密的关系的基础。没有交易这个基础，期望经常是不明确和靠不住的。

（二）魅力型领导理论

魅力型领导（charismatic leadership）理论中的"魅力"一词最早由德国社会学大师韦伯（Max Weber）提出，他认为魅力是一种超乎常人的能力，仅存在于少数人身上，具有魅力特质的人能够成为领导者，从而对员工施加权威和感召力。随后，豪斯在前人研究的基础上，首次提出魅力型领导的概念，并发展了魅力型领导理论，认为魅力型领导包括三种个人特征，即高度自信、支配他人的倾向和对自己的信念坚定不移；这些特征会对员工产生深远影响，如激励员工并使其实现和超越预期绩效。

领导者的个人魅力特质构成了魅力型领导理论的主要维度和内容。从领导行为实践来看，魅力型领导理论的维度具体表现在五个方面：共同愿景、关心员工、关注环境、敢于冒险和创新、超常的行为。基于共同的愿景，魅力型领导通过以身示范和标杆导向来强化员工与自身岗位任务的一致性，在潜移默化中引导员工为组织绩效的提升做出努力。在日常领导活动中，魅力型领导更注重对员工的关心和体贴，传递组织对员工的重视，让员工感受到组织的温暖，从而心悦诚服地对领导产生好感与喜爱。魅力型领导通常通过描绘令人振奋的愿景和美好的未来、展现高度的自信和勇气，来获得大量追随者，使他们形成共同的价值观和目标，从而对领导产生信赖、钦佩和承诺，愿意为领导、为组织付出额外的努力。现有研究已证实，魅力型领导对员工创造力、组织公民行为、员工和谐、工作激情和管理创新均有正向作用。

（三）变革型领导理论

变革型领导（transformational leadership）理论是由美国政治社会学家伯恩斯（James MacGregor Burns）在 20 世纪 80 年代提出的，是继领导特质论、领导行为论、领导权变论后，领导理论的又一创新发展。该理论强调通过激发下属的高层次需求和潜在能力，使下属超越对个人利益的关注，为了集体利益而相互合作、共同奋斗。变革型领导行为是一种领导者向下属灌输思想和道德价值观，并激励下属的过程。在这一过程中，领导者除了引导下属完成各项工作外，常以领导者的个人魅力，通过对下属的激励、激发下属的想法、对他们的关怀去变革下属的工作态度、信念和价值观，使他们为了组织的利益而超越自身利益，从而工作得更加投入。

国外有学者（Bass，1997）提出了变革型领导的四维度模型，这四个维度包括领导魅力、感召力、智力激发和个性化关怀。我国学者李超平、时勘（2005）采用归纳法确定了中国变革型领导行为的四个维度：德行垂范、愿景激励、领导魅力和个性化关怀。在关于变革型领导理论的研究中，不少研究者指出该领导方式可以使下属产生更强烈的归属感，满足下属高层次的需求，不但对团体或组织绩效、领导者和下属的个人工作绩效以及下属的组织公民行为等积极行为变量具有一定的正向作用，而且能够减少下属的撤出行为、越轨行为和旷工等工作场所中的消极工作行为，获得高生产率和低离职率。

（四）破坏性领导理论

随着研究的深入，受组织中负面行为研究的影响，负性领导现象涵盖了各种不同类型的负性行为与人格特征，领导力领域的研究者开始关注破坏性领导（destructive leadership）行为。帕迪拉等人主张用系统的观点进行研究，认为破坏性领导行为产生的原因除了领导者个人因素，还应考虑组织环境和下属的影响，他们将这个结构称为"毒三角"。[①] 在这个"毒三角"中，破坏性领导个人方面的因素包括魅力、权力需求、自恋、消极的生活经历和仇恨意识等。组织环境方面的主要因素包括环境的不稳定性、知觉到的威胁、文化价值观、相互制衡以及制度的缺失。下属方面的因素主要包括两种类型的下属：一种是顺从者，表现为要求未被满足、自我评价低、不成熟；另一种是合谋者，表现为世界观相似、价值观邪恶、有野心。另外，领导层内部也存在价值观、行为方式等方面的互相影响，同事的引诱或者胁迫也是破坏性领导的形成因素之一。可见，破坏性领导行为的形成原因并不只是领导者个人的因素，还应考虑组织、下属和同事的因素。

---

① Padilla A, Hogan R, Kaiser R B. The Toxic Triangle: Destructive Leaders, Susceptible Followers, and Conducive Environments[J]. The Leadership Quarterly, 2007, 18(3): 176-194.

在艾纳森(S. Einarsen)等人的分类中,护犊型领导、越轨型领导、暴君型领导和放任型领导都属于破坏性领导。[1] 护犊型领导的行为是亲下属而反组织的。护犊型领导非常关心下属的福利和报酬,但是其行为阻碍了组织目标的实现,损害了组织的合法利益。越轨型领导的行为是既反下属又反组织的,越轨型领导往往表现出如下一些消极行为:欺凌、羞辱、欺骗、恐吓下属,影响下属的工作效率;疏远下属,经常无故缺勤,擅离职守;盗取组织物资或者金钱,利用诡计侵蚀组织财产。暴君型领导的领导行为是亲组织而反下属的。暴君型领导重视组织使命和组织战略,强调组织任务目标的实现,但其往往是通过牺牲下属的利益来达成,没有实现组织目标与下属利益的双赢。放任型领导虽然占据着领导者的职位,但是实际上放弃了对组织和对个人应该承担的任务,并且其领导工作的失职,可能导致组织内部工作混乱,影响下属的工作满意度和工作效率,降低组织绩效。因此,应该建立改善领导能力的策略,帮助破坏性领导向建设型领导转变。

(五)超级型领导理论

超级型领导(super-leadership)亦译为"超越型领导"或"超脱型领导"。超级型领导理论由曼兹(C. C. Manz)和西姆斯(H. P. Sims)于1991年首先提出,他们认为,超级型领导者会帮助下属发现并最大限度地发挥自己的能力,对组织做出充分贡献。这种领导方式的关键是实现下属的自我领导,把下属培养成自我领导者。自我领导(self leadership)是当代领导理论的最新发展之一,也是由曼兹和西姆斯提出的。它是一个注重发挥自我影响的行为和想法的策略集合。简单地说,自我领导就是自己领导自己,即下属如果有了自我控制的能力,就能够以一种负责任的方式迎接挑战。而超级型领导本人还要为下属做出自我领导的榜样。超级型领导理论对追随者的理解不是工具式的,而是价值性的,强调使追随者成为自我领导者,它将积极释放下属的能力置于首位。超级型领导适用于那些有责任领导他人的领导者。超级领导与自我领导这两个概念是互相定义、密不可分的。超级领导者就是领导自我的领导者。实施超级型领导的关键在于领导观念的转变,即强有力的领导不是统治别人的工具,而是一种激发下属的才智,并使他们成为自我领导者的过程。

---

[1]　Einarsen S, Aasland M S, Skogstad A. Destructive Leadership Behaviour: A Definition and Conceptual Model[J]. The Leadership Quarterly, 2007, 18(3): 207-216.

第三节　领导方法与艺术

领导艺术是领导者个人素质的综合反映。领导艺术有规律可循,这些规律就是领导行为模式。黑格尔说过:"世界上没有完全相同的两片叶子。"同样,世界上也没有完全相同的领导者和领导行为模式。领导行为模式就是领导方法,优秀的领导者在错综复杂的矛盾中抓住主要矛盾,把领导艺术演绎得出神入化。在大多数组织中,领导者最重要的职责就是规划、决策和授权以及做好时间管理。

一　领导者的规划

领导者在企业中从事实际的管理工作,比如担任总经理、董事长之类的职务,也有可能不参与企业日常经营管理,但领导者一定是在关键时刻为企业掌握航向的人。领导者对企业整体的规划是至关重要的。规划是领导艺术的体现,是为了实现组织的总体目标所做出的预先考虑和安排,它既包括组织的大政方针和总体布置,也包括具体的行动策略、程序和步骤。规划是组织目标确立后的继续,是实施总目标的重要手段和依据。早期的管理学家大多把规划和执行区别开来,认为规划是领导者的事情,而规划的执行则主要由管理人员来完成。而现在的理论则主张执行者也应当参与规划的决策与设计。

西方管理理论认为,规划从职能上说主要应该包括以下四个方面的内容:一是确立目标以及目标的优先次序;二是预测未来对实现目标可能产生影响的事态;三是通过预算来执行规划;四是提出和贯彻指导实现预期目标的政策。在西方学者看来,以上四个方面是相互联系、相互依赖的,领导者必须依靠它们制定全面的规划,从而引导组织达到预期的目标。

规划是领导者的首要职能。规划做得好坏,不仅直接体现出领导者水平的高低,而且直接关系到组织的前途和命运。通用电气公司前董事长韦尔奇曾经说过:"我整天没做几件事,但有一件做不完的工作,那就是规划未来。"可见,规划对领导者是多么重要。规划作为领导者的首要工作,它的制定必须遵循以下几项基本原则。

(1)规划必须统揽全局,重点突出。它要求规划既要从全局出发,注意各方面的综合平衡;同时,在资源分配上,又要有明确的先后、主次和轻重缓急之分,要集中力量抓好关键环节。

(2)规划必须方向明确。只有规划方向明确,才会使大家士气高涨、步调一致,工作效率提高,自然管理效能也会相应提高。如果方向有误,干劲越大,只会使损失越大。

（3）规划必须有系统性。组织不可能脱离社会这个大系统独立存在，所以在制定规划时，必须从促进整个社会发展的大局出发，借势而为，而不是逆势而行。

（4）规划必须富于创新和开拓精神。这就要求领导者不畏风险、大胆革新，有敬业精神和创新能力，努力开创企业发展的新局面。

除上述原则外，领导者在制定规划时，还应认真考虑组织目前面临的形势和期望达到的目标，充分估计实现目标的过程中可能会遇到的阻力和障碍，并尽量将目标分解和具体化，从而使目标既具有科学性、合理性，又具有激励作用。这里需要注意的是，规划一经制定，就应具有严肃性和法规性，领导者应当全力以赴保证其实施。具体要求是：第一，规划的实施应持之以恒，切忌朝令夕改，以免下属无所适从；第二，规划的实施必须有强有力的政策和行之有效的措施作为保证；第三，在规划实施过程中，应当加强信息反馈，并进行定期检查，发现问题后，及时采取应变措施进行调整。

二　领导者的决策

领导决策的艺术包括获取、加工和利用信息的艺术，对不同的决策问题采取不同决策方法的艺术，尽量实现经营的程序化的艺术等。决策是领导艺术的重要方面，也是领导职责的主要内容。从管理心理学的角度看，决策就是对一个缺乏确定情境的事件做出抉择和反应。决策的中心问题是解决事件本身的不确定性，因为如果对于某个事件只有一个抉择，那就根本没有任何选择的余地，从而也就没有决策问题。从这个意义上说，决策是对不确定事件的选择和反应。选择的结果可能是获得了最佳的方案，也可能是选择了失败方案。

（一）决策的分类

1. 战略性决策与战术性决策

战略性决策是一种非程序化的决策，也称宏观决策或高层决策，是指对全局有长远、重大影响的决策。战略性决策涉及的范围大、因素多，带有明显的整体性、长期性、稳定性的特点，主要表现在路线、方针、政策、规划的制定上。它的成败依赖于决策者本人的知识、经验、掌握的信息、决策能力、承担风险的魄力等个人因素。企业中关于组织体制、人事变动、技术革新等许多重大问题的决策均属于战略性决策。

战术性决策是一种程序化的决策，也称微观决策，是指对带有局部性的某一具体问题的决策。战术性决策主要以实现战略性决策所规定的目标为决策的前提和标准，是宏观决策的延续和具体化，具有单项性、具体性、定量化的特点。它的先行条件一般比较稳定，影响因素也可以控制，因而可以依靠固定的决策程序来解决。企业中许多日常的管理业务，如制订生产计划、选择有效工艺等均属于战术性决策。

2. 确定型决策和不确定型决策

确定型决策又称常规性决策,是指在自然情况比较清楚、依此提出的不同方案的结果也比较确定的前提下,根据决策目标所做出的决策。做出这类决策相对比较简单,但若可供选择的方案很多,找出最佳方案也不是那么容易,往往需要借助线性规划、排列论、库存论等数学方法。

不确定型决策也称非常规性决策,是指决策者面临可能出现的多种自然状态,对各种自然状态出现的可能性无法做出主观的分析和估计的决策。由于事物的不确定性,领导者在决策过程中对其发展条件、影响因素等不能完全控制,只能对发展的可能性进行概率性统计。决策者要把注意力集中在信息反馈上。常用的处理不确定型决策的方法有:悲观法(小中取大准则)、乐观法(大中取大准则)、折中法(乐观系数准则)、最小遗憾法(大中取小准则)、平均法等。

3. 领导者个体决策与群体决策

领导者个体决策是指决策机构的主要领导成员通过个人决定的方式,依靠个人判断力、知识、经验和意志所做出的决策。个体决策一般用于日常工作中程序化的决策和管理者职责范围内的事情的决策。个体决策有如下优点:能使人们对事物的感知更迅速、更有效;有助于使人们透过事物的表面现象抓住事物的本质;有助于人们从不完全的信息中获取重要的变化信息;有助于人们坚定决心,做出果断而大胆的选择。当然,个体决策也有如下缺点:容易使人们在情况发生变化时固守过时的观点,因循守旧,错失成功的良机,以及坚持先入为主的成见等。

群体决策指在由两个或两个以上的成员组成的群体中,各个决策成员通过相互影响和分享信息,按某种协商规则形成群体一致性决定的特定的群体行为过程。群体决策常采用以下几种方法。

(1)头脑风暴法。头脑风暴法(brain storming)由美国 BBDO 广告公司的奥斯本(Alex Osborn)首创,该方法主要由工作人员在正常、融洽和不受任何限制的气氛中,以会议形式进行讨论、座谈,打破常规,积极思考,畅所欲言,充分发表看法。在群体决策中,由于群体成员相互作用和影响,他们易屈服于权威或大多数人的意见,形成群体思维,而群体思维削弱了群体的批判精神和创造力,降低了决策的质量。为了保证群体决策的创造性,提高决策质量,管理学研究者发展了一系列改善群体决策的方法,头脑风暴法就是较为典型的一个。

(2)德尔菲法。德尔菲法(Delphi)也称专家调查法,1946 年由美国兰德公司开始实行,其本质上是一种反馈匿名函询法。其大致流程是,在对所要预测的问题征得专家的意见之后,进行整理、归纳、统计,再匿名反馈给各专家,再次征求意见,再集中,再反馈,直至得到一致的意见。运用该方法时,企业内部要有一个专门的预测机构,其中包括若干专家和企业预测组织者,它们按照规定的程序征询专家对某一问题的意见或者判断,然后进行预测。

（3）方案前提分析法。方案前提分析法作为一种行之有效的分析方法，一般包括以下四个要点。一是形成备选方案，组织关于备选方案的讨论。这里需要注意，参加备选方案讨论的人员，往往与这些方案的提出有关，这就很难避免讨论过程中参与人员情感因素的介入和影响。二是分析方案，找出各种方案的前提假设。方案前提分析法的实施必须以前提的存在为先决条件，通常要先找出各个方案的初步前提，然后再深入下去，找出初步前提的前提，这样渐次推进，越深入越好。三是在找出各种方案的前提假设之后，将前提假设提交会议全体参与人员讨论。在没有任何暗示和限制的情况下，全体人员畅所欲言，对这些前提假设展开充分的论证。四是在充分讨论的基础上，决策中心对各种不同的意见进行综合，集思广益，做出比较科学的选择。

领导者个体决策与群体决策各有其适用条件和适用范围，也各有其优势和劣势。一般而言，群体决策在帮助员工形成积极的价值观念、调动员工的工作积极性和提高工作效率三个方面有着重要的作用。与个体决策相比较，群体决策的准确性更高，但风险水平也更高，决策的速度也不如个体决策快。群体决策还容易出现下列问题。一是小集团意识。群体在少数人的控制下，以表面一致的压力阻碍不同意见的发表，使群体决策流于形式。二是极端性转移，指群体决策由于不需要个人负责，以致决策的结果比个体决策具有更大的风险性或更大的保守性。三是"一言堂"，即出于各种原因的对领导者意见的完全肯定，这种情况下的"众口一词"和"一致同意"，最容易出现决策错误。

（二）决策程序

决策是一个比较复杂的过程，由于决策问题的性质和决策者的个人风格不同，决策的时间和决策的方法也不相同。决策的基本程序一般包括如下三个步骤。

一是确定决策目标。目标是指在一定的条件下，预测所要达到的目标。有了目标，才能拟定出各种达到目标的方案。

二是分析实现目标的限定条件。在目标确定之后，充分分析实现目标的限定条件，必须探索和拟定若干个有一定质量水平的备选方案。

三是提出可供选择的行动方案。为了正确地进行方案选择，必须做好以下几个方面的工作：① 要考虑环境变化，预测每个备选方案的结果；② 要确定决策方案的评价标准；③ 采用合理的评价方法；④ 制定应变措施；⑤ 选出最有利于实现目标的行动方案。

为了使决策方案在实施过程中取得较好的效果，需要做好以下工作：① 要做好宣传教育工作；② 要健全机构设置，做好决策的组织工作；③ 要注意跟踪检查、及时反馈；④ 及时总结经验教训，进行必要的跟踪决策；⑤ 确立反馈制度。

三　领导者的授权

领导权力分配的艺术，是融用权和用人于一体的艺术。领导的本质是下属的追随和服从,通过引领别人来完成任务,实现组织的目标。领导者的时间、能力和精力往往有限,领导者不能把权力紧紧地控制在自己手中,也不能事必躬亲。有效的领导者必须精于授权、善于授权。授权是指上级授予下属一定的权力和责任,使下属在一定的监督下,拥有一定程度的行动自主权,以此作为下属完成任务必需的客观手段。授权者对被授权者有指挥权和监督权;被授权者有完成任务和汇报的责任。领导者授权后不能对下属放任自流,也不能推卸责任。领导者授权于下属后,仍负有领导责任。如果下属不能履行其职责,领导者应予以帮助和指导,或及时收回权力。如果下属能很好地履行其职责,领导者可以大胆放权。

（一）授权的技巧

1. 明确权责,适度授权

明确权责应是授权的必要前提,指的是领导者要向被授权的人讲清所授予的权力和责任范围,讲清执行某项任务要达到的目标。适度授权不是将自己的领导权力全部授予某人,而是将有关事项适当授予适合被授权的人。授权不能超出范围,不属于自己权力范围内的事,不能授权。授权一般是一事一授,有关任务完成后,领导者就要及时收回权力。

2. 因事择人,视能授权

授权就是要派人去办一定的事,所以要选择合适的人。择人的标准是被授权者个人的品质、能力和知识水平,就是看他是否有这方面的专长,是否有处理该事的能力。授权时决不能任人唯亲,因人设事,更不能把授权作为交易筹码。

3. 授权留责,监督控制

授权不能卸责。授权以后,基本职责还是在领导者肩上,出了问题,还是要由领导者承担责任。授权不等于放任不管,在授权过程中,领导者要适当控制,必须对下属的活动进行监督,保证下属履行职责并正确使用权力,以免偏离目标和方向,或出现滥用权力的现象。

（二）授权的步骤

首先,要确定哪些任务可以授权,并进行分派。除了一些关系组织命运、前途、声誉等的重要工作,一般情况下,其他任务都可以授权给下属去完成。

其次,领导者分派任务后,要明确任务要求和责任边界,并授予下属完成任务所需的权力,明确权力使用范围。

再次,要建立信息反馈系统,加强上下级之间的沟通,共享目标信息,并提升下属的知识、技能。

最后,领导者要明确对下属的绩效考核标准,并对下属进行绩效考核和奖惩激励。整个授权计划在制订时应让下属参与其中,使下属充分理解授权的精髓,在最大限度内得到下属的认同,激发其积极性。

(三)授权的类型

一般而言,在管理实践中,领导者授权通常以四种方式进行:刚性授权、充分授权、弹性授权和合约授权。

1. 刚性授权

刚性授权与充分授权相对立,也被称为不充分授权,是指上级领导事先明确下属的工作职责范围、活动内容、应实现的目标以及完成任务的具体途径等,被授权的下属必须严格执行这些规定。在这种授权方式中,授权涉及做什么、何时做、谁来做以及怎么做等内容,领导者对所授权的权力范围、工作任务、责任以及完成任务的时间、完成质量等均有硬性的规定,也有明确的指示,下属工作基本上有章可循,必须严格执行这些规定。这种授权方式通常适用于工作性质相对重要以及下属能力和素质一般的特定情形。

2. 充分授权

充分授权指上级领导在下达任务时,允许被授权的下属自行进行决策,并能主动、创造性地开展工作。以该种方式进行授权并非领导者向下属指派特定任务,而是领导者向下属发布一般性的工作指示。充分授权具体包括以下三种衍生形式。

一是柔性授权。领导者对下属只指明工作范围、事项以及工作所要达到的目标,对于实现目标的具体方法和途径,则由被授权的下属自己决定。这样,被授权者就有很大的自由活动空间,可随机应变、因地制宜、积极灵活、创造性地开展工作和处理各种问题。

二是模糊授权,即授权者只讲明要完成的工作任务和要达成的目标,而不明确指出工作的具体事项与范围,让被授权者自己去选择完成任务的途径。同时,领导者既没有公开明确地把权力授予下属,也没有为下属提供前期支持,跟没有为下属留好退路。

三是惰性授权,即领导者将自己不愿意也不需要处理的纷乱烦琐的事务交给下属处理,其中有可能包括领导者不熟悉甚至于不甚清楚的事务,或者复杂多变、环境稳定性差的事务等。通常,这种授权方式适用于下属精明强干,领导者要处理的事务比较繁杂琐碎或者任务复杂多变,难以定量,领导者需要下属更多地发挥主动性和创造性的情况。

3. 弹性授权

弹性授权也称动态授权,是指在一项任务的不同阶段,领导者针对下属工作的完成情况而对授权对象采用不同的支持与约束的方式。这种授权方式适用于对复杂的任务,或对下级的能力、水平无充分把握的情形,或环境、条件多变的情况。事实上,在授权活动中,领导者也要考虑时间因素。随着时间的变化,一方面,被授权的下属会成长,他们的能力、经验有可能在履行工作职责的过程中得到提升和丰富;另一方面,下属被授权开展工作和完成任务的环境及重要性也有可能随时间发生变化。因此,客观上,领导者要审时度势,对被授权对象保持高度关注和合理监督,并根据下属的执行情况对授权事项进行灵活调整。如果下属工作进展顺利,领导者可逐步放手,直至充分授权;如果下属工作进展不顺,领导者则可以考虑回收权力。

4. 合约授权

合约授权也称交易授权。领导者把有一定难度的、情况复杂多变以及事先难以量化的工作授予精明能干的下属时,需要充分考虑下属的能力、价值观及其个人需要,通过授权人与被授权人的反复博弈,最终确定授权事项、利益分配、期限以及善后等一系列权责划分。这种授权方式充分考虑了下属在组织中的地位和影响力,同时,领导者也出于工作相对重要的考虑,在授权时将授权作为一种重要的激励措施,重点考虑如何充分调动下属的积极性。显然,该类授权已经不是单纯从授权人到被授权人的单向的权力配置路线,而是要考虑下属的能力特点,尤其要充分注意对下属的激励,通过与下属的充分沟通,以契约方式规定下属的责任和权力范围,并明确对下属的工作考核及奖惩措施。事实上,在现代企业的授权活动中,这类授权的应用已经越来越广泛。

关联知识

二维码 8-3
心理授权

四　领导者的时间管理

随着社会的不断进步,时间作为一种有限的资源,正变得稀缺。对于领导者而言，如何充分利用时间，如何高效管理好时间至关重要，这也是领导方法与艺术的体现之一。时间管理不仅关系着领导者能否成就自己的理想，更关系着组织未来的发展。

（一）领导者时间管理的内涵

领导者的时间管理就是领导者用技巧、技术和工具帮助自己完成工作，实现个人和组织的目标，达到工作和生活的平衡。领导者的时间管理不是以时间本身为对象的管理，它的真正含义应该是领导者利用时间进行的自我管理和对组织的管理，即对事情本身的管理。时间管理可以让领导者有效地根据工作要求合理配置时间，快速准确地完成工作任务，保证组织的良性运行，在缓解工作压力的同时实现事业的进步。与此同时，时间管理也使领导者有能力保持生活和工作的平衡状态，或者让他们发现不平衡的地方。因此我们可以说，良好的时间管理能让领导者拥有良好的自我感觉，在事业与家庭方面获得双赢。

（二）领导者在时间管理中面临的困境

1. 目标不明确

传统的时间管理理念仅以单位时间的工作效率作为衡量标准。很多领导者从早忙到晚，不仅在工作时间内处理着各种工作，还在工作时间外继续工作。高效率和高速度似乎是领导者的主要目标，然而领导者这样做的效果往往不佳，并未给组织带来太高的收益。其原因是，领导者在时间管理中的目标不明确，或存在多个目标，造成的结果是领导者往往感到力不从心。

2. 效率不高

在这个提倡高效率的社会里，对时间的高效利用是领导者面临的重要课题，因而领导者十分重视时间的高效利用。造成领导者时间利用率不高的主要原因是时间的浪费。时间的浪费包括两个方面：一是领导者主动浪费时间；二是下属对领导者时间的挤占。后者主要是由于下属的个人能力不足或其他原因，下属遇到棘手的问题时通常需要领导者出面解决，结果领导者忙得不可开交，而下属却十分悠闲。

3. 生活与工作之间的不平衡

领导者在时间管理中可能面临生活与工作之间的不平衡。在《超负荷工作的美国人》（*The Overworked American：The Unexpected Decline Of Leisure*）一书中，经济学家茱莉亚·肖尔（Juliet Schor）指出，美国人的工作时间在延长，并且每周平均工作时间在过去几十年中增长了九个小时。在信息社会，人们生活节奏加快，作为组织的领导者也不例外。为了生活而工作,还是为了工作而生活,是摆在领导者面前的难题,领导者常常会出现顾此失彼的现象。

（三）领导者进行有效时间管理的方法

1. 领导者要明确目标和整合目标

有了明确的目标,领导者就会知道对于每一天、每一周和每个月来说,完成什么事是最重要的,否则领导者在时间管理上就不会拥有太多的收获,就会毫无目标地开展工作。因此,对于领导者来说,要明确目标和整合目标。其一,领导者必须清楚组织的最高目标,并将这个明确的目标准确无误地传达给自己的下属,确保每位组织成员清楚准确地理解目标的细节和重要性,并且为完成目标保持良好的工作状态。其二,领导者在时间管理中必须对目标进行整合。时间管理中的目标可进行细分,按照优先级将目标分为一级目标、二级目标、三级目标等。领导者根据优先级来对目标进行整合,合理分配时间和组织时间,使时间管理的效果达到最优。

2. 领导者要制订合理的时间计划，并坚定地执行

计划的根本目的在于使领导者在有限的时间里做正确的事。正所谓"凡事预则立,不预则废",不管做任何事,有计划才可能取得成功;没有计划,则往往会失败。领导者要对自己每天、每周的工作时间做出详细周密的计划,以此来控制自己的时间,把有限的时间合理分配到每一项工作上,这样才能形成井然有序的工作习惯。

中英文关键术语

领导（leader）

管理方格理论（management grid theory）

员工导向（employee orientation）

生产导向（job orientation）

领导权变理论（leadership contingency theory）

交易型领导（transactional leadership）

魅力型领导（charismatic leadership）

变革型领导（transformational leadership）

破坏型领导（destructive leadership）

超级型领导（super leadership）

自我领导（self leadership）

规划（program）

决策（decision）

授权(empowerment)

时间管理(time management)

思考题

1. 领导的定义是什么？领导的影响力是怎样的？

2. 运用领导特质理论分析我国企业经营者身上常见的问题和不足。

3. 试论述领导行为四分图的主要观点。

4. 试论述菲德勒的权变模型。

5. 制定规划的时候，应该注意哪些问题？

6. 试论述决策的基本程序。

7. 什么是授权？授权的技巧是什么？

8. 领导者如何做好时间管理？

案例分析题

 一、阅读材料

"古板"的经理欧阳健

蓝天技术开发公司(以下简称蓝天公司)由于在一开始就瞄准国际市场,在国内率先开发出某高技术产品,其销售额实现了高速增长,公司的发展速度十分迅猛。然而,在竞争对手如林的今天,该公司和许多高科技公司一样,也面临着来自国内外大公司的激烈竞争。

当公司在经济上面临困境时,公司董事会聘请了新的常务经理欧阳健负责公司的全面工作,而原先负责该工作的董事长仍然留任。欧阳健来自一家办事古板的老牌企业,他照章办事,十分古板,与蓝天公司的风格相去甚远。公司一些管理人员对他的态度是:看看这家伙能待多久！看来,一场潜在的"危机"迟早会爆发。

第一次"危机"发生在常务经理欧阳健首次主持的高层管理会议上。会议定于上午9点开始,可有一个人姗姗来迟,直到9点半才赶到会议室。欧阳健厉声说:"我再重申一次,本公司所有的日常例会要准时开始,谁做不到,我就请他走人。从现在开始,一切事情由我负责。"下午4点,竟然有两名高层主管提出辞职。

然而,此后蓝天公司发生了一系列重大变化。由于公司各部门没有明确的工作职责、目标和工作程序,欧阳健首先颁布了几项指令性规定,使已有的工作有章

可循。他还三番五次地告诫公司副经理徐钢，公司一切重大事务在向下传达之前，必须先由欧阳健本人审批。同时，欧阳健还指出，研究、设计、生产和销售等部门之间互相扯皮、"踢皮球"，使蓝天公司一直没能形成统一的战略。

欧阳健在详细审查了公司人员的工资制度后，决定将全体高层主管的工资削减10%，这导致一些高层主管向他提出辞职。研究部主任这样认为："我不喜欢这里的一切，但我不想马上走，因为这里的工作对我来说太有挑战性了。"生产部经理也是个不满欧阳健做法的人，可他的一番话颇令人惊讶："我不能说我很喜欢欧阳健，不过至少他给我所在的部门设立的目标我能够达到。当我们圆满完成任务时，欧阳健是第一个表扬我们的人。"而采购部经理牢骚满腹，他说："欧阳健要我把原料成本削减20%，他一方面拿着一根胡萝卜来引诱我，说假如我能做到的话就给我丰厚的奖励，另一方面又威胁说如果我做不到，他将另请高明。但这根本不可能实现，欧阳健这种'胡萝卜加大棒'的做法是没有市场的。从现在起，我另谋出路。"

但欧阳健对被人称为"爱哭的孩子"的销售部胡经理的态度则让人刮目相看。以前，销售部胡经理每天都到欧阳健的办公室去抱怨和指责其他部门。欧阳健对付他很有一套：让他在门外等待半小时，见了面后对他的抱怨充耳不闻，而是一针见血地谈公司在销售上存在的问题。没过多久，大家惊奇地发现，胡经理开始更多地跑基层，而不是欧阳健的办公室了。

随着时间的流逝，蓝天公司在欧阳健的领导下逐渐恢复了元气。欧阳健也渐渐地放松控制，开始让设计和研究部门放手去开展工作。然而，对生产和采购部门，他仍然勒紧缰绳。蓝天公司内再也听不到关于欧阳健去留的流言蜚语了。大家这样评价他：欧阳健不是那种对蓝天公司情况很了解的人，但他对各项业务的决策无懈可击，而且确实使公司走出了低谷，他的能力不容小觑。

资料来源：欧阳健的领导风格［EB/OL］. https://www. docin. com/p-2311813854. html，内容有删改。

 二、讨论题

1. 欧阳健进入蓝天公司时采取了何种领导方式？这种领导方式与留任的董事长的领导方式有何不同？这种方式有什么优缺点？

2. 当蓝天公司各方面的工作走向正轨后，为适应新的形势，欧阳健在领导方式上做出了哪些改变？为什么？

3. 有人认为，对下属采取敬而远之的态度对一个经理来说是最好的行为方式，所谓的"亲密无间"会使组织纪律松懈。你如何看待这种观点？你认为欧阳健属于这种领导吗？

练习题

二维码 8-4
第八章课后
练习题及参考答案

第九章

组织心理与管理

本章引例

智能制造背景下 ABC 公司的组织变革

一、ABC 公司简介

ABC 公司成立于 1958 年,以生产军用雷达为主的军工产业起家,1994 年 3 月,ABC 公司以绩优股的态势在上海证券交易所上市。ABC 公司一路走来,已经从单纯的制造商逐步转变为集研发、生产、销售于一体的综合性企业。

二、ABC 公司实施智能制造现状

自 2010 年以来,ABC 公司开始探索智能制造。2019 年,ABC 公司审议通过了关于建设智能制造项目园的议案。一方面,着力推动智能化装备在园区的广泛应用和生产技术工艺的更新替换;另一方面,大幅度提升综合生产制造技术能力和生产技术水平。ABC 公司的智能制造平台将工厂的信息集成、智能装备集成以及价值链进行整合,通过优化生产信息化系统、升级自动化设备,实现企业前后端制造的高度协同,建立新的制造模式。

三、ABC 公司在智能制造背景下实施组织变革

1. 业务流程变革

从业务流程变革来看,ABC 公司实施智能制造前,生产方式为大批量生产,生产工序为"产品设计—产品制造—产品销售",由此造成存货周转率低。从 2010 年起,ABC 公司以"工业工程、信息化、自动化、面向制造的设计"为核心,进行智能制造改进,构建并完善了以客户定制为基础的智能制造系统。这套 ABC 公司的智能制造系统,不仅帮助 ABC 公司跨越了用户和工厂之间的鸿沟,建立大批量生产、小批量定制生产能力的智能制造系统,而且采用线上线下同步销售的模式,大大提升了企业的存货周转率。企业业务流程也从生产组的独立存在,变为网状的相互连接、相互制约的结构流程,每个业务流程都紧密结合、实时互动。

2. 组织结构变革

2004 年以前,ABC 公司采用集权型的管理模式,强调公司在经营过程中总揽全局,整体上协调各产业公司成长及对关键资源进行集中管理控制。从 2004 年到 2010 年,ABC 公司的产业发展管理逐步发生变化,公司总部主要开发自己的产品和服务,将运作职能及权力下放到各个产业公司,采用的组织架构是以事业部为导向的企业组织架构。从 2010 年开始,ABC 公司开始推行"三级管控",加强企业分权综合管理,形成二级集团产业管理集团,组织架构相对扁平。ABC 公司建立了总部为财务管理控制中心、工业集团为战略管理控制中心、子公司为

运营控制中心的组织架构。在此组织架构上，一方面，ABC公司的总部建立的财务共享中心可以将多方的信息集中汇总，实现数据的集中处理和分析，更好地推动智能制造在企业中的运用；另一方面，ABC公司的总部充分发挥各二级行业集团的战略引擎和促进作用。产业集团隶属于企业的实体经营管理阶段，子公司可以在企业产业集团战略监督下独立运作，具备完整的市场、研发、制造等功能。

四、组织战略变革

从组织战略变革来看，ABC公司的智能制造以消费者的需求为起点，而随着消费者的需求更加个性化，ABC公司的组织战略由最初单一化的经营战略转变为智能化、网络化、协同化的"三坐标"发展战略。ABC公司为了实现智能制造下的多元化战略变革，建立了三个平台，即智能交易平台、智能研发平台和智能制造平台。智能交易平台连接了ABC公司的线上线下销售渠道，不断提升消费者的线上购物体验，建立和消费者之间稳定的交易关系。智能研发平台是一个产品全生命周期管理系统，通过此平台对各研发结果进行管理，减少内部研发组织层级，以此实现软件开发组织扁平化和矩阵式协同运作。智能制造平台满足了互联网时代客户的个性化定制需求。基于产品前端模块化设计的智能制造系统可以通过生产信息系统的处理，生成满足客户个性化需求的概念机。后端将设计的定制模块与通用模块进行拼接组装，实现个性化定制，推动ABC公司智能制造转型升级，实现前后端制造高度协同。ABC公司的信息系统贯穿三大平台的管理，实现了信息在平台内的资源整合，支撑企业整体智能制造的发展。

企业在组织变革的过程中，要随着智能制造在企业中的运行不断进行调整和修正，使智能制造企业组织变革的情况与企业的环境相匹配。首先是业务流程上的变革，这是企业智能制造组织变革中最基础的一环，也是最重要的一环，业务流程的改造要考虑企业未来的战略发展和现有的组织结构；其次是随着企业智能制造成熟度等级的提升，组织结构对企业的要求也会有所改变，企业的组织结构要随着智能制造的发展不断扁平化发展；最后是组织战略的变革，企业的战略变革要符合企业目前的环境，并且战略变革要引导企业向着智能制造的更高等级发展。只有这样，智能制造才能给企业带来可观的经济效益，给企业带来更多的利润和更大的发展空间。

资料来源：吴佳春，李来儿. 智能制造与企业组织变革分析——基于ABC公司的思考[J]. 会计师，2021(19)：8-9，内容有删改。

第一节　组织概述

一　组织的概念

随着组织生存环境的变化,人们对组织(organization)的认识也在不断深化。总体来看,人们关于组织的认识正从传统组织观念向现代组织观念转变。

(一)传统组织观念

传统看法认为,组织是为了达到特定的共同目标,经由各部门分工合作和不同层次的权力和责任制度而构成的人的集合。这个定义包含如下内容:其一,组织有一个共同的目标;其二,组织有不同层次的分工合作,这种分工合作有不同的权力和责任制度作为保障;其三,组织具有协调功能。组织的功能在于协调人们为达到共同目标而进行的活动,组织的协调包括各组织层次内部和各层次之间的协调。

上述组织定义指出了组织的最一般特征,它着重于从组织的内部来说明组织的特征,实质上把组织看成与外界隔绝的封闭系统,因此,这个传统的定义不能全面地解释复杂多变的环境中的组织。

(二)现代组织观念

在现代组织观念中,组织是开放的社会技术系统。这个定义包括下述三层含义:其一,组织是一个开放的系统,它不断地与外部环境进行材料、能源和信息的交换,从而不断改革和发展;其二,组织是一个社会技术系统,这个系统既包括结构和技术方面的内容,也包括心理、社会和管理方面的内容;其三,组织是一个整合的系统,它建立在各子系统的相互依存基础之上,离不开与环境的相互作用,组织整合了各子系统及其与环境的关系,使其所投入的人力、物力和财力得以有效而经济地转变为产品。

20世纪80年代,随着科技革命席卷全球,社会环境和组织发生巨变,生态学理论观点逐渐被人们接受。之后,研究者又提出了很多新观点:有观点认为组织不仅是一个社会技术系统,而且是一个有机的"生物体",这种灵活的"生物体"能够依照内外环境的不断变化而自动调整和适应;也有观点认为组织不仅是一个权力分配系统,而且是一种文化载体,它有自己的价值观、传统和行为准则,并有相对稳定的外在表现如制度、文化等,从而形成了自己特殊的个性和行为;还有观点认为组织应当是尊重人、培养人、发挥人作用的"平等生产者的联合体",在组织中,每个成员参照自己的特定地位,扮演一定的角色,并由此构成角色体系的人际关系网络,成员之间目标一致、平等相处、互相团结,人的价值和创造力得到承认和尊重,人的能力得到培养和充分发挥。

总之,组织的定义应包括共同目标、不同层次的职能分工与合作、明确的责任制度,同时,为了适应环境,组织还应是一个开放的系统,它不断与环境进行交流,并随着环境的变化而不断进行变革。

（三）组织的类型

组织有不同的类型和分类标准。根据组织的正规程度,可以把组织分为正式组织和非正式组织;根据组织的性质,可以把组织分为经济组织、政治组织、文化组织、群众组织和宗教组织等;根据组织的设计标准,可以把组织分为层峰组织、矩阵组织和虚拟组织等。不同组织类型具有不同的特点和管理要求,也适合于不同的任务和目标。

二　组织理论和模型

组织理论是不断演变和发展的。它经历了两个变化:一是从封闭系统的组织理论转变为开放系统的组织理论;二是从注重理性观点转变为强调社会观点。在1960年之前,组织理论的主导性观点被封闭系统的观点所支配,之后,研究者开始采用开放系统观点,强调外部环境和开放发展的重要性。同时,相关理论从把组织体制看作实现组织目标的手段的理性目标的观点,发展为把组织结构作为管理权力与控制结果的社会手段的观点。组织理论经历了三个时期:古典组织理论时期(1900—1930年)、人群关系理论时期(1931—1960年)、现代系统组织理论时期(1961年至今)。

（一）古典组织理论

古典组织理论为组织理论的形成和发展做出了巨大贡献,其主要代表人物有弗雷德里克·泰勒、亨利·法约尔(Henri Fayol)和马克斯·韦伯等人。古典组织理论的代表性组织结构是官僚制组织。这种组织模式尤其是企业组织模式起源于工业革命,到20世纪初逐步形成了高度集权的、具有明显层级化的组织结构。韦伯将这种组织称为理性科层制组织,它是建立在分散的、非技术劳动的、完全理性的基础之上的。韦伯用"铁笼"对它进行隐喻。官僚制组织可以用专业化、等级制、层级化、形式化、标准化、组织行为中心化等术语来描述。理性主义哲学是官僚制组织的理念基础。

虽然自20世纪20年代斯隆(Alfred Pritchard Sloan)对通用汽车公司的分权改革开始,官僚制组织也在不断发生变化,但一直到70年代末,改革也没有从根本上动摇这种企业组织结构。美国企业史学家曼塞·G.布莱克福德(Mansel G. Blackford)在《西方现代企业兴起》(*The Rise of Modern Business*)一书中,将工业革命至20世纪 70 年代末这一时期作为官僚制企业组织的形成、发展和成熟时期。官僚制组织特点如下：① 有明确规定的职权等级制度；② 专业化强、分工明确；③ 有明确的规章制度；④ 避免偏爱，工作关系建立在客观标准之上；⑤ 对职员做出选择和晋升的主要根据是其技术能力；⑥ 有法定的程序系统；⑦ 管理权与所有权分离，管理职业是永久的、终身的职责。

这种组织结构具有如下缺点：① 组织中的沟通容易被曲解，因而造成单位之间、单位与整个组织目标之间的冲突；② 组织是机械式的、封闭的，不能适应环境的变化；③ 容易压制职工的创造性，不适于从事以创造和革新为重点的、非常规的、灵活的组织活动；④ 没有考虑人的积极性，也没有考虑员工的心理因素和情感因素。

（二）人群关系理论

人群关系理论又称行为科学组织理论，它是在对古典组织理论进行分析和比较的基础上产生的。人群关系理论主要包括以埃尔顿·梅奥为代表的人群关系组织理论和以切斯特·巴纳德为代表的组织平衡理论。其时间跨度为 20 世纪 30 年代至 60 年代，代表性的理论成果包括马斯洛的需求层次理论、赫兹伯格的双因素理论、麦克利兰的成就需要理论、麦格雷戈的 X 理论和 Y 理论、波特-劳勒激励过程模型等。梅奥是人群关系理论的先驱者，他使人的社会、心理因素及人在组织中的行为与效率的关系成为组织理论的重要内容。巴纳德重视组织的社会心理方面，把组织定义为一种协作系统，研究了非正式组织的存在及其影响，提出了接受权威论。

这些理论以古典组织理论中的层峰结构理论为基础，吸收了心理学、社会心理学、行为科学关于行为规律和非正式群体的知识，对古典组织理论做了一定的修改，它们以组织中人的问题为中心，从动态的角度研究人的行为对于组织的影响及其相互关系，强调社会规范、群体身份、非正式组织、人的社会性需求以及领导者处理人际关系的技能对组织效率和员工工作积极性的影响。研究者承认等级制的存在，研究权力关系和权威问题，追求组织效率和工作效率的提高。

与古典组织理论相比，人群关系理论有如下三个特点。第一，在集权和分权的问题上，人群关系理论主张更多的分权，认为分权可以使更多的人参与决策，有利于调动员工的工作积极性。第二，从组织形态来看，人群关系理论不主张高耸的组织结构，而倾向于扁平的组织结构，并认为扁平的组织结构有利于调动下级人员的积极性。第三，人群关系理论提倡部门化，这里的"部门化"实际上指的是分工化和专业化的发展，是部门的专业化，如大学、医院都是以部门化为基础的组织，主要特点是集中控制、分权管理。

（三）现代系统组织理论

现代系统组织理论是 20 世纪 60 年代以来逐步发展起来的组织理论，是继古典组织理论、人群关系理论之后出现的各种新的组织理论的统称。现代系统组织理论趋向于把组织看成开放的社会技术系统。这个系统由一些子系统构成,整合了人们围绕各种技术过程所进行的活动。技术过程影响着组织的投入、信息与材料转换过程的性质以及系统的产出;而社会技术系统则决定了技术利用的效率和效益。现代系统的观点使我们懂得并没有一种简单的、普遍适用的组织设计和管理原则,因此,我们需要具有一种应变观点,需要强调子系统之间关系的更为具体的特点和模式,以及组织与环境之间、各子系统之间的协调一致。这里介绍几个主要的现代系统组织理论模型。

1. 霍曼斯组织形成模型

社会学家霍曼斯(G. Homans)曾是梅奥霍桑实验小组的一名初级成员。他运用系统的概念,对社会群体进行了实际研究,提出了一个解释组织形成的模型,具体如图 9-1 所示。

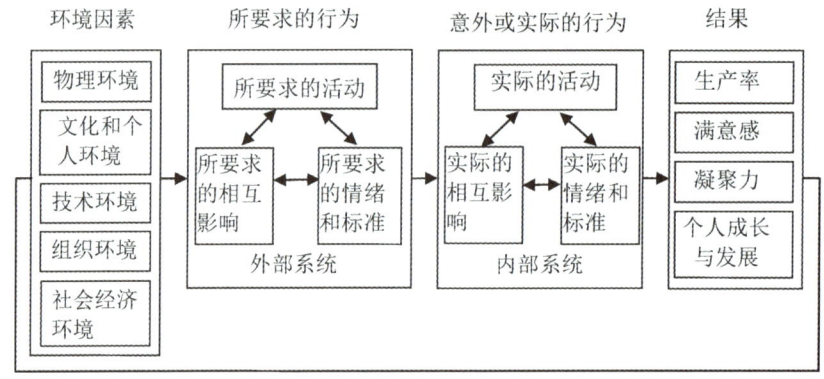

图 9-1 霍曼斯组织形成模型

霍曼斯使用"行为"这个通用词汇来描述个体及其活动的相互影响等实际的、可以观察到的现象。他认为每个群体(他称其为社会系统)的存在环境对其构成影响,群体也会试图去影响它所在的环境,群体和环境间的相互影响会形成群体特征。霍曼斯组织形成模型的要素包括以下几点。

(1)环境因素。霍曼斯认为,任何一个社会系统都存在于下述五种环境之中:物理环境(包括工作场所、气候,以及设施的布局);文化和个人环境(包括社会规范、个体标准、价值观和目标,并认为只有在这些方面达成共识,群体才能发挥作用);技术环境(指系统为完成任务必须具备的知识、手段及便利的条件);组织环境(指组织政策、实践以及与执行工作的方式相关联的规章制度);社会经济环境(指影响组织的经济环境,如收益率、政府立法等)。

(2)所要求的行为。这些行为是组织或群体中正式规定的行为,是管理者对员工的期望和要求。组织要求个体从事特定的活动,与他人形成特定的相互影响,遵守特定的标准或规则,并对工作保持特定的情绪或情感。霍曼斯认为这是外部系统,包括以下四项内容:一是活动,即群体成员做出的某种物理运动以及在这些运动过程中的言语和非言语行为;二是情绪,即群体成员的价值观、态度和信念,包括相互之间积极与消极的情绪情感,这些是在活动与相互影响的过程中表现出来的;三是相互影响,指群体成员之间发生的沟通和交往,在霍曼斯看来,相互影响是该模型核心;四是标准,指期望的行为模式。

(3)意外或实际的行为。这些行为是指群体成员在组织所要求行为之外或为了替代这些行为所进行的活动。霍曼斯认为,活动、相互作用和情绪情感这三个方面是相互依赖的,如果一个因素发生变化,其他两个因素也相应发生变化。

霍曼斯提出,随着人们交往和相互作用的加强,不仅会有新的情感,而且会产生新的行为规范、新的态度。这种新规范、态度和活动方式产生于环境因素以及所给定的要求和行为,是由社会系统中的内部系统(即非正式组织)引起的。外部系统相当于正式组织。内部系统与外部系统是相互依赖的,内、外两个系统与环境也是相互依赖的,一方的变化会引起另一方的变化。例如,调整机构和人员会打破原来已经形成的小圈子,反过来也是一样。员工在非正式组织中的议论和活动,也可能产生技术革新的作用,促使技术环境发生变化,推动劳动设施重新设计(物理环境的变化),并在员工和管理人员之间形成新关系(文化和个人环境的变化)。

霍曼斯组织形成模型用应变的观点看待组织,提出了进行组织研究的分析单元,为更精确的组织理论研究奠定了基础。

2. 塔维斯托克的研究——社会技术系统

塔维斯托克是位于伦敦的一个研究所,该所以特里司特(E. L. Trist)为首的一批研究人员在一个煤矿进行技术改革。该煤矿原来采用短壁法采煤,即手工采煤。采煤工 6 人组成一组,一般都是自愿结合。矿床很不规则,这需要采煤工有很强的适应性。这种小组有较大的自主权,干活可以随机应变,这样就比较容易应对这种多变的局面。小组是自愿结合的,加上工作比较危险,伙伴精神强,小组就成为团结一致的集体。这种传统的组织方法也是有很多优点的。

进行技术改革后,煤矿改用长壁法采煤,即采用传送带采煤,对采煤工进行明确的分工。这样分工更细了,技术比较容易掌握,效率照例可以提高,但副作用是缺乏伙伴感,而伙伴感在环境非常单调的矿井劳动中,是一种很重要的需求。此外,还有一些其他原因,如对劳动成果的及时反馈不具体及奖励制度上的问题,造成了出勤率下降、士气低落、生产率下降。

由此看来,技术改革前的组织管理有很多长处,但技术改革又势在必行。于是,塔维斯托克研究所的心理学家就建议采用一种兼顾两者的取长补短的综合办法,既把传统的小组扩大,尽量维持原小组的人际关系,又不再固定分工,克服了工作单调的问题。采用这种综合办法后,情况大为好转:缺勤率从 4% 下降到 0.5% 以下,因病缺勤率也降低了一半,生产率提高了 20%。

这一事实说明,技术系统的改革必然影响到社会心理系统,因此,塔维斯托克研究所提出了社会技术系统的概念。社会技术系统的含义是,任何生产性组织皆由技术体系与社会体系组合而成,这两种体系相互影响、互为因果,只重视其中的一面是片面的做法。

3. 机械组织和有机组织模型

此模型由伯恩斯和斯托克(G. M. Stalker)提出。他们研究了英国 20 多家公司，目的在于考察与不同环境因素的联系以及科技和市场改变的速度对于这些公司管理过程的影响。他们发现，处于急剧变动环境中的公司组织结构与处于稳定环境中的公司组织结构不同，并由此提出了机械组织(mechanical organization)与有机组织(organic organization)的概念。机械组织具有高度专业化、形式化和集中化特征，有固定程序的活动，有计划的行动，会对不熟悉的事物做出缓慢的反应。有机组织与机械组织相反，它在结构上具有很大的灵活性。如果环境条件稳定，应采用机械组织结构；如果环境条件经常变动，应采用有机组织结构。但机械组织和有机组织是一个连续体的两端，现实中处于两个极端的情况是非常少的。机械组织和有机组织在结构特征方面的区别如表 9-1 所示。

表 9-1　机械组织和有机组织在结构特征方面的区别

结构特征	机械组织	有机组织
结构模式	层峰式	网络式
任务界定	刻板	灵活
沟通模式	以垂直下行为主	注重横向,开放
正规化程度	高	低
权力影响	职位权力	专长权力
目标设置	高层定位,缺乏参与	鼓励群体参与
控制模式	集中化,强调纠错	多样化,强调自控
关系模式	要求忠诚和服从	鼓励承诺和进取
激励机制	只重物质,多用惩罚	运用参与,多重激励
绩效目标	低而被动,忽视人力资源	高而主动,开发人力资源

从表 9-1 中，我们可以得出如下结论：机械组织有正式组织和明确的领导关系，而有机组织领导关系不明确，常有变动；机械组织内部分工细，有明确的任务和权责规定，而有机组织内部分工粗，任务和权责需要经常调整；机械组织有规范化的规章制度和程序，而有机组织规范化的规章制度、程序较少；机械组织决策权限集中在上层，而有机组织注重决策权限下授；机械组织主要靠纵向沟通，而有机组织主要靠横向沟通。

第二节　组织设计与组织结构

一　组织设计的含义

组织设计（organization design）是对组织的结构、正式的沟通体系、分工、协调、控制、权威以及责任进行评估和选择，以实现组织目标的过程。[①] 组织设计包括两个方面的内容：一方面是静态的组织结构设计，具体包括职能设计、部门设计、层级设计；另一方面是动态的组织运行制度设计，具体包括沟通系统设计、管理规范设计和激励设计。具体如图 9-2 所示。

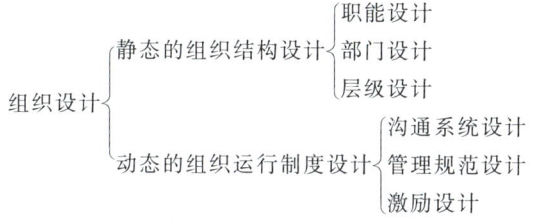

图 9-2　组织设计包含的内容

二　组织设计的影响因素

美国管理学家西拉季（A. D. Szilagyi）认为，综合来看，影响组织设计的因素包括五个：环境、技术、战略、组织规模和组织生命周期。

（一）环境

环境包括直接影响组织生存的来自外部的重要人物和力量。它是影响组织设计的重要因素。环境具有复杂性、变动性、不确定性和不可控性。其中，复杂性指环境的特征是少而相似（单一）的，还是多而不同（多样）的，这取决于所涉及环境因素的多少，它会影响组织部门和岗位的设计。环境的不确定性与环境因素基本保持不变（稳定）还是经常变化（不稳定）有关，它会影响组织结构设计。通常情况下，置

---

① Hamel G,Prahalad C K. Competing for the Future[M]. Cambridge：Harvard Business School Press，1994.

身于稳定的环境中,机械组织对企业的发展比较有利,而在不确定的环境中,有机组织较有利。

(二) 技术

管理学家琼·伍德沃德(Joan Woodward)根据生产技术的复杂程度,将生产技术分为三类:单件小批量生产技术、大批量生产技术、流程生产技术。她认为组织结构特征与生产技术类型存在着如下关系(见表 9-2)。

表 9-2　组织结构特征与生产技术类型之间的关系

组织结构特征	单件小批量生产技术	大批量生产技术	流程生产技术
规范化程度	低	高	低
集权化程度	低	高	低
复杂化程度	低	高	低
总体结构	有机	机械	有机

从表 9-2 中,我们可以看出,单件小批量生产技术和流程生产技术都适合采用有机组织,而大批量生产技术则适合采用机械组织。

佩罗(Charles Perrow)根据工作的多变性与可分析性,把技术分为四种类型:常规型技术、工艺型技术、工程型技术、非常规型技术。佩罗认为组织内部技术越常规化,组织规范化、集权化程度就越高,采用机械组织结构的效率就越高;组织内部技术越非常规化,组织规范化、集权化程度就越低,这时采用有机组织结构的效率也就越高。相对常规型技术,工艺型技术需要分权化设计,工程型技术可以适当分散决策权,以低正规化来保持组织的灵活性。

另外,根据任务之间的相互依存性,可以把技术划分为共享的相互依存、相继的相互依存和互惠的相互依存三种。共享的相互依存发生在部门或团队都相当独立并对组织做出可确定的贡献时,它们对一个共同上司或部门负责,相互间并不沟通;相继的相互依存发生在一个部门或团队在其他部门或团队完成任务之前必须完成一定的任务时。互惠的相互依存发生在一个部门或团队的产出是另外一个部门或团队的投入,并且反过来也是如此时。

另外,组织中技术运作与创新活动的层次与速度,也决定了对组织结构有不同的管理与协调要求。高速发展的技术要求有动态、适应的组织结构;日新月异的网络技术与电子商务则需要灵活、协调的管理体制。弹性组织结构与协调性体制又在人员能力、工作激励、群体管理、领导风格和组织文化等方面有新的管理心理学意义。

一般组织设计有七种方法,如图 9-3 所示,这也被称为组织设计的比较框架。环境因素构成了纵轴上的一个连续体,变化范围从简单而稳定的环境到复杂而动态的环境。技术力量构成了横轴上的一个连续体,变化范围从简单到复杂。

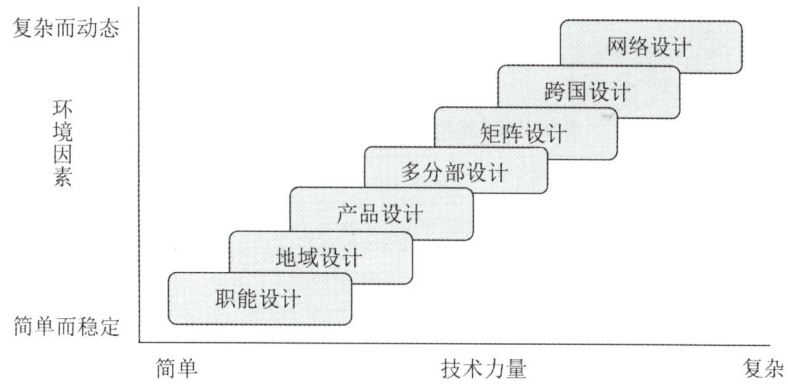

图 9-3　组织设计的方法

比较框架描述了组织设计如何根据环境和技术的变化而发生变化。最简单的环境(简单而稳定)可能比较适合某种职能组织设计,最复杂的环境(复杂而动态)可能比较适合某种网络组织设计。一般而言,随着组织从职能设计向网络设计移动,组织设计也变得越来越复杂,同时,也需要人们做出越来越多的协调工作。

(三) 战略

美国管理学家弗雷德·D. 钱德勒认为,一般而言,可以把战略发展分为四个阶段,在不同阶段应有与之对应的组织结构,成功企业的组织结构是与其战略相适应的。战略发展阶段对组织结构的影响如表 9-3 所示。

表 9-3　战略发展阶段对组织结构的影响

战略发展阶段	组织结构
第一个阶段:数量发展阶段(品种单一)	设立单一的组织结构
第二个阶段:地区开拓阶段(协调、标准化、专业化)	建立职能部门,对不同地区业务进行有机整合
第三个阶段:纵向联合发展阶段(由同一领域向其他领域发展)	建立与之相适应的职能结构
第四个阶段:产品多样化阶段	建立产品型组织结构

在表 9-3 中,当组织处于数量发展阶段时,只需设立少量职能部门就能解决问题,可以采用单一的组织结构;当组织处于地区开拓阶段时,需要正常建立职能部门,对不同区业务进行有机整合;当组织处于纵向联合发展阶段时,需要建立与纵向联合发展阶段相适应的职能结构;当组织处于产品多样化阶段时,需要考虑资源分配、部门划分、新老业务之间的协调等问题,建立产品型组织结构。研究发现:许多经营成功的公司,尤其是持续在单一行业内发展的公司,偏好采用集权的组织结构;实施多元化经营的公司,一般采用分权的事业部制结构。

梅尔斯(R. E. Miles)和斯诺(C. C. Snow)进一步考虑到外部环境中不确定因素对决策的影响,总结出四种战略类型,并归纳出这四种战略类型对组织结构的影响,具体如表 9-4 所示。

表 9-4　战略类型对组织结构的影响

战略类型	组织结构
防御者型	环境稳定;适合集权、程序化、标准化作业
探险者型	环境动荡;适合设计柔性、分权化的组织结构;适合研发新产品、寻找新市场、确立新目标
分析者型	环境动荡;目标灵活,一方面适合集权、程序化、标准化作业,另一方面要及时跟踪更具有市场竞争力的产品;相应地,要构建柔性灵活、分权化的组织结构,随时对外在环境变化做出反应
反应者型	环境动荡;受限于决策者的市场判断能力、内部管理能力、主动应变能力,组织很难及时对外在环境变化做出反应,适合采用被动反应的战略以应对环境的不确定性

迈克尔·波特把组织战略分为三种:低成本、标新立异和目标聚集。这三种战略类型与组织设计的关系如表 9-5 所示。

表 9-5　迈克尔·波特的战略类型与组织设计的关系

战略类型	组织设计
低成本	环境单一而稳定,适合采用职能设计,对每个职能部门的义务与责任进行明确规定
标新立异	适合采用产品设计,使每一种产品都有自己的制造、营销和研发部门
目标聚集	可以采用从职能设计到产品设计、矩阵设计以及网络设计的任何组织设计,以满足顾客偏好

(1)低成本。低成本战略是将标准化产品卖给市场上普通顾客,追求规模经济,环境单一而稳定,不需要修正产品就能满足顾客的需求。组织设计采用的是职能设计,对每个职能部门的义务与责任进行明确规定。它带来的风险包括:组织容易被"固定"在某种技术和组织设计中,改变这种设计非常艰难;竞争对手会复制这种战略;管理层不注意环境的变化等。

(2)标新立异。标新立异战略是以向顾客提供独特产品和服务为基础的,因此,组织一般都采用产品设计,使每一种产品都有自己的制造、营销和研发部门。这种战略的不利之处是当产品或服务市场已经变得很成熟时,价格就成了问题。

(3)目标聚集。目标聚集战略是为帮助组织瞄准市场某特定空隙而设计的,而不像前两个战略那样针对的是整个产业范围的市场。组织设计可以采用从职能设计到产品设计、矩阵设计以及网络设计的任何组织设计,来满足顾客的偏好。这种战略面临的最大危险就是潜在的市场间隙可能逐渐朝一个更广阔的市场转变,不同顾客的口味也会随着时间的推移而变得模糊。

（四）组织规模

组织规模对组织结构有明显的影响和作用,相较于小型组织,大型组织的组织结构专业化程度更高,横向及纵向的分化更复杂,规则条例也更多。组织规模对组织结构的影响主要表现在四个方面(见表9-6)。

表 9-6　组织规模对组织结构的影响

组织结构维度	大型组织与小型组织的区别
规范化程度	相较于小型组织,大型组织的规章条例更多,规范程度更高
集权化程度	大小型组织都可能集权,大型组织往往通过授权将决策权分散下去
复杂化程度	相较于小型组织,大型组织层级更多,管理幅度更大,组织复杂性更高
人员结构比率	帕金森定律:工作总在增加,以占满员工的时间

（五）组织生命周期

1972 年,美国哈佛大学的葛雷纳教授(Larry E. Greiner)在《组织成长的演变与变革》(*Evolution and Revolution as Organizations Grow*)一文中,第一次提出企业生命周期的概念,并把企业作为一般组织去研究,把组织生命周期分为创业、聚合、规范化、成熟、再发展(或衰退)五个阶段。之后,爱迪思(Ichak Adizes)在他的《企业生命周期》(*Managing Corporate Lifecycles*)一书中,将企业生命周期分为三个阶段十个时段。三个阶段分别为成长阶段、再生与成熟阶段,以及老化阶段。其中成长阶段包括孕育期、婴儿期、学步期三个时段;再生与成熟阶段包括青春期、盛年期、稳定期三个时段;老化阶段则包括贵族期、官僚化早期、官僚期、死亡期四个时段。国内学者陈佳贵从企业规模变化的角度出发,提出六阶段论,认为企业要正常成长,需要经历六个阶段或时期:① 孕育期;② 求生存期;③ 高速发展期;④ 成熟期;⑤ 衰退期;⑥ 蜕变期。这种说法最大的创新在于将衰退期改为蜕变期,有助于解释少数企业为何能实现"长寿"。[①] 目前,关于组织生命周期阶段,有不同的划分方法。下面以生长期、成长期、成熟期、衰退期和再生期五个阶段来简要说明组织生命周期对组织结构设计的影响,具体如图9-4所示。

组织每个发展阶段具有不同的特征,同时面临不同的风险,这需要组织调整战略以适应发展需要,并适时调整组织结构。在每个时期,组织的结构、领导方式、管理体制都不相同,在每一个阶段的后期,组织都会遇到管理难题,导致组织发生危机。

---

① 薛求知,徐忠伟. 企业生命周期理论:一个系统的解析[J]. 浙江社会科学,2005(5):192-197.

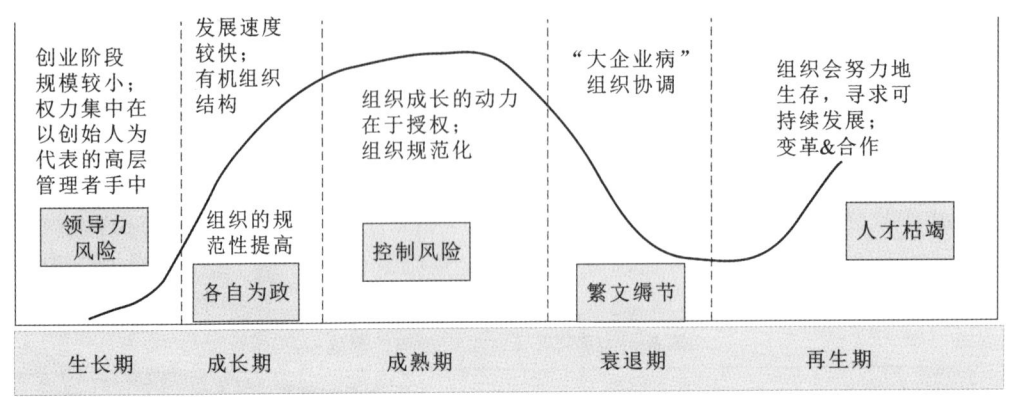

图 9-4　组织生命周期与组织设计

　　当组织处于生长期(通常是创业阶段)时,组织规模较小,组织关系比较单纯,一般采取直线职能制的组织结构形式,权力集中在以创始人为代表的高层管理者手中,组织呈现出非官僚和非规范化特征,但是随着组织的发展,管理活动日益复杂,管理者受个人知识和能力的制约,越来越难以有效地进行决策指挥,组织内部管理问题层出不穷,从而产生领导力风险,出现领导危机。

　　当组织处于成长期时,组织发展较快,人员迅速增多,组织规模不断扩大,员工对组织有较强的归属感,组织主要采用有机组织结构,一般是直线职能制的形式,规范性在提高。中下层的管理者会要求获得较大的自主权,而对企业家及高层管理者而言,由于他们习惯于集权管理,一时又难以改变,组织的中下层管理者往往由于缺乏自主性而感到不满,产生自主性危机,组织面临的风险主要是各自为政。

　　当组织处于成熟期时,组织具有一定的规模,增加了许多部门和单位,甚至形成跨区域经营和多元化发展的局面,这时,要谋求进一步发展,组织就必须采用分权式组织结构,一般采用事业部的组织结构形式,进行自主管理和适当的分权,组织管理走向规范化,呈现官僚制特征。到了成熟期的后期,会出现各部门各单位各自为政、本位主义盛行、相互协调和监控困难的问题,产生控制风险,整个组织面临失控危机。

　　当组织处于衰退期时,组织为了应对危机会适度收回权力,完善有关的规章制度,加强监管,但是由于组织已采取过事业部的分权办法,集权管理不再可能回到直线职能制形式,解决的办法是加强各部门之间的协调、配合,加强整体规划,建立管理信息系统,成立委员会组织结构,或实行矩阵式组织结构,以使各部门有所作为,使企业家及高层主管能够掌握并控制整个组织的活动与发展。为此,组织需要拟定许多规章制度、工作程序和手续。在这一阶段,组织会出现"大企业病",呈现繁文缛节、僵化和衰退特征。

　　当组织处于再生期时,组织既可以通过变革获得再发展,也可以更趋向成熟、稳定,还可能由于不适应环境的变化而走向衰亡。在这个阶段,组织要学会努力生存,在内部要进行结构性变革,培养管理者和各部门之间的合作精神,通过团队合作与自我控制达到协调配合的目的。另外,要进一步加强企业的弹性,采取新的变革措施,寻求可持续发展。在外部,组织要寻求合作,开拓新发展领域等。这个阶段会产生人才枯竭问题。

随着组织生命周期从一个阶段向另一个阶段演进,其组织结构、领导行为以及管理系统等都会发生相对可预见的变革。组织的生命周期遵循的是一种规律性的变革,这对于组织在每一个阶段所进行的组织架构、组织文化、领导行为和管理策略的调整具有重要意义。

三　组织设计的任务和原则

（一）组织设计的任务

1. 设计组织结构

组织结构(organization structure)是组织的框架体系,也是组织的基本架构,是对完成组织目标的人员、工作、技术和信息所做的制度性安排。组织结构有以下三个基本特性。

(1)复杂性。这指的是组织内部结构的分化程度。一个组织分工越细、组织层级越多、管理幅度越大,组织的复杂性就越高;组织的部门越多,各单位的地理分布越分散,协调人员及其活动也就越困难。

(2)正规化。这指组织依靠已经制定的工作程序、规章制度、规则引导员工行为的程度。

(3)集权化。集权化是指组织在决策时正式权力在管理层级中的分布与集中的程度。决策权高度集中在组织的上层,问题由下而上传递给高层管理人员,由他们选择合适的行动方案,这时组织的集权化程度就较高;反之,一些组织授予下层人员更多决策权力时,组织的集权化程度就较低。

组织设计是指在组织理论的指导下,以组织结构的构造和运行为主要内容的组织系统的整体设计工作。它通过组织资源的整合和优化,确立组织某一阶段最合理的管控模式,以实现组织资源价值最大化和组织绩效最大化。组织设计的具体内容包括:职能与职务的分析与设计;部门与层级设计;协调设计;规范设计;人员设计;激励设计。

2. 编制职务说明书

职务说明书主要包括八项具体的内容和信息:职务基本信息、职务目的、管理权限、工作关系、责任范围与影响程度、工作业绩衡量标准、任职的基本要求和高绩效的要求、薪资收入标准与变化的条件与要求。

（二）组织设计的原则

1. 目标一致性原则

组织设计必须以实现组织目标为根本原则，以工作为中心设计职务，建立机构，配备相关人员。

2. 统一指挥原则

统一指挥原则要求每个下属只能向一个上级主管汇报工作，上下级之间形成一条清晰的指挥链（chain of command），这可以防止多头领导。这一原则适合组织相对简单的情况，今天的许多组织仍然严格遵守这一原则。

3. 管理幅度原则

管理学者发现，在组织的高层，承担管理工作的人一般为4~8人，在组织的底层，管理人员一般为8~15人。认同古典组织理论的学者主张较小的管理幅度，即管理人员通常为4~8人，以便对下属进行严密控制。在信息时代，互联网技术的应用，使得管理幅度变宽和组织层次减少，组织也日益由高耸型走向扁平化。

4. 权责对等原则

职权（authority）指的是管理职位固有的发布命令和希望命令得到执行的权力。每一个管理职位都具有某种特定的、内在的权力，任职者可以从该职位的等级或头衔中获得这种权力。我们要区分职权关系的两种形式——直线职权与参谋职权。直线职权（line authority）是指赋予一位管理者指挥其下属工作的权力。这种从上级到下级的职权关系从组织的最高层贯穿到最底层，从而形成了一条明确的指挥链。在指挥链中的每个链环处，拥有直线职权的管理者均有权指导下属人员的工作，并无须征得他人同意而做出某些决策。指挥链中的每个管理者，也都要听从其上级的指挥。参谋职权（staff authority）是为直线职权服务的顾问性质的职权。参谋职权的产生是由于随着组织规模的扩大，直线管理者发现他们没有足够的时间、技能或办法有效地完成工作，就配置了参谋职权来支持、协助他们，为他们提供建议，减轻他们的信息负担。直线职权与参谋职权的结构如图9-5所示。

职责是指一个人得到某种权力时，他也就承担一种相应的责任。我们要区别两种不同形式的职责：执行职责和最终职责。管理者可以向下授予执行职责，但最终职责永远不能下授，管理者必须对下属的最终行为负责。

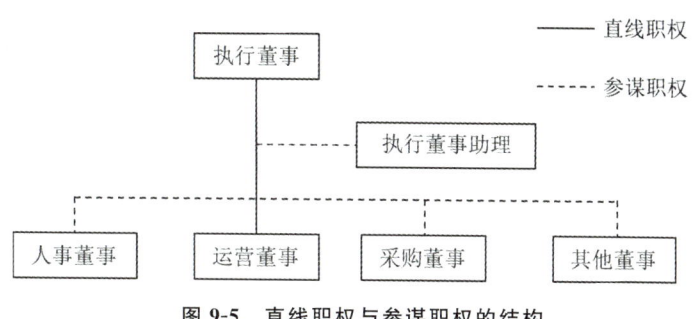

图 9-5　直线职权与参谋职权的结构

5. 集权与分权相结合的原则

集权是企业组织生产经营管理权限较多地集中在组织最高层管理者手中,分权则是一种组织的权力分散状态,最高层管理者通过有系统的授权将职权分散开来。影响组织分权程度的主要因素有以下几个。

(1)组织规模的大小。组织的规模越大,越需要分权。

(2)政策的统一性。如果组织追求政策的统一性,则需要集权。

(3)员工的基本素质。在组织中,员工的基本素质越高,越需要分权。

(4)组织的可控性。组织可控性强,可以分权;反之,则需要集权。

(5)组织所处的成长阶段。随着组织的成长发展,组织处于一个从分权到集权再到分权的周而复始的循环中。

6. 柔性经济原则

组织的各个部门、各个人员可以根据组织内外部环境的变化而进行灵活调整和变动。同时,组织的管理层次与幅度、人员结构以及部门工作流程设计要合理,以达到管理的高效率。

四　组织设计思路

设计组织结构必须考虑六个关键因素:工作专门化、部门化、命令链、控制跨度、集权与分权、正规化。组织设计要由下而上地进行:首先进行工作任务分析,划分岗位,确定岗位数量,设定各岗位权力与职责等,这就是工作设计;其次,根据组织宗旨、目标和内外环境,进行部门设计,即组织部门化;最后,根据组织规模、人力资源和发展前景,进行组织层级设计,最终形成组织体系。

(一)工作设计

工作设计(job design)是组织设计的重要基础之一,了解工作设计的理论和实践,对于开展多层次的组织设计具有十分重要的意义。

1. 工作设计的定义和发展

工作设计是对工作内容、功能、相互关系等的设计。工作设计主要包括四个方面的因素:工作内容(任务多样性、自主性、复杂性、难度和完整性等)、工作功能(工作、责任、权利、信息流、工作方法以及协调要求等)、相互关系(工作中其他人交往的程度、社会交往机会以及工作群体的要求等)、工作绩效(任务绩效和周边绩效、绩效反馈等)。

工作设计的发展大致经历了三个阶段。第一个是工作专业化阶段,强调劳动分工、流水线作业和高度工作专业化。在这一阶段,工作效率提高了,但带来了单调感,缺乏激励和挑战性,令人疲劳和紧张。第二个是工作轮换和扩大化阶段。在这一阶段,人们重视任务的多样化,降低了工作单调感,提高了工作满意感,但没有从工作内在特征方面提升工作激励程度。第三个是现代工作设计阶段。在这一阶段,人们对整个工作结构和特征进行重新设计,在更大程度上改变工作的内容、功能、相互关系和反馈等特征,如工作职务丰富化、工作特征再设计等,其中工作职务丰富化注重增加工作的责任性、自主性和决策权,提供绩效反馈,提供奖励和发展机会;工作特征再设计从满足员工需要和考虑个体差异出发,对工作本身的特征加以改革。近年来,工作设计注意把人员特征、工作特点与组织发展要求等因素联系在一起,使人员、工作、技术和组织四个方面形成最佳匹配。

2. 工作特征模型

20世纪70年代中期,赫克曼(J. R. Hackman)等提出了著名的工作特征模型,为工作设计提供了新思路。在这一模型中,有5个核心工作特征:技能多样化;任务完整性(有始有终,并有看得见的结果);任务意义(工作对组织内部与外部人员绩效的影响);任务自主性;任务反馈。相应地,可采取的工作设计措施为:提高工作多样性;形成工作自然单元,使工作具有完整性;建立用户联系,听取用户对产品或服务的意见,提高员工工作多样性、自主性和反馈程度;增加纵向自由度,使员工能决定工作的时间程序和节奏、方法;开放反馈渠道,帮助员工了解工作结果和差距,以便改进工作等。

3. 工作设计的程序

(1)进行工作设计的需要分析。进行工作设计的第一步是对原有工作情况和技能要求进行心理学评估,以确定工作设计所要解决的问题。这时,需要选择有代表性的工作作为样本。

(2)进行可行性分析。在确认工作设计的需要以后,要进行可行性分析,包括原有工作的特征和缺陷、成本的合理性、人员的心理准备状况等。

(3)建立工作设计小组,评估工作特征。在进行可行性分析的基础上,正式建立工作设计小组(包括员工、内外专家或咨询人员等),共同评估原有工作的特征,认真分析原因,提出切实可行的工作设计方案。

(4)制定工作设计方案。根据调查和评估结果,提出备选设计方案。除了工作特征改革意见外,还应规定新的工作职责、规程及相应的新管理系统,并在适当部门试点,检验工作设计方案的效果。

(5)对工作设计进行评价和推广。对工作设计方案及时做出评价,评估应关注三个方面:员工态度与反映;工作实绩;成本和效益。在此基础上,及时向同类型的工作推广,进行更大规模的工作设计。

工作设计是一项长期任务,设计中又会出现新问题,因此需要将工作设计作为一项不间断的任务进行。

(二)组织部门化

组织部门化,是指将组织中的活动按照一定的逻辑进行安排,划分为若干个管理单位的活动过程。

1. 组织部门化的基本原则

组织部门化的基本原则有以下三个:因事设职和因人设职相结合的原则,即要做到"事事有人做"和"人人有事做";分工与协作相结合的原则;精简高效的原则。

2. 组织部门化的基本形式

1)职能部门化

把相同或相似的活动归并在一起作为一个管理单位,即为职能部门化。这是一种传统、基本的组织结构形式。如果环境是稳定的,技术是相对常规的,部门之间的依赖程度较低,那么组织目标依赖于内部效率和专业特长。中小型规模的组织适用于这种结构。它有利于在部门内实现规模经济,避免重复浪费,部门主管易于规划和控制,也有利于促进员工发展更高层次的专业技能。但也容易出现各自为政的情况,部门之间缺乏交流和合作的渠道,矛盾冲突会增多,高层主管难以协调,出现"部门墙",此时组织缺乏打破常规的精神,难以培养综合管理人才。职能部门化的组织形式如图 9-6 所示。

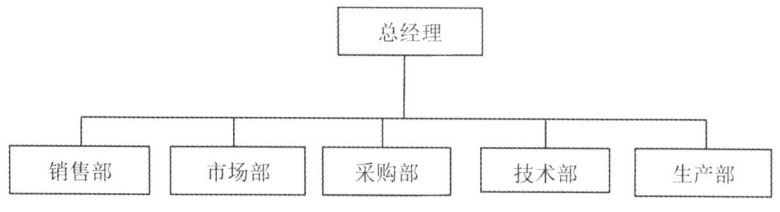

图 9-6　职能部门化的组织形式

2）产品部门化

围绕产品或服务大类的活动和要求来划分部门，即为产品部门化。应用产品部门化需对特定的产品系列或服务类型有专门的需求，通常适用于大型的和多元化经营的企业。它有利于组织专注于特定产品的经营，提高经营效率和决策的速度及有效性，同时，各类产品的绩效易于客观评估，可以培养综合管理人才。

与此同时，培养综合管理人才提高了培训成本，容易使各产品部门只关心本部门的产品，因此对整体组织欠缺考虑，导致组织整体管理成本上升等问题。产品部门化的组织形式如图 9-7 所示。

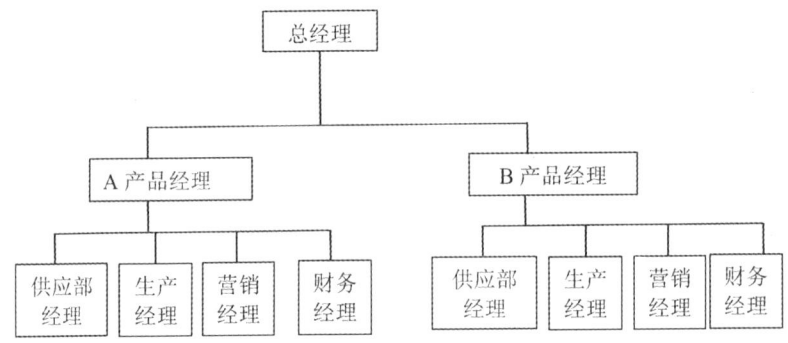

图 9-7　产品部门化的组织形式

3）地域部门化

由于市场或资源等，组织有时需要分散经营，从而按照地理区域成立专门的管理部门，即为地域部门化。许多国际性大公司采用这种组织形式。它可以把责任和职权下放到基层，鼓励地区主管参与决策，他们对本地区的市场和问题反应迅速灵敏，充分利用地域资源和地区政策，为培养综合管理人才创造了条件。但它需要数量较大的高素质综合管理人才，这为高层经营管理增加了难度，组织整体管理成本很高。地域部门化的组织形式如图 9-8 所示。

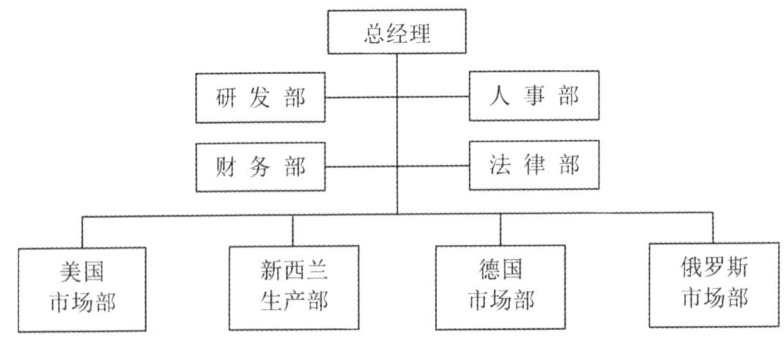

图 9-8　区域部门化的组织形式

4)顾客部门化

以顾客为对象,根据不同顾客的需要或为不同顾客群设立部门,即为顾客部门化。这是一种新的组织形式。在激烈的市场竞争中,这种组织形式顺应了顾客需求发展的趋势,在许多服务性组织(诸如银行、保险、教育培训公司等)得到采用。它有利于集中顾客的需要,真正将顾客放在第一位,易发挥特定领域专家的专长,建立持久性竞争优势。但组织并不一定完全了解顾客真实的需求状况,一旦顾客的需求偏好发生变化,组织的转移成本就较大,还需要培养更多的顾客专家。顾客部门化的组织形式如图 9-9 所示。

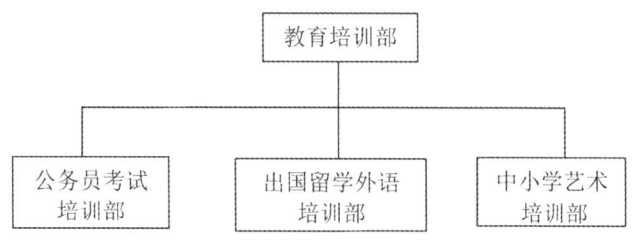

图 9-9 顾客部门化的组织形式

5)流程部门化

按照生产过程、工艺流程或设备来划分部门,即为流程部门化。它可以充分发挥专业技术和规模经济的优势,易于管理,简化了培训,但部门之间的协作有困难,而流程往往又要求协作比较紧密,只有高层对利润负责,成本管理比较困难,也不利于培养综合管理人才。大型的制造企业常采用这种组织形式。流程部门化的组织形式如图 9-10 所示。

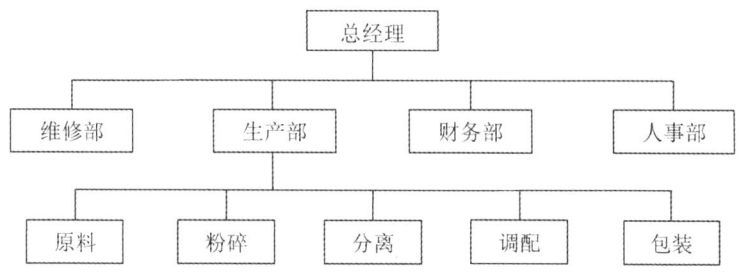

图 9-10 流程部门化的组织形式

3. 组织部门化的基本结构

1)矩阵型结构

矩阵型结构由纵、横两套管理系统组成:一套是纵向的职能管理系统,另一套是为完成某项任务而组成的横向项目系统。纵向和横向的职权具有平衡对等性,它打破了传统的统一指挥原则,有多条指挥线。它可以分为以纵向职能部门指令为主的矩阵型结构和以横向项目部门指令为主的矩阵型结构(见图 9-11)。

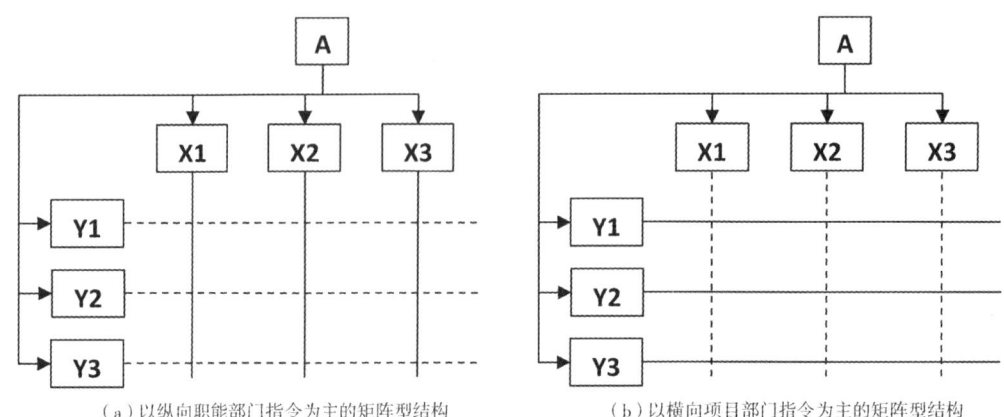

（a）以纵向职能部门指令为主的矩阵型结构　　　　　　（b）以横向项目部门指令为主的矩阵型结构

图 9-11　矩阵型结构

　　矩阵型结构最适合环境高度不确定、目标反映了多重需求的情况。双权力结构使得交流和协调可以随环境变化而迅速变化，可以在项目和职能之间实现平衡。矩阵型结构也适用于非常规技术，职能部门内部和相互之间依赖程度很高的情况。矩阵型结构是一个有机的结构，可以及时讨论解决不可预料的问题。矩阵型结构的不足之处是有些员工接受双重命令，而这些命令可能是矛盾或冲突的，加上纵向和横向权力的不平衡，使得组织需要良好的居中调停和解决冲突的技能。这些技能往往需要经过人际关系方面的特殊训练才能获得，同时，这也迫使管理者花费大量的时间在开会和讨论上，可能提高管理成本。

　　2）动态网络型结构

　　动态网络型结构是一种以项目为中心，通过与其他组织建立研发、生产制造、营销等业务合同网，有效发挥业务专长的协作性组织形式。它是基于高度发达的信息技术和日益激烈的市场竞争而发展起来的一种临时性组织，有时它也被称为虚拟组织，即组织中的许多部门是虚拟存在的，管理者最主要的任务是集中精力协调和控制组织的外部关系。它使组织边界模糊化，容易出现跨组织协同管理问题。在早期，动态网络型结构适合一些劳动密集型企业，如手机制造、服装制造等，但随着信息技术的快速发展，更多的知识型企业（以高新技术企业为主体）选择了这种组织结构或制定了虚拟运作的企业外扩张的成长战略。这种组织结构具有更大的灵活性和柔性，组织结构简单精练、扁平化，管理效率高，成本低，但组织可控性差，风险性大，员工的忠诚度低。动态网络型结构如图 9-12 所示。

　　3）组织的附加结构

　　有时，组织需要在保持整体结构稳定性的同时，增加组织结构的灵活性，这时候就可以将一个具有柔性的结构附加在整体结构之中。组织中的附加结构主要有两种：工作小组和委员会。

　　工作小组是一种临时性结构，其目的是完成某种特定的、明确规定的复杂任务。它由一群背景不同、技能不同、分属不同部门的组织成员构成，因而是一种矩阵式结构。

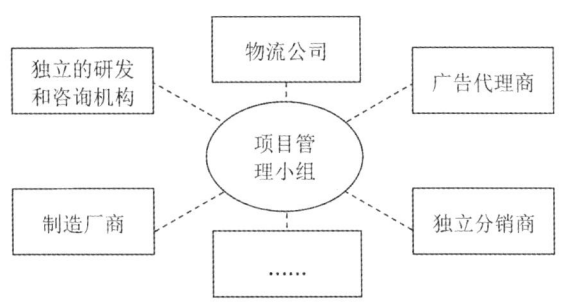

图 9-12　动态网络型结构

委员会是执行某方面管理职能并实施群体决策的一群人的集合。它可以是临时的，也可以是常设的，会针对具体问题定期或不定期开会。委员会往往起着建议、决策、协调、监控等作用。

（三）命令链

命令链(chain of command)是指将一个组织中的所有人联系在一起的、连续不断的权力链条，它指明了人们之间的请示汇报关系。[①]命令链遵循两个基本原则：一是单一命令原则，即每名员工只对一位领导负责；二是等级原则，即组织中的命令链应将所有的员工包含进去。

另外，还有两个与之相辅相成的概念。第一个是职权。职权是指管理岗位中固有的、发布命令的权力，并且人们预计这种命令会被遵从和执行。为了促进相互间的协作，每个管理岗位在命令链中都有自己的位置。每位管理者为了完成自己的工作职责，都会被授予一定的职权。第二个是统一指挥原则。统一指挥原则有助于保持职权命令链的连续性和不受损坏。它意味着，下属应该由一名主管而且是唯一一名主管直接管理。如果命令链中的统一指挥原则遭受破坏，下属可能会收到多位主管发出的内容相互冲突的命令，造成任务执行的缓慢甚至无效。时代发生了变化，组织设计的基本原则也在发生变化。现在，随着信息技术的发展和下属授权浪潮的冲击，命令链这一概念的重要性已经被大大削弱了。[②]

（四）组织层级与管理幅度设计

1. 组织层级与管理幅度的互动性

组织层级受到组织规模和管理幅度的影响，它与组织规模呈正比；在组织规模给

---

① 　理查德·L. 达夫特. 管理学[M]. 9 版. 北范海滨，译. 北京:清华大学出版社,2012.

② 　斯蒂芬·罗宾斯,蒂莫西·贾奇. 组织行为学[M]. 18 版. 孙健敏,朱曦济,李原,译. 北京:中国人民大学出版社,2021.

定的条件下,组织层级与管理幅度呈反比,即每个主管所能直接控制的下属数目越多,所需的组织层级就越少。

2. 两种基本的组织结构形态

(1)扁平式组织结构形态。这种组织结构层级少,管理幅度大,信息沟通和传递速度比较快,信息失真度低,能增强组织的适应性;上级主管对组织的控制比较宽松,有利于发挥下属的积极性和创造性,但增加了主管的监管和协调难度,下属缺少更多的升迁机会。

(2)锥形式组织结构形态。这种组织结构层级多,管理幅度小,主管能有效地指导和控制每一个下属,层级关系紧密,有利于任务的衔接,也有利于下属的晋升,但信息传递速度比较慢,信息失真度高,这增加了管理成本和难度。

(五)集权与分权

集权是指决策指挥权在组织层级系统中较高层次上的集中,分权是指决策指挥权在组织层级系统中较低层次上的分散。戴尔(R. Dell)曾提出判断组织分权程度的四个标准:较低的管理层次做出的决策数量越多,分权程度就越高;较低的管理层次承担的决策重要性越大,分权程度就越高;较低的管理层次做出的决策影响面越大,分权程度就越高;较低的管理层次做出的决策审核越少,分权程度就越高。

(六)正规化

正规化指的是组织内部工作标准化的程度。如果一项工作高度正规化,那么组织对什么时候做某项工作、应当怎么做都会有明确的规定。

在高度正规化的组织中,有大量的规章制度,还有对于工作流程的详尽规定,员工的自主性比较低;在正规化程度比较低的组织中,员工的工作行为相对而言没有那么程序化,员工对自己如何开展工作拥有部分权限。也就是说,工作的正规化程度越高,员工自行决定工作方式的权力就越小。一般来讲,大公司或者是持续时间比较长的公司,更倾向于正规化。按照正规化程度,组织可以分为以下两种结构形式。

(1)层级组织。运用古典组织理论原则进行层级化设计的理想形式是形成所谓的"层级组织"(亦称刚性组织、机械组织、官僚组织、封闭组织)。层级组织是典型的金字塔结构组织,强调的是组织内部必须具有高度分明的层级结构、职位、职权、工作程序和规章制度等。

(2)有机组织。这指的是成员按总目标的要求进行工作,无过多标准化、规范化的工作和种种管制,职务规定灵活性较强的组织。这种组织是典型的原子结构型组织,对员工的技术、知识层次、专业素养、责任心要求高。

五　未来组织的特征和形态模式

（一）未来组织的特征

一是组织管理人本化。组织关心员工的合理需求，为员工创造充分发展的机会和环境，使员工得到全面、自由发展。

二是组织结构扁平化与分权化。不断变化的环境，以及信息技术的发展，会使组织减少中间层级，同时组织也会给基层放权，以增强组织适应环境的能力。

三是组织运行柔性化。这是指组织结构的可调整性对环境变化、战略调整的适应能力。

四是组织协作团队化。组织运行将更多的以各种团队形式进行，以提高组织运行效率，提高组织适应环境的灵活性。

五是高速度。组织强调高速度，是因为随着信息化和网络经济的发展，未来社会是"快者生存"的社会，是速度经济。

（二）未来组织的形态模式

传统的组织形态以权力为基础，组织本身构建于严密的控制之上，如今命令与控制日益被各种关系取代或与之交织。同盟、合资、少数参股、伙伴关系、市场协议、技术转让等关系没有控制和命令，而是基于目的、政策和策略的共同信念。

1. 基于知识与信息的组织形态

它主要由知识专家和信息工人组成，他们双方是平等的、伙伴式的关系。这种组织形态以"项目"或"任务"的业务过程式作业流程为组织的基础；以顾客满意、市场需求为导向；以"团队"或"小组"作为生产和经营活动的基本组织单元；拥有分散处理、随意索取、公共享用的内部信息机制；以充分和气相处为组织原则；以自主管理和间接控制为主要组织手段；无固定结构，可能发展成为越来越非正式的组织形态；跨企业、行业和地区，可以在全球范围内延伸。

2. 战无不胜的"变色龙"

它随环境的变化而转向、适应和变化。这种组织形态不害怕变化，甚至渴求变化，具有极大的灵活性；以对个人承诺为中心；充分发挥团队的作用；有扎实的基本功底，知道怎样做才能成为更好的组织；尝试多样性，在强调组织整体价值的同时，也尝试在员工中实现多样化。

3. 组织边界模糊化

斯诺针对 20 世纪 80 年代的新竞争环境,将合资企业、转包合同、许可证等国际间的经济活动形式视为新的组织形态,认为新的组织形态是集战略、结构、管理过程于一体的动态网络。这一动态网络是为了适应新的、变化了的竞争条件而形成的组织形态。它在组织内部形成包括供应商和分销商在内的"工作外合同"网络,这种组织形式的主要成分和结构可以根据复杂的竞争环境灵活地、不断地进行组织安排和重新组合,使得组织边界模糊化。通过这种方式,组织一方面弥补了自身资源(尤其是智力资源)的不足,另一方面又与其他相关组织合作,发挥各自的优势。

4. 学习型组织

学习型组织指的是通过培养弥漫于整个组织的学习气氛,充分发挥组织每个成员的创造性思维能力而建立起来的一种有机的、高度柔性的、扁平的、符合人性的、能持续发展的组织。这种组织具有持续学习能力,具有高于个人绩效总和的综合绩效。构建学习型组织的五项要求包括:建立共同愿景;开展团队学习;改变心智模式;鼓励自我超越;进行系统思考。

第三节 组织文化

一 组织文化的概念

狭义的组织文化是意识范畴的,涉及组织的思想、意识、习惯和情感领域。广义的组织文化指组织创业和发展过程中所形成的物质文明和精神文明的总和。罗宾斯认为,组织文化是一个描述性的术语,它与组织成员如何看待组织有关,而不管他们是否喜欢其组织。埃德加·沙因(E. H. Schein)将组织文化定义为:由特定群体发明(或发现)和发展的,用于学习和应对外部环境及内部整合问题的基本假设形式,并成为教育员工用以认知、思考和感受组织问题的实际方式。人们一般认为,组织文化是组织全体成员共同接受的价值观念、行为准则、团队意识、思维方式、工作作风、心理预期和团体归属感等群体意识的总称。它往往是某组织特有的,并在较长时间里处于比较稳定的状态,它确定了组织的风气和人们的行为准则,也会影响组织的计划、用人、领导和控制等各项管理职能的实施方式。

二　组织文化的内容与结构层次

组织文化的内容包括人们相互作用时被观察到的行为准则（语言、仪式等）、群体规范、主导性价值观、正式的哲学、游戏规则、组织气氛、传承的技巧、思维习惯、心智模式、语言模式、共享的语言、一致性符号（物质层面）等。根据这些内容，人们进行了组织文化结构层次划分，主要有四层次、三层次、二元说和精神文化说四种划分方式。

（一）四层次

这种观点认为组织文化由四个层次的内容组成。第一层次是物质层。它是组织文化的外显部分，包括组织中的建筑、办公设施、装饰、产品等外显的物质形态。第二层是行为层。它是组织员工在生产经营、学习娱乐中产生的活动文化，是组织经营作风、精神风貌、人际关系的动态体现，也是组织精神、核心价值观的折射。第三层是制度层，是组织文化的中间层次，对组织和成员的行为产生规范性、约束性影响，是具有组织特色的各种规章制度、道德规范和员工行为准则的总和。它集中体现了组织文化的物质层和精神层对成员和组织行为的要求。第四层是精神层，这是最深层，也是组织文化的核心层，是指组织的价值观念、信念、理想等精神形态的内容，是组织文化的核心和灵魂。

（二）三层次

这种观点认为组织文化由物质层、制度层和精神层三个层次的内容组成。它把在四层次说法中的行为层并入制度层中。例如，1986年，沙因把组织文化划分为三种层次：① 表面层，指组织的明显品质和物理特征（如建筑、文件、标语等肉眼可见的特质）；② 应然层，它属于支持性价值观，位于表面层之下，包括战略、目标、质量意识、指导哲学等，主要指价值观；③ 突然层，它位于最内部，属于基本的潜意识假定，是潜意识的一些信仰、知觉、思想、感觉等，是组织用以应对挑战的实际方式。

（三）二元说

这种观点认为组织文化是由组织中的物质文化与精神文化两个方面构成的。其中，精神文化指的是无形的、看不见的方面，如组织中的共同价值观、信念、传统、气氛、作风、行为准则等，它包含了前面四层次说法中的行为层、制度层和精神层三个层次的内容。

（四）精神文化说

这种观点认为组织文化是以价值观为核心的包括信念、作风、行为规范在内的各种精神现象。它体现在物质形态之中，并发挥其影响和制约作用，但不能把物质形态的东西包括在内。

根据现代系统论的观点，组织文化结构有以下三个层次：一是表层文化，它属于物质文化，主要表现在工作场所、办公设施、建筑高度、装修风格、工作环境等方面；二是中介文化，它属于制度文化、管理文化、生活文化，主要表现为各种规章制度、组织结构、管理机制、管理风格、管理水平、教育培训、娱乐活动等；三是深层文化，它属于观念文化，主要表现为组织目标、组织宗旨、组织精神、价值标准、组织道德、团体意识等。如果从最能体现组织文化特征的角度看，组织文化的基本要素包括组织精神、组织价值观、组织形象（产品或服务形象、环境形象、成员形象、领导者形象、社会形象）。由此可见，国内外学者对组织文化结构的理解各有不同，但他们都承认价值观是组织文化的核心成分。

三　组织文化的功能

组织文化具有正面的功能，也具有负面的功能。

（一）组织文化的正面功能

1. 组织文化的导向功能

组织文化的导向功能是指组织文化能对组织整体和组织每个成员的价值取向及行为取向起引导作用，使之符合组织所确定的目标。组织文化使组织自动生成一套自我调控机制，以一种适应性文化引导着组织的行为和活动。

2. 组织文化的约束功能

组织文化的约束功能是指组织文化对每个组织员工的思想、心理和行为具有约束和规范的作用。组织文化是一种软约束，这种软约束表现为组织中弥漫的组织文化氛围、群体行为准则和道德规范。

3. 组织文化的凝聚功能

组织文化的凝聚功能是指当一种价值观被该组织员工共同认可之后，它就会成为一种黏合剂，从各个方面把其成员团结起来，从而产生一种巨大的向心力和凝聚力，推动组织不断前进和发展。

4. 组织文化的激励功能

组织文化的激励功能是指组织文化具有使组织成员从内心产生一种高昂情绪和发奋进取精神的效应,它能够最大限度地激发员工的积极性和首创精神。组织文化强调以人为中心的管理方法,通过组织文化的塑造,使每个组织员工从内心深处产生为组织拼搏的献身精神。

5. 组织文化的调适功能

组织文化的调适功能是指组织文化可以帮助新进成员尽快适应组织,使自己的价值观和组织相匹配。在组织变革的时候,组织文化也可以帮助组织成员尽快适应变革后的局面,减少因为变革带来的压力和不适应感。

(二)组织文化的负面功能

1. 对变革的阻碍

如果组织的共同价值观与进一步提高组织效率的要求不相符,它就成了组织的束缚。这是在组织环境处于动态变化的情况下,最有可能出现的情况。这样一来,组织有可能难以适应变化莫测的环境。当问题积累到一定程度时,这种障碍可能会给予组织致命打击。

2. 对多样化的阻碍

组织决策需要成员具有多样化的思维和方案,一个拥有强势文化的组织要求成员和组织的价值观一致,这就必然导致决策的单调性,抹杀了多样化带来的优势。此时,组织文化就会成为组织多样化的障碍。

3. 对兼并和收购的阻碍

以前,管理人员在进行兼并或收购决策时,所考虑的关键因素是融资优势或产品协同性。近几年,除了考虑融资方面的因素和产品协同性外,管理人员更多的是考虑文化方面的兼容性。如果文化方面差异极大,为了降低风险,管理人员宁可放弃兼并和收购行动。

四　组织文化的分类

组织文化可按不同的标准进行分类,比如可以从组织文化的表现形式、组织文化涵盖的内容、组织文化的影响力、组织文化的内在特征、权力的集中或分散角度对组织文化进行分类。

（一）按照组织文化的表现形式分类

按照组织文化的不同表现形式，可以将组织文化分为显性组织文化和隐性组织文化，这就是组织文化的冰山模型，如图 9-13 所示。

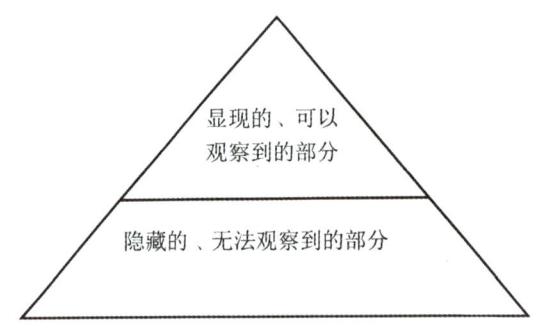

图 9-13　组织文化的冰山模型

注：显现的、可以观察到的部分包括以下内容：① 人工制品，指物质建筑物、装饰品、物质性产品等；② 用语言表达的行为，指故事、演讲、笑话等；③ 非言语表达的行为，指仪式、典礼等。隐藏的、无法观察到的部分包括信仰、认知、情感、群体规范。

显性组织文化就是指那些以物化和行为等为表现形式的，人通过直观的视听器官能感受到的，符合组织文化实质的内容。它包括组织的标志、工作环境、规章制度和经营管理行为等方面的内容。隐性组织文化是组织文化的根本，也是组织文化最重要的组成部分，包括组织哲学、价值观念、道德规范、组织精神几个方面的内容。

（二）按照组织文化涵盖的内容分类

按照组织文化涵盖的内容，可以将组织文化分为主导文化与分支文化。主导文化（dominant culture）是指某一组织大多数成员共同具有的价值观，它体现出该组织独特的个性。分支文化（subculture）是指大型组织由于部门的不同或地理区域的划分而形成的各种不同的文化。一个组织的主导文化和分支文化并不是彼此分开的，某一部门的分支文化应是组织共同具有的价值观与本部门特有价值观的有机结合。

（三）按照组织文化的影响力分类

从组织文化的影响力来看，可以将组织文化划分为强势文化（strong culture）和弱势文化（weak culture）。在组织文化的研究中，区别强势文化与弱势文化已成为一种发展趋势，尤其要注重强势文化的培育和发展。

　　强势文化是指具有强烈影响力的文化。在组织中,这种文化的价值观会被组织成员广为接受,组织成员会对这种价值观产生强烈的认同,因此,强势文化具有很强的行为控制力,会强烈影响组织成员的行为。例如,一家商店的强势文化是强调"为客户服务",这一强势文化就会直接影响员工的行为。强势文化的另一作用是降低职工的离职率,使组织成员产生高度的凝聚力、对组织的忠诚感和归属感。

(四) 按照组织文化的内在特征分类

　　管理学者索南菲尔德(Jeffrey Sonnenfeld)的标签理论,把组织文化分为四种类型:学院型、俱乐部型、棒球型和堡垒型。

　　学院型组织文化喜欢雇佣刚刚毕业的大学生,组织通过提供大量的专门培训,指导他们从事许多专业化工作,使他们成为各部门的行家里手。在这类组织,组织成员成长速度快,能胜任组织看重的连续性服务。IBM、可口可乐等大公司就拥有学院型文化。

　　具有俱乐部型组织文化的组织非常重视组织成员的忠诚感和承诺,同时也重视年龄和资历,它提供稳定、有保障的工作,倾向于把管理人员培养成通才,并按资历逐步提高员工的职位。

　　棒球型组织文化倾向于吸引革新者和冒险者,看重发明创造,并根据绩效提供报酬,工作风险高,挑战大,没有长期保障。一般来说,高科技企业、广告公司等组织拥有这种文化。

　　堡垒型组织文化将工作重心放在组织生存方面,组织以前大多是学院型、俱乐部或棒球型,出于衰退等原因,组织希望保存实力而转化为堡垒型。在这种组织中,员工工作没有保障,高效率未必有高报酬,大型零售企业等多属于这种文化。

(五) 按照权力的集中或分散分类

　　卡特赖特(Sue Cartwright)和库珀(Cary L. Cooper)于1992年提出四种文化类型,即权力型组织文化、作用型组织文化、使命型组织文化和个性型组织文化。它们的区别在于权力是集中的还是分散的,以及政治过程是以关键人物还是以要完成的职能或人物为中心的。

　　权力型组织文化也叫独裁文化,由一个人或一个很小的群体领导这个组织。组织以企业家为中心,不太看重组织中的正式结构和工作程序。随着组织规模的逐渐扩大,权力型组织文化会感到难以适应。

　　作用型组织文化也叫角色型组织文化。在这样的组织中,个人能力不重要,重要的是个人在什么位置,以及和什么人的位置比较近,做事有固定程序和规则,人们一般稳重、长期和忠诚。这种文化看起来安全稳定,但当组织需要变革时,这种文化会受到较大冲击。

使命型组织文化也叫任务文化,其团队目标是完成特定的任务,员工之间地位平等,没有领导,他们听命于任务和使命。这种文化要求公平竞争,不同群体争夺重要资源或利润特别大的项目时,容易产生恶性竞争。

个性型组织文化是一种既以人为导向,又强调平等的文化。这种组织文化富有创造性,孕育着新的观点,允许每个人按照自己的兴趣工作,同时保持相互有利的关系,在这样的组织中,组织实际上服从个人意愿,但也容易被个人所左右。

五　组织文化理论

(一)金·卡梅隆和罗伯特·奎因的竞争价值模型

在组织文化方面,金·卡梅隆(Kim S. Cameron)和罗伯特·奎因(Robert E. Quinn)建立的竞争价值模型(competing value framework,CVF)较为著名,并且两位学者在此架构之下,开发出了组织文化评价量表(organizational culture assessment instrument,OCAI),该模型和量表经过上千家国际著名公司的实践检验,具有较好的研究信度和效度。他们利用竞争价值模型的两个综合维度——"灵活性和适应性"与"稳定性和控制性","注重内部管理和整合"与"注重外部竞争和差异"——将组织文化划分为四类:团队型、层级型、活力型和市场型,具体如图 9-14 所示。

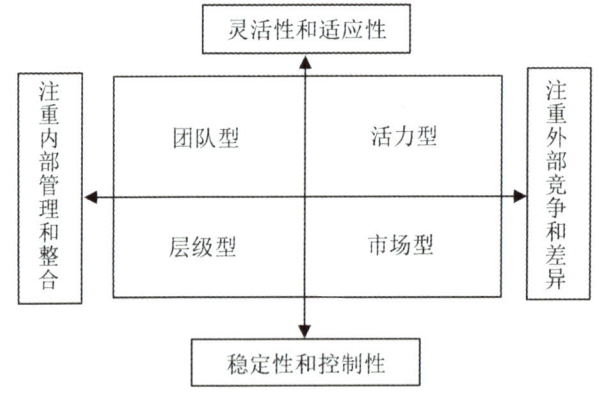

图 9-14　竞争价值模型

(1)团队型组织文化(也叫部落式组织文化)。这种组织文化强调内部管理和整合、灵活性和适应性。价值导向是合作,强调共享的价值观与参与,组织成员在和谐友善的工作场合彼此间共担责任、共享成果。价值驱动因素是敬业、沟通和发展。

(2)层级型组织文化(也叫等级森严式组织文化)。这种组织文化强调内部管理和整合、稳定性和控制性。价值导向是控制,领导极其重视组织的顺畅运作,对成员的表现完全按照明文规定的正式标准来评价。价值驱动因素是效率、时效性、一致性和遵从。

（3）活力型组织文化（也叫临时体制式组织文化）。这种组织文化强调外部竞争和差异、灵活性和适应性。价值导向是创造，强调不断地创新以适应外在环境的变迁。价值驱动因素是创新型产出、转型、敏捷。

（4）市场型组织文化（也叫市场为先式组织文化）。这种组织文化强调外部竞争和差异、稳定性和控制性。价值导向是竞争。组织长期关注的焦点是竞争的行动及目标的达成，组织的凝聚力源于成员对竞争胜利的重视。价值驱动因素是市场份额、目标达成和利润。

这四种组织文化类型之间存在着如下关系：每个象限与对角线的文化具有彼此对立的特征，相邻象限的文化则共享某些特征。例如，层级型与活力型的特征相互对立，与团队型共享一些内部导向的特征，与市场型则皆有稳定控制的特征。

组织文化评价量表设计了 6 个维度指标：组织的主要特征、领导的风格、员工的管理、组织凝聚力、战略重点、成功的标准。每个维度指标下设计了 A、B、C、D 4 个陈述句，分别对应 4 种类型的企业文化。从这 6 个维度指标出发，分别形成了对这 4 种组织文化类型的典型描述。对于某一特定企业来说，它在某一时点上的企业文化就是这四种类型文化的混合体。金·卡梅隆和罗伯特·奎因研究认为，企业通常并非单一的组织文化类型，而是会涵盖这 4 种组织文化类型，只是在侧重点和应用场景方面会有所区别。同时，一家企业的现有组织文化状态应该由现有状态向期望状态发展。

 关联知识

二维码 9-1
组织文化评价量表

（二）组织文化的 Z 理论

威廉·大内的 Z 理论是在对美国组织和日本组织进行比较、分析后提出的，这一理论描述了 Z 型组织所具备的特征以及 Z 型文化。在这个理论中，存在三种组织形式：日本典型的 J 型组织、美国典型的 A 型组织和 Z 型组织。三者的区别具体如表 9-7 所示。

表 9-7　J 型组织、A 型组织和 Z 型组织的区别①

组织形式	J 型组织	A 型组织	Z 型组织
区别	终身雇佣制	短期雇佣制	长期或终身雇佣制
	缓慢的评估和升职过程	快速的评估和升职过程	经常性的评估和相对缓慢的升职过程
	非专业化发展模式	专业化发展模式	非专业化发展模式
	含蓄的控制机制	透明化的控制机制	兼具透明化和含蓄的控制机制
	集体决策	个人决策	集体研究、个人决策
	集体负责制	个人负责制	个人负责制
	关注整体	关注局部	关注整体

虽然威廉·大内在《Z 理论》一书中用较大的篇幅介绍了日本 J 型组织的优势,但是 Z 型组织并不等同于 J 型组织。威廉·大内对比较典型的美、日公司的不同点和相同点都进行了比较,并得出了 Z 理论。威廉·大内认为,Z 型组织能够促进雇员提高生产力,拥有更为高效的工作团队,组织中的亲密关系、信任都是为了更有效地开展合作。"要解决生产力这个问题,我们需要按照有效的方式使个人的行为协调一致,并从合作和长期的观点出发,向雇员提供激励机制,鼓励他们协调自己的行为。"②威廉·大内之所以认为更为协调的合作是提高生产力的关键,这与他理论中的人性假设和组织观有关。Z 理论背后的人是一种社会人,是与组织以及组织中的其他人相联系的。因此,Z 理论强调不仅要满足个人的需要,而且要在组织内部形成一种良好的关系,促进协调合作,从而提高生产力。

威廉·大内在组织问题上也和其他很多管理学者持不同的意见。他将组织看作一个有机体,并且是社会这个大有机体的一部分。"社会关系和生产力无论在哪个方面都是紧密地联系在一起的:社会和经济代表着一个国家的两个方面,Z 型公司可以让它们保持均衡的状态。如果社会主体无法平稳地运转,那么经济主体就会受到影响。经济组织不单纯是经济的产物,它同时也是社会的产物。工作组织与任何社会体系一样,需要人与人之间保持微妙的协调关系。"③因此,他强调组织内部的亲密关系的建构。在工业化社会摧毁其他亲密关系力量的时候,威廉·大内希望工作关系成为人们无处安放的亲密关系和归属感的寄托。

（三）K-S 框架

K-S 框架是由克鲁康(Florence Kluckhohn)与斯特洛德贝克(Fred Strodtbeck)提出的,也称克鲁康-斯特洛德贝克(Kluckhohn & Strodtbeck)框架。它拥有 6 个评定基本文化的维度。

---

① 乔欢. 大内 Z 理论的适用性探究[J]. 马克思主义哲学论丛,2020(4):302-309.
② 威廉·大内. Z 理论[M]. 朱雁斌,译. 北京:机械工业出版社,2013:3.
③ 威廉·大内. Z 理论[M]. 朱雁斌,译. 北京:机械工业出版社,2013:163.

1. 人与环境的关系

关于人与环境的关系,有以下三种不同的价值观念。一是顺从环境。这是一种非人类中心主义思想,从根本上否认了人与自然的区别,否认人的主体地位,忽视人的利益和创造力,主张一切顺应自然。二是人与环境和谐相处。它汲取了各个流派的合理内核,不走极端,将人与自然和谐相处作为管理理念。三是人主宰环境。它突出人对自然的统治地位,主张以人类的价值尺度来解释和处理整个世界,是工业文明时代人与自然关系的主导观念。

与环境关系有关的价值取向对管理活动的影响,比较突出地表现在目标设置与预算编制上。在顺从型文化中,管理人员很少采取量化手段,目标管理甚至很难在中东一些国家推行。在和谐型文化,即价值观占上风的文化中,目标设置更多的受到适应环境条件的限制,当环境条件变化时,要经常对目标进行调整。而在主宰型文化占优势的条件下,管理人员会设置明确而具体的目标,并千方百计地排除障碍,去实现既定目标。

很多人认为,在编制预算方面,法国人倾向于和谐型价值观,他们把预算制度仅仅看作一种练习,并不太认真;美国人倾向于主宰型价值观,他们把预算看作真实的、有用的手段。

2. 时间取向

在时间取向方面,有以下三种不同的价值观。一是面向过去。当人们面临新的挑战时,他们往往首先会回顾过去的传统。二是面向现在。人们主要考虑的是一项行动的直接结果。研究表明,很多美国人具有面向现在的时间取向。三是面向未来。人们主要关心的是行动的长远结果。研究表明,很多日本人持有面向未来的时间取向。

时间取向不同也对管理活动有明显的影响。面向过去的文化更可能在制定规划时重新复制过去的行为。面向现在的管理人员在规划中更关注短期利益,而面向未来的管理人员可能更多地考虑长远利益。在确定决策标准方面,面向过去的文化以过去的标准为依据,面向现在的文化仅以目前的影响为标准,面向未来的文化以长期的结果为标准。在实施奖励制度方面,面向过去的文化往往采取历史上已确定的制度,面向现在的文化则遵循现有契约所规定的方式,但这种方式可以修改以适应新情况,面向未来的文化则以取得的工作绩效作为标准。

3. 人性观念

K-S框架把对人性的观念分为性善论、性恶论和混合论。这里所说的性善论或性恶论,是指麦格雷戈提出的 X 理论和 Y 理论。管理者从性恶论的观点出发,必然对员工采取严厉的监管措施,实行专断、独裁式的管理,形成对立的组织气氛,依靠交换式的合同和契约进行工作。管理者持有性善论的观点,则会采取宽松的管理措施,实行民主的、参与式的管理,形成互助合作的组织气氛,上下级之间建立起一种无拘无束的非正式关系。管理者持有混合论的观念,则会采取适度的监控方式、折中的管理作风,形成介于上述两种观念之间的组织气氛。一些研究表明,美国人的管理方式是以混合型人性观为基础的。

4. 活动取向

活动取向是指人们以什么样的活动作为中心。依据不同的活动取向,可以将文化划分为以下三种不同的类型。一是自为型。它强调做(doing)或行动,注重是否达到目的。例如,大多数美国人信仰自为型文化,他们期望通过努力工作得到奖励、加薪和晋升。二是自在型。它强调此时此刻的存在(being),崇尚纯朴的自发性,行动受感情支配,例如,很多墨西哥人缓慢的工作节奏和及时行乐的天性就是自在型文化的表现。三是自控型。它处在自为型和自在型两个极端之间,把活动的焦点放在自我控制上,强调行事受理性支配。例如,很多法国人有自控取向,他们行事强调以理性与合乎逻辑为依据。

活动取向影响着人们对待工作和休息的态度和方式,影响着人们工作的努力程度。在以自为型为主导的文化中,人们会视工作为一切活动的中心,将务实的标准作为决策成败的标准,奖励制度以工作绩效、工作结果为依据。在以自在型为主的文化中,决策标准和奖励制度会以感情为基础,对工作绩效和结果的关心会随个人的自发性而变化。在以自控型为主的文化中,决策标准和奖励制度会以理性与合乎逻辑为依据,兼顾长期与短期利益、数量和质量等。

5. 责任定位

责任定位(focus of responsibility)是指人们对他人及对他人的福利应负什么责任。根据责任定位,可以将文化划分为个人取向、群体取向和等级取向的文化。

持个人取向的人认为人们只需要关心自己。很多美国人就具有这种个人主义的文化价值观。持群体取向的人认为人们要对大家族的成员或群体负责。例如,很多意大利人就具有群体取向的文化价值观。持等级取向的人认为人们只对本等级的成员负责,而且各等级之间有严格的界限,例如,英国至今仍保留着王室和贵族阶层。

在以个人取向为主的文化中,人们很重视组织结构中个人的作用,关注的重点则是处于组织结构顶端的领导者。然而,无论组织采取什么样的结构,人们的关系都不会那么亲密,例如,一个人有两个顶头上司的矩阵式组织是完全可以接受的。在以群体取向为主的文化中,人们关注的重点是群体之间的差别,组织结构也能反映出这种取向。在以等级取向为主的文化中,人们强调组织间横向和纵向两方面的差别,而且等级结构中的规则很严格。一项研究表明,很多法国人具有等级取向的价值观,他们很难设想能在令出多门的矩阵式组织中进行工作。一些法国管理人员发现工作中的问题时,只会向自己的顶头上司汇报,而对其他同事守口如瓶。

在沟通模式方面,等级取向的沟通模式往往以权威为基础,群体取向强调群体内经常的信息交流,而个人取向则根据需要采取多层次、多方位、开放式的交流模式。

在奖酬制度方面,个人取向以个人的工作绩效为依据进行奖酬,群体取向则注重集体奖酬制度,而等级取向则以等级地位作为奖酬的标准。

6. 空间取向

空间取向是指人们对其周围空间的态度,以及对这种空间所有权的认识。空间取向可以划分成私有型、公有型和混合型三种。

持私有型空间取向的人认为,空间只为占有者的利益服务,占有者如果受到别人的侵犯,会采取保护行动。比如,很多美国人、加拿大人具有这种空间取向的价值观。

持公有型空间取向的人认为,空间应为人们共有,大家都可使用。一般我们认为日本人具有这样的价值观。

混合型空间取向是介于私有型与公有型之间的一种类型。

在管理活动中,办公室的布局、人们之间的沟通和交往模式都会受到这种价空间取向的影响。在私有型空间取向占主导地位的文化中,办公室是封闭式的,人们喜欢自己的专用办公室,即使是大型办公室,也用隔板分开。在沟通和交往模式方面,人们倾向于个别交谈,不希望别人听到,而且人们之间会保持一定的社交距离。在公有型空间取向的文化中,办公室是开放式的,较少用隔板。在沟通和交往模式方面采取开放式,人们之间无距离约束。混合型则居于两者之间。

(四)丹尼森组织文化模型

瑞士洛桑国际管理学院著名教授丹尼尔·丹尼森(Daniel Denison)在对1500多家样本公司进行研究后指出,参与性(involvement)、一致性(consistency)、使命(mission)和适应性(adaptability)这四大文化特征对一个组织的经营发展具有重大影响。丹尼森在后续的研究中,将上述四大文化特征又分别细分出了3个指标。参与性包括授权、团队导向与能力发展;一致性包括核心价值观、配合、协调与整合;使命包括愿景、目标、战略导向与意图;适应性包括组织学习、客户至上、创造变革(见图9-15)。

整个模型的正中央是"信仰与假设",其决定了组织员工的意识和行为。它通常难以捉摸,需要通过4大文化特征进行测量。

1. 参与性

参与性主要反映员工的工作能力、主人翁精神和责任感的培养。组织在这一文化特征上的得分,反映出组织对培养员工、内部上下沟通、员工参与管理的认识以及为员工参与所开辟的途径等。

(1)授权。授权主要包括员工是否真正被授权并承担责任,是否具有主人翁意识,以及工作积极性如何。

(2)团队导向。这指的是组织是否重视并鼓励员工互相合作以实现共同目标,员工在工作中是否依靠团队力量。

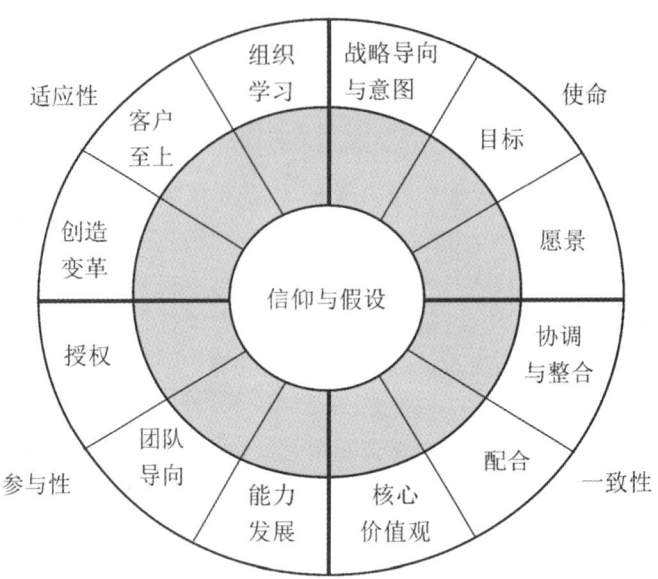

图 9-15　丹尼森组织文化模型

（3）能力发展。这指的是组织是否不断投入资源培训员工，使他们不断成长，组织对员工学习和成长的愿望的满足程度。

2. 一致性

一致性主要用于反映组织的内部核心价值观与凝聚力情况。

（1）核心价值观。这指的是组织是否存在大家认同的价值观，从而使组织员工产生强烈的认同感，并对未来抱有明确的期望。

（2）配合。这指的是领导者是否具备足够的能力使大家达成高度的一致，并在关键问题上有使大家达成共识的能力。

（3）协调与整合。这指的是组织中各职能部门和业务单位是否能够密切合作，部门或团队的界限是否会变成合作的障碍。

3. 使命

使命这一文化特征是帮助测量诊断者判断组织是否具备远大而明确的目标和志向。

（1）愿景。这指的是员工对组织未来的理想状况是否达成了共识，这种愿景是否得到组织全体员工的理解和认同。

（2）目标。这指的是组织是否周详地制定了一系列与使命、愿景和战略密切相关的目标，可以让每个员工在工作时作为参考。

（3）战略导向与意图。这指的是组织是否希望在本行业中脱颖而出。明确的战略意图展示了组织的决心，并使所有人都知道应该如何为组织的战略做出自己的贡献。

4. 适应性

适应性这一文化特征主要反映组织对外部环境的适应能力,包括对市场和客户的各种直接或间接信号的捕捉能力和反应速度。

(1)组织学习。这指的是组织能否将外界信号视为鼓励创新和吸收新知识的良机。

(2)客户至上。善于适应环境的组织凡事都从客户角度出发。客户至上指的是组织了解自己的客户,使客户感到满意,并能预测客户未来的需求。

(3)创造变革。这指的是组织是否惧怕承担变革带来的风险,是否能够仔细观察外部环境,明确相关流程及变化步骤,并及时实施变革。

在丹尼森组织文化模型中,适应性与参与性强调的是组织的灵活性和变革欲望与能力,使命和一致性则强调组织保持可预测性与稳定性的能力,它们构成了一对矛盾主体。适应性和使命强调的是一个组织对于外部环境的适应能力,参与性与一致性强调的是一个组织的内部和谐能力,这又构成了组织文化建设中的一对矛盾主体。两对矛盾主体也是一个组织在文化建设中所要平衡和解决的主要冲突,能否妥善解决这两对矛盾,是组织文化建设成败的决定性因素。

(五) 霍夫斯泰德框架

1967—1973 年,荷兰著名社会心理学家吉尔特·霍夫斯泰德(Geert Hofstede)在著名的跨国公司 IBM 进行了一项大规模的文化价值观调查。其调查和分析的重点是各国员工在价值观上表现出来的国别差异。研究结束后,霍夫斯泰德出版了论文《文化之重:价值、行为、体制和组织的跨国比较》(*Culture's Consequences:Comparing Values, Behaviours, Institutions, and Organizations across Nations*),后又采纳了一些学者对他的理论的补充,总结出以下六个衡量价值观的维度。

(1)权力距离(power distance)。权力距离指某一社会中地位低的人对于权力在社会或组织中不平等分配的接受程度。比较来看,欧美国家的人更注重个人能力,而亚洲国家的人则更注重权力的约束力。

(2)不确定性的规避(uncertainty avoidance)。这指的是当一个社会受到不确定的事件和非常规的环境威胁时,是否通过正式的渠道来避免和控制不确定性。回避程度高的文化比较重视权威、地位、资历、年龄等,并试图通过提供较大程度的职业安全、建立更正式的规则等手段来避免这些不确定事件的发生。回避程度低的文化对于反常的行为和意见比较宽容,规章制度少,在哲学、宗教方面,他们容许各种不同的主张同时存在。

(3)个人主义/集体主义(individualism versus collectivism)。这个维度是衡量某一社会总体是关注个人的利益还是关注集体的利益。在个人主义倾向的社会中,人们倾向于关心自己及小家庭;而在具有集体主义倾向的社会中,人们注重族群内的关系,关心大家庭。

（4）男性化与女性化（masculinity versus femininity）。这个维度主要看某一社会代表男性的品质如竞争性、独断性更多，还是代表女性的品质如谦虚、关爱他人更多，以及对男性和女性职能的界定。

（5）长期取向与短期取向（long-term versus short-term）。这指的是某一文化中的成员对延迟其物质、情感、社会需求的满足所能接受的程度。20世纪后期，东亚经济获得突飞猛进的发展，学者们认为长期取向是促进其经济发展的主要原因之一。

（6）自身放纵与约束（indulgence versus restraint）。这指的是某一社会对人基本需求与享受生活享乐欲望的允许程度。此为后来添加的维度。

六 组织文化的塑造路径

（一）选择合适的组织价值观标准

组织价值观是整个组织文化的核心，选择组织价值观时要立足于本组织的具体特点、目的、环境要求和组成方式等，选择适合自身发展的组织文化模式。此外，要把握组织价值观与组织文化各要素之间的相互协调关系，因为各要素只有经过科学的组合和匹配，才能实现系统整体优化。

选择合适的组织价值观有以下几个标准。第一，组织价值标准要正确、明晰、科学，具有明显的特点。第二，组织价值观和组织文化要体现组织的宗旨、管理战略和发展方向。第三，切实关注员工的认可和接纳程度，使之与本组织员工基本素质相协调。第四，发挥员工的创造精神，认真听取员工的各种意见，并经过自上而下和自下而上的多次反复，审慎选择出既符合本组织特点又反映员工心态的组织价值观和组织文化模式。

（二）强化员工的认同感

选择和确立了组织价值观和组织文化模式后，就应通过强化和灌输，使员工基本认可组织文化建设方案。具体有以下三种做法：一是利用一切宣传媒体进行强化宣传；二是培养和树立英雄人物和典型榜样；三是加强相关培训和教育，培养员工良好的道德、言行和举止。

（三）提炼定格

（1）精心分析。经过实践，得到员工的初步认同后，要将反馈回来的意见加以剖析和评价,详细分析和比较实践结果与规划方案的差距,必要时可以吸收有关专家和员工的合理化建议。

(2)全面归纳。在系统分析的基础上,进行综合的整理、归纳、总结和反思,采用去粗取精、去伪存真、由此及彼、由表及里的方法,剔除那些落后的、不为员工所认可的内容与形式,保留那些进步的、卓有成效的、为广大员工所接受的内容与形式。

(3)精练定格。使组织精神、组织价值观、组织伦理与行为条理化、完善化、格式化,再经过理论加工和文字处理,用精练的语言表达出来。

（四）巩固落实

此时,建立必要的奖优罚劣制度十分必要。除此之外,领导者要率先垂范。组织的领导者要有强烈的示范意识与观念,为员工做出榜样。

（五）在发展中不断丰富和完善

任何一种组织文化都是特定历史的产物,当组织的内外条件发生变化时,组织必须不失时机地丰富、发展和完善组织文化。这既是一个不断淘汰旧文化、不断生成新文化的过程,也是一个认识与实践不断深化的过程。组织文化由此经过不断的循环往复,才能达到更高的层次。

七　国家文化与组织文化在管理中的作用

随着全球化的发展,大量跨国公司和区域性经济组织出现,这要求我们开展人力资源跨文化管理研究,了解不同文化间的差异。其中最有影响力的是关于个人主义与集体主义对组织管理的影响研究。研究发现了中西文化的差异,认为中国人更愿意遵循平等原则来分配奖金,强调了中国管理方式必须适合中国的国情文化。目前,关于在跨国公司中到底是国家文化还是组织文化更有影响力尚有争论。一项研究指出,在跨国公司中,有三种不同的管理策略:第一种是以一种管理方式为主的策略,即以跨国公司东道国的组织文化为主,或者以跨国公司所在国的国家文化为主;第二种是混合式的策略,即把本国与外国的管理方式兼收并蓄,融为一体;第三种是协作式策略,即吸收两种文化中的独特成分,设计出超越这两种文化的新管理方式。究竟采取何种策略,要视具体情况而定。

延伸阅读

"00 后"对企业"反向背调"

在就业市场上有这样一些求职者,他们在找工作时,不是把企业档次、工资待遇、晋升前景等作为最主要的选项,而是将目标公司的企业文化是否良好、团队工作氛围与自己是否契合等放在第一位。为了了解相关情况,他们往往亲自对目标企业进行背景调查。这种求职者对公司情况进行摸底的行为,与传统的企业搜集应聘者资料的做法类似,被称为"反向背调"。

坚决不去过度竞争的企业,谨慎选择法律纠纷多的企业,慎入欺负新人的企业……当下,大批主体意识强烈的"00 后"进入职场,他们不甘于被动接受公司的选拔和背景调查,而是选择主动出击,利用信息网络对雇主展开"反向背调"。媒体采访发现,比起大企业"光环",年轻求职者更在意"气氛融洽"和"被尊重",更关注领导风格、企业文化等软性指标。可以说,这股新风正在重塑职场生态,让求职过程从过去更多的是企业单方选择,变成了如今的"双向奔赴"。有专家认为,此举使人岗匹配更加精准,有助于求职者的职业发展。

"只选对的,不选贵的",为了找到契合自己"品味"的企业,避免"入坑",这些求职者不惜花费时间和精力去收集整理有关企业的相关信息,通过自己甄别和与他人交流,力争提前掌握目标企业的情况,剔除与自己期望不符的企业,从而让自己的求职方向更聚焦、目标更精准。

"反向背调"反映了年轻一代的新需求。与过去流行的"先就业再择业"不同,年轻一代看重自身体验,注重个人价值观被接纳、被尊重。与其草率进入一个与自己"气场"不合的企业,被迫忍受,他们宁愿降低其他方面的诉求,来换取一个自己更喜欢的工作环境。

"反向背调"给用人单位提出了新课题。时代在变,人们的思想观念也在不断演变。过去那种为了改善经济条件、增加收入而甘愿加班的求职大环境已经发生了变化。对企业做"反向背调"的求职者的出现,某种程度上代表着未来员工的一种倾向,甚至给整个职场文化带来了影响。这就要求企业能及时认识到这种变化,并合理应对。

资料来源:背调毕业生? 00 后开始"反向背调"雇主了! [EB/OL]. [2022-04-19]. https://new. qq. com/rain/a/20220419A01EJS00,内容有删改。

第四节　组织变革

20世纪90年代以来,组织变革已成为全球化经济竞争中的首要问题之一。本节主要介绍组织变革的概念、类型和原因,目标与影响变量,模式和阶段模型,阻力及管理等内容。

一　组织变革的概念、类型和原因

(一)组织变革的概念

组织变革(organizational change)是指综合运用行为科学和其他相关管理原理、方法,研究群体动力、领导、职权和组织再设计等问题,通过对组织中的要素(如组织的管理理念、工作方式、组织结构、人员配备、组织文化及技术等)进行结构性变革,使之适应内外环境变化和组织可持续发展需要的活动过程。

从管理心理学角度来说,组织变革的重点是改变人的行为和人际关系。只有使人的心理和行为做出适当的改变,人际关系才更加融洽,组织才有生命力,才能适应变化多端的外部环境。

(二)组织变革的类型

尤克尔(Gary Yukl)区分了几种不同的组织变革类型。

1. 技术变革

技术变革指的是改变过去用于工作或支持关键工作行为的技术。变革的目的是提高生产效率。为此而采取的措施包括采用新的工作设备、工作方法、工作过程、新的信息和决策支持系统等。应当注意的是,新的技术不会自动被员工接受和有效利用,除非员工在工作角色、态度和技能上实现相应的转变。

2. 人员变革

人员变革指的是改变组织成员的态度和价值观。通过改变员工的态度、期望、认知和行为而改革人员。采用的主要方法包括劝导呼吁、培训、团队建设或文化变革,同时,辅之以技术和人际关系技巧方面的培训。这种目标假定新的态度和技能会导致员工行为朝着有利的方向改变。

3. 组织结构变革

组织结构变革指的是改变工作的角色、互动的类型、绩效的标准和奖励的条件,它涉及重新设计工作岗位,使之包括不同的行为和职责,重新组织工作流程,调整权力关系,改变评价工作的标准和程序,以及改变奖励体制等。它的假设是:当角色要求人们有不同的方式行为时,人们会改变自己的态度以便适应新的行为。新的角色要求会导致有效的行为,而评价和奖励体制会强化这种有效的行为。

4. 竞争策略变革

竞争策略变革涉及的措施包括引入新的产品或服务、进入新的市场、采用新的销售形式、与其他组织结成联盟或合资公司,以及调整与供应商之间的关系等。竞争策略的变革经常需要与人员、工作角色和技术的变革保持一致,否则竞争策略变革就会失败。

(三)组织变革的原因

导致组织变革的原因复杂多样,需要根据组织诊断进行综合分析和判断。

1. 组织诊断

组织诊断(organizational diagnosis)是指在对组织的文化、结构以及环境等进行综合分析与评估的基础上,确定组织是否需要变革,即管理者对于组织是否应该变革、哪些地方应该变革、是否具备变革条件等问题,逐一做出明确回答的调查分析活动。目前常用的经典的组织诊断模型有以下几种。

1)麦肯锡 7S 模型

著名的麦肯锡 7S 模型认为,诊断企业是否适合进行变革,可以依据 7 个相互联系的因素进行判断,即结构(structure)、制度(system)、风格(style)、员工(staff)、技能(skill)、战略(strategy)和共同价值观(shared value)。

在该模型中,战略、结构和制度被认为是企业成功的"硬件"。战略是指建立、保持和加强组织竞争优势的整体规划;结构是指企业组织的方式,以及人员分工与管理的方式;制度是指组织日常的活动和各项流程,以及员工参与工作的方式。风格、员工、技能和共同价值观被认为是企业成功经营的"软件"。风格指管理者的管理方式;员工是指组织内的员工及他们的综合能力;技能是指组织工作中需要的实际技能和能力;共同价值观是模型的"崇高目标",是在组织文化和日常工作中要贯彻的核心价值观。麦肯锡 7S 模型强调,组织要想达到成功,七大要素必须协同匹配。

 关联知识

二维码 9-2
麦肯锡 7S 模型
评估问题清单

2）韦斯伯德六盒模型

六盒模型是由美国分析师马文·韦斯伯德（Marvin Weisbord）开发的一个模型。六盒模型主要从使命/目标（是否有清晰的使命和目标，员工是否理解并认同使命和目标）、组织/结构（如何设计组织分工和沟通系统，如何分配权力和责任来支撑组织目标的达成）、关系/流程（上下游的沟通是否通畅，彼此是否协同，有没有多余或遗漏的点）、回报/激励（要完成的任务是否有相应的激励措施，奖励是支持还是阻碍了任务的完成）、支持与帮助（支持和帮助组织工作的系统和流程是怎样的）、领导/管理（确保其他五个盒子能处于均衡的状态，若失衡时，应采取怎样的行动及时修正）六个不同层面和深度，对组织逐一进行分析、观察，找到需要突破的盒子、最迫切需要调整的盒子，让改革、创新、管理真正做到有的放矢。在六个盒子中，第一个盒子注重指明方向；第二个盒子注重排兵布阵、知人善用；第三个盒子注重建设机制，为组织发展创造"土壤"；第四个盒子注重激励驱动；第五个盒子注重协调资源、扩大影响力；第六个盒子注重维持均衡。

3）开放系统模型

该模型将组织视为一个开放的系统，这种模型可帮助企业选择组织诊断的主题，完善评估组织诊断有效性的标准，收集资料，准备反馈，并且决定采取什么行动步骤可以解决问题和提高组织有效性。它需要收集的基础信息资料包括以下内容。

（1）输出：主要产品和服务的数量和质量的大致状况、人力表现等资料。

（2）目标和战略：通过预算，分析组织目标、战略和任务等在过去和现在的变化。

（3）输入：来自销售、服务和资金渠道的收入和分配；人力资源（工种、社会背景、受教育状况、重要的职业群体、培训等）。

（4）环境：物质环境和社会经济政治环境。

（5）结构：主要的部门和单位，组织层级数量、单位形成的基础和协调机制、控制范围、员工活动的空间分布、人力资源政策和实践、突出的权力机构和联盟。

（6）行为和过程：高层决策的主要方式、冲突的主要类型（如部门之间的冲突）、沟通的主要方式等。

（7）文化：组织文化的象征（如标语、口号、公司的外部形象）、组织历史、有代表性的活动（如庆祝活动等）、工作方式和工作作风等。

(8)系统动力:过去或最近任何系统组成部分中的主要变革、组织生命周期的各个阶段、全面的财务状况(利润、损失情况等)、主要系统组成部分的增长和缩减情况。

在整理以上资料的基础上,结合定向访谈,再通过精确的测量和判断,可做出组织变革诊断。

2. 组织外部和内部环境变化

(1)外部环境变化。外部环境变化是指市场、资源、技术、政治、经济和社会环境等方面的变化。这部分变化是管理者控制不了的。其中,市场变化包括顾客的价值观和偏好发生变化,竞争者推出新产品、新服务等;资源变化包括人力资源、能源、资金、原材料价格的变化等;技术的变化包括新工艺、新材料、新技术、新设备的出现等。这些变化不仅会影响产品,而且会带来管理和人际关系的变化。

(2)内部环境变化。内部环境变化主要指组织成员的工作态度、工作期望、个人价值观念等方面的变化,如果这些变化与组织目标、组织文化、组织结构、权力系统、生命周期等不相适应,必须对组织做出相应的变革。比如,组织成员要求在工作中有个人发展的机会,希望彼此以公平、平等的态度相待,工作热情逐渐转向以工作本身产生的内在利益、人的尊严和责任心为基础,希望从组织中获得尊重、友谊、信任、真诚等情感的满足,随着自身素质的变化和生活水平的提高,希望组织采用新的管理制度或管理方式,但组织仍然倾向于简单化、专制化的管理方式,仍然只靠奖惩手段,等级分明,不注重人的情感,仍然习惯于老一套陈旧的制度或工作方法,这时在组织内部就会产生要求改变现状的变革推动力量。

二 组织变革的目标与影响变量

(一)组织变革的目标

组织变革的目的是促进组织的发展,因此,组织变革的目标应与组织发展目标协调一致。组织变革应努力实现以下目标。

一是提高组织适应环境的能力。这是组织变革的基础性目标。在正确认识环境变化的前提下,要审时度势,通过建立健全组织运行机制,改造组织结构和流程来增强组织对环境的适应性。

二是提高组织的工作绩效。在提高组织适应环境能力的基础上,提升组织的自我创新能力,提高组织运作效率和效益,使组织不断发展壮大。这是组织变革的最终目标。

三是使组织结构更完善,组织内部关系更和谐。组织结构不是一成不变的,随着外部环境和组织自身发展,组织结构变革的目标之一是使组织结构更完善,更好地推动组织的发展。同样,良好的内部关系也是组织变革所追求的重要目标之一。

四是承担更多的社会责任。为了塑造良好的形象,现代组织都要承担起相应的社会责任,这是组织运作的必要前提。组织的社会责任要求组织不断进行调整与变革,这也是组织变革的最高目标。

（二）组织变革的影响变量

（1）任务变量。它是指工作任务是简单的还是复杂的,是标准化的还是独一无二的。

（2）组织结构变量。它是指组织的信息沟通、权力和责任系统。组织结构规定组织的任务如何被分配、谁向谁汇报以及正式沟通机制和交往模式如何安排,它具有三个核心特征:结构的复杂性、规范性和集中性。

（3）人的变量。它是指组织成员,包括工作态度、个人作风和组织对其工作的激励等。

（4）技术变量。它是组织解决问题的方法和手段。

（5）环境变量。它是组织变化的外部压力和内部动力之源。

三　组织变革的模式和阶段模型

（一）组织变革的模式选择

这里主要比较两种典型的组织变革模式:激进式变革和渐变式变革。

（1）激进式变革（radical change）。这种变革力求在比较短的时间内,对组织进行大幅度、全面、深入的调整,以便彻底打破原有组织模式并迅速建立起新的组织模式。这种变革模式过程较快,但平稳性差,严重的时候甚至会引起组织崩溃。

（2）渐进式变革（incremental change）。这种变革是对组织进行小幅度的局部调整,力求通过渐进的过程,实现组织模式的转变。它主要通过局部的修补和调整来实现转变。

以上两种组织变革模式各有优缺点和适用的环境特点,需要综合应用。当组织内外部环境发生重大变化时,组织有必要采取激进式变革以适应环境变化,但不宜频繁使用。在两次激进式变革之间,即在平时更长的时间里,组织应采用渐进式变革。

（二）组织变革阶段模型

1. 勒温的三阶段模型

勒温提出的组织变革模型比较有影响力,这是一个包含解冻、变革、再冻结三个步骤的有计划的组织变革模型,也称三阶段模型。

第一阶段是解冻(unfreezing),旨在创造变革的动力。解冻是组织变革过程中最难也是最主要的阶段,但它是改变组织目前均衡状态所必需的。组织必须清醒地认识到现实情况,与过去决裂,承认旧的做事方式不再被接受。在这一阶段需要注意以下三点:第一,必须明确地否定目前的行为或态度;第二,必须使组织成员产生足够的、能产生变革的迫切感;第三,通过创造一种开放的氛围和心理上的安全感,减少变革的心理障碍,提高变革成功的信心。

第二阶段是变革(changing),旨在指明改变的方向,使组织成员形成新的态度和行为。它侧重于引进并使用变革的技术或方法使变革成功。换言之,就是利用变革技术减少抗拒的阻力。一方面,要将整个组织团结在一个凝聚人心的愿景之下。这个愿景不仅包括对使命、哲学和战略目标的某种陈述,而且旨在清晰地勾画出组织未来理想的样子。另一方面,为组织成员提供新信息、新行为模式和新视角,为组织成员新的工作态度和行为树立榜样。可以采用角色模范、导师指导、专家演讲、群体培训、沟通与协商、激励与高压等多种途径,使组织成员形成新态度或新行为。

第三阶段是再冻结(refreezing),旨在稳定变革。在经过改革之后,还要利用更多正式化的机制,引导员工接受变革的结果,把组织稳定在一个新的均衡状态,目的是保证新的工作方式不会被轻易改变。这需要使组织成员有机会检验新的态度和行为,并及时给予强化,使其形成持久稳定的行为规范。

卡尔·韦克(Karl E. Weick)和奎因研究发现,勒温提出的传统的阶段性变革程序(即解冻—变革—再冻结)已逐渐被连续性变革程序(即冻结—再平衡—解冻)所取代,这种新的理论强调变革应是连续性、发展的、渐进的变革,尽管这些变革所进行的调整可能较小,但能够从根本上改变组织的结构和战略,保障变革的顺利实施和达到预期目的。[①] 另外,有学者发现,就业安全保障、招聘、团队自主性管理、授权、培训、信息沟通等是促进变革和提高生产力的重要干预因素。

2. 卡斯特的六过程模型

弗里蒙特·卡斯特(Fremont E. Kast)提出了组织变革过程的六个步骤,也称六过程模型。这6个步骤如下。

(1)审视状态:对组织内外环境和现状进行回顾、反省、研究和评价。

(2)觉察问题:识别组织中存在的问题,确定组织变革需要。

(3)辨明差距:找出现状与所希望状态之间的差距,分析存在的问题。

(4)设计方法:提出和评定多种备选方法,经过讨论和绩效测量,做出选择。

(5)实行变革:根据所选方法及行动方案,实施变革行动。

(6)反馈效果:评价效果,实行反馈,若有问题,再次循环此过程。

一个组织变革计划要经过以上步骤的多轮循环,常以对实施行动的后续评估作为

---

① Weick K E,Quinn R E. Organizational Change and Development[J]. Annual Review Psychology,1999 (50):361-386.

结束点。其优点有二：一是它可以对组织目前的情境进行仔细诊断；二是它可以使组织员工卷入变革过程。

█ 3. 伍德沃德的情绪反应四阶段模型

组织在变革过程中，更应关注员工的情绪反应。伍德沃德（H. Woodward）等人根据对人们面对突发的创伤性事件时的情绪反应的观察，提出了在组织变革过程中情绪反应的四个阶段，即否认（denial）、愤怒（anger）、悲哀（mourning）和适应（adaptation）。第一个阶段是否认变革的必要性；第二个阶段是愤怒并寻找可以责备的人，同时顽固地拒绝放弃已经习惯的工作方式；在第三个阶段，人们不再否认变革是不可避免的，认识到有些东西已经失去，并为此而悲哀；在第四个阶段，人们认可变革的需要，随遇而安。对不同的人来说，上述每一阶段的持续时间和情绪强烈强度会有很大的差异，一些人会停留在某个中间阶段无法超越。变革的领导者应当理解和耐心对待员工的这些反应，并帮助他们克服对变革的拒绝和否认，以建设性的方式缓解他们的愤怒情绪，使他们的悲伤不至于发展为严重的沮丧或绝望，并最终使他们对于适应环境持有乐观态度。

1960年以来，管理心理学家与企业家都注重组织变革，从简单零散的变革活动，转向系统化、战略性、计划性的变革，更注重变革的理论指导和方法途径。组织变革是以人员优化和组织之间的协调为基础，通过组织内部的不断改进、长期努力和调整来更新企业组织的过程，最终实现有计划、有目标、系统化的组织发展。这不同于传统的组织改进活动，传统的组织改进只是集中在个别管理人员上，而非群体。

四 组织变革的阻力及管理对策

（一）组织变革的阻力

组织变革是一个破旧立新的过程，必然会遇到各种抵制和阻力。现代组织理论认为，组织变革的阻力从某种意义上说是积极的，它使行为具有一定的稳定性和可预见性，如果没有阻力的话，组织行为会变得混乱而随意。阻力有来自个人的，也有来自群体的；可以是公开的、即时的，也可以是潜在的、延后的。康纳（D. R. Connor）在《组织变革中的管理》（*Managing Organizational Change*）一书中分析归纳了人们抵制变革的主要原因，主要包括以下方面。

（1）个体阻力：组织员工认为变革是不必要、不可行的；不信任提出变革的人；在习惯、安全和利益上受到影响；对不确定性的恐惧；对价值和理想的威胁；对干预的反感；较高的成本；选择性信息加工等。

（2）团体阻力：组织结构调整对已有权力关系的威胁；对已有资源分配的威胁；对已有专业知识的威胁；人际关系调整对结构惯性、群体惯性带来的影响等。

作为管理者,不应当将对变革的抵制仅仅视为无知和顽固僵化,而应当将其视为那些要保护自身利益和有自主感的人们的自然反应。与其将抵制视为需要克服和战胜的障碍,不如更现实地将其视为可以转变为有利于变革的一种能量。

（二）消除组织变革阻力的管理对策

1. 客观分析变革的推力和阻力的强弱

通过问卷调查和访谈等方式,深入一线,了解员工对组织变革的支持情况以及各种诉求,评估组织变革的内外部环境条件,分析其中的优劣势和机会及威胁,寻找组织变革的机会窗口期。其中的关键,是确定谁会促进或反对变革,要争取来自最高管理层、中下级管理层以及外在的支持者,使他们结成广泛的同盟来支持变革,并将有能力的变革实施者安排到关键岗位。

2. 创新策略方法和手段

成立特别工作小组指导变革的实施。在具有联系松散的分支单位的组织,重大变革可以逐个单位依次进行,要以引人瞩目的、具有象征意义的改变来影响人们的工作。

3. 创新组织文化

组织变革除了提高组织效能外,还应包含以人为本的价值导向,提倡合作协调而非对抗冲突,自我监控而非规章监控,民主参与而非集权管理等。组织要鼓励员工在态度、价值观念、技能、人际关系和文化氛围等方面的更新。组织变革的再教育能使员工抛弃不适应形势发展的旧规范,建立新的行为规范。

4. 改变组织结构的相关方面

一种新的重大战略的成功实施,要求改变组织结构使其适合新的战略。这种改变可能涉及各分支单位的任务划分、权力和上下级关系、员工分配、工作流程、沟通网络、奖励系统、正式的绩效标准,以及人事决策标准等。结构变革应有中下层管理者的参与,可以成立特别工作小组来分析工作任务是如何完成的,并就实现新战略所必需的结构变革提出建议。当变革遭遇抵制时,可以创建一个非正式结构来支持新战略,并推迟正式结构的变革,直到人们认识到变革的必要性。

5. 监控变革进程

组织变革是一个依靠多层诊断、全面配合、行动干预和监控评价,从而形成积极健康诊断的过程。它强调研究和实践的结合,是一个不断学习的过程。它着重通过有效沟通、解决问题、参与决策、处理冲突、分享权力和设计生涯等过程,促进员工学习新的知识和技能,解决相互之间存在的问题,明确群体和组织目标,实现组织变革的总目标。这个过程需要监控,需要及时获得关于变革对人员、过程和绩效所产生的效果的确切信息,使影响组织绩效的关键变量的关系模型更加精确化,使变革的不同方面得以协调。[①]

中英文关键术语

组织(organization)

古典组织理论(classical organization theory)

组织设计(organization design)

组织结构(organization structure)

机械组织(mechanical organization)

有机组织(organic organization)

组织生命周期理论(organization life cycle theory)

授权(empowerment)

组织文化(organizational culture)

跨文化管理(cross-cultural management)

变革阻力(resistance to change)

激进式变革(radical change)

渐进式变革(incremental change)

组织变革(organizational change)

思考题

1. 组织设计的影响因素有哪些?

2. 组织设计遵循的基本原则有哪些?

3. 组织部门化的基本形式有哪些?

4. 层级组织与有机组织有什么区别?

5. 组织文化有什么功能?

6. 组织变革的阻力表现在哪些方面? 如何对组织变革的阻力进行管理?

① 齐先朴. 当代西方领导组织变革的若干新理论研究综述[J]. 长江论坛,2007(5):64-68.

案例分析题

 **一、阅读材料**

杜邦公司组织结构的变革

美国杜邦公司(Du Pont Company)是世界上最大的化学品生产公司。20世纪以来,企业的组织结构不断变革,其根本点在于不断适应企业的经营特点和市场情况的变化。杜邦公司创设的组织结构,曾经成为美国许多公司包括著名大公司的效仿对象,它反映了企业组织变革的一般特点。

一、成功的单人决策及其局限性

历史上的杜邦家族是法国富埒王室的贵族,1789年在法国大革命中摇摇欲坠,老杜邦带着两个儿子伊雷内和维克托逃到美国。1802年,伊雷内和维克托在特拉华州布兰迪瓦因河畔建起了火药厂。由于伊雷内在法国时是火药配料师,与他共事的又是法国著名化学家拉瓦锡,加上美国历次战争的需要,工厂很快站住了脚并发展起来。

19世纪中期,杜邦公司基本上是单人决策式经营,这一点在亨利这一代尤为明显。

亨利是伊雷内的儿子,军人出身,由于接任公司以后完全是一套军人派头,人称"亨利将军"。在公司任职的近40年中,亨利使用严厉的措施管理公司。他实行的一套管理方式,被称为"恺撒型经营管理"。

这套管理方式令人难以模仿,它实际上是经验式管理。公司的所有主要决策和许多次要决策都由亨利亲自制定,所有支票都由他亲自开,所有契约也都得由他签订。他一人决定利润的分配,亲自周游全国,监督公司的几百家经销商。他全力加快回款速度,严格控制支付条件,促进交货流畅,努力降低价格。亨利接任时,公司负债高达50多万,但其后来却成为行业的领头羊。那时,这种单人决策式的经营基本上是成功的。这主要是因为:第一,公司规模不大,到1902年公司总资产才达到2400万美元;第二,产品主要是火药,比较单一;第三,公司产品质量占据绝对优势,竞争对手难以超越;第四,市场变化不甚复杂。

单人决策取得的较好效果,与"亨利将军"的非凡精力也是分不开的。直到72岁时,亨利仍不需要秘书的帮助;任职期间,他亲自写的信不下25万封。但是,正因为这样,亨利死后,继承者很难维系公司的辉煌。亨利的侄子尤金,是公司的第三代继承人。亨利是与公司一起成长的,而尤金则缺乏经验。他试图承袭伯父的作风经营公司,也对公司采取绝对的控制,亲自处理细枝末节,亲自拆信复函,但最终还是陷入错综复杂的矛盾之中。1902 年,尤金去世,合作者也都心力交瘁,两位副董事长和秘书兼财务长相继去世。

二、首创的集团式经营

正当公司濒临危机、无人敢接重任、家族拟将公司出卖给别人的时候,公司创始人的三个曾孙买下了公司。他们不仅具有管理大企业的丰富知识,而且具有在铁路、钢铁、电气和机械行业中采用先进管理方法的实践经验。他们果断地抛弃了"亨利将军"那种"单枪匹马"的管理方式,精心地设计了一种集团式经营的管理体制。在美国,杜邦公司是第一家把单人决策改为集团式经营的公司。

集团式经营最主要的特点是建立了执行委员会,隶属于最高决策机构董事会,是公司的最高管理机构。在董事会闭会期间,大部分权力由执行委员会行使,董事长兼任执行委员会主席。1918 年,执行委员会有 10 个委员、6 个部门主管、94 个助理,高级管理者年龄大多在 40 岁以下。公司抛弃了当时美国流行的体制,建立了预测、长期规划、预算编制和资源分配等管理方式。在管理职能分工的基础上,建立了制造、销售、采购、基本建设投资和运输等职能部门。在这些职能部门之上,是一个高度集中的总办事处,控制销售、采购、制造、人事等工作。

执行委员会每周召开一次会议,听取情况汇报,审阅业务报告,审查投资和利润,讨论公司的政策,并就各部门提出的建议进行商讨。对于各种问题的决议,一般采取投票、多数赞成通过的方法。各单位申请的投资,要经过有关部门专家的审核,对于超过一定数额的投资,各部门主管没有批准权。执行委员会做出的预测与决策,一方面要依据发展部提供的广泛的数据,另一方面要依据来自各部门的详尽报告,各生产部门和职能部门必须按时向执委会报告工作,在月度报告中说明产品的销售情况、收益、投资以及发展趋势,在年度报告中讨论五年及十年计划,以及所需资金、研究与发展方案。

在集团式经营的管理体制下,权力高度集中,实行统一指挥、垂直领导和专业分工的原则,所以公司秩序井然,职责清晰,效率显著提高,这大大促进了杜邦公司的发展。20 世纪初,杜邦公司生产的五种炸药占当时全美总产量的 64％～74％,生产的无烟军用火药则占 100％。第一次世界大战中,协约国军队 40％的火药来自杜邦公司。公司的资产到 1918 年增加到 3 亿美元。

三、充分适应市场的多分部体制

杜邦公司在第一次世界大战后大幅度扩大规模,逐步走向多角化经营,这使组织结构遇到了严重的问题。每次收购其他公司后,杜邦公司都因多角化经营遭到严重亏损。这主要是由于公司的原有组织结构对企业成长缺乏适应能力。1919 年,公司有人指出,问题在于过去的组织结构没有弹性。尤其是 1920 年夏季到 1922 年春季,市场需求突然下降,这使许多企业出现了所谓的"存货危机"。

人们逐渐认识到,企业需要一种根据市场需求的变化而改变商品流量的能力。

杜邦公司经过周密的分析,提出了一系列组织结构设置的原则,创造了一个多分部的组织结构。在执行委员会下,除了设立由副董事长领导的两个总部外,还按各产品种类设立分部,而不是采取通常的职能式组织形式,如生产、销售、采购等。在各分部之下,则有会计、供应、生产、销售、运输等职能部门。各分部是独立核算单位,分部经理可以独立自主地统管所属职能部门的采购、生产和销售工作。在这种形式的组织结构中,分部在不同的、明确划定的市场中,通过协调从供给者到消费者的流量,使生产和销售一体化,从而在生产和市场需求之间建立起密切的联系。这些以中层管理人员为首的分部,通过直线组织管理其职能活动。高层管理人员总部在大量财务和管理人员的帮助下,监督这些多功能的分部,用利润指标加以控制,使他们的产品流量与波动需求相适应。多分部管理体制的基本原理是政策制定与行政管理分开,这使公司的最高管理层摆脱了日常性经营事务,把精力集中在考虑全局性的战略发展问题上,研究与制定公司的各项政策。

新分权化的组织使杜邦公司很快成为一个极具效率的集团,所有单位构成了一个有机的整体,公司组织具有了很大的弹性,能适应市场的变化。这使杜邦公司得以在20世纪20年代建立起美国第一个人造丝工厂,垄断了合成氨,而且在30年代后,杜邦公司还能以新的战略参加竞争,那就是致力于发展新产品,垄断新的化学产品生产。从30年代到60年代,被杜邦公司首先控制的,有着重要意义的化学工业新产品有合成橡胶、尿素、乙烯、尼龙、塑料等,后来杜邦公司参与第一颗原子弹的制造,并迅速转向氢弹生产。

四、"三头马车式"的体制

杜邦公司的执行委员会和多分部的管理结构,是在不断对集权和分权进行调整的情况下去适应需要的。例如,20世纪60年代后期,公司发现各部门的经理过于独立,以至于有些情况连执行委员会都不了解,因此公司又一次做了改革;一些高级副总经理同各工业部门和职能部门建立了联系,负责将部门的情况汇报给执行委员会,并协助各部门按执行委员会的政策和指令办事。

20世纪60年代以后,杜邦公司的组织结构又发生了一次重大的变更,这就是建立起了"三头马车式"的组织体制。新的组织体制是为了适应日益严峻的企业竞争需要而产生的。60年代初,杜邦公司接二连三地遇到了难题:许多产品的专利权纷纷到期,在市场上受到日益增多的竞争者的挑战;陶氏化学、孟山都以及一些大型石油化工公司相继成为它的劲敌。激烈的竞争导致从1960年到1972年,在美国消费物价指数上升4%,批发物价指数上升25%的情况下,杜邦公司的平均价格却降低了24%,杜邦公司因此蒙受重大损失,可谓四面楚歌,危机重重。

1962年,公司的第十一任总经理科普兰上任,他被称为危机时代的起跑者。公司新的经营战略是:运用独特的技术情报,选取销售情况最佳的商品,强力开拓国际市场;发展传统特长商品,开发新的产品品种,稳住国内势力范围,争取巨额利润。然而,扭转局面不是一蹴而就的,这是一场持久战。有了新的经营方针,还必须有相应的组织结构作为保证。除了不断完善和调整公司原设的组织结构外,1967 年,科普兰把总经理一职在杜邦公司史无前例地让给了非杜邦家族的人,公司财务委员会议议长也由别人担任,自己专任董事长一职,从而形成了一个"三头马车式"的体制。1971 年,科普兰又让出了董事长的职务。这一变革具有两方面的意义。一方面,杜邦公司是美国典型的家族公司,公司几乎有一条不成文的规定,即非杜邦家族的人不能担任最高管理职务。杜邦家族的成员甚至实行同族通婚,以防止家族财产外溢。现在这些惯例却被大刀阔斧地砍去,不能不说是一次重大改革,虽然杜邦公司一直由家族力量控制,但是董事会中的家族成员比例越来越少。另一方面,企业结构日益庞大,业务活动非常复杂,最高领导层的工作十分繁重,只有实行集体领导,才能做出令人满意的决策。在新的体制下,最高领导层分别设立了办公室和委员会,作为管理大企业的管理工具。科普兰说,"三头马车式"的集团体制,是今后经营世界性大规模企业不得不采取的安全措施。

所以,可以毫不夸张地说,杜邦公司成功的秘诀,首先在于使企业的组织结构设置适应需要,即适应生产特点、企业规模、市场情况等各方面的需要。其次,这样的组织结构也不是长久不变的,而是不断加以完善和发展。

资料来源:杜邦的组织结构变革[EB/OL].[2020-04-29]. https://www.jianshu.com/p/05c102bc6610,内容有删改。

 二、讨论题

1. 杜邦公司的组织结构是如何适应环境变化的?
2. 论述杜邦公司各发展阶段组织结构的演变,即其组织结构的模式及各种模式的优势和局限。
3. 杜邦公司 20 世纪 60 年代组织变革的意义何在?阻力何在?
4. 结合杜邦公司的发展经验,谈谈我国私营企业、乡镇企业如何打破家族化或简单合伙制,建立真正意义上的现代企业制度。

练习题

二维码 9-3
第九章课后
练习题及参考答案

参 考 文 献

一、著作类

[1]Alderfer C P. Existence,Relatedness and Growth：Human Needs in Organizational Settings[M]. New York：Free Press,1972.

[2]Bass B M. Transformational Leadership：Industrial,Military,and Educational Impact[M]. London：Psychology Press,1997.

[3]Cameron K S,Quinn R E. Diagnosing and Changing Organizational Culture：Based on the Competing Values Framework[M]. New York：Addison-Wesley Press,1999.

[4]Fiedler F E. A Theory of Leadership Effectiveness[M]. New York：McGraw-Hil,1967.

[5]Heider F. The Psychology of Interpersonal Relationships[M]. 1st Edition. New York：Wiley,1958.

[6]House R J,Mitchell T. Path-goal Theory of Leadership[M]. Seattle：Washington University Press,1975.

[7]Janis I L. Victims of Groupthink：A Psychological Study of Foreign-policy Decisions and Fiascoes[M]. Boston：Houghton Mifflin,1972.

[8]Locke E A,Latham G P. A Model of Goal Setting and Task Performance [M]. Princeton,N. J. ：Prentice-Hall,1990.

[9]McClelland D C. The Achieving Society[M]. Princeton：D. Van Nostrand,1961.

[10]Vroom V H. Work and Motivation[M]. New York：Wiley,1964.

[11][春秋]李耳. 道德经[M]. 邱岳,注评. 扬州：金盾出版社,2009.

[12][法]古斯塔夫·勒庞. 乌合之众:大众心理研究[M]. 冯克利,译. 北京:中央编译出版社,2011.

[13][加]亨利·明茨伯格. 经理工作的性质[M]. 孙耀君,译. 北京:中国社会科学出版社,1986.

[14][美]D. 赫尔雷格尔,J. W. 斯洛克姆,R. W. 伍德曼. 组织行为学(上册)[M]. 9 版. 俞文钊,丁彪,译. 上海:华东师范大学出版社,2001.

[15][美]D. 赫尔雷格尔,J. W. 斯洛克姆,R. W. 伍德曼. 组织行为学(下册)[M]. 9 版. 俞文钊,丁彪,译. 上海:华东师范大学出版社,2001.

[16][美]阿尔伯特·班杜拉. 社会学习理论[M]. 陈欣银,李伯黍,译. 北京:中国人民大学出版社,2015.

[17][美]戴维·迈尔斯. 心理学导论:人格、社会与异常心理学(下册)[M]. 9 版. 黄希庭,等译. 北京:商务印书馆,2019.

[18][美]金·卡梅隆,罗伯特·奎因. 组织文化诊断与变革[M]. 3 版. 王素婷,译. 北京:中国人民大学出版社,2020.

[19][美]理查德·格里格,菲利普·津巴多. 心理学与生活[M]. 19 版. 王垒,等译. 北京:人民邮电出版社,2016.

[20][美]斯蒂芬·罗宾斯,蒂莫西·贾奇. 组织行为学[M]. 18 版. 孙健敏,朱曦济,李原,译. 北京:中国人民大学出版社,2021.

[21][美]斯蒂芬·罗宾斯,玛丽·库尔特. 管理学[M]. 13 版. 刘刚,程熙镕,梁晗,等译. 北京:中国人民大学出版社,2017.

[22][唐]陆贽. 翰苑集[M]. 上海:上海古籍出版社,1993.

[23][魏]刘邵. 人物志[M]. [凉]刘昞,原注. 北京:红旗出版社,1997.

[24]彼得·诺思豪斯. 领导学:理论与实践[M]. 2 版. 吴荣先,等译. 南京:江苏教育出版社,2002.

[25]车丽萍,等. 管理心理学[M]. 2 版. 武汉:武汉大学出版社,2016.

[26]陈国海. 组织行为学[M]. 6 版. 北京:清华大学出版社,2020.

[27]陈学军,余琛,林志红. 管理心理学[M]. 杭州:浙江教育出版社,2015.

[28]程正方. 管理心理学[M]. 北京:高等教育出版社,2011.

[29]段万春. 组织行为学[M]. 4 版. 北京:高等教育出版社,2020.

[30]范逢春. 管理心理学[M]. 2 版. 北京:中国人民大学出版社,2019.

[31]刘毅. 管理心理学[M]. 成都:四川大学出版社,2003.

[32]刘永芳. 管理心理学[M]. 3 版. 北京:清华大学出版社,2021.

[33]刘永芳. 归因理论与人力资源管理[M]. 上海:上海教育出版社,2007.

[34]卢盛忠. 管理心理学[M]. 4 版. 杭州:浙江教育出版社,2006.

[35]裴利芳. 组织行为学[M]. 北京:经济城市出版社,2003.

[36]沙莲香. 社会心理学[M]. 4 版. 北京:中国人民大学出版社,2015.

[37]孙喜林,赵艳辉. 管理心理学——理论、应用与案例[M]. 北京:人民邮电出版社,2018.

[38]王梅,万婷,等. 管理心理学[M]. 武汉:华中科技大学出版社,2019.

[39]王重鸣. 管理心理学[M]. 北京:人民教育出版社,2001.

[40]吴晓义,杜今锋. 管理心理学[M]. 2 版. 广州:中山大学出版社,2009.

[41]吴岩. 领导心理学[M]. 北京:中国编译出版社,1996.

[42]俞文钊,苏永华. 管理心理学[M]. 6 版. 大连:东北财经大学出版社,2018.

[43]俞文钊. 领导心理学导论[M]. 北京:人民教育出版社,1993.

[44]赵国祥. 管理心理学:理论、实务、案例、实践[M]. 2 版. 大连:东北财经大学出版社,2016.

[45]赵国祥. 管理心理学[M]. 北京:高等教育出版社,2010.

[46]朱永新. 中华管理智慧:中国古代管理心理思想研究[M]. 苏州:苏州大学出版社,1999.

二、期刊类

[1]Adams J S. Toward an Understanding of Inequity[J]. Journal of Abnormal and Social Psycholongy,1963(67):422-436.

[2]Avolio B,Gardner W L. Authentic Leadership Development:Getting to the Root of Positive Forms of Leadership[J]. The Leadership Quarterly,2005,16(03):315-338.

[3]Gomes D R,Das Neves J G. Organizational Attractiveness and Prospective Applicants' Intentions to Apply[J]. Personal Review,2011,40(06):684-699.

[4]Hackman J R,Oldham G R. Development of the Job Diagnostic Survey[J]. Journal of Applied Psychology,1975,60(02):159-170

[5]Hochwarter W A ,Ferris G R ,Zinko R,et al. Reputation as a Moderator of Political Behavior-work Outcomes Relationships:A Two-study Investigation with Convergent Results[J]. J Appl Psychol,2007,92(02):567-576.

[6]Hofstede G,Neuijen B,Ohayv D Daval,et al. Measuring Organizational Cultures:A Qualitative and Quantitative Study across Twenty Cases[J]. Administrative Science Quarterly,1990(35):286-316.

[7]Huang Guohua,Zhao H H,Niu Xiongying,et al. Reducing Job in Security and Increasing Performance Ratings:Does Impression Management Matter? [J]. Journal of Applied Psychology,2013,98(05):852-862.

[8]Joyce W F,McGee V E,Slocum J W. Designing Lateral Organizations:An Analysis of the Benefits,Costs,and Enablers of Nonhierarchical Organizational Forms[J]. Decision Sciences,1997,28(01):1-25.

[9]Locke E A,Latham G P. Work Motivation and Satisfaction:Light at the End of the Tunnel[J]. Psychological Science,1990,1(04):240-246.

[10]Hackman J R,Oldham G R. Development of the Job Diagnostic Survey[J]. Journal of Applied Psychology,1975(60)：159-170.

[11]Wayne S,Liden R C. Effects of Impression Management on Performance Ratings：A Longitudinal Study[J]. The Academy of Management Journal,1995,38(01)：232-260.

[12]毕鹏程. 领导风格对群体决策过程及结果的影响[J]. 经济管理,2010(02)：80-84.

[13]陈光潮,邵红梅. 波特-劳勒综合激励模型及其改进[J]. 学术研究,2004(12)：41-46.

[14]陈国权,周为. 领导行为、组织学习能力与组织绩效关系研究[J]. 科研管理,2009(05)：148-154+186.

[15]陈小华. 组织理论的发展及其比较分析[J]. 甘肃农业,2006(09)：22.

[16]郭小安,李晗. 情绪劳动与情感劳动:概念的误用、辨析及交叉性解释[J]. 新闻界,2021(12)：56-68.

[17]何吴明,郑剑虹. 心理学质性研究:历史、现状和展望[J]. 心理科学,2019(04)：1017-1023.

[18]侯瑞鹤,俞国良. 情绪调节理论:心理健康角度的考察[J]. 心理科学进展,2006(03)：375-381.

[19]李超平,时勘. 变革型领导的结构与测量[J]. 心理学报,2005(06)：803-811.

[20]李明,毛军权. 领导力研究的理论评述[J]. 上海行政学院学报,2015(06)：91-102.

[21]李蔚. 心理健康的定义和特点[J]. 教育研究,2003(10)：69-75.

[22]李锡元. 中国古代激励思想与现代企业管理[J]. 江汉论坛,2003(07)：75-77.

[23]廖化化,颜爱民. 情绪劳动的效应、影响因素及作用机制[J]. 心理科学进展,2014(09)：1504-1512.

[24]林钟敏. 韦纳"归因理论"的原则和原因的结构[J]. 心理学动态,1989(01)：1-8.

[25]凌文辁,郑晓明,张治灿,等. 组织心理学的新进展[J]. 应用心理学,1997(01)：11-18.

[26]刘朝,张欢,王赛君,等. 领导风格、情绪劳动与组织公民行为的关系研究——基于服务型企业的调查数据[J]. 中国软科学,2014(03)：119-134.

[27]刘华山. 心理健康概念与标准的再认识[J]. 心理科学,2001(04)：481-480.

[28]刘娟娟. 印象管理及其相关研究述评[J]. 心理科学进展,2006(02)：309-314.

[29]刘文,张珊珊,陈亮,等. 气质稳定性与发展性新进展[J]. 心理与行为研究,2014(02)：260-265.

[30]刘晓峰.情绪管理的内涵及其研究现状[J].江苏师范大学学报(哲学社会科学版),2013(06):141-146.

[31]卢盛忠.美国工业与组织心理学的现状与发展[J].应用心理学,1994(02):1-7.

[32]吕云飞.应用心理学之父——沃尔特·迪尔·斯科特述评[J].心理研究,2008(06):60-66.

[33]齐先朴.当代西方领导组织变革的若干新理论研究综述[J].长江论坛,2007(05):64-68.

[34]乔欢.大内Z理论的适用性探究[J].马克思主义哲学论丛,2020(04):302-309.

[35]任萍,汪悦,刘冬予,等.心理健康评估与干预的智能化应用[J].北京师范大学学报(社会科学版),2022(04):150-160.

[36]时勘,卢嘉.管理心理学的现状与发展趋势[J].应用心理学,2001,7(02):52-56.

[37]史志华.先秦兵家赏罚激励思想浅析[J].社科纵横(新理论版),2010(03):157-158.

[38]王敏,肖金岑,刘爽.特质激活理论视角下知识型员工的领导力涌现机制研究[J].中国人力资源开发,2021(10):35-50.

[39]王文波.对R.House综合激励模式的分析及修正[J].大连大学学报,1992(02):39-45.

[40]王昕悦,姜媛,贾浩哲,等.职工心理健康量表的编制[J].心理研究,2022(03):246-252.

[41]文久富,伍永章.中国古代人力资源管理的思想与方法[J].西南民族大学学报(人文社科版),2007(09):122-125.

[42]肖余春,张雅维.国际范围内多团队系统理论的最新演进与热点分析[J].河南社会科学,2020(05):64-74.

[43]燕良轼,卞军凤,王涛.中国古代医典中若干心理治疗案例解析[J].中国临床心理学杂志,2013(05):847-851.

[44]杨智辉.心理学研究方法中定量研究和质性研究的发展与整合[J].中国健康心理学杂志,2011(12):1531-1533.

[45]姚继东,沈敏荣.从救济走向防范——工作压力管理的综合应对机制研究[J].人口与经济,2014(03):100-109.

[46]尹德法.基于胜任力模型的人力资源管理研究[J].山东社会科学,2013(06):187-189.

[47]尹奎,赵景,李璨,等.领导授权行为的形成机制[J].心理科学进展,2021(06):1097-1110.

[48]张爱卿.归因理论研究的新进展[J].教育研究与实验,2003(01):38-41.

[49]张芳,梁宁建. 领导班子成员气质类型相融度研究[J]. 心理科学,2006(01)：80-83.

[50]张钢. 现代组织理论的范式转换与组织创新研究[J]. 电子科技大学学报(社会科学版),1999(01):47-52.

[51]张建新,周明洁. 中国人人格结构探索——人格特质六因素假说[J]. 心理科学进展,2006(04):574-585.

[52]张美兰,车宏生. 目标设置理论及其新进展[J]. 心理科学进展,1999(02)：35-40.

[53]张文海,卢家楣. 国外现代气质研究的理论取向与展望[J]. 心理科学,2010(05):1194-1197.

[54]赵国祥,梁瀚中. 国外自我领导研究的现状述评[J]. 心理科学进展,2011(04)：589-598.

与本书配套的二维码资源使用说明

　　本书部分课程及与纸质教材配套的数字资源以二维码链接的形式呈现。利用手机微信扫码成功后提示微信登录，授权后进入注册页面，填写注册信息。按照提示输入手机号码，点击获取手机验证码，稍等片刻就会收到4位数的验证码短信，在提示位置输入验证码成功，再设置密码，选择相应专业，点击"立即注册"，即注册成功(若手机已经注册，则在"注册"页面底部选择"已有账号？立即登录"，进入"账号绑定"页面，直接输入手机号和密码登录)。接着提示输入学习码，需刮开教材封面防伪涂层，输入13位学习码(正版图书拥有的一次性使用学习码)，输入正确后提示绑定成功，即可查看二维码数字资源。手机第一次登录查看资源成功以后，再次使用二维码资源时，在微信端扫码即可登录进入查看。